OEUVRES
DE POTHIER.

COUTUMES D'ORLÉANS.

TOME QUINZIÈME. — Ier.

SE TROUVE

Chez MM. les Secrétaires caissiers des facultés de droit ;
Chez MM. les Greffiers des tribunaux de première instance ;
Et chez les principaux Libraires de la France et de l'étranger.

MM. les Souscripteurs aux OEuvres de Pothier sont prévenus qu'ils peuvent souscrire dès à présent aux *Pandectes* de *Justinien*, 12 vol. in-8°, chez M. SIFFREIN, éditeur, rue Saint-Jean-de-Beauvais, n° 1.

Le premier volume des OEuvres de DOMAT est en vente.

DE L'IMPRIMERIE DE J.-L. CHANSON,
RUE DES GRANDS-AUGUSTINS, N° 10.

OEUVRES

DE POTHIER.

NOUVELLE ÉDITION,

ORNÉE DU PORTRAIT DE L'AUTEUR,

PUBLIÉE

PAR M. SIFFREIN.

———

TOME QUINZIÈME. — Ier.

A PARIS,

CHEZ L'ÉDITEUR,

RUE SAINT-JEAN-DE-BEAUVAIS, N° 1;

ET CHEZ CHANSON, IMPRIMEUR-LIBRAIRE,

RUE DES GRANDS-AUGUSTINS, N° 10.

M. DCCCXXI.

TABLE

COUTUMES D'ORLÉANS.

COUTUMES DES DUCHÉ, BAILLIAGE ET PREVOTÉ D'ORLÉANS.

COUTUMES DES DUCHÉ, BAILLIAGE ET PREVOTÉ D'ORLÉANS.

FIN DE LA TABLE.

INTRODUCTION GÉNÉRALE
AUX COUTUMES.

---

1. ON appelle *coutumes,* des lois que l'usage a établies, et qui se sont conservées sans écrit par une longue tradition : *Lex non scripta, diuturni mores consensu utentium comprobati;* Instit. de jure naturali.

2. Telles étoient, dans leur origine, les coutumes d'Orléans, ainsi que celles des autres provinces de la partie du royaume qu'on appelle *pays coutumier.*

Comme il y avoit souvent des contestations sur ce qui étoit observé, ou non, comme coutume dans une province, le roi Charles VII, pour empêcher les procès dispendieux auxquels ces contestations donnoient lieu, ordonna, par son édit de Montil-lès-Tours, de l'année 1453, *art.* 125, que les coutumes des différentes provinces du royaume seroient rédigées par écrit par des commissaires, dans les assemblées des états de chaque province, et que, par la suite, on ne pourroit plus alléguer en jugement d'autres coutumes que celles qui auroient été ainsi rédigées.

Cet édit demeura long-temps sans exécution. Ce ne fut qu'en 1509, en vertu de lettres-patentes de Louis XII, que nos coutumes d'Orléans furent rédigées par écrit pour la première fois. Elles ont été imprimées chez Eloi Gibier, avec des notes de Léon Tripault, avocat.

Depuis, nos coutumes ont été corrigées et réformées

en 1583, telles qu'elles sont aujourd'hui, en vertu des lettres-patentes de Henri III.

3. On doit, pour les bien entendre, les conférer avec l'ancienne coutume d'où elles ont été tirées, et avoir recours au procès-verbal qui indique sur chaque article celui de l'ancienne dont il a été tiré, et les changements qui ont été faits.

Ces coutumes sont le droit municipal de notre province.

4. On distingue trois différentes espèces de nos lois coutumières. Nous traiterons sommairement de cette division dans le premier chapitre de cette introduction. Dans les trois chapitres suivants, nous donnerons quelques notions générales sur les trois objets généraux de notre droit municipal, qui sont les personnes, les choses et les actions.

CHAPITRE PREMIER.

Des différentes espèces de lois coutumières.

5. Nous avons trois espèces de statuts ou lois coutumières, les statuts personnels, les statuts réels, et ceux qui ont pour objet ce qui concerne la forme extérieure des actes.

§. I. Des statuts personnels, et du domicile qui y rend les personnes sujettes.

6. On appelle *statuts personnels* les dispositions coutumières qui ont pour objet principal de régler l'état des personnes. Telles sont celles qui concernent la puissance paternelle, la tutelle des mineurs, et leur émancipation, *Orléans, tit.* 9; l'âge requis pour tester, *ibid, art.* 293; la puissance maritale, *ibid. art.* 194 *et suiv.*

7. Ces statuts personnels n'ont lieu qu'à l'égard des personnes qui y sont sujettes par le domicile qu'elles ont dans le bailliage d'Orléans, ou autres lieux régis par notre coutume. Au reste, ces statuts personnels exercent leur empire sur ces personnes par rapport à tous leurs biens, quelque part qu'ils soient situés.

Par exemple, une personne soumise à la coutume d'Orléans, ne peut tester avant l'âge de vingt ans, réglé par cette coutume, même des biens qu'elle auroit dans les pays régis par le droit écrit, qui permet aux garçons de tester à quatorze ans, et aux filles à douze : une femme mariée, soumise à la coutume d'Orléans, ne peut, sans l'autorisation de son mari, aliéner ni acquérir des biens, quoique situés dans le pays du droit écrit, qui n'exige point l'autorisation, etc.

8. Le domicile des personnes les rendant sujettes aux statuts personnels du lieu où il est établi, il est nécessaire de donner quelques notions de ce domicile.

Nous en trouvons la définition en la loi 7, *Cod. de incol.*; c'est le lieu où une personne a établi le siége principal de sa demeure et de ses affaires : *Ubi quis larem rerumque ac fortunarum summam constituit; unde non sit discessurus si nil avocet; unde, quùm profectus est, peregrinari videtur, etc.* L, 7, Cod. de incol.

9. Observez qu'il n'est pas néanmoins toujours nécessaire qu'une personne ait actuellement une demeure dans un lieu, pour que ce lieu soit celui de son domicile : car une personne ne peut, à la vérité, établir son domicile dans un lieu qu'*animo et facto*, en s'y établissant une demeure : mais le domicile une fois établi dans un lieu, peut s'y retenir *animo solo*. C'est ce qui arrive lorsqu'une personne quitte le lieu de son domicile pour un long voyage, ou pour aller résider dans un lieu où l'appellent des affaires passagères, ou un emploi amovible; car quoique cette personne ait emporté avec elle tous ses effets, et n'ait conservé aucune demeure dans le lieu de son domicile d'où elle est partie, néanmoins elle est toujours censée conserver *animo* son domicile dans ce lieu, et elle demeure sujette aux statuts personnels de ce lieu, tant qu'elle ne s'est pas établi ailleurs un véritable et perpétuel domicile.

10. Le domicile d'une personne est aussi celui de sa femme. Comme la femme, dès l'instant de la célébration du mariage, passe sous la puissance de son mari, elle cesse, en quelque façon, d'avoir *propriam personam*, et elle ne fait plus qu'une même personne avec son mari. Elle perd dès cet instant son domicile; celui de son mari devient le sien, et elle devient dès ce jour sujette aux statuts personnels du lieu de ce domicile, quoiqu'elle n'y soit pas encore arrivée. Ceci n'est pas contraire à ce qui sera dit ci-après, que la translation de domicile d'un lieu à un autre ne peut s'effectuer que lorsqu'on y est arrivé; car ce principe a lieu à l'égard du domicile propre qu'une personne se propose d'établir, et non à l'égard de ce domicile que la femme ne s'établit pas elle-même, mais qu'elle tient de son mari.

Lorsqu'une femme est séparée d'habitation par un jugement qui n'est suspendu par aucun appel ni opposition, elle peut s'établir un domicile qui lui devient propre.

11. Le domicile d'une personne est aussi celui de ses enfants, jusqu'à ce qu'ils s'en soient choisi et établi un autre; ce qu'ils peuvent faire lorsqu'ils sont en âge suffisant pour cela : *Nam placet etiam et filium-familias domicilium habere posse, non utique ubi pater habuit, sed ubicumque ipse constituit;* L. 3 et 4, ff. *ad munic.*

12. De tout ceci il résulte que le domicile qui oblige les personnes aux lois personnelles du lieu où il est établi, peut être de trois espèces.

Il y en a un qu'on peut appeler *domicile de choix*, qui est celui qu'une personne s'est choisi et établi elle-même.

Il y a le domicile paternel ou d'origine, qui est celui que les enfants ont reçu de leurs parents, et qu'ils sont censés conserver, même après la mort de leurs parents, tant qu'ils ne s'en sont pas choisi un autre, mais qu'ils perdent même du vivant de leur père aussitôt qu'ils s'en sont choisi et établi un autre.

Enfin, il y a le domicile qu'une femme tient de son mari, et qu'elle conserve étant devenue veuve, jusqu'à ce qu'elle s'en soit choisi et établi un autre, ou qu'elle se soit remariée.

13. Le changement de domicile délivre les personnes de l'empire des lois du lieu du domicile qu'elles quittent, et les

assujettit à celles du lieu du nouveau domicile qu'elles acquièrent.

14. Un majeur usant de ses droits peut changer de domicile, et le transférer en tel lieu que bon lui semble; mais il faut, pour cette translation, le concours de la volonté et du fait : *Domicilium re et facto transfertur non nudâ contestatione*, L. 20, ff. *ad municip.* C'est pourquoi, quelques signes qu'ait donnés une personne de la volonté qu'elle a de transférer son domicile dans un autre endroit, et quelque raison qu'elle ait de l'y transférer, elle demeure sujette à la loi de son ancien domicile, jusqu'à ce qu'elle se soit effectivement transportée sur le lieu où elle veut en établir un nouveau, et qu'elle l'y ait effectivement établi.

15. La volonté de transférer notre domicile dans un autre lieu, doit être justifiée. Elle n'est pas équivoque, lorsque c'est un bénéfice, une charge ou un autre emploi non amovible qui nous y appelle. En ce cas, dès que nous y sommes arrivés, nous y acquérons domicile, et nous perdons l'ancien.

Au contraire, lorsque la cause qui nous appelle en un autre lieu est passagère, telle qu'un exil, ou un emploi amovible, quelque long séjour que nous y ayons fait, quoique nous y soyons décédés sans être retournés au lieu de notre premier domicile depuis que nous en sommes sortis, et quoique nous n'y ayons plus eu de demeure, nous sommes néanmoins censés avoir conservé ce premier domicile (*arrêt du 5 avril* 1713, *au* 6e *tom. du Journal des Aud.*), à moins que notre volonté d'y transférer notre domicile ne parût par d'autres circonstances; comme si, par exemple, nous y avions acquis des héritages, et que nous eussions aliéné ceux que nous avions au lieu de notre premier domicile.

On doit aussi présumer que nous avons voulu transférer notre domicile au lieu où nous sommes allés demeurer, si depuis que la cause passagère qui nous y retenoit, a cessé, *putà*, si, depuis la révocation de notre emploi, nous avons continué d'y demeurer pendant un temps considérable. C'est sur ce principe que la loi 2, *Cod. de incol.*, décide que celui qui avoit été demeurer en une ville pour y faire des études, n'étoit pas censé y avoir acquis domicile, à moins qu'il n'y eût demeuré dix ans; car le temps des études ne pouvant être si long, ce long temps qu'il y a passé, fait présumer en lui la volonté d'y établir son domicile.

Lorsqu'on ne connoît pas la cause pour laquelle quelqu'un est allé demeurer ailleurs qu'au lieu de son domicile, sa volonté d'y transférer son domicile peut se prouver tant par la longueur du temps qu'il a commencé d'y demeurer, que par d'autres circonstances, qui sont laissées à l'arbitrage du juge.

16. Un mineur ne peut pas transférer à son gré son domicile : il le peut néanmoins en certains cas. 1° Il peut, en contractant mariage du consentement de ceux sous la puissance desquels il est, transférer son domicile au lieu où il prend sa femme; et il peut même, depuis qu'il est marié, le transférer où bon lui semblera. 2° Un mineur peut transférer son domicile, soit au lieu où il est pourvu d'un bénéfice ou d'une charge, ou autre emploi non amovible qui demande résidence perpétuelle; soit au lieu où, du consentement de ceux sous la puissance desquels il est, il formeroit un établissement de commerce.

17. Lorsqu'un mineur, à la mort de son père, tombe sous la tutelle d'un parent qui a son domicile dans un autre lieu, c'est une question, si ce mineur perd le domicile paternel, et acquiert celui de son tuteur. Bretonnier sur Henrys, t. 1, p. 635, tient l'affirmative; et en conséquence il décide qu'un mineur qui, à la mort de son père Parisien, étoit tombé sous la tutelle d'un Lyonnois, avoit pu tester avant l'âge requis par la coutume de Paris. Boullenois, en son Traité des statuts, qu. 2, est de même avis. Au contraire Mornac, sur la loi *uniq. cod. ubi de hæred. ag.*, dit que les plus habiles avocats de son temps tenoient que les mineurs n'acquéroient pas, à la mort de leur père, le domicile du tuteur qu'on leur donnoit, et étoient censés conserver le domicile paternel : il établit ce sentiment par de bonnes raisons, que l'on peut voir au lieu cité. Il nous suffit de dire que les mineurs ne composent pas la famille de leur tuteur, comme les enfants composent la famille de

leur père : ils sont dans la maison de leur tuteur comme dans une maison étrangère : ils y sont *ad tempus*, pour le temps que doit durer la tutelle ; par conséquent, le domicile de leur tuteur n'est pas leur vrai domicile, et ils ne peuvent être censés en avoir d'autre que le domicile paternel, jusqu'à ce qu'ils soient devenus en âge de s'en établir un eux-mêmes par leur propre choix, et qu'ils l'aient effectivement établi.

18. Il n'en est pas de même de la mère : la puissance paternelle étant, dans notre droit, différente en cela du droit romain, commune au père et à la mère, la mère, après la mort de son mari, succède aux droits et à la qualité de chef de la famille qu'avoit son mari vis-à-vis de leurs enfants : son domicile, quelque part qu'elle juge de le transférer sans fraude, doit donc être celui de ses enfants, jusqu'à ce qu'ils aient pu s'en choisir un qui leur soit propre.

Il y auroit fraude, s'il ne paraissoit aucune raison de sa translation de domicile, que celle de se procurer des avantages dans les successions mobiliaires de ses enfants.

19. Les enfants suivent le domicile que leur mère s'établit sans fraude, lorsque ce domicile lui est propre, et que, demeurant en viduité, elle conserve la qualité de chef de famille : mais lorsqu'elle se remarie, quoiqu'elle acquière le domicile de son second mari en la famille duquel elle passe, ce domicile de son second mari ne sera pas celui de ses enfants, qui ne passent pas comme elle en la famille de leur beau-père ; c'est pourquoi ils sont censés continuer d'avoir leur domicile au lieu où l'avoit leur mère avant que de se remarier, comme ils seroient censés le conserver si elle étoit morte.

20. Il paroît quelquefois incertain où est le domicile d'une personne ; ce qui arrive lorsqu'elle a un ménage dans deux lieux différents où elle va passer alternativement différentes parties de l'année. Il n'y a pas lieu à cette incertitude lorsque cet homme a un bénéfice ou une charge, ou autre emploi non amovible qui demande résidence dans l'un des lieux ; car il n'est pas douteux, en ce cas, que c'est dans ce lieu où doit être fixé son domi-

cile. Lorsque cet homme n'a aucun bénéfice, ni charge ou emploi qui l'attache à l'un de ces deux lieux, on doit, pour fixer son domicile, avoir recours à d'autres circonstances, et décider, 1° pour le lieu où il laisse sa femme et sa famille lorsqu'il va dans l'autre; 2° pour celui où il fait le plus long séjour; 3° pour celui où il se dit demeurant dans les actes, ou pour celui où il est imposé aux charges publiques, ou pour celui où il se rend avec sa famille pour faire ses Pâques (Argentré sur Bret. *art.* 449). A défaut de toutes ces circonstances, on doit, *in dubio*, décider pour celui des deux qui étoit le domicile de cet homme ou de ses père et mère, avant qu'il ait commencé de tenir un ménage dans l'autre; car le changement de domicile d'un lieu à un autre devant être justifié, on est toujours, *in dubio*, présumé avoir conservé le premier.

§. II. Des statuts réels.

21. On appelle *statuts réels* les dispositions qui ont pour objet principal les choses. Telles sont celles qui concernent les fiefs, les censives, les servitudes, les successions, le douaire coutumier, les choses dont on peut disposer par testament, les donations, les prescriptions, les retraits lignagers, etc.

22. Les statuts réels d'une coutume ont lieu seulement à l'égard des choses qui sont soumises à son empire; et ils ont lieu à l'égard de quelque personne que ce soit, même de celles qui sont domiciliées hors de son territoire.

23. Pour savoir à l'empire de quelle coutume une chose est sujette, il faut distinguer celles qui ont une situation véritable ou feinte, et celles qui n'en ont aucune.

Les choses qui ont une situation véritable, sont les héritages, c'est-à-dire, les fonds de terre et maisons, et tout ce qui en fait partie.

Les droits réels que nous avons dans un héritage, qu'on appelle *Jus in re*, tels qu'un droit de rente foncière, de champart, etc., sont censés avoir la même situation que cet héritage. Pareillement les droits que nous avons à un héritage, qu'on appelle *Jus ad rem*, c'est-à-dire les créances que nous avons contre quelqu'un qui s'est obligé à nous donner un certain héritage, sont censés avoir la même situation que l'héritage qui en est l'objet.

Les offices sont censés avoir leur situation au lieu où s'en fait l'exercice. Les rentes constituées sur le roi, pour le paiement desquelles il y a un bureau public, sont censées avoir leur situation au lieu où est établi ce bureau.

Toutes ces choses, qui ont une situation réelle ou feinte, sont sujettes à la loi ou coutume du lieu où elles sont situées, ou censées l'être.

24. Les choses qui n'ont aucune situation, sont les meubles corporels, les créances mobiliaires, les rentes constituées, autres que celles dont il a été ci-dessus parlé, quand même elles auroient un assignat sur quelque héritage; car cet assignat n'est qu'un accessoire.

Toutes ces choses qui n'ont aucune situation, suivent la personne à qui elles appartiennent, et sont par conséquent régies par la loi ou coutume qui régit cette personne, c'est-à-dire par celle du lieu de son domicile.

§. III. De la troisième espèce de statuts.

25. Il y a une troisième espèce de dispositions coutumières qui concernent la forme des actes : tel est l'article 47 de notre coutume, pour la forme du port de foi; et l'article 289 pour celle des testaments. Ces dispositions n'ont lieu qu'à l'égard des actes qui se passent dans le territoire de la coutume, et il n'importe entre quelles personnes.

CHAPITRE II.

Des personnes.

26. Les personnes qui sont l'objet de nos lois coutumières, sont celles qui jouissent de la vie civile.

§. I. De la vie civile.

27. La vie civile, ou l'état civil d'une personne, n'est autre chose que la participation d'une personne aux droits de la société civile.

La mort civile est le retranchement de cette société, et la privation de ces droits.

28. On perd la vie civile de deux manières. La première est lorsqu'on renonce volontairement au siècle et à la société civile, par la profession religieuse dans un ordre approuvé par les lois du royaume.

Le religieux qui a obtenu du pape dispense de ses vœux, ne recouvre pas par cette dispense la vie civile; car le pape n'a aucun pouvoir dans ce royaume sur tout ce qui est de l'ordre politique, tel qu'est l'état civil des personnes; le roi seul peut restituer la vie civile à ceux qui l'ont perdue.

A l'égard de celui qui a fait déclarer nuls ses vœux par sentence de l'official, par défaut de liberté, ou de publicité, ou de l'intervalle d'un an de noviciat, qui doit précéder la profession, ou parce qu'ils auroient été faits avant l'âge de seize ans accomplis, requis par les ordonnances; il n'est pas douteux qu'il jouit de l'état civil : non que la sentence de l'official le lui restitue, ce qui ne pourroit être au pouvoir de l'official, mais parce que ses vœux étant déclarés nuls par un juge à qui nos lois attribuent la connoissance de cette matière, il s'ensuit qu'il n'a jamais perdu l'état civil, qui ne peut l'être que par une profession valablement faite.

29. La profession religieuse que les jésuites de France faisoient par l'émission de leurs premiers vœux, suspendoit plutôt leur état civil qu'elle ne le leur faisoit entièrement perdre : ils n'en jouissoient pas tant qu'ils demeuroient dans la société; mais s'ils en étoient congédiés avant l'âge de trente-trois ans, ils étoient tellement censés ne l'avoir jamais perdu, que ceux qui avoient recueilli à leur place les successions de leurs parents échues pendant qu'ils étoient dans la société, étoient tenus de les leur rendre, sans néanmoins aucune restitution de fruits. Lorsqu'ils étoient congédiés après l'âge de trente-trois ans, non-seulement ils ne recouvroient pas les successions de leurs parents, échues avant leur congé, mais ils demeuroient inhabiles à succéder à l'avenir : ce qui avoit été ainsi ordonné pour assurer la tranquillité des familles, par déclaration du roi

de 1715. Au reste ils jouissoient, quant à tous autres effets, de leur état civil, qui n'a été que suspendu pendant qu'ils étoient dans la société.

30. La seconde manière dont se perd la vie civile, est lorsque quelqu'un est retranché malgré lui de la société civile par une condamnation à une peine capitale.

Ces peines sont la mort naturelle, la peine des galères à perpétuité, et celle du bannissement perpétuel hors le royaume.

Il faut excepter des condamnations à peine capitale qui font perdre la vie civile, celles qui sont rendues par un conseil de guerre. Le bannissement hors du royaume par un simple ordre de sa majesté, sans condamnation judiciaire, ne fait pas perdre l'état civil, ni les droits de citoyen.

31. Les condamnations à peine capitale, lorsqu'elles sont contradictoires, font perdre la vie civile à l'accusé, du jour qu'elles lui sont prononcées. C'est pourquoi, comme il est d'usage de ne prononcer aux condamnés les sentences qui ont besoin d'être confirmées par arrêt, qu'après l'arrêt qui les a confirmées, le condamné n'est pas censé avoir perdu la vie civile du jour de la date de la sentence ; il la perd seulement du jour de la prononciation qui lui est faite de la sentence, et de l'arrêt qui la confirme : car de même que les lois publiques n'ont d'effet que du jour qu'elles sont promulguées, de même les jugements de condamnation, qui sont comme des lois privées, ne peuvent avoir d'effet que du jour qu'ils sont notifiés au condamné.

32. Les condamnations à peine capitale rendues par contumace, suspendent plutôt l'état civil du condamné, qu'elles ne le lui font perdre absolument. Il ne jouit plus, à la vérité, de la vie civile, depuis l'exécution qui se fait du jugement par effigie, ou par un tableau ; mais s'il meurt dans les cinq ans depuis l'exécution, ou s'il se constitue ou est arrêté prisonnier, soit dans les cinq ans, soit après les cinq ans, la condamnation par contumace est anéantie, et le condamné est censé n'avoir jamais perdu la vie civile. Au contraire, s'il meurt après les cinq ans sans s'être représenté ni avoir été arrêté prisonnier, il est censé l'avoir

perdue du jour de l'exécution de la sentence par contumace. *Ord de* 1670, *t.* 17, *art.* 18 *et* 29.

Lorsqu'il s'est écoulé un temps de trente ans depuis
l'exécution de la sentence, le condamné ne pouvant plus
être arrêté, et n'étant plus reçu à se représenter, la mort
civile qu'il a encourue devient irrévocable, si ce n'est par
une grace spéciale du prince. Le laps de trente ans opère
bien une fin de non recevoir contre les peines qui lui restent
à subir, mais il ne peut abolir celle de la mort civile qu'il
a encourue de plein droit.

§. II. Division des personnes en François et étrangers.

33. Entre les personnes qui sont membres de la société
civile, on distingue les François naturels, ou naturalisés,
lesquels jouissent des droits de citoyen; et les étrangers
qu'on appelle aubains, *quasi alibi nati*, qui participent
seulement aux droits que le droit des gens a établis, mais
non à ceux que les lois civiles n'ont établis que pour les ci-
toyens, tels que sont les droits de succession active et
passive, de testament, de retrait lignager, etc.

34. Les François naturels sont ceux qui sont nés en
France, ou dans les autres états de la domination de sa
majesté. Ils jouissent des droits de citoyen, pourvu qu'ils
n'aient pas abdiqué leur patrie par un établissement en pays
étranger, sans aucun esprit de retour en France.

Les François qui ont des établissements de commerce
dans les états du Turc, ou autres pays, sous la protection
des consuls de sa majesté, ne sont pas censés avoir abdiqué leur patrie, et jouissent des droits de citoyen.

Ceux qui sont nés dans les pays étrangers, d'un père
françois qui n'avoit pas abdiqué sa patrie, ni perdu l'esprit
de retour, sont réputés François à cause de leur origine,
pourvu qu'ils reviennent en France. Ceux qui sont nés dans
un pays conquis par sa majesté, soit avant, soit depuis la
conquête, deviennent François par la conquête, et ils en
conservent les droits, quoique depuis, par le traité de paix,
cet état ait été rendu à une puissance étrangère, pourvu qu'ils

en soient sortis et aient transféré leur domicile en France avant le traité.

35. On appelle *François naturalisés*, les étrangers établis dans le royaume, qui ont obtenu du roi des lettres de naturalisation, qui s'expédient à la grande chancellerie, et doivent être registrées au parlement et à la chambre des comptes.

Ces lettres de naturalisation leur donnent les mêmes droits qu'aux François naturels.

Sans ces lettres ils ne peuvent les acquérir, quelque long temps qu'il y ait qu'ils aient établi leur domicile en France.

Néanmoins, par un privilége particulier de la marine, les étrangers, au bout de cinq ans de service dans la marine de sa majesté, acquièrent les droits de François sans avoir besoin de lettres de naturalisation. *Edit du mois d'avril* 1687.

§. III. Autres divisions des personnes.

36. Une autre division des personnes, est en celles qui sont usantes de leurs droits, et en celles qui sont ou sous puissance de mari, ou sous la puissance paternelle, ou sous celle de tuteurs ou curateurs. *Voyez sur ce le tit.* 9, *et l'introd. au tit.* 10, *ch.* 8.

37. On divise encore les personnes en clercs et laïques. Les clercs ou ecclésiastiques sont distingués des laïques par plusieurs priviléges que nos rois ont accordés au clergé. Un des principaux, est qu'ils peuvent être jugés par un juge d'église, qu'on appelle official, lorsqu'ils sont assignés sur une action purement personnelle. L'exemption de la contrainte par corps, des tutelles, curatelles et autres charges publiques, des tailles, sont aussi censées des priviléges de cléricature.

On ne répute clercs à l'effet de jouir de ces priviléges, que ceux qui sont constitués dans les ordres sacrés, c'est-à-dire qui sont au moins sous-diacres, ou ceux qui, n'étant que simples tonsurés, sont actuellement résidants et servants aux offices, ministères et bénéfices qu'ils tiennent en l'église.

Ordonnance de Moulins, art. 60; *édit du mois d'avril* 1695, art. 38.

Ceux qui sont membres d'une congrégation ecclésiastique, tels que sont les confrères de l'Oratoire, paroissent aussi devoir jouir des priviléges de cléricature, quand même ils ne seroient pas clercs.

38. Enfin, on distingue les personnes en nobles et non nobles.

La noblesse, qui distingue les nobles des non nobles, consiste en certains titres d'honneur et en certains priviléges qui leur sont accordés. Il y a aussi quelques points de notre droit coutumier qui n'ont lieu qu'entre les nobles, tel que le droit de garde-noble, dont nous traitons dans l'*Intr. au tit.* 1, *ch.* 9.

39. Il y a une noblesse transmissible, et une qui n'est que personnelle. La transmissible passe aux enfants du père noble : telle est celle qu'on a acquise par la naissance, ou par des lettres de noblesse, ou par quelque office qui donne à ceux qui en sont pourvus une noblesse transmissible. La noblesse personnelle est celle qui expire avec la personne, et ne se transmet point à ses enfants. Il y a certains offices et états qui donnent cette noblesse purement personnelle.

Entre les offices qui donnent une noblesse transmissible, les uns la donnent au premier, les autres au second degré.

La noblesse est transmissible au premier degré, lorsqu'il suffit, pour qu'elle passe irrévocablement aux enfants, que le père soit mort revêtu de l'office, ou vétéran : elle est transmissible seulement au second degré, lorsqu'il faut que l'aïeul paternel aussi bien que le père soient morts revêtus de l'office, ou vétérans.

Les enfants de celui qui est revêtu d'un office anoblissant au premier degré, ou de celui qui se trouve dans le second degré auquel la noblesse de son office est transmissible, jouissent provisionnellement de l'état de noblesse dès le moment que leur père est reçu dans l'office : mais si leur père s'étoit démis de son office sans avoir acquis la vétérance, cette noblesse s'évanouiroit.

Le roi, par son édit du mois de janvier 1751, a créé une noblesse militaire, sur laquelle il faut voir cet édit.

40. La noblesse se prouve ou par le rapport des titres par lesquels elle a été acquise, tels que sont les lettres de noblesse, les provisions d'offices; ou sans ces titres, par une possession centenaire qui ne soit pas contredite par la preuve contraire d'une origine roturière.

41. La noblesse se perd ou par un jugement qui porte dégradation de noblesse, ou par l'exercice d'une profession dérogeante à noblesse, telle que celle des arts mécaniques, de l'état d'huissier, etc.

Autrefois tout commerce dérogeoit à noblesse. Louis XIV en a excepté le commerce de mer; et depuis, celui de terre en gros; pourvu qu'ils s'exercent sans ouverture de boutique, ouvroir ou autre appareil mercantile. *Édits d'août* 1669, *et de déc.* 1701.

42. La noblesse perdue par la dérogeance peut se recouvrer par celui qui l'a perdue, ou par ses enfants, en obtenant du roi des lettres de réhabilitation.

43. La division des personnes en celles qui sont de condition franche, et celles qui sont de condition servile, n'a plus lieu dans notre coutume; car depuis long-temps il n'y a plus de serfs dans cette province.

CHAPITRE III.

Des choses.

44. Les choses qui sont l'objet de nos lois municipales, sont celles qui sont dans le commerce, et qui composent les biens des particuliers, *res quæ sunt in bonis.*

SECTION PREMIÈRE.

Des différentes divisions des choses.

45. On divise les choses en corporelles et en incorporelles.

Les choses corporelles sont celles qui ont un être réel

et physique, et qui se perçoivent par les sens; comme une maison, un cheval, une bibliothèque.

Les choses incorporelles sont celles qui n'ont qu'un être moral et intellectuel, et qui ne se perçoivent que par l'entendement; comme un droit de créance, une rente, un droit de succession, etc.

On divise encore les choses en meubles et immeubles; et cette division est d'un grand usage dans la plupart des parties de notre droit municipal.

Cette division des choses en meubles et immeubles, s'applique tant aux choses corporelles qu'aux choses incorporelles.

ARTICLE PREMIER.

De la division des choses corporelles en meubles et immeubles.

46. Les meubles sont les choses qui sont transportables d'un lieu à un autre, et qui ne font pas partie de quelque immeuble.

La grandeur du volume et du prix d'une chose n'empêche pas qu'elle ne soit meuble; c'est pourquoi on ne doute pas que les navires ne soient meubles.

47. Les immeubles sont les fonds de terre et maisons, et tout ce qui en fait partie.

Ce qui est dans une terre seulement pour son exploitation, n'en fait pas partie, et est meuble : *instrumentum fundi non est pars fundi.* Tels sont les bestiaux et les meubles aratoires.

Les choses qui font partie d'un héritage, sont celles qui servent eu quelque façon à le compléter, et qui y sont pour perpétuelle demeure, sur-tout si elles y sont cohérentes. C'est par cette raison que notre coutume déclare immeu. bles les moulins à vent, les pressoirs, comme cohérents et faisant partie de l'héritage où ils se trouvent. Quoique les échalas ne soient que légèrement cohérents à la terre, et qu'on les en retire tous les ans, néanmoins, comme ils sont dans l'héritage à demeure, et qu'ils paroissent faire comme un corps avec la vigne qui y est attachée, ils sont censés faire partie de l'héritage, et sont réputés immeubles. Les pailles, fourrages et fumiers d'une terre sont aussi réputés immeubles et parties de l'héritage. *L.* 7, §. 2, ff. *de act. empt.*

La raison de la perpétuelle demeure a fait aussi réputer partie de l'héritage et immeuble, l'artillerie d'un château, les ornements, vases et livres servant au culte divin dans la chapelle du château.

Les choses qui étant mises dans une maison ou autre héritage par le propriétaire, sont censées y être mises pour perpétuelle demeure, et en faire en conséquence partie. Elles sont pareillement censées y être mises pour perpétuelle demeure, et faire partie de la maison ou autre héritage, lorsqu'elles y ont été mises par un emphytéote qui avoit la seigneurie utile réversible de ladite maison ou autre héritage. La raison en est, qu'il est de la nature des baux emphytéotiques qu'ils soient faits dans la vue que l'emphytéote fera des améliorations à l'héritage; qu'il ne puisse en conséquence enlever à la fin du bail, ni même dans un temps voisin de l'expiration du bail, celles qu'il y a faites : en quoi un emphytéote diffère d'un simple usufruitier.

Sur plusieurs autres choses qui sont censées, ou non, faire partie d'un héritage ou d'une maison, *voyez les articles* 354, 355, 356 de notre coutume, et les notes sur ces articles, où nous donnons des règles pour décider ce qui fait, ou non, partie d'une maison.

48. Observez, à l'égard des choses qui font partie d'une maison ou autre héritage, qu'elles sont censées immeubles, et continuent d'en faire partie, quoiqu'elles en aient été détachées, tant que leur destination est d'y être replacées; tels sont les échalas, qu'on sépare de la vigne pendant l'hiver, pour les y remettre au printemps; les tuiles qu'on a ôtées de dessus une couverture pour les y remettre après que la couverture aura été réparée.

Cette destination conserve bien la qualité d'immeubles aux choses qui ont été déja attachées à l'héritage; mais elle ne suffit pas pour la leur acquérir. C'est pourquoi des échalas, des tuiles et autres matériaux, quoique déjà voi-

turés sur l'héritage pour y être attachés, n'en sont point
censés faire partie, et conservent leur qualité de meubles
jusqu'à ce qu'ils y soient effectivement attachés.

ARTICLE II.

Division des choses incorporelles en meubles et immeubles.

49. Le droit coutumier ayant divisé tous les biens en
meubles et immeubles, les choses incorporelles, quoiqu'elles
ne soient pas par elles-mêmes susceptibles de ces qualités,
doivent être assignées à l'une ou à l'autre de ces classes.

Les droits réels que nous avons dans un héritage, *jus in
re*, tels que sont les droits de rente foncière, de champart,
d'usufruit, etc., sont réputés de même nature d'immeubles
que l'héritage sur lequel ils sont à prendre.

Les droits que nous avons à cause de quelqu'un de nos
héritages, tels que les droits de servitudes prédiales dues
à quelques-uns de nos héritages, sont censés immeubles de
même que l'héritage, étant censés n'être autre chose que
des qualités de l'héritage, et ne faire qu'un seul et même
tout avec lui : *Quid aliud sunt jura prædiorum quàmpridem
qualiter se habentia? L. 86, ff. de verb. sign.*

50. A l'égard des droits de créance, qu'on appelle *jus
ad rem*, qui résultent des obligations que quelqu'un a contractées envers nous, ils suivent la nature de la chose due
qui en est l'objet, et à laquelle elle doit se trouver, suivant
cette règle : *Actio ad mobile est mobilis, actio ad immobile
est immobilis.*

Suivant ce principe, la créance d'une somme d'argent,
ou de quelque autre chose mobiliaire, doit être assignée
à la classe des biens meubles. On y doit pareillement assigner les créances qui résultent des obligations de faire ou
de ne pas faire quelque chose; car l'objet de ces créances
consiste dans l'intérêt qu'a le créancier que le débiteur
fasse ce qu'il s'est obligé de faire, ou qu'il ne fasse pas ce
qu'il s'est obligé de ne pas faire; et même lorsque le débiteur ne fait pas ce qu'il s'est obligé de faire, le créancier
ne peut exiger de lui que la somme à laquelle sera réglé et

estimé cet intérêt du créancier, qui fait l'objet de ces créances, étant quelque chose de mobilier, puisqu'il consiste dans la somme d'argent à laquelle il doit être réglé et estimé; d'où il suit que ces créances doivent être rangées sous la classe des actions mobiliaires.

Cette décision a lieu quand même ces créances seroient accompagnées d'hypothèque même spéciale sur quelque héritage du débiteur : car quoique l'hypothèque soit un droit dans la chose, et soit par conséquent, à le considérer en lui-même, de nature immobiliaire; néanmoins, comme ce droit n'est qu'un accessoire des créances, une créance qui a pour objet quelque chose de mobilier n'est pas moins une créance mobiliaire, quoiqu'elle soit accompagnée d'hypothèque : car ce n'est pas de l'accessoire que la chose principale tire sa nature; mais c'est au contraire l'accessoire qui doit suivre celle de la chose principale : *Accessorium sequitur naturam principalis.*

51. Les créances qui ont pour objet quelque héritage ou autre immeuble, doivent être assignées à la classe des biens immeubles. Telle est, par exemple, la créance ou action que j'ai contre celui qui m'a vendu un héritage, à ce qu'il ait à me le livrer.

Que si, par la demeure et l'impuissance en laquelle s'est trouvé le vendeur de me livrer ce qu'il m'avoit vendu, l'action que j'avois pour me le faire livrer s'est convertie en une action aux fins de dommages et intérêts, cette action ne sera qu'une action mobiliaire, puisqu'elle ne doit se terminer qu'à une somme d'argent à laquelle seront liquidés ces dommages et intérêts.

52. L'action qui naît de la vente qui m'a été faite des fruits pendants par les racines, ou d'un bois sur pied pour le couper, est une action mobiliaire : car quoique ces choses fassent partie de la terre, et soient immeubles pendant qu'elles y sont cohérentes, néanmoins, les ayant achetées pour les acquérir seulement après que par leur séparation du sol elles seroient devenues meubles, l'action que j'ai *tendit ad quid mobile*, et par conséquent est une action mobiliaire.

53. Les droits d'un fermier d'une métairie, et d'un locataire d'une maison, sont des droits mobiliers : car le droit de ce fermier ou locataire n'est pas un droit dans la chose, *jus in re*, mais une créance ou action personnelle contre le bailleur, qui naît de l'obligation que le bailleur a contractée envers lui de le faire jouir pendant le temps du bail de la métairie ou de la maison. Or cette créance n'a pas pour objet la métairie même, ou la maison même ; elle ne tend pas à lui faire acquérir la métairie ou la maison ; mais elle a pour objet un fait, savoir, à l'égard du fermier d'une métairie, *ut præstetur ipsi frui licere* ; c'est-à-dire à ce qu'il puisse percevoir les fruits de la métairie, et les acquérir par la perception qu'il en fait : ces fruits devenant meubles par la perception qui en est faite, le droit du fermier tend donc à acquérir des meubles, et est par conséquent un droit mobilier.

Pareillement à l'égard du locataire d'une maison, la créance qu'il a contre le bailleur, qui résulte de son bail, a pour objet un fait *ut præstetur ipsi habitare licere*. Or ces créances qui ont pour objet un fait, sont de la classe des actions mobiliaires, comme nous l'avons vu *suprà*.

En cela le droit d'un fermier et celui d'un locataire sont différents du droit d'un usufruitier, lequel, étant un droit dans l'héritage, *jus in re*, est un droit immobilier.

Lorsqu'une chose meuble et une chose immeuble sont dues sous une alternative, la créance suit la nature de celle des deux qui aura été payée ou offerte au créancier.

Il n'en est pas de même lorsqu'une seule chose est due, mais avec la faculté accordée au débiteur de prendre une autre chose à la place : en ce cas la créance suit la nature de la chose qui est due, et non de celle qui auroit été payée à sa place.

54. Les coutumes se sont partagées sur la classe à laquelle devoient être assignées les rentes constituées. Quelques coutumes les rangent dans la classe des meubles : ces coutumes ont considéré les rentes comme n'étant autre chose que la créance d'autant de sommes d'argent qu'il courra d'années depuis la création de la rente jusqu'à son

rachat, et par conséquent comme une créance mobiliaire, suivant la règle ci-dessus citée, *Actio ad mobile est mobilis*, puisque les sommes d'argent qui en font l'objet sont quelque chose de mobilier.

Les autres coutumes, du nombre desquelles est la nôtre, et qui font le droit commun, ont au contraire mis les rentes dans la classe des biens immeubles, parce qu'elles ont considéré la rente constituée, non pas simplement comme la créance des arrérages qui en doivent courir jusqu'au rachat, mais comme un être moral et intellectuel, distingué par l'entendement de ces arrérages, qui sont plutôt les fruits que produit la rente, qu'ils ne sont la rente même, puisque le créancier les perçoit sans entamer ni diminuer l'intégrité de la rente. Or cet être moral a paru, par le revenu annuel et perpétuel qu'il produit, ressembler aux biens immeubles, et devoir être par conséquent mis dans la classe de ces biens. On s'est d'autant plus porté à embrasser ce sentiment, que les patrimoines d'un grand nombre de familles sont souvent composés, pour le total ou pour la plus grande partie, de cette espèce de biens.

Il n'importe, pour qu'une rente soit réputée immeuble, qu'elle soit créée par un acte devant notaires, ou par un simple billet sous seing privé. *Voyez, sur les rentes constituées, l'art.* 191 *de notre coutume.*

55. Les coutumes ne se sont pas expliquées sur les rentes viagères. Les raisons qu'on pourroit alléguer pour les réputer meubles, sont, qu'il semble que les arrérages des rentes viagères forment tout le fonds et l'être entier de ces rentes, puisque la perception de tous lesdits arrérages courus jusqu'à la mort de la personne sur la tête de qui elles sont créées, acquitte et éteint entièrement lesdites rentes, qu'elles ne sont donc rien autre chose que la créance de ces arrérages, et par conséquent créances mobiliaires. Néanmoins il paroît avoir prévalu de réputer immeubles les rentes viagères aussi bien que les perpétuelles. La raison est que, de même que les coutumes ont feint dans les rentes perpétuelles un être moral et intellectuel, distingué, par l'entendement, des arrérages qu'elles produisent,

quoique dans la vérité ces rentes perpétuelles ne soient autre chose que la créance des arrérages qui en courront jusqu'à la fin du monde, ou jusqu'à leur rachat ; on peut aussi de même, dans les rentes viagères, feindre un être moral et intellectuel, distingué, par l'entendement, des arrérages qui sont regardés comme les fruits civils desdites rentes, et considérer lesdites rentes comme n'étant différentes des perpétuelles qu'en ce que les rentes perpétuelles ont un être perpétuel ; au lieu que les viagères ont un être périssable, dont la durée est bornée au temps de la vie de la personne sur la tête de qui elles sont créées, mais à cela près, de même nature d'immeubles, puisque les unes et les autres produisent un revenu annuel, à l'instar des véritables immeubles.

56. A l'égard des créances d'une somme exigible, qui produisent des intérêts *ex naturá rei*, telles que sont les créances d'une somme pour le prix de la vente d'un héritage, dont l'acheteur a été mis en possession, ou pour un retour de partage, etc., il ne faut pas douter qu'elles ne laissent pas d'être *biens meubles*, puisque la somme d'argent qui en est l'objet principal est quelque chose de mobilier.

Mais quoiqu'une rente constituée devienne, *ex accidenti,* exigible, *putà* par la faillite du débiteur, elle ne laisse pas de conserver sa qualité d'immeuble tant qu'elle durera, et jusqu'à ce qu'elle soit rachetée : car elle n'est pas pour cela, *in se*, la créance de la somme d'argent pour le prix de laquelle elle a été créée ; et ce n'est qu'*ex accidenti* et *ex causá extrinsecá,* que le créancier a le droit de contraindre le débiteur au rachat de la rente par le paiement de cette somme.

57. On a douté autrefois à quelle classe de biens on assigneroit les offices. La question ne peut pas tomber sur les offices qui sont en la pleine disposition du roi, auxquels il n'y a aucune finance attachée, tels que sont *les offices de chancelier de France*, de premier président des parlements, de gouverneur de province, etc. Ces offices ne sont pas *in bonis,* ils ne sont pas *le bien* de celui qui en est revêtu, et par conséquent il ne peut y avoir lieu à

la question s'ils sont biens meubles, ou biens immeubles.

La question tombe principalement sur les offices vénaux, tels que sont ceux de judicature et de finance. Il faut distinguer dans ces offices le droit d'exercer la fonction publique dans laquelle consiste l'office, et la finance attachée à l'office. Le droit d'exercer la fonction publique n'est pas ce qui est dans le commerce, et sur quoi tombe la question; c'est sur la finance attachée à l'office. Cette finance consiste dans une somme d'argent qui a été payée lors de la création de l'office, et dont il a été expédié quittance par le garde du trésor royal, qu'on appelle quittance de finance de l'office. Cette finance donne à celui qui l'a payée et à ses successeurs, soit à titre universel, soit à titre singulier, jusqu'à ce qu'il plaise au roi de la rembourser, le droit de se présenter, ou une autre personne en sa place, au roi, pour être pourvu de l'office. Le roi n'est pas néanmoins astreint à accorder des provisions à la personne qui lui est présentée, et il n'est pas même obligé d'alléguer les raisons qu'il a de les refuser : mais lorsqu'il n'a aucune raison de refus, il accorde les provisions de l'office à la personne qui lui est présentée, sous la condition qu'elle sera jugée capable par la cour ou juridiction à qui elles sont adressées, et qui en ce cas doit recevoir le pourvu dans son office.

C'est en tant que les offices sont considérés par rapport à cette finance qui y est attachée, qu'ils sont dans le commerce, et qu'ils sont *in bonis* des particuliers. Cette espèce de biens étant d'une nature très-singulière, il étoit très-incertain à laquelle des deux classes de biens meubles ou immeubles elle seroit assignée. On s'est déterminé à l'assigner à celle des biens immeubles. Notre coutume en a une disposition en l'article 485.

Il y a une autre espèce d'offices, qu'on appelle *domaniaux*, parce qu'ils appartiennent au domaine du roi, et ont été engagés moyennant une certaine finance : ces offices sont pareillement réputés immeubles. Ils consistent dans le droit qu'a l'engagiste de percevoir certains droits pécuniaires attachés à l'exercice d'une fonction publique, à la charge par l'engagiste d'exercer, soit par lui-même, s'il en est capable, soit par un commis, cette fonction publique. Les greffes sont des offices de cette nature.

Il y a de certains offices dont dépend une pratique, tels que sont les offices de notaire ou de procureur. On entend par ce nom de *pratique*, l'universalité des dettes actives dues au notaire pour les actes qu'il a faits, ou au procureur pour les instances qu'il a poursuivies, tant pour les salaires qui leur sont dus pour ces actes ou procédures, que pour les déboursés qu'ils ont faits pour leurs parties.

Cette pratique ne doit point être regardée comme un accessoire de l'office, ni par conséquent en suivre la nature : c'est une espèce de bien qui est distingué de l'office, et qui, étant composé de dettes actives mobiliaires, est un bien mobilier.

Les priviléges de perruquier sont une espèce de bien qui est reputé immeuble à l'instar des offices, parcequ'il consiste pareillement en une quittance de finance qui a été payée au roi pour le privilége. Cette quittance est dans le commerce, et elle donne, à celui qui en est le propriétaire, le droit de se faire recevoir maître perruquier, ou une autre personne à sa place, dans la ville où le privilége a été établi, pourvu que lui ou la personne qu'il présente à sa place ait fait le temps d'apprentissage, et ait les autres qualités requises.

ARTICLE III.

De la division des immeubles en propres et acquêts.

§. I. Définition des propres et des acquêts, et des différentes espèces de propres.

58. La distinction des biens immeubles en *propres* et *acquêts*, a lieu dans plusieurs matières de notre droit coutumier, savoir, dans celles des testamens, des successions et du retrait lignager.

On entend par *propres* ce que plusieurs coutumes appellent *anciens héritages* (Bourgogne III, 46; Nivernois XXXIV, 12); c'est-à-dire les héritages de nos ancêtres, ou autres parents, qu'ils nous ont transmis par leur succession, ou par quelque autre titre équipollent à succession.

Les héritages qui ne sont pas propres, sont appelés *acquéts*, de quelque manière que nous les ayons acquis, *commercio, merito aut fortunâ.*

En matière de communauté de biens, le terme de *propre* se prend dans un autre sens, pour tout ce qui n'est pas commun, mais appartient en particulier à l'un des conjoints.

Il n'y avoit anciennement que les héritages et les droits dans un héritage qui fussent susceptibles de la qualité de *propres*, parcequ'il n'y avoit pas d'autre espèce d'immeubles; mais depuis qu'on a inventé les rentes constituées, et qu'on les a rendues en quelque façon semblables aux héritages en leur donnant la qualité d'immeubles, ces espèces de biens, dans les coutumes telles que la nôtre, qui leur donnent cette qualité d'immeubles sont aussi devenues susceptibles de la qualité de propres. Il faut dire la même chose des offices.

59. Lorsqu'un Orléanois a recueilli la succession d'un parent domicilié sous une coutume qui répute meubles les rentes constituées, c'est une question si les rentes qu'il a recueillies de cette succession deviennent propres en sa personne.

Pour l'affirmative, on dira que ces rentes sont devenues immeubles en la personne de l'héritier orléanois dès l'instant qu'il a succédé; que ce sont des immeubles qu'il a à titre de succession, et par conséquent des propres. Néanmoins j'inclinerois à penser que ces rentes ne sont pas propres, mais acquêts; la raison est que les propres étant, comme nous l'avons dit selon le langage des coutumes, *les anciens héritages*, il faut, pour qu'une chose ait la qualité de propre, qu'elle ait eu la nature d'*héritage*, et ait été réputée immeuble dans la personne du défunt à qui l'héritier a succédé, aussi bien que dans celle de l'héritier : car si elle n'a commencé à avoir la nature d'héritage que dans la personne de l'héritier, on ne peut dire qu'elle soit un *ancien héritage*, l'héritier étant le premier de la famille qui l'ait possédée comme héritage et immeuble. Boulenois, Tr. des statuts, 2, XII, est de ce sentiment. L'annotateur de Lebrun,

Tr. de la comm. l. 1, ch. 5, D. 4, n. 37, rapporte un arrêt du 14 mars 1697, et une sentence des requêtes du 10 avril 1710, qui ont confirmé cette opinion.

60. Les propres se divisent en propres réels et propres fictifs. Les réels sont ceux que nous avons ci-dessus définis, et dont nous traiterons d'abord : nous traiterons des fictifs dans un autre article.

On distingue encore les propres en *naissants* et *avitins*. Les propres naissants sont ceux dans lesquels nous avons succédé à notre père, notre mère, ou à quelque autre parent qui les avoit acquis, et qui ne les tenoit pas de la succession de quelqu'un de nos aïeux. Les avitins sont ceux que le parent à qui nous avons succédé, tenoit lui-même de la succession de quelqu'un de nos aïeux.

On distingue encore les propres en propres de ligne, et propres sans ligne.

Les propres *de ligne* sont ceux qui sont affectés à une certaine ligne ou famille d'où ils nous sont venus, tels que sont les propres paternels ou les maternels.

Les propres *sans ligne*, sont ceux qui ne sont pas plus affectés à une ligne qu'à l'autre, parceque le parent qui les avoit acquis, et de la succession duquel nous les avons eus immédiatement ou médiatement, étoit notre parent tant de père que de mère. Tels sont les héritages que mon frère germain avoit acquis, et que j'ai eus de sa succession ou de celle de ses enfants.

61. Entre les propres de ligne, les uns sont affectés ou à toute la ligne ou côté paternel, tels que sont les propres naissants que j'ai eus de la succession de mon père; ou à toute la ligne ou côté maternel, tels que sont les propres naissants que j'ai eus de la succession de ma mère. D'autres sont affectés seulement à l'une des lignes dans lesquelles l'un desdits côtés se divise ou subdivise.

Pour comprendre ceci, il faut observer que chaque ligne ou côté de parenté se divise et subdivise en plusieurs lignes. Par exemple, ma parenté paternelle se divise en deux lignes; l'une, de mes parents du côté de mon aïeul paternel; l'autre, de ceux du côté de mon aïeule paternelle. Chacune de ces

deux lignes se subdivise de même : par exemple, la ligne
de mon aïeul paternel se subdivise en deux lignes; savoir,
en celle de mes parents du côté de mon bisaïeul, père de
cet aïeul; et l'autre en celle de mes parents du côté de ma
bisaïeule, mère de cet aïeul, et *sic in infinitum.*

Pour connoître à quelle ligne un propre est affecté, il
faut remonter jusqu'au premier de la famille qui l'a acquis, et d'où il est depuis parvenu par un fil non interrompu de successions, jusqu'à celui de la succession duquel
il m'est avenu. Par exemple, si un héritage qui m'est avenu
de la succession de ma mère, avoit été acquis et mis dans
la famille par mon bisaïeul, père de mon aïeul maternel,
cet héritiage sera affecté à la seule ligne de ce bisaïeul,
c'est-à-dire, à ceux seulement de mes parents qui touchent
ce bisaïeul de parenté, ou directe, ou au moins collatérale.

62. Lorsque le propre a été acquis pendant la communauté de biens de deux conjoints, et qu'il ne paroît pas de
partage par lequel il soit tombé à l'un des deux, il sera pour
la moitié propre de la ligne de l'un de ces deux conjoints,
et pour l'autre moitié, propre de la ligne de l'autre conjoint.

Lorsqu'un héritage a été acquis pendant une continuation de communauté entre le survivant et un enfant, lequel a depuis succédé au survivant, cet héritage, dans
notre coutume, est acquêt à cet enfant pour la moitié qu'il
avoit dans la continuation de communauté, et propre du
côté du survivant, pour l'autre moitié, auquel il a succédé au survivant.

En cela notre coutume est différente de celle de Paris
et autres semblables, dans lesquelles l'enfant en ce cas est
censé avoir succédé à l'héritage pour le total au survivant,
lequel en conséquence lui est propre pour le total. La raison de différence est que, dans ces coutumes, il n'y a lieu
à la continuation de communauté que lorsqu'elle est demandée. C'est pourquoi lorsque l'enfant est devenu héritier du survivant sans l'avoir demandé, il n'y a pas eu
de continuation de communauté : le survivant est censé
avoir acquis pour lui seul l'héritage qu'il a acquis depuis
la mort du prédécédé, et l'enfant y succède pour le total

au survivant. Au contraire, dans notre coutume d'Orléans, la continuation de communauté a lieu, quoiqu'elle n'ait pas été demandée : c'est une société formée par la coutume, qui a lieu de plein droit.

63. Lorsque l'héritage est depuis si long-temps dans la famille, qu'on n'en connoît pas l'acquéreur, on remonte à celui de la famille qui en est le plus ancien possesseur connu ; et le propre est réputé de la ligne de ce plus ancien possesseur.

§. II. Quelles successions sont des propres, et quels titres équipollent à celui de succession.

64. Il n'importe que le parent auquel nous avons succédé soit de la ligne ascendante, descendante, ou collatérale; mais les immeubles auxquels un mari, à défaut de parents, succède à sa femme, *aut vice versâ*, ne sont pas propres.

65. La succession de nos biens étant due par la loi de nature à nos enfants et descendants, les dons ou legs que nous leur faisons sont censés leur être faits en avancement de notre succession, ou pour leur en tenir lieu; c'est pourquoi ces titres sont censés équipoller à succession, et les immeubles qu'ils ont à ces titres, sont propres.

66. Lorsqu'un père a donné à son fils une rente d'une certaine somme, dont il s'est par la donation constitué débiteur envers lui, à prendre sur tous ses biens immeubles, cette rente sera-t-elle propre? Lors de la première édition de cet ouvrage, j'avois suivi l'opinion de ceux qui pensoient que cette rente devoit être regardée comme un propre, que feu M. Rousseau, professeur du droit françois en l'université de Paris, m'avoit dit être alors l'opinion la plus suivie au palais. Pour le fondement de cette opinion, on disoit que cette rente dont le père s'est constitué débiteur envers son fils, par la donation qu'il lui en a faite, n'avoit pu, à la vérité, commencer à exister en sa forme de rente, que dans la personne du fils, le père n'ayant pu, *per rerum naturam*, avoir une rente dont il avoit été le débiteur envers lui-même : mais si cette rente est une chose qu'il n'a

pu avoir *formaliter*, en sa forme de rente, on doit nécessairement supposer que le père, avant de donner cette rente
à son fils, avoit dans ses biens cette rente, *non quidem
formaliter*, dans sa forme de rente, mais du moins *causaliter et eminenter*; autrement il n'en auroit pas pu faire donation à son fils : car on ne peut donner que ce que l'on a;
nemo dat quod non habet. Avant donc que le père eût donné
cette rente à son fils, elle appartenoit au père *causaliter*,
en ce sens qu'elle faisoit partie de la masse et du corps du
patrimoine du père, lequel a été d'autant diminué par la
donation par laquelle le père s'en est constitué débiteur
envers son fils. Cette rente est donc véritablement une chose
qui a passé du père au fils à titre de donation, et une chose
immeuble, puisque c'est une rente, et par conséquent un
propre.

J'ai appris, depuis la première édition de cet ouvrage,
qu'il étoit intervenu un arrêt qui avoit jugé, contre cette
opinion, qu'une rente dont un père s'est constitué débiteur envers son fils par la donation qu'il lui en a faite, est
un pur acquêt en la personne du fils. Je me soumets de tout
mon cœur à la décision de cet arrêt. Ce qu'on dit pour
l'opinion contraire a plus de subtilité que de solidité.
Dans la vérité des choses, cette rente n'a commencé à
exister que lorsque le père a donné l'être à cette rente, par
l'acte par lequel il s'en est constitué le débiteur. Cette
rente, aussitôt qu'elle a commencé à exister, a été une
chose appartenante au fils; elle n'a jamais appartenu au
père; elle ne peut donc être regardée que comme un acquêt
du fils. L'existence *causale* de cette rente qu'on suppose
dans la personne du père, avant qu'il en ait fait donation
à son fils, n'est, dans la vérité, rien autre chose que le
pouvoir qu'avoit le père de former cette rente, et de lui
donner l'être en s'en constituant débiteur envers son fils.
Ce pouvoir de former cette rente est quelque chose très-
réellement distingué de la rente même que le père a formée
en s'en constituant débiteur. Par conséquent, de ce que le
pouvoir de former cette rente a existé en la personne du
père, il ne s'ensuit nullement que la rente elle-même ait

existé en la personne du père, ni par conséquent qu'elle ait passé du père au fils; ce qui seroit nécessaire pour qu'elle fût propre.

Si le père avoit donné à son fils une somme d'argent, pour le prix de laquelle il lui eût, par le même contrat, constitué une rente, nul doute qu'en ce cas la rente seroit acquêt; car ce n'est pas la rente que le père a donnée, mais une somme d'argent pour le prix de laquelle le fils a acquis la rente.

67. Ce principe, que les donations et legs que nous faisons à nos enfants, sont considérés comme succession anticipée, a lieu quand même ils renonceroient à notre succession; car ils n'y renoncent que parcequ'ils se trouvent satisfaits et payés de cette dette naturelle dont nous étions tenus envers eux par le don ou legs que nous leur avons fait, lequel leur tient lieu de notre succession.

La décision a lieu, quand même nous leur aurions donné ou légué plus qu'ils n'auroient dû avoir dans notre succession.

Enfin elle a lieu quand même un aïeul auroit donné à son petit-fils, qui n'étoit pas son héritier présomptif, le petit-fils étant précédé par son père : car les biens de l'aïeul devant, selon l'ordre et la loi de nature, parvenir un jour au petit-fils, sinon directement, au moins par le canal de son père, l'aïeul, en les lui donnant, ne fait qu'anticiper le temps auquel ils doivent lui parvenir, et sauter par-dessus le canal par lequel il devoit les lui transmettre; c'est pourquoi ce don peut être considéré comme un avancement de sa succession.

68. Il n'en est pas de même des titres de commerce. Lorsqu'un père vend à son fils un héritage, cet héritage lui est acquêt comme s'il l'eût acheté d'un étranger.

Mais quoique la dation en paiement passe pour une vente, lorsqu'un père donne à son fils un héritage pour la somme qu'il lui avoit promise pour sa dot, il n'est pas censé le lui avoir vendu; on suppose plutôt que les parties se sont désistées de la donation de la somme d'argent, qui n'étoit pas encore exécutée, pour faire à la place donation de l'héritage; *Mol.* §. 33, *gl.* 1, *n.* 28. C'est sur ce principe que la coutume de Paris, *art.* 26, décide que cet acte ne donne pas lieu au profit de vente; et le même principe doit faire décider que l'héritage n'est pas acquêt, mais propre en la personne du fils, qui est censé le tenir à titre de donation.

Les commentateurs ont étendu cette disposition même au cas auquel un héritage seroit donné après la mort du père en paiement de la somme par lui promise en dot à l'enfant qui avoit renoncé à sa succession (Br. R. C. T.), même au cas auquel l'enfant se le feroit adjuger en paiement sur un curateur à la succession vacante (*Renusson*, 1, vi, 7). Ces actes passent plutôt pour l'exécution de la donation qui se fait *quamvis in re diversâ*, que pour une vente qui lui soit faite de cet héritage pour le prix de la somme qui lui est due; c'est pourquoi il est censé tenir cet héritage à titre de donation, et il lui est par conséquent propre. Renusson, *dicto loco*, observe que si l'héritage étoit cédé à cet enfant pour une somme plus grande que celle qui lui étoit due pour sa dot, l'héritage ne seroit propre qu'à proportion de ce qui étoit dû pour la dot, et acquêt pour le surplus.

La jurisprudence a encore étendu la disposition de cet article 26 de Paris à tous les actes d'accommodement de famille qui se passent entre un père ou une mère et leurs enfants. C'est pourquoi lorsqu'un père donne un héritage à son fils, à la charge de payer ses dettes, en tout ou en partie, ou pour se libérer envers lui d'un compte de tutelle; quoique ces actes paroissent être des donations onéreuses, ou des dations en paiement, qui sont des actes équipollents à vente, néanmoins il a prévalu de les regarder plutôt comme des anticipations de succession : le père fait d'avance et de son vivant succéder son fils à cet héritage, aux mêmes charges qu'il y auroit succédé après sa mort; car il n'auroit pu succéder à son père qu'à la charge d'acquitter ses dettes, soit envers les tiers, soit envers lui-même. *Arrêt du 12 mai 1631, au premier tome du Journal des Audiences.*

69. Lorsqu'un père acquiert un héritage au nom de son

fils, l'héritage est un acquêt de ce fils qui a accepté cette acquisition, quand même le père lui auroit remis la somme pour laquelle il l'a acquis; car en ce cas la donation tombe sur la somme qu'il lui a fournie pour acquérir l'héritage, plutôt que sur l'héritage.

Cela a lieu quand même le père, après que le fils auroit accepté expressément ou tacitement l'acquisition de cet héritage, en auroit, par la suite, fait donation à son fils : car la donation inutile qu'il fait à son fils d'un héritage qui lui appartenoit déjà, ne peut empêcher que cet héritage ne continue d'être un acquêt de son fils. Il en seroit autrement s'il lui en avoit fait donation avant que son fils eût accepté l'acquisition faite en son nom; car le fils, en acceptant la donation qui lui en est faite, est censé ne pas accepter l'acquisition qui en avoit été faite en son nom.

Lorsque le père est mort avant que le fils se soit expliqué sur l'acceptation de l'acquisition faite en son nom, si l'héritage se trouve compris dans le partage de la succession, c'est une preuve que le fils a refusé d'accepter l'acquisition qui en a été faite en son nom; et au contraire, si l'héritage n'a pas été compris dans le partage, c'est une preuve qu'il a accepté l'acquisition.

Si le fils, héritier unique de son père, est mort lui-même sans s'être expliqué sur l'acceptation de cette acquisition, il ne laisse pas d'être censé l'avoir acquis. Cela n'est pas douteux, si le père avoit qualité pour faire cette acquisition au nom de son fils, *putà* s'il étoit son tuteur; car le fait du tuteur étant le fait du mineur, le fils est censé avoir fait l'acquisition par le ministère de son père. Mais même dans le cas auquel le père, sans autre qualité que comme se faisant fort de son fils, auroit fait l'acquisition au nom de son fils, ce fils doit être réputé avoir accepté cette acquisition, et l'héritage doit en conséquence être censé acquêt. La raison en est, qu'on est toujours présumé avoir choisi le parti le plus avantageux. Or ce fils étant nécessairement obligé d'être acquéreur de cet héritage, ou de son chef, ou comme héritier de son père, il lui étoit plus avantageux de l'être de son chef en acceptant l'acquisition qui en a été faite en son nom; car il est plus avantageux d'être propriétaire à titre d'acquêt d'un héritage dont on a la pleine et libre disposition, que de le posséder comme propre.

Si le père avoit acquis en son nom l'héritage, quoiqu'il en eût fait donation à son fils par le même acte, l'héritage seroit propre en la personne du fils; car, dans cette espèce, l'héritage a appartenu au père au moins pendant un instant de raison, et a passé de lui au fils.

70. L'héritage donné à un ascendant ou collatéral, quoique héritier présomptif du donateur, lui est acquêt. (*Voyez l'art.* 211 *et les notes*). Cela a lieu quand même il seroit expressément dit qu'il est donné en avancement de succession; car il n'y a que nos enfants à qui nous devions, de notre vivant, notre succession : ce que nous donnons à d'autres héritiers présomptifs ne peut être qu'une vraie donation, et non un paiement anticipé de la dette naturelle de notre succession, puisque nous ne la leur devons pas.

71. Les immeubles que quelqu'un a recueillis d'une substitution à laquelle il a été appelé, lui sont *propres*, lorsque l'auteur de la substitution étoit un de ses ascendants, quoiqu'il les ait recueillis par le canal d'un collatéral, ou même d'un étranger. *Contrà, vice versâ*, ils lui sont acquêts, lorsque l'auteur de la substitution n'étoit son parent qu'en collatérale, quoiqu'il les ait recueillis par la mort de son père, qui a donné ouverture à la substitution. *Arrêts des* 24 *fév.* 1817 *et* 19 *mars* 1720, *au tome VII du Journal.* La raison en est, qu'un substitué ne tient pas du grevé les biens compris dans la substitution, mais de l'auteur de la substitution : c'est la substitution qui est son titre, et cette substitution est une donation en collatérale qui fait des acquêts.

Quelques auteurs ont pensé que cette règle devoit souffrir exception lorsque la substitution a été faite dans l'ordre des successions : leur raison est, que le testateur n'ayant eu, en faisant la substitution, d'autre intention que d'assurer la conservation de l'héritage en sa famille, la substitution auroit un effet contraire à cette intention, si elle rendoit acquêt, dans la personne du substitué, l'héritage compris dans la substitution qui lui auroit été propre, s'il n'y avoit pas eu de substitution, et qu'il l'eût recueilli à titre de succession. Mais ce sentiment n'a pas prévalu. La raison sur laquelle il est fondé est mauvaise : car il n'importe quelle intention ait eue l'auteur de la substitution, puisque les qualités de *propre* ou d'*acquêt* dépendent uniquement de la nature du titre auquel les héritages nous sont avenus, et non de la volonté de la personne qui nous les a transmis.

On a beaucoup agité la question si la remise que le roi fait d'une confiscation aux enfants ou autres héritiers du condamné, tient lieu de succession et fait des propres, ou si elle fait seulement des acquêts. Je pense que cela doit beaucoup dépendre des termes du brevet. S'il paroît que le roi a voulu se désister de son droit de confiscation, et, par la plénitude de sa puissance, rendre au condamné le droit de transmettre ses biens à ses héritiers, les biens immeubles dont la confiscation aura été remise, seront propres; mais si le roi a entendu faire simplement un don de ces biens, ils seront acquêts.

§. III. Quelles choses nous sommes censés tenir à titre de succession.

PREMIÈRE MAXIME.

72. Il est évident que nous ne possédons plus à titre de succession les héritages que nous avons eus de la succession de quelqu'un de nos parents, lorsqu'après les avoir aliénés, nous en sommes redevenus propriétaires par un nouveau titre d'acquisition; c'est pourquoi ces héritages sont des acquêts. Mais lorsque nous en redevenons propriétaires plutôt par la destruction, ou même par la simple cessation de l'aliénation que nous en avions faite, que par un nouveau titre d'acquisition, nous recommençons à les posséder à titre de succession, et ils recouvrent la qualité de propres qu'ils avoient avant l'aliénation.

Suivant ce principe, l'héritage que j'avois eu à titre de succession, et que j'avois aliéné, reprend sa qualité de propre, non seulement lorsqu'en vertu de quelque action rescisoire ou rédhibitoire, l'aliénation que j'en avois faite a été déclarée nulle, mais aussi lorsque, ne l'ayant aliéné que pour un temps, j'en suis redevenu propriétaire par l'expiration de ce temps ; ou lorsque l'ayant aliéné sous quelque condition résolutoire exprimée ou sous-entendue, j'en suis redevenu propriétaire par l'existence de cette condition, comme lorsqu'après avoir vendu mon héritage propre, j'y suis rentré en vertu d'une clause de réméré apposée au contrat, ou lorsque pour cause de survenance d'enfants, je suis rentré dans l'héritage que j'avois donné.

Il y a plus : quand même ce ne seroit en vertu d'aucune condition résolutoire, mais *ex causâ novâ* que je redeviendrois propriétaire, il suffit que cette cause soit plutôt un résiliement de l'aliénation que j'en avois faite, qu'un nouveau titre d'acquisition, *magis discessus à contractu quàm novus contractus*, pour que je recommence à le posséder au même titre de succession, et qu'il recouvre sa qualité de propre ; comme lorsqu'on me déguerpit l'héritage que j'avois aliéné à titre de bail à rente, *arrêt du* 16 *mars* 1717, *T.* VI *du journal* ; ou même comme dans l'espèce de l'article 112 de notre coutume.

DEUXIÈME MAXIME.

73. Pour que je sois censé posséder à titre de succession un héritage, et qu'il soit propre, il n'est pas nécessaire que j'aie trouvé l'héritage même dans la succession de mon parent ; il suffit que j'y aie trouvé le droit en vertu duquel j'en suis depuis devenu propriétaire.

La raison de cette maxime est, que le droit à une chose étant, *juris effectu et eventu*, réputé la chose même à laquelle il se termine, et dans laquelle il se fond et se réalise par la suite, suivant cette règle de droit, *Is qui actionem habet, ipsam rem habere videtur, l.* 15, ff. *de R. J.*, il suit de là que celui qui a succédé au *droit à une chose*, en vertu duquel il est devenu depuis propriétaire, est censé avoir succédé à la chose même.

Suivant cette maxime, si le parent à qui j'ai succédé, avoit acheté un héritage qui m'ait été livré par le vendeur depuis la mort de mon parent, je serai censé avoir cet hé ritage à titre de succession, quoique je n'aie pas trouvé l'héritage dans la succession de mon parent, mais seulement l'action *ex empto*, en vertu de laquelle je me le suis fait livrer, et en suis devenu propriétaire.

Pareillement, si le parent à qui j'ai succédé avoit aliéné un héritage sous une condition résolutoire, et que cette condition ait existé depuis sa mort, je serai censé tenir à titre de succession l'héritage dans lequel je serai rentré par l'existence de cette condition, quoique je n'aie pas trouvé l'héritage même dans la succession, et même quoique le droit qui résultoit de la condition résolutoire ne fût encore qu'un droit informe lorsque j'ai succédé à mon parent.

Lorsque l'acheteur d'un héritage à qui le parent dont je suis l'héritier l'avoit vendu et livré sans en recevoir le prix pour lequel il lui avoit donné terme, se désiste du marché par une convention que j'ai avec lui, cet héritage dans lequel je rentre, m'est propre; car j'ai trouvé, dans la succession de mon parent, le droit en vertu duquel j'y suis rentré. Ce droit est celui qu'a, dans tous les contrats synallagmatiques, la partie qui a, de sa part, exécuté le contrat, pour répéter contre l'autre partie qui refuseroit de l'exécuter de sa part, la chose qu'elle lui a donnée en exécution du contrat : c'est ce qu'on appelle *condictio ob rem dati re non secutá*. La convention que j'ai eue, en ma qualité d'héritier du vendeur, avec l'acheteur de l'héritage, par laquelle il s'est désisté du contrat, est un acquiescement qu'il a donné à l'exécution de ce droit auquel j'ai succédé à mon parent, de rentrer, *condictione ob rem dati*, dans l'héritage, en cas d'inexécution du contrat. Par conséquent, en rentrant dans cet héritage en exécution de cette convention, j'y rentre en vertu d'un droit immobilier que j'ai trouvé dans la succession de mon parent; et par conséquent l'héritage m'est propre.

74. Lorsque j'ai succédé à une seigneurie qui a droit de retrait féodal, ou droit de refus sur les héritages qui en sont mouvants, et que depuis j'exerce le droit de retrait féodal ou de refus sur quelqu'un de ces héritages qui n'a été vendu que depuis que la succession m'est échue, cet

héritage est acquêt; car le droit attaché à la seigneurie à laquelle j'ai succédé, n'est pas la cause prochaine de mon acquisition, il en est seulement la cause éloignée : ce droit auquel j'ai succédé, n'est pas le droit précisément d'avoir l'héritage; c'est le droit d'être préféré à un autre, pour l'acheter toutes les fois qu'il sera vendu : la cause prochaine de mon acquisition est le contrat de vente qui en a été fait depuis la mort de mon parent; et le droit de retrait sur l'acheteur auquel ce contrat a donné ouverture, n'est pas celui auquel j'ai succédé, mais en est seulement une es pèce de fruit civil, et en est distingué comme les fruits le sont de la chose qui les a produits. Je ne deviens donc pas propriétaire de l'héritage retiré, en vertu d'un droit au quel j'ai succédé; j'en deviens propriétaire à titre d'achat, puisque mon droit de retrait n'est autre chose que le droit de l'acheter préférablement à celui à qui il avoit été vendu; et par conséquent on ne peut douter qu'il ne soit acquêt. *Arrêt du mois de janvier* 1623, *dans Bardet*, 1, 109.

Par la même raison, l'héritage qui m'est avenu par déshérence ou confiscation, est acquêt, lorsque la déshérence ou la confiscation ont été ouvertes de mon temps, quoique mon droit de justice soit un droit auquel j'ai succédé à mes parents : car ce n'est pas *proxime et immediate*, en vertu de ce droit de justice, que je suis devenu propriétaire de l'héritage, mais en vertu du droit de déshérence ou de confiscation né de mon temps, qui est distingué de mon droit de justice, comme la fille l'est de la mère, et comme le sont les fruits de la terre qui les a produits. *Molin. in Cons. Par.* §. 30, n°s 182 et 183; *Argentré*, ff. 418, gl. 2.

Il en est autrement d'une autre espèce de droit de déshérence que quelques coutumes accordent aux seigneurs de fief, en cas de défaillance de la famille de celui au profit de qui l'inféodation a été faite. Voyez mon *Traité de la Communauté*.

Lorsque le jugement de condamnation qui emporte confiscation, a été prononcé à l'accusé, ou exécuté par effigie ou par affiche, du vivant de mon parent auquel j'ai succédé; et pareillement lorsque la mort de celui qui est mort sans héritiers, est arrivée du vivant de ce parent, quoiqu'il

soit mort avant que de se faire adjuger les biens de ce condamné, ou de ce défunt mort sans héritiers, et que c'est
moi qui me les suis fait adjuger; les biens que je me suis
fait adjuger, sont des propres en ma personne; car, suivant le principe que nous avons établi ci-dessus, il suffit
pour cela que le droit de se les faire adjuger ait été acquis
à mon parent, et que ce soit en vertu de ce droit que j'ai
trouvé dans sa succession, que je me les suis fait adjuger,
et que j'en suis devenu propriétaire.

Il en est de même lorsque la vente, qui a donné ouverture à l'action de retrait féodal, est intervenue du vivant de
mon parent, propriétaire de la seigneurie à laquelle le droit
de retrait est attaché, quoiqu'il soit mort sans l'avoir exercé, et que ce soit moi qui l'aie exercé : l'héritage dont j'aurai exercé le retrait, me sera propre; car l'action par laquelle je l'ai exercé, est une action qui a été acquise à mon
parent, et que j'ai trouvée dans sa succession.

TROISIÈME MAXIME.

75. Je possède à titre de succession et comme propre
l'héritage dont j'ai trouvé la possession dans la succession
de mon parent, quoiqu'il le possédât sans aucun droit, jusqu'à ce que j'en sois évincé, ou que je l'aie acquis du propriétaire par un nouveau titre d'acquisition.

76. Lorsque quelqu'un m'a fait contestation sur la propriété d'un héritage auquel j'ai succédé, et que, par transaction, il s'est désisté de la demande pour une somme que
je lui ai donnée, cette transaction ne doit pas passer pour
un nouveau titre d'acquisition, ni par conséquent empêcher
que cet héritage ne soit propre. On ne doit pas même admettre mon héritier aux acquêts à prouver que l'héritage
appartenoit effectivement à celui avec qui j'ai transigé, et
qu'ainsi l'acte est un titre d'acquisition, à moins qu'il n'eût
cette preuve à la main par des titres clairs et incontestables;
autrement le juge ne doit pas permettre de renouveler un
procès assoupi par la transaction. Si la somme que j'ai donnée pour me conserver l'héritage égaloit sa valeur, ce seroit
une forte présomption que l'acte seroit un vrai contrat de
vente déguisé sous le nom de transaction.

77. Si quelqu'un, se faisant fort du vrai propriétaire, avoit vendu un héritage à celui à qui j'ai succédé, quoique le propriétaire n'ait ratifié la vente que depuis la mort de mon parent, et que je n'en sois conséquemment devenu propriétaire que depuis ce temps, néanmoins cet héritage sera propre; car la ratification n'est pas un nouveau titre d'acquisition; le propriétaire qui a ratifié est censé avoir fait lui-même la vente qui a été faite en son nom, suivant la règle de droit : *Ratihabitio mandato comparatur;* et celle-ci : *Qui mandat, ipse fecisse videtur;* et c'est en vertu de cette vente, au droit de laquelle j'ai succédé à mon parent, que je suis devenu propriétaire.

78. Si une femme sous puissance de mari, sans être autorisée, avoit vendu un héritage au parent à qui j'ai succédé, et que, depuis, cette femme, devenue veuve, par un acte entre elle et moi, eût ratifié et consenti à mon profit la vente qu'elle en avoit faite, j'inclinerois à penser que cet héritage seroit acquêt; car il me paroît que cet acte ne peut passer que pour un nouveau titre d'aliénation qu'elle fait de cet héritage à mon profit, et non pour une simple confirmation de la vente qu'elle en avoit faite au défunt; ce qui est absolument nul, tel qu'est un acte d'une femme non autorisée, ne pouvant être confirmé.

79. Il n'en est pas de même de la ratification que feroit un mineur devenu majeur, de la vente qu'il auroit faite de son héritage en minorité; car la vente des héritages des mineurs n'est réputée nulle qu'en faveur des mineurs, et non *absolutè :* elle ne l'est pas lorsque le mineur, devenu majeur, juge qu'elle lui est avantageuse, soit en la ratifiant expressément, soit même tacitement, par le seul laps de dix ans qu'il laisse écouler depuis sa majorité sans se pourvoir contre. C'est pourquoi lorsqu'un mineur, devenu majeur depuis la mort du parent à qui j'ai succédé, ratifie la vente qu'il lui a faite de son héritage en minorité, je suis censé avoir cet héritage en vertu de ce contrat de vente fait à mon parent, qu'il a confirmé par sa ratification, et au droit de laquelle vente j'ai succédé à mon parent; et par conséquent l'héritage est propre.

QUATRIÈME MAXIME.

80. Un héritier est censé tenir à titre de succession pour le total, et non pas seulement pour la part dont il est héritier, les héritages qui lui échéent par un partage fait avec ses cohéritiers, quoique fait avec retour de deniers.

La raison est que les partages ne sont pas regardés comme des titres d'acquisition, mais comme des actes qui n'ont d'autre effet que de déterminer la part auparavant indivise et indéterminée qu'avoit le copartageant à ce qui lui est assigné pour son lot; de manière qu'il est censé avoir directement succédé au défunt à tout ce qui est échu en son lot, à la charge du retour.

Il en est de même de l'héritage dont un héritier se rend adjudicataire par licitation avec ses cohéritiers, fût-ce l'unique héritage de la succession. (Arrêts du 23 juin 1660, et du 24 mai 1729, rapportés par Lacombe.) La raison est qu'une licitation équipolle à un partage, *L.* 22, §. 1, ff. *famil. ercisc.* D'ailleurs, le droit qu'a l'héritier de liciter l'héritage et d'en devenir propriétaire pour le total, s'il est le plus hardi licitant, étant un droit attaché à la qualité d'indivise qu'avoit la part à laquelle l'héritier a succédé, on peut dire que, lorsque par la licitation il devient propriétaire du total, il le devient en vertu d'un droit auquel il a succédé.

Il en est de même des actes par lesquels un héritier acquiert de ses cohéritiers, ou de quelqu'un d'eux, leurs parts à titre d'achat, ou à quelque autre titre onéreux que ce soit; car la présomption est que la principale intention qu'ont eue les parties dans cet acte, a été de sortir de communauté; et comme c'est ce que les parties ont eu principalement en vue, en passant un acte qui en constitue la nature, plutôt que le nom qu'on lui a donné, cet acte doit passer moins pour un titre d'achat, ou un autre titre d'acquisition, que pour un acte qui tient lieu du partage qui étoit à faire entre les parties. *Voyez l'Arrêt du* 29 *février* 1692, *au Journal du Palais.*

Que si un héritier acquéroit à titre de donation la part de son cohéritier, il est évident que ce titre ne pourroit passer pour tenir lieu de partage : c'est pourquoi cette part seroit acquêt.

§. IV. De ce qui est uni à un propre, et de ce qui en reste.

81. Tout ce qui est uni à un propre, en suit la nature, suivant la règle, *Accessorium sequitur naturam rei principalis*. Ce principe a lieu à l'egard de l'union réelle, telle que celle d'un bâtiment construit sur un terrain propre, ou de ce qui est accru par alluvion.

82. Il en est autrement lorsque l'union n'est que civile : par exemple, lorsque j'ai réuni à mon fief dominant des héritages qui en étoient mouvants, ces héritages ne laissent pas d'être acquêts, et ne suivent pas la qualité de propre qu'avoit mon fief dominant; car cette union n'est qu'une union de fief, une union civile : ces héritages n'en sont pas moins des corps distincts et séparés, qui peuvent avoir une qualité différente; *Arrêt de* 1623, *cité* suprà, *n*. 74.

L'union de simple destination ne donne pas aussi la qualité de propre à la chose unie. Par exemple, lorsque j'acquiers un morceau de terre contiguë à celles d'une métairie qui est propre, quoique je l'unisse à ma métairie, en le donnant à ferme par un même bail avec ma métairie, et comme une terre qui en dépend, ou en l'enfermant dans l'enceinte de mon parc, dont j'ai pour cet effet reculé les murs, il ne laissera pas d'être acquêt.

83. Ce qui reste d'un propre en conserve la qualité; et il en est de même des droits que quelqu'un retient dans un héritage propre en l'aliénant, tel qu'un droit de rente foncière; et des droits qu'il conserve par rapport à cet héritage, telles que sont les actions rescisoires, l'action de réméré, etc.

ARTICLE IV.
Des propres fictifs, et de leurs divisions.

84. Les propres fictifs sont les choses qui, dans la vérité, ne sont pas des propres, n'étant pas des immeubles que nous possédions à titre de succession, mais qui sont réputées l'être par une fiction résultante de la loi ou de la convention.

Il y en a qu'on peut appeler *propres fictifs parfaits*, et d'autres qui sont *propres fictifs imparfaits*.

§. I. Des propres fictifs parfaits.

85. Les propres fictifs parfaits sont les propres de subrogation parfaite, c'est-à-dire les immeubles que j'ai acquis à la place et pour me tenir lieu d'un propre que j'ai aliéné. Ces immeubles ne sont pas propres véritables, puisque je n'en suis pas devenu propriétaire *jure sanguinis*, mais par un titre de commerce et d'acquisition : mais ils sont propres fictifs parfaits, parceque la fiction de la subrogation leur donne la même qualité de propre qu'avoit l'héritage dont ils me tiennent lieu, et ce dans tous les cas, et à l'égard de quelques personnes que ce soit, suivant la règle, *Subrogatum sapit naturam subrogati.*

Pour que cette fiction ait lieu, il faut, 1° que la chose acquise à la place d'un propre, soit, par sa nature, susceptible de cette qualité; c'est-à-dire, soit immeuble, et située dans un pays régi par une loi qui connoît la qualité de propre. Il faut, 2° qu'elle nous tienne lieu immédiatement de notre héritage propre : tel est l'héritage que j'ai acquis en échange de mon héritage (*voyez l'article* 385 *de notre coutume*) : mais si je vends mon héritage propre pour une certaine somme pour laquelle, par le même contrat, on me constitue une rente, cette rente ne sera pas propre, parcequ'elle ne me' tient pas lieu immédiatement de mon héritage, mais seulement de la somme pour laquelle je l'ai vendu.

86. Une personne a laissé dans sa succession un héritage de valeur de 40,000 livres, qui est pour moitié propre paternel, et pour l'autre moitié propre maternel, ayant été acquis conjointement par ses père et mère; il laisse un autre héritage de valeur de 20,000 livres, qui est en entier propre paternel. L'héritier paternel, pour éviter le partage qui étoit à faire entre lui et l'héritier maternel, et retenir en entier l'héritage de 40,000 livres, cède à cet héritier maternel le petit héritage paternel. On doit, suivant notre principe, décider que cet héritage paternel cédé à l'héritier maternel, sera, par subrogation en la personne de cet héritier maternel, réputé propre de la même ligne qu'étoit la portion maternelle de l'héritage de 40,000 livrres, à la-

quelle il a succédé ; car il lui tient lieu immédiatement de cette part, qui étoit un propre maternel. *Voyez Sens*, 44, et *Troyes*, 154.

87. Il n'en est pas de même lorsque deux enfants partagent confusément les successions de leurs père et mère, et que tous les héritages paternels tombent au lot de l'un, et tous les maternels au lot de l'autre ; les héritages paternels sont pour le total propres paternels en la personne de l'enfant à qui ils sont tombés ; et les maternels sont, pour le total, propres maternels en la personne de l'autre. Cette espèce-ci est très-différente de la précédente. Dans la précédente, l'héritier maternel ne succédant pas aux propres paternels, il ne peut être censé avoir le propre paternel qui lui a été cédé, qu'à la place du maternel auquel il a succédé ; ce qui le rend par subrogation propre maternel : mais chaque enfant étant héritier tant du père que de la mère, et la vérité devant prévaloir sur la fiction, les héritages qui sont avenus à chacun desdits enfants, doivent être plutôt censés lui être avenus de la succession d'où ils viennent véritablement, qu'ils ne doivent être censés subrogés, par le secours de la fiction, à la part qui lui revenoit dans les biens de l'autre succession ; et on doit plutôt croire que le retour que devoit à son frère celui à qui sont tombés, pour le total, les héritages de la succession du père, quoiqu'il n'en fût héritier que pour moitié, a été compensé avec celui qui lui étoit dû par son frère, à qui sont avenus pour le total ceux de la succession de la mère, quoiqu'il n'en fût pareillement héritier que pour moitié. On cite à la fin du *Traité des Propres* de Renusson, un arrêt de 1710, qui a jugé conformément à ce sentiment.

D'Argentré, sur l'article 418 de *Bretagne*, donne une semblable décision dans l'espèce de deux frères qui avoient partagé confusément les acquêts qu'ils avoient faits en commun, et les biens de la succession de leur père.

§. II. Des propres fictifs imparfaits formés par l'article 351 de la coutume.

88. La coutume, *art*, 351, veut que lorsque la rente d'un mineur est rachetée, ou que son héritage est vendu durant sa minorité, la somme de deniers provenue du prix

du rachat de cette rente , ou de la vente de cet héritage , ou l'emploi qui aura été fait de cette somme , ait dans la succession du mineur la même qualité de propre de ligne qu'avoit la rente ou l'héritage.

La coutume ne fait, par cet article, que des propres imparfaits, puisqu'ils ne sont réputés tels que dans le seul cas de la succession du mineur ; et il faut même qu'il décède en minorité. En cela la subrogation que cet article produit, diffère de la subrogation parfaite. Elle en diffère encore, en ce que la subrogation parfaite ne fait passer la qualité de propre qu'à des immeubles , qui tiennent lieu immédiatement de celui qui a été aliéné ; au lieu que la subrogation imparfaite que cet article de la coutume produit , fait passer la qualité de propre à des sommes de deniers , et à des choses qui ne tiennent lieu que médiatement de la rente propre qui a été rachetée, ou de l'héritage qui a été aliéné. *Voyez*, sur cette espèce de propre , *l'art.* 351 *de notre coutume , et les notes.*

§. III. Des propres fictifs conventionnels.

89. Les propres conventionnels que forment les conventions par lesquelles on stipule qu'une somme de deniers donnée à l'un des futurs conjoints, ou par lui apportée en mariage , lui sera propre , ou par lesquelles on convient qu'elle sera employée en acquisition d'héritage , sont aussi des propres imparfaits ; car ces propres ne sont réputés tels que pour le seul cas de la convention , et seulement entre les familles qui y ont été parties.

Ces propres conventionnels ont plus ou moins d'effet, suivant qu'on a donné plus ou moins d'étendue à la convention.

90. Lorsqu'on est seulement convenu qu'une somme de deniers seroit propre à l'un des futurs époux, ou qu'elle seroit employée en achat d'héritages , sans rien ajouter de plus , cette convention ne fait de cette somme qu'un simple propre de communauté ; et l'autre conjoint survivant succéde à ses enfants comme à un pur mobilier, au droit qu'ils ont de reprendre cette somme. Néanmoins lorsque c'est la femme qui a apporté une somme , avec la clause qu'elle seroit employée en achat d'héritages ; si le mari n'avoit

pas satisfait à la clause, soit en n'acquérant aucun héritage, soit en ne faisant pas de déclaration d'emploi dans les contrats d'acquisition de ceux qu'il auroit acquis, on jugeoit autrefois qu'il ne devoit pas succéder à ses enfants au droit de reprise de cette somme, parce que, s'il eût fait l'emploi, il ne leur auroit pas succédé aux héritages qui auroient été acquis de cette somme, lesquels auroient été des propres maternels, et qu'il semble qu'il ne doit pas profiter de sa négligence : mais cette jurisprudence a changé, et le mari n'est plus exclus de cette succession, à moins qu'il ne se fût formellement obligé par le contrat de mariage à faire cet emploi ; auquel cas, étant tenu des dommages et intérêts résultants de l'inexécution de son obligation, envers la famille de sa femme, envers qui il l'a contractée, il doit, pour lesdits dommages et intérêts, abandonner à cette famille cette succession. *Voyez Renusson, Traité des Propres, chap. 6, §. 7.*

91. La convention de propre a plus d'étendue, lorsqu'elle est faite non-seulement au profit de l'un des futurs, mais au profit de ses enfants ; ce qui s'exprime par cette addition, *et aux siens ;* en ce cas, le droit de reprise de la somme stipulée ainsi propre, n'est pas un simple propre de communauté, mais un propre fictif de succession, en faveur des enfants qui se succèdent les uns aux autres aux parts qu'ils ont dans cette reprise, comme à un propre du prédécédé, à l'exclusion du survivant, leur héritier au mobilier.

Mais, comme ces termes, *siens, hoirs,* dans leur étroite signification, selon laquelle s'interprètent les conventions des propres qui sont de droit étroit, ne comprennent que les enfants et ne s'étendent pas aux collatéraux, le droit de reprise cesse d'être réputé propre dans la personne du dernier qui reste des enfants, et le survivant lui succède à cette reprise, comme à un pur mobilier.

92. Lorsque les collatéraux ont été compris dans la convention de propre, comme lorsqu'il est dit, *laquelle somme sera propre à la future, aux siens et à ceux de son côté et ligne ;* en ce cas, le droit de reprise de la somme ainsi stipulée propre, est réputé, même dans la personne de celui des enfants qui est resté le dernier, un propre fictif du côté

du prédécédé, auquel succèdent ses parents de ce côté, à l'exclusion du survivant.

93. Ce droit de reprise n'est réputé propre que pour le cas de la succession : c'est pourquoi les enfants qui ont succédé à ce droit de reprise, peuvent, lorsqu'ils sont parvenus à l'âge de tester, en disposer comme d'un pur mobilier, même au profit de l'autre conjoint survivant, à moins que la convention de propre ne portât expressément que la somme seroit propre, *même quant à la disposition* ou *quant à tous effets.*

94. Observez, 1° sur les conventions de propre, que celles qui se bornent à faire de simples propres de communauté, peuvent se faire par de simples contrats de donations ou par des testaments, aussi bien que par des contrats de mariages : car, suivant la règle, *Unicuique licet quem voluerit modum liberalitati suæ apponere*, un donateur ou testateur peut donner, à la charge que ce qu'il donne n'entrera pas dans la communauté de biens qui est entre le donataire et sa femme. Mais ce n'est que par le contrat de mariage qu'on peut faire des conventions de propres qui fassent des propres fictifs de succession; car les successions étant de droit public, on ne peut pas, hors les contrats de mariage que notre droit rend susceptibles de toutes conventions, faire aucune convention ou disposition qui en intervertisse l'ordre, suivant cette règle: *Privatorum pactis juri publico derogari non potest;* et cette autre : *Privatorum cautionem legum auctoritate non censeri. L.* 16, ff. *de suis et leg. her.*

95. Observez, 2° que les conventions de propre étant de droit étroit, elles s'entendent selon la rigueur des termes, et ne sont guère susceptibles d'aucune extension ni interprétation qui s'en écarte : c'est par cette raison que nous avons dit ci-dessus, que, dans ces conventions, les termes de *siens*, *hoirs*, ne s'étendoient pas aux collatéraux. Au reste, ils ne se bornent pas aux seuls enfants qui naîtront du futur mariage; mais ils comprennent indistinctement tous les enfants.

C'est aussi par cette raison que, lorsqu'un père ou une mère a doté *de suo* sa fille d'une somme de deniers, et a stipulé qu'elle seroit *propre à la future, aux siens, et à ceux de son côté et ligne*, quoiqu'on jugeât autrefois que cette convention de propre devoit être censée faite au profit de la seule famille du donateur qui étoit censé avoir voulu conserver son bien à sa famille, plutôt qu'à celle de sa femme; néanmoins on juge aujourd'hui que tous les parents de la future épouse sont indistinctement compris dans cette convention de propre; parceque, dans cette phrase, ces termes, *de son côté et ligne*, dans le sens rigoureux et grammatical, se réfèrent à la future, et s'entendent de tous ceux qui sont du côté et ligne de la future, et non pas seulement de ceux qui sont du côté et ligne du donateur. On l'a ainsi jugé par arrêt du 4 juillet 1713, *R. au t.* VI *du Journal*. Autre arrêt, en forme de règlement, du 16 mars 1733, rapporté par Lacombe.

Par la même raison, s'il est dit qu'en cas d'aliénation des propres de l'un des futurs conjoints, l'action de remploi lui sera propre, *aux siens, et à ceux de son côté et ligne*, cette action ne sera pas affectée seulement à ceux de la ligne d'où le propre procède, mais généralement à tous les parents dudit futur. Arrêt du 16 mai 1735, rapporté par le même auteur.

96. Par la même raison, lorsque l'un des futurs a stipulé propre à ceux de son côté et ligne, *le surplus de ses biens*, la convention ne comprend que le mobilier qu'il avoit lors de son mariage, et ne s'étend pas à ce qui lui est échu depuis par succession ou donation, ni même aux actions de remploi du prix de ses propres qui seroient aliénés durant le mariage.

Néanmoins, si le surplus de ses biens ne consistoit qu'en immeubles, comme ils n'ont pas besoin de convention pour être propres, et que conséquemment la convention ne peut avoir aucun effet que dans le cas auquel ils seroient aliénés, et par rapport à l'action de remploi, on en doit nécessairement conclure, en ce cas, que c'est l'action du remploi du prix desdits immeubles qui pourroient être vendus, qu'on a eue en vue, et qui a fait l'objet de la convention.

Suivant le même principe, la clause que les successions qui aviendront à l'un des futurs conjoints, lui seront propres, *et aux siens, etc.*, ne s'étend pas aux donations ou legs qui lui seront faits pendant le mariage. Lebrun, *l.* 3, *ch.* 2, §. 1, *D.* 3, *N.* 34, en exclut même les donations qui lui seroient faites par quelqu'un de ses ascendants : mais cet avis est trop rigoureux; car ces donations étant des avancements de succession, elles sont comprises sous le terme de *succession,* et paroissent avoir été l'objet de la convention. *Vice versâ,* la clause que ce qui aviendra à l'un des futurs, par donation ou legs, lui sera propre *et aux siens, etc.,* ne s'étend pas aux successions; mais elle comprend les donations qui lui seroient faites par quelqu'un de ses ascendants, aussi bien que les autres; car, quoiqu'elles soient réputées successions anticipées, elles n'en sont pas moins aussi donations. Suivant ce même principe, ces clauses ne comprennent que ce qui avient au conjoint pendant le mariage, et non ce qui avient depuis sa mort, par succession ou donation, à ses enfants. *Renusson, vj,* 5, 18.

97. Observez, 3° que les conventions n'ayant d'effet qu'entre les parties contractantes, suivant cette règle : *Animadvertendum ne conventio in aliâ re facta aut cum aliâ personâ, in aliâ re aliâve personâ noceat,* l. 27, §. 4, *de pact.*, les propres conventionnels ne peuvent être réputés tels qu'en faveur de la famille du conjoint qui a fait la stipulation, et seulement contre la famille de l'autre conjoint. C'est pourquoi si Titius *Primus* a épousé Sempronia, qui a apporté une somme de 10,000 livres, qu'elle s'est stipulée propre, et à ceux de son côté et ligne; et que Sempronia ait laissé pour fils et héritier Titius *Secundus,* qui a épousé Maria, lequel Titius est mort, et a laissé pour héritier Titius *Tertius,* qui est mort aussi; Maria sa mère succédera, comme à un mobilier, à son fils, au droit de reprise de la somme de 10,000 livres, que Sempronia avoit stipulée propre à ceux de son côté et ligne, sans que ceux du côté et ligne de Sempronia puissent lui disputer cette succession; car ce droit de reprise n'est propre conventionnel du côté et ligne de Sempronia que vis-à-vis de la famille des Titius avec qui la convention a été faite, et il ne peut être réputé tel vis-à-vis de Maria, qui n'y étoit pas partie.

Il suit de notre principe, que Lebrun s'est grossièrement

trompé lorsqu'il a dit, *l.* 1, *ch.* 5, *S.* 1, *D.* 3, *N.* 12,
que lorsqu'une veuve créancière de la reprise de ses deniers stipulés propres, *même quant à la disposition*, par
son premier contrat de mariage, passoit à un second, cette
reprise ne tomboit pas dans la communauté légale de ce
second mariage, étant réputée immeuble, même pour le
cas de la disposition : car cette reprise n'étant qu'un propre conventionnel, ne peut être réputée immeuble que
vis-à-vis de la famille du premier mari, avec qui la convention a été faite, et non vis-à-vis de son second mari, à
qui cette convention de propre, qui n'a pas été faite avec
lui, ne peut être opposée.

Depuis la première édition de notre ouvrage, il est intervenu, sur les conclusions de M. de Saint-Fargeau, alors
avocat-général, un arrêt du 17 mai 1762, en forme de règlement, qui a restreint encore davantage l'effet de ces
conventions. Avant cet arrêt, les conventions par lesquelles l'un des conjoints stipuloit propres ses effets mobiliers, *à lui, aux siens, et à ceux de son côté et ligne*, étoient
regardées comme des lois entre les deux familles; et les
propres formés par ces conventions étoient regardés
comme tels dans la succession des enfants du conjoint
qui avoit fait la stipulation, non seulement contre l'autre
conjoint, mais pareillement contre tous les parents de la
famille de l'autre conjoint. Mais cet arrêt a jugé que ces
conventions ne devoient avoir d'effet qu'entre les seules
parties contractantes; c'est-à-dire, entre les seuls conjoints, et qu'en conséquence, dans la succession des enfants
de celui des conjoints qui a fait la stipulation, les héritiers
aux propres du côté du conjoint qui a fait la stipulation,
ne pouvoient prétendre comme propres de leur côté les
effets mobiliers compris en la stipulation, que contre l'autre conjoint qui se trouveroit être l'héritier au mobilier
de cet enfant, et contre ceux qui seroient à ses droits;
mais qu'ils ne pouvoient pas prétendre comme propres les
effets mobiliers compris en la stipulation contre les parents
de la famille de l'autre conjoint, qui viendroient de leur
propre chef à la succession de l'enfant, comme ses plus
proches parents et ses héritiers au mobilier; la conven-

15.—1.

tion par laquélle ils ont été stipulés propres, étant une convention à laquelle ils n'ont pas été parties. *Voyez mon Traité de la Communauté*, n. 339, où j'ai rapporté cet arrêt.

98. Ces propres conventionnels s'éteignent lorsque la fiction a été consommée.

Observez que lorsqu'une somme a été stipulée propre à plusieurs enfants par leur mère, l'un de ces enfants venant à mourir, la fiction n'est pas consommée pour la part que cet enfant avoit dans la reprise de cette somme, par la succession de cette part à laquelle ses frères et sœurs ont succédé comme à un propre, à l'exclusion du père : car cette part à laquelle ils ont succédé à leur frère, sera encore considérée comme un propre dans leur succession, lorsqu'ils mourront. La fiction ne sera consommée que lorsqu'il ne restera plus qu'un enfant ; et si la stipulation a été faite au profit de ceux du côté et ligne, la fiction ne sera consommée que par la succession des collatéraux au dernier resté des enfants.

Ces propres conventionnels s'éteignent aussi par le transport que l'enfant créancier de la reprise de la somme stipulée propre, en fait à quelqu'un ; de même que les héritages perdent la qualité de propres réels, par l'aliénation qu'en font ceux en la personne de qui ils avoient cette qualité de propres. Ils s'éteignent aussi par le paiement que le conjoint, débiteur de la somme réservée propre par le prédécédé, en fait à ses enfants à qui la reprise en appartient ; car la créance de la reprise de cette somme étant éteinte par le paiement qui en est fait, ne peut plus avoir la qualité de propre ; ce qui n'existe plus n'étant pas susceptible d'aucune qualité. Par la même raison, lorsque les enfants créanciers de la somme réservée propre, sont devenus héritiers purs et simples du survivant qui en étoit le débiteur, leur créance étant éteinte par la confusion qu'opère le concours des deux qualités de créanciers et de débiteurs, dans leurs personnes, il ne peut plus rester de propre conventionnel.

Secùs, s'ils avoient accepté la succession sous bénéfice d'inventaire, le bénéfice d'inventaire empêchant cette confusion. *Voyez l'Introduction au Titre* XVII, *ci-après*, n. 52

Ces décisions souffrent exception, lorsque l'enfant qui a fait le transport, ou à qui le paiement du propre conventionnel a été fait, ou qui a succédé au survivant qui en étoit le débiteur, étoit mineur, et est décédé mineur; car, en ce cas, les deniers qu'il a reçus en paiement du prix de ce propre conventionnel doivent tenir même nature de propre en sa succession, suivant l'art. 351 de notre coutume, comme il a déja été dit au paragraphe précédent. Pareillement les biens auxquels il a succédé au survivant débiteur du propre conventionnel, doivent, jusqu'à due concurrence, tenir lieu à cet enfant du remploi de ce propre conventionnel qui s'est éteint par l'acceptation de cette succession; et ce remploi doit, aux termes dudit article 351, tenir même nature de propre que le propre conventionnel, en la succession de cet enfant, s'il décède mineur.

Il pourroit y avoir lieu à la reprise de la somme propre, dans la succession de l'enfant qui en auroit été payé, même dans le cas auquel il seroit décédé majeur, si la clause étoit ainsi conçue : *laquelle somme demeurera propre à la future, aux siens, et à ceux de son côté et ligne, qui la prendront dans la succession des enfants, soit que la reprise leur en fût encore due, soit qu'elle eût été déja payée auxdits enfants.*

SECTION II.

Des droits par rapport aux choses; et de la possession.

99. On considère, par rapport aux choses, deux espèces de droits; le droit qu'on a dans la chose, *jus in re*; et le droit qu'on a simplement à la chose, *jus ad rem*. Il y a plusieurs espèces particulières de droits *dans la chose*, que nous allons indiquer.

§. I. Du domaine de propriété.

100. La principale espèce de droit qu'on a dans une chose, est le droit de domaine ou de propriété. Ce droit, lorsqu'il est parfait, renferme éminemment tous les autres, qui n'en sont que des émanations.

On peut définir le droit de propriété, le droit de disposer d'une chose comme bon semble, sans donner atteinte au droit d'autrui, ni aux lois.

Ce droit de *disposer* qu'a le propriétaire, renferme celui

de percevoir tous les fruits de la chose, de s'en servir non
seulement aux usages auxquels elle paroît naturellement
destinée, mais même à tels usages que bon lui semblera ;
d'en changer la forme ; de la perdre et détruire entièrement ; de l'aliéner, de l'engager ; d'accorder à d'autres dans
cette chose tel droit que bon lui semblera, et de leur en
permettre tel usage qu'il jugera à propos.

101. Le propriétaire ne peut pas néanmoins toujours
faire toutes ces choses que le droit de propriété renferme :
il peut en être empêché, soit par le défaut de sa personne
comme par sa minorité ou par l'interdiction de sa personne, soit par quelque imperfection de son droit.

Par exemple, celui qui est propriétaire sous quelque
condition résolutoire apposée au titre d'acquisition que lui
ou ses auteurs ont faite de la chose, ou qui est grevé de
substitution, ne peut l'aliéner, l'engager, ni accorder à
d'autres des droits dans cette chose que pour le temps que
doit durer son droit de propriété, c'est-à-dire, jusqu'au
temps de la condition ou de l'ouverture de la substitution
qui le doit résoudre. Il ne doit aussi ni perdre, ni détériorer cette chose au préjudice de ceux à qui elle doit retourner après l'extinction de son droit.

Pareillement, le propriétaire d'une chose dans laquelle
d'autres ont quelque droit, comme d'usufruit, de rente foncière, etc., n'ayant pas une propriété parfaite, puisqu'elle
est diminuée par les droits que d'autres ont dans la chose,
il ne lui est pas permis de la perdre, ni de la détériorer
au préjudice du droit des autres.

Pareillement, quoique le domaine de propriété renferme
le droit de percevoir les fruits de la chose, néanmoins si
quelqu'un a le droit d'usufruit de cette chose, le propriétaire ne peut les percevoir tant que l'usufruit durera.

Ces termes de la définition, *sans donner atteinte aux droits
d'autrui*, ne s'entendent pas seulement des droits que
d'autres ont ou doivent avoir un jour dans l'héritage ; ils
s'entendent aussi des propriétaires et possesseurs voisins.
Quoique le domaine de propriété donne au propriétaire le
pouvoir de faire ce que bon lui semble dans son héritage,
il ne peut néanmoins y faire ce que les obligations du voi-

sinage ne permettent pas d'y faire au préjudice des voisins.
*Voyez le second appendice à notre Traité du Contrat de
société*, où nous avons traité des obligations du voisinage.

Enfin, quelque grand que soit le pouvoir que le domaine
de propriété donne au propriétaire de disposer de sa chose
comme bon lui semble, il est borné par les lois. Par exemple,
quoique le propriétaire d'une chose ait une liberté indé-
finie de la vendre, et de la transporter où bon lui semble;
néanmoins lorsqu'il y a une loi qui défend d'exporter hors
du royaume certaines marchandises, le propriétaire de ces
marchandises ne peut licitement les exporter, ni les vendre
pour le compte de l'étranger.

Nous avons aussi ajouté, *ni aux lois;* car s'il y avoit quelque loi de police qui ordonnât quelque chose pour conserver la symétrie des maisons qui composent une place
publique, les propriétaires des maisons de cette place ne
pourroient pas en changer la forme d'une manière contraire à ce qui seroit prescrit par cette loi.

102. Les bornes de cette introduction ne nous permettent pas de traiter ici des différentes manières d'acquérir le droit de domaine ou propriété, soit par le droit naturel, soit par le droit civil. Il nous suffira d'observer
que les simples conventions ne peuvent que former des
obligations, et n'ont pas la vertu de transférer le domaine
d'une personne à une autre, si elles ne sont accompagnées
ou suivies de tradition réelle ou feinte; *traditionibus et usu-
capionibus dominia rerum non nudis pactis transferuntur,
l. 20, cod. de pact.;* ou si n'est que la chose se trouvât déja,
lors de la convention, par-devers celui à qui l'on veut en
transférer le domaine.

La tradition réelle, si la chose est un immeuble, se
fait *de manu in manum datione;* c'est-à-dire, lorsque celui
qui entend m'en faire la tradition, la remet entre mes mains,
ou entre les mains d'une personne par qui je l'envoie quérir, et qui la reçoit pour moi et en mon nom.

Si c'est un héritage, la tradition réelle s'en fait par la possession que j'en prends du consentement de celui qui entend
m'en faire la tradition, en me transportant sur l'héritage, ou
par moi-même, ou par quelqu'un que j'y envoie de ma part.

Lorsque celui qui entend me faire la tradition d'une maison, m'en remet les clefs après en avoir délogé ses meubles, c'est une tradition symbolique qui équivaut à la tradition réelle.

Il en est de même de la remise qui m'est faite des clefs d'un magasin où sont les marchandises dont on entend me faire la tradition : cette remise des clefs du magasin est une tradition symbolique qui équivaut à la tradition réelle des marchandises. *L.* 9, §. 6, ff. *de acq. rer. dom.*

La montrée qui m'est faite d'une chose dont on entend me faire la tradition, avec le pouvoir qui m'est donné de m'en saisir ou de la faire enlever, est aussi une espèce de tradition qui équivaut à la tradition réelle ; je suis censé, en attendant, en prendre possession *oculis et affectu*, l. 1, §. 21, ff. *de acq. poss.* On appelle cette espèce de tradition, tradition *longæ manûs*, l. 79, ff. *de solut.* Elle a lieu non-seulement à l'égard des meubles, mais aussi à l'égard des héritages ; *l.* 18, §. 2, ff. *de acq. poss.*

Il y a une autre espèce de tradition qu'on appelle *brevis manûs*, qui a lieu lorsque quelqu'un m'a vendu ou donné une chose qui étoit déja par-devers moi, *putà* à titre de prêt ou de dépôt. On feint que je l'ai rendue à mon vendeur ou donateur, lequel me l'a sur-le-champ remise, en exécution de la vente ou de la donation qu'il m'en a faite. Cette fiction est assez inutile : il est plus simple de dire que lorsque la chose dont on est convenu de transférer le domaine à quelqu'un, se trouve par-devers lui, la seule convention suffit pour la lui transférer, sans qu'il soit besoin, en ce cas, de tradition. Cette fiction *brevis manûs* a lieu dans d'autres cas que nous avons rapportés en notre *Traité du Domaine de Propriété*, n°. 207.

On a élevé la question si la marque mise par l'acheteur, du consentement du vendeur, équivaloit à tradition. Il a prévalu, à l'égard des choses facilement transportables, que cette marque n'étoit censée mise que pour faire preuve de la vente, et pour qu'on n'en pût substituer d'autres, mais qu'elle ne tenoit pas lieu de tradition. C'est ce que nous apprenons de la loi 1, §. 2, ff. *de per. et com. rer. vend.* où il est dit : *Si dolium signatum sit ab emptore, Trebatius ait*

traditum sic videri; Labeo contrà quod et verum est : magìs enim
ne summutetur signare solere, quàm ut tradere tùm videatur.

À l'égard des choses de grand poids, la marque qui y est
mise équipolle à tradition. Paul, en la Loi 14, §. 1, ff. *de*
per. et com. rei vend., dit : *videri trabes traditas quas*
emptor signasset.

103. Il y a certaines clauses qu'on appose quelquefois
aux contrats de vente, de donation, ou autres semblables,
lesquelles sont censées renfermer une tradition, faute de
la chose. Par exemple, les clauses par lesquelles un vendeur ou donateur se retient par le contrat l'usufruit de la
chose qu'il aliène, ou la retient à titre de ferme ou de loyer,
renferment une tradition feinte; car un usufruitier, fermier ou locataire, ne pouvant être censé posséder en son
propre nom, et comme une chose à lui appartenante, la
chose qu'il tient à ces titres, le vendeur ou donateur, en
se rendant usufruitier, fermier ou locataire de la chose
qu'il aliène, cesse de la posséder en son nom, et en prend
en quelque façon possession pour et au nom de l'acheteur
ou donataire de qui il la retient à ces titres.

Par la même raison, les clauses de constitut et de pré-
caire, par lesquelles un vendeur ou donataire déclare, par
le contrat, qu'il ne retient plus la chose qu'au nom de
l'acheteur ou donataire, et qu'il reconnoît la tenir précai-
rement de lui, renferment une tradition feinte.

Dans notre coutume, la simple clause de *dessaisine-saisine*,
dans les actes par-devant notaires, équipolle aussi à tradition. *Voyez l'article* 278.

104. Les choses incorporelles n'étant pas susceptibles
d'une véritable possession, mais d'une quasi-possession,
ne sont pas susceptibles d'une tradition réelle. À l'égard
des droits réels, tels que sont les droits de servitudes, la
tradition est censée s'en faire *usu et patientiâ*, c'est-à-dire
aussitôt que j'ai commencé à jouir et user du droit au vu
et au su de celui qui entend m'en faire la tradition.

À l'égard des créances, soit rentes, soit créances mobiliaires, la tradition ne peut s'en faire que par une signification que le cessionnaire fait, par un huissier, de son transport au débiteur; ou par l'acceptation qui est faite du trans-

port par le débiteur, lequel s'oblige de payer la dette au cessionnaire. Cette acceptation doit se faire par acte devant notaire, les actes sous signatures privées ne faisant pas foi de leur date vis-à-vis des tiers.

La règle qui exige l'acceptation pour la translation de la propriété d'une créance, souffre exception à l'égard des lettres de change et des billets à ordre. Le propriétaire de la lettre ou billet, qui l'a endossé au profit de quelqu'un, lui transfère la propriété de la créance qu'elle renferme, en remettant la lettre ou le billet endossé, sans qu'il soit besoin de faire aucune signification au débiteur.

La propriété des créances que renferment les billets au porteur, se transfère aussi par la tradition du billet.

Il reste à observer, à l'égard de toutes les traditions réelles ou feintes, que pour qu'elles transfèrent la propriété, il faut, 1° qu'elle soit faite, ou par le propriétaire de la chose, ou de son consentement au moins général et implicite, ou par quelqu'un qui ait qualité ou pouvoir de la faire pour lui. 2° Il faut que le propriétaire par qui ou du consentement de qui la tradition est faite, soit usant de ses droits, et ait pouvoir d'aliéner. 3° Il faut que la tradition se fasse en exécution d'un juste titre qui soit intervenu, ou que les parties croient être intervenu. On appelle justes titres ceux qui sont de nature à transférer la propriété par la tradition qui se fait en exécution. 4° Enfin il faut que le consentement des parties intervienne; c'est-à-dire, que celui qui fait la tradition ait la volonté de transférer la propriété de la chose à celui à qui il la fait, et que celui-ci ait la volonté de l'acquérir. *Voyez mon Traité du Domaine de propriété*.

§. II. Du domaine de supériorité, et des autres droits qu'on peut avoir dans une chose.

105. Le domaine de supériorité, qu'on appelle aussi *domaine direct*, est celui que les seigneurs de fief ou de censive se sont retenu dans les héritages donnés à l'un ou à l'autre de ces titres. Il consiste à se dire et porter seigneur de ces héritages, et à exiger des propriétaires et possesseurs certains devoirs ou redevances recognitifs de cette seigneurie. *Voyez* sur ce *l'introduction au titre des fiefs, et celle au titre des censives.*

106. Les autres droits qu'on peut avoir dans une chose, sont les droits de rente ou redevance foncière, de servitudes, tant personnelles que prédiales, et d'hypothèque. Le droit de rente ou redevance foncière est le droit d'exiger des propriétaires et possesseurs d'un héritage cette redevance. *Voyez l'introduction au titre* 19.

Les droits de servitudes personnelles sont l'usufruit, l'usage et l'habitation.

L'usufruit est le droit d'user non-seulement de la chose d'autrui, mais d'en jouir, c'est-à-dire, d'en percevoir tous les fruits, et d'en faire son profit. *L'usage* est le droit d'en user seulement. *L'habitation* est le droit de loger dans une maison. *Voyez*, sur ces droits de servitudes personnelles, *l'introduction au titre* 13.

Le droit de servitude prédiale est le droit qu'a le propriétaire d'un héritage de faire quelque chose dans l'héritage voisin pour la commodité de son héritage, ou d'empêcher qu'il n'y soit fait quelque chose. *V. l'introduction au titre* 13.

Enfin le droit d'hypothèque est le droit qu'un créancier a dans un héritage pour la sûreté d'une créance; il consiste à pouvoir, à défaut de paiement, la saisir et la faire vendre pour être payé sur le prix.

§. III. De la possession.

107. La possession n'est pas proprement un droit dans la chose, puisqu'on peut posséder une chose sans y avoir droit, et que la possession consiste dans le simple fait de posséder. Néanmoins cette possession a des effets de droit qui consistent, 1° en ce que le possesseur est présumé propriétaire de la chose jusqu'à ce que le vrai propriétaire ait pleinement justifié sa propriété; 2° en ce qu'elle donne au possesseur des actions contre ceux qui l'y troubleroient ou qui l'en dépouilleroient; sur quoi *voyez le titre* 22; 3° en ce que, lorsqu'elle est accompagnée de bonne foi, elle donne au possesseur le droit de retenir les fruits qu'il a perçus jusqu'au jour de la demande du propriétaire qui a justifié de sa propriété; 4° enfin, en ce qu'elle fait acquérir au possesseur le droit de propriété au bout du temps requis par la prescription. *Voyez le titre* 14.

§. IV. Du droit à la chose, ou *jus ad rem*.

108. Le droit à la chose, ou *jus ad rem*, naît de l'obligation personnelle que quelqu'un a contractée envers nous de nous donner une chose, ou quelque usage d'une chose. Cette obligation ne nous donne aucun droit dans la chose qui en fait l'objet; elle oblige seulement envers nous la personne qui l'a contractée. C'est pourquoi le droit qui en résulte n'est pas un *droit dans la chose*, mais un droit contre la personne qui a contracté l'obligation, pour la faire condamner à nous donner la chose qu'elle s'est obligée de nous donner.

De là il suit que l'obligation que quelqu'un a contractée envers nous de nous donner une chose, ne l'empêche pas de l'aliéner, et d'en transmettre la propriété à un tiers, sans que nous puissions avoir aucune action contre ce tiers, *l.* 15, *cod. de R. V.;* car cette obligation ne nous a donné aucun droit dans cette chose, mais seulement une action contre celui qui s'est obligé envers nous, aux fins de le faire condamner en nos dommages et intérêts, pour n'avoir pas accompli envers nous son obligation. Les bornes de cette introduction ne nous permettent pas de traiter la matière des *Obligations*, d'où naît *le droit à la chose :* son étendue exige un traité particulier.

CHAPITRE IV.

Des actions.

109. On appelle *action* le droit que chacun a de poursuivre en jugement ce qui lui appartient, ou ce qui lui est dû : *Actio est jus persequendi in judicio.*

Ce terme d'*action* se prend aussi pour l'exercice de ce droit, c'est-à-dire, pour la demande judiciaire.

110. Il y a deux espèces principales d'actions; les actions *réelles*, et les actions *personnelles*. Plusieurs ajoutent une troisième espèce; savoir, les *mixtes*.

L'action réelle est celle que celui qui est propriétaire d'une chose, ou qui a quelque droit dans cette chose, a contre le possesseur, pour qu'il soit tenu de lui délaisser la chose, ou de le servir ou laisser jouir du droit qu'il y a.

L'action personnelle est celle qu'a un créancier contre son débiteur pour qu'il soit tenu d'accomplir l'engagement qu'il a contracté envers lui.

L'action réelle, qui naît d'un droit que quelqu'un a dans la chose, suit la chose, et se donne contre ceux qui la possèdent.

L'action personnelle, qui naît de l'obligation qu'une personne a contractée envers nous, suit la personne, et se donne contre la personne qui a contracté l'obligation, ou contre ses héritiers, ou autres successeurs universels qui succèdent à ses obligations.

Elle ne se donne pas contre les tiers détenteurs de la chose qui a fait la matière de l'obligation, parce que l'obligation ne donne au créancier aucun droit dans la chose, comme nous l'avons observé au chapitre précédent.

§. I. Des actions réelles.

111. Il y a plusieurs espèces d'actions réelles : la première est celle qui a lieu pour les droits successifs et universels, qu'on appelle *petitio hæreditatis*.

Cette action est celle par laquelle un héritier réclame une succession, ou pour le total, s'il est unique héritier; ou pour la part qui lui en appartient, s'il n'est héritier que pour partie.

Cette action s'intente contre ceux qui, étant en possession de quelques biens de la succession, disputent la succession à l'héritier qui la réclame.

Cette action est donnée aux fins qu'après que l'héritier demandeur aura justifié de son droit, ces possesseurs soient condamnés à lui restituer, ou pour le total, les biens de la succession qu'ils possèdent, s'il est unique héritier; ou pour la part pour laquelle il est héritier, s'il ne l'est que pour partie.

On peut intenter la pétition d'hérédité contre un débiteur de la succession qui refuseroit de payer ce qu'il doit à la succession, parce qu'il prétend que c'est à lui qu'appartient la succession : car, en formant cette contestation, il dispute la succession à l'héritier, et il se rend en quelque façon possesseur de la créance que le successeur a contre lui.

Celui à qui appartient le pécule d'un religieux défunt,
ou les biens d'une personne morte sans héritiers, ou confisqués, a une action à l'instar de la petition d'hérédité,
contre ceux qui en possèdent quelque chose, et qui lui
disputent cette succession.

112. Il y a autant d'espèces d'actions réelles à l'égard
des choses particulières, comme il y a de différents droits
dans une chose.

Du droit de propriété naît l'action de revendication qu'a
le propriétaire d'une chose contre le possesseur, pour
qu'il soit tenu de la lui délaisser.

Lorsque la chose que le propriétaire veut revendiquer
est un meuble corporel, il peut y procéder par la voie de
l'entiercement, dont notre coutume parle aux articles 454
et 455. *Voyez l'introduction au titre* 20.

L'action de revendication étant une action qui naît du
droit de propriété, c'est une conséquence qu'elle ne peut
être légitimement intentée que par le propriétaire de la
chose. Néanmoins, lorsque quelqu'un, après avoir possédé
une chose avec titre et bonne foi, en a perdu la possession,
quoiqu'il n'en soit pas encore le propriétaire, on lui accorde, contre la rigueur du droit, une action de revendication de cette chose contre celui qui la possède sans titre.
On appelle cette action, *actio publiciana*. Voyez, sur cette
action, notre *Traité du Domaine de Propriété,* page 2, chap. 1.

Du domaine de supériorité qu'un seigneur a sur un héritage qui relève de lui, soit en fief, soit en censive, naît
l'action qu'a ce seigneur contre son vassal ou censitaire,
pour qu'il le reconnoisse pour son seigneur.

Du droit de rente foncière, ou autre redevance foncière
que quelqu'un a sur un héritage, naît l'action qu'a celui à
qui elle appartient, contre le possesseur de l'héritage,
pour qu'il soit tenu de la reconnoître, et de l'en servir.
Voyez le tit. 19 *de notre coutume.*

Des droits de servitude naissent l'action *confessoire*, qu'a
celui à qui appartient le droit de servitude, contre le possesseur de l'héritage, qui l'empêche d'en user, pour qu'il
soit tenu de l'en laisser jouir ; et l'action *négatoire*, qu'a le
propriétaire et possesseur de l'héritage contre celui qui s'y

attribue sans droit une servitude, par laquelle action il réclame la liberté de son héritage, et conclut à ce qu'il soit fait défenses au défendeur de s'y attribuer aucun droit de servitude; sur quoi *voyez le titre* 13.

Du droit d'hypothèque naît l'action *hypothécaire*, qu'a le créancier contre le possesseur de l'héritage sujet à son hypothèque, pour lui faire délaisser cet héritage pour être vendu, et le créancier payé sur le prix.

Il en naît une autre action, qui s'appelle *action d'interruption*, qui se borne à faire déclarer sujet au droit d'hypothèque l'héritage qui y est sujet. *V.* sur ces actions *le titre* 20.

§. II. Des actions personnelles.

113. Il y a une infinité d'espèces particulières d'actions personnelles, y ayant une infinité de contrats, quasi-contrats, délits ou quasi-délits, d'où elles naissent.

114. On appelle *contrat* la convention de deux ou plusieurs personnes, par laquelle l'une et l'autre réciproquement, ou l'une d'elles seulement, s'engage envers l'autre à lui donner quelque chose, ou à faire ou ne pas faire quelque chose.

De là la division des contrats en *synallagmatiques*, par lesquels chacune des parties s'engage réciproquement envers l'autre, et d'où naissent par conséquent des actions respectives; tels sont les contrats de vente, de louage, de société, de mandat, etc. : et en contrats *unilatéraux* par lesquels il n'y a que l'une des parties qui s'engage envers l'autre; tel est le contrat de prêt d'argent.

115. On appelle *quasi-contrat*, un fait licite d'où résulte quelque obligation d'une personne envers une autre, sans qu'il soit intervenu aucune convention entre elles. Telle est la gestion qui se fait des affaires d'un absent sans aucun ordre de sa part; car cette gestion oblige celui qui a géré à rendre compte, et celui dont les affaires ont été gérées, à indemniser celui qui les a gérées de ce qu'il lui en a coûté.

116. On appelle *délits* et *quasi-délits* les faits illicites qui ont causé quelque tort à quelqu'un, d'où naît l'obligation de le réparer.

Si ce fait procède de malice et d'une volonté de causer

ce tort, c'est un *délit* proprement dit, tel que le vol : s'il
ne procède que d'imprudence, c'est un *quasi-délit.*

117. Il y a aussi des actions personnelles qui naissent
de certains engagements que la loi seule forme, et qu'on
appelle pour cet effet, *condictio ex lege.* Telle est l'action
de retrait lignager. Telle est aussi celle qui naît de l'article 235. Voyez sur ce l'*Introduction au tit.* 18.

Il y a même des engagements formés par la seule équité
naturelle, d'où naissent des actions. Telle est l'obligation
en laquelle sont les enfants, de donner des aliments à leurs
père et mère indigents.

118. Les actions possessoires, qui sont la réintégrande
et la complainte, doivent aussi être rangées sous la classe
des actions personnelles : car la première naît du délit de
celui qui a spolié le possesseur, et l'autre du quasi-délit
de celui qui, sans droit, le trouble dans sa possession.
Interdicta omnia, personalia sunt; L. 1, §. 3, *de Interd.*

119. Les actions personnelles se subdivisent en actions
personnelles mobiliaires, et en actions personnelles immobiliaires.

Les actions personnelles mobiliaires sont les actions personnelles qui n'ont pour objet qu'une somme d'argent ou
quelque chose de mobilier : ce sont celles que l'ordonnance
de 1667, titre 17, article 1, appelle *pures personnelles.*

Entre ces actions personnelles mobiliaires, les unes sont
accompagnées d'hypothèques, telles que sont celles qui
naissent de dettes contractées par actes passés devant notaires, ou par sentences. D'autres ne sont accompagnées
d'aucune hypothèque : on les appelle aussi *pures personnelles.*

Les actions personnelles immobiliaires sont celles qui
ont pour objet un immeuble, comme celle qu'a l'acheteur
d'un héritage contre le vendeur, pour se le faire livrer.

120. Ces actions personnelles immobiliaires sont ou
simplement personnelles, ou personnelles réelles. Celles
qui sont simplement personnelles, sont celles qui ne peuvent s'intenter que contre la personne du débiteur et ses
successeurs universels, et non contre les tiers détenteurs
de l'immeuble qui fait l'objet de l'obligation; telles sont

toutes celles qui naissent des simples obligations qui ne
sont accompagnées d'aucun droit d'affectation dans la chose
qui en fait l'objet; telle qu'est, par exemple, l'action de
l'acheteur d'un héritage, dont on vient de parler ci-dessus.
Les actions personnelles réelles sont celles qui, quoique
personnelles, peuvent s'intenter contre le tiers détenteur
de la chose qui en fait l'objet, dont nous parlerons *infrà*,
n. 122.

121. Il y a des actions proprement *mixtes* dont la na·
ture participe de celle des actions réelles et de celle des
actions personnelles.

On en compte trois; l'action de bornage entre voisins,
l'action de partage d'une succession entre des cohéritiers,
et l'action de partage de quelque autre chose que ce soit.
Elles participent de la nature de l'action réelle ou de revendication, en ce que le voisin réclame et revendique, en
quelque façon, par cette action, la partie limitrophe de
son héritage qui doit être fixée et déterminée par le bornage : le cohéritier ou copropriétaire réclame la portion
qui lui appartient dans la succession, ou la chose commune
qui doit être déterminée par le partage. Elles participent
de la nature des actions personnelles, en ce qu'elles naissent d'un engagement personnel. L'action de bornage naît
de l'engagement respectif que le voisinage forme, *quasi ex
contractu*, entre les voisins, qui oblige chacun d'eux à bor-
ner leurs héritages lorsque l'un d'eux le requiert. Les actions de partage naissent de l'engagement que la communauté ou indivis forme entre des cohéritiers ou copropriétaires, qui oblige chacun d'eux à partager la succession ou
autre chose qui leur est commune, lorsque l'un d'eux le
requiert.

122. Il y a d'autres actions qu'on appelle *mixtes* en un
autre sens, lesquelles étant principalement et par leur nature actions personnelles, néanmoins, par rapport à quelque chose qui leur est accessoire, tiennent de la nature de
l'action réelle.

Telles sont les actions qu'on appelle *personnelles réelles*,
ou personnelles *in rem scriptæ*, qui naissent d'une obliga-

tion personnelle, à l'exécution de laquelle la chose qui en fait l'objet est affectée.

On peut apporter pour exemple l'action de réméré. Cette action est principalement personnelle, puisqu'elle naît de la clause du contrat de vente, et de l'obligation que l'acheteur d'un héritage a contractée envers le vendeur, de lui rendre l'héritage lorsqu'il y voudroit rentrer, en offrant la restitution du prix et des loyaux coûts. Mais comme l'héritage est affecté à l'exécution de cette obligation, n'ayant été aliéné qu'à cette charge, cette action, quoique personnelle principalement, tient de la nature des actions réelles, en ce qu'elle suit l'héritage, et qu'elle peut se donner contre les tiers détenteurs de l'héritage, pour qu'ils le délaissent comme affecté à l'exécution de l'obligation de l'acheteur.

Toutes les autres clauses expresses ou sous-entendues, sous lesquelles un héritage est aliéné, l'affectent pareillement à l'obligation que l'acheteur contracte, par rapport à cet héritage, envers celui qui le lui aliène; et en cela ces clauses ont plus d'efficace que les simples conventions, qui ne peuvent affecter à l'obligation qui en résulte la chose qui en fait l'objet.

Il y a d'autres exemples d'actions personnelles réelles; l'action de retrait lignager est de ce nombre. *Voyez le titre* 18 de notre coutume.

Il y a d'autres actions qui, étant principalement actions réelles, ont quelquefois des conclusions accessoires qui sont personnelles. Telle est l'action de revendication, lorsqu'elle est intentée contre un possesseur de mauvaise foi. Les conclusions principales pour le délai de l'héritage, sont les conclusions d'une action réelle : mais celles pour la restitution des fruits, et pour les dommages et intérêts résultants des dégradations par lui faites, sont des conclusions personnelles qui naissent de l'obligation personnelle *ex delicto*, qu'a contractée ce possesseur de restituer les fruits qu'il a perçus d'un héritage qu'il savoit ne lui pas appartenir, et de réparer le tort qu'il a fait en le dégradant.

COUTUMES

DES

DUCHÉ, BAILLIAGE ET PRÉVÔTÉ

D'ORLÉANS,

ET RESSORT D'ICEUX.

~~~~~~

TITRE PREMIER.

DES FIEFS.

INTRODUCTION AU TITRE.

ARTICLE PRÉLIMINAIRE.

§. I. Explication de quelques termes.

1. DUMOULIN définit le FIEF, *benevola, libera et perpetua concessio rei immobilis vel æquipollentis, cum translatione utilis dominii, proprietate retentâ sub fidelitate et exhibitione servitiorum*; c'est-à-dire, la concession gratuite que quelqu'un fait à perpétuité à un autre d'une chose immeuble, ou réputée immeuble, à la charge de lui en faire la foi et hommage, et du service militaire, et sous la réserve qu'il fait de la seigneurie directe.

On donne aussi le nom de *fief*, tant à l'héritage qui a été pris à ce titre, et qui est possédé à cette charge, qu'au droit de seigneurie directe que s'est réservé celui qui l'a concédé à ce titre.

15. — 1.

5

2. Lorsque le propriétaire d'un héritage en détache quelque morceau qu'il donne à titre de fief, en retenant le surplus, le droit de seigneurie directe qu'il a sur ce qu'il a donné à titre de fief, est attaché au corps d'héritage qu'il a retenu, lequel en conséquence s'appelle *fief dominant;* et ce qu'il a donné à titre de fief, s'appelle *fief servant.*

Lorsque quelqu'un a donné à titre de fief tout son héritage sans s'en rien réserver, son droit de seigneurie directe, qui n'est attaché à aucun corps d'héritage, puisqu'il n'en a retenu aucun, s'appelle un *fief en l'air.*

Le propriétaire du fief servant se nomme *vassal,* ou *homme de fief.* Celui du fief dominant se nomme *seigneur.* Le même fief peut être, sous différents respects, *dominant* et *servant;* et le propriétaire de ce fief être, sous différents respects, *seigneur* et *vassal :* car si étant propriétaire d'un héritage que je tiens en fief, j'en détache quelque morceau que je donne à la charge de la foi et hommage envers moi, ce que j'en retiens continue d'être *fief servant* vis-à-vis de la seigneurie de qui je le tiens en fief, et il devient en même temps fief dominant vis-à-vis du morceau que j'en ai détaché et que j'ai donné à titre de fief; et pareillement je suis, pour raison de l'héritage que je retiens, et *vassal* vis-à-vis du seigneur de qui je le tiens en fief, et *seigneur* vis-à-vis de celui qui tient en fief de moi le morceau que j'en ai détaché.

3. Lorsqu'on dit qu'un héritage *est tenu en fief, est mouvant en fief,* ou *relève en fief,* d'une telle seigneurie ou d'un tel seigneur, cela signifie qu'il est chargé de la foi et hommage envers le seigneur.

4. On distingue *tenir en plein fief,* et *tenir en arrière-fief.* Un héritage est tenu *plein fief* d'une telle seigneurie lorsqu'il en relève immédiatement : l'héritage qui ne relève pas immédiatement de cette seigneurie, mais qui relève d'un vassal de cette seigneurie, en est un *arrière-fief.*

Le propriétaire du plein fief est appelé simplement vassal vis-à-vis du seigneur de qui il relève immédiatement; et ce seigneur, vis-à-vis de lui, est appelé simplement *seigneur.* Le propriétaire de l'arrière-fief est appelé *arrière-vassal,* vis-à-vis du seigneur de qui il ne relève qu'en arrière-fief; et ce seigneur, vis-à-vis de cet arrière-vassal, est appelé *seigneur suzerain*.

Mon arrière-vassal n'est pas proprement mon vassal, et je ne suis pas proprement son seigneur; car tant qu'il n'est que mon arrière-vassal, il n'est tenu à aucun devoir envers moi. De là cette règle, *Vassallus mei vassalli non est meus vassallus* : mais cet arrière-vassal peut devenir, et deviendra effectivement mon vassal, comme je deviendrai son seigneur, dans le cas où son fief seroit réuni au fief de qui il relève, ou dans le cas auquel je réunirois à ma seigneurie le fief de mon vassal de qui cet arrière-vassal relève.

Pareillement, lorsque j'ai saisi féodalement le fief qui relève du mien, ce fief étant, pendant tout le temps que dure la saisie, réputé réuni au mien, mes arrière-vassaux qui relèvent du fief saisi deviennent, pendant ce temps, mes vassaux.

§. II. De l'essence et de la nature du fief.

5. L'essence du fief, comme nous l'apprend Dumoulin, *in Cons. par.*, *pr. n.* 115, consiste dans la foi; *feudi substantia in solâ fidelitate quæ est ejus forma substantialis subsistit* : car il ne peut y avoir, et on ne peut concevoir de fief, qu'il n'oblige celui à qui il appartient, en tant qu'il lui appartient, aux devoirs de fidélité et de gratitude envers le seigneur de qui son fief relève.

6. L'essence du fief ne peut changer, les essences des choses étant invariables : mais la nature des fiefs a été différente dans les différents temps. Ils n'étoient d'abord que de simples bénéfices à vie, *beneficia*; mais depuis ils sont devenus biens patrimoniaux, que le vassal transmet dans sa succession, et dont il peut disposer comme de tout autre bien.

7. Le vassal a le domaine utile du fief, qui ne consiste pas seulement dans le droit de percevoir à son profit tous les fruits et émoluments qu'il peut produire, mais qui comprend même tous les droits honorifiques attachés à son fief. C'est pourquoi ce domaine utile n'est pas *pure et ab-*

5.

soluté un simple domaine utile : il n'est tel que vis-à-vis le droit de seigneurie directe de supériorité féodale que le seigneur de qui le fief relève a sur ce fief, et auquel droit de supériorité féodale du seigneur le domaine du vassal est subordonné.

8. La seigneurie directe que retient le seigneur sur l'héritage qui est tenu de lui en fief, est une seigneurie purement d'honneur, qui consiste dans le droit de se dire et porter seigneur, et de se faire reconnoître seigneur du fief qui relève de lui, par son vassal qui en a le domaine utile.

9. A raison de cette seigneurie directe, le vassal est tenu à certains devoirs envers son seigneur, lequel de son côté doit amitié et protection à son vassal.

Le principal devoir du vassal est la prestation de la foi et hommage, qui renferme une reconnoissance solennelle de la seigneurie directe et supériorité féodale du seigneur.

Le service militaire étoit aussi un des principaux devoirs des vassaux envers leur seigneur : mais comme il n'y a plus aujourd'hui que le roi dans son royaume qui ait le droit de faire la guerre, ce service militaire ne peut plus être dû aux seigneurs de fiefs, si ce n'est au roi, lorsqu'il lui plaît de l'exiger par la convocation qu'il fait du ban et arrière-ban.

10. Le service militaire ayant été autrefois la principale charge des fiefs, les femmes n'étoient pas capables d'en posséder ; et il reste encore un vestige de cet ancien droit, en ce que les mâles excluent les femmes dans les successions des fiefs en ligne collatérale.

C'est par la même raison que les roturiers étoient aussi inhabiles à posséder des fiefs : ils peuvent aujourd'hui en posséder, à la charge de payer au roi le droit de franc-fief, qui est une finance qui se paie tous les vingt ans, et à toutes mutations, et qui consiste dans le revenu du fief.

11. Les autres droits qui, selon notre coutume, appartiennent au seigneur de fief, sont le droit de saisie féodale, le droit de se faire donner un dénombrement par ses vassaux, le droit de commise pour cause de désaveu et de félonie, le droit de quint pour les ventes du fief, le droit de rachat pour les autres mutations. A l'égard du droit de

retrait féodal, notre coutume ne l'accorde qu'aux seigneurs châtelains, ou de plus grande dignité.

12. Après que nous aurons parlé, dans un premier chapitre, de la foi et hommage, nous parlerons de ces autres différents droits dans les six chapitres suivants. Nous traiterons, dans le huitième, du démembrement du fief, et de la réunion des fiefs : dans le neuvième, de la succession des fiefs : dans le dixième, du droit de garde-noble : dans le onzième, des droits de banalité et corvées, la coutume ayant placé ces matières sous ce titre. A l'égard de ce qui concerne le droit qu'ont les seigneurs de fief de contraindre les gens de main-morte à vider leurs mains des fiefs qu'ils acquièrent dans leurs mouvances, *voyez* les articles 40, 41 et 42, et les notes. Pareillement, sur ce qui regarde la prescription, *voyez* l'article 86, et les notes.

CHAPITRE PREMIER.

De la foi et hommage.

13. La prestation de la foi et hommage consistoit principalement autrefois dans la promesse solennelle que le vassal faisoit à son seigneur de le servir en guerre. L'obligation du service militaire ayant cessé, la foi se borne aujourd'hui à la promesse de porter au seigneur l'honneur qui lui est dû ; et l'*hommage* est proprement la reconnoissance solennelle que fait le vassal de la supériorité féodale que le seigneur a sur lui, à cause de son fief, laquelle il témoigne par certaines démonstrations de respect, telles qu'elles sont prescrites par chaque coutume.

Le seigneur à qui son vassal porte la foi, doit l'y recevoir. Cette réception de foi s'appelle *investiture*, parceque le seigneur, en le recevant en foi, est censé le saisir et vêtir, en quelque façon, de son fief, le vassal ou propriétaire du fief servant n'en étant point, vis-à-vis de son seigneur, censé saisi jusqu'à ce qu'il ait été reçu en foi, ou que son seigneur ait été mis en demeure de l'y recevoir, comme nous le verrons par la suite.

14. La foi est quelque chose de personnel au vassal qui l'a portée, et au seigneur à qui elle a été portée; d'où il suit qu'elle est due toutes les fois qu'il y a mutation, soit de *vassal*, c'est-à-dire, de propriétaire du fief servant; soit de *seigneur*, c'est-à-dire, de propriétaire du fief dominant.

Lorsque le vassal qui a porté la foi pour son fief en a perdu la propriété, et qu'il en est redevenu de nouveau propriétaire, en vertu d'un nouveau titre, il doit porter la foi de nouveau; car la foi en laquelle il a été reçu a été entièrement anéantie par l'aliénation qu'il a faite de son fief. Pareillement, lorsque le seigneur à qui j'ai porté la foi a aliéné son fief, et en est depuis devenu propriétaire en vertu d'un nouveau titre, je dois lui porter la foi de nouveau, celle que je lui avois portée ayant été éteinte par l'aliénation qu'il a faite de son fief.

15. Mais lorsque je redeviens propriétaire du fief que j'avois aliéné par la rescision de l'aliénation que j'en avois faite, je ne suis pas obligé de porter la foi de nouveau; car l'aliénation que j'avois faite étant anéantie par les lettres de rescision, je suis censé être toujours demeuré propriétaire de mon fief, et par conséquent la foi en laquelle j'ai été reçu en cette qualité est censée avoir toujours subsisté.

Il y a plus : quand même j'aurois véritablement cessé d'être, pendant quelque temps, propriétaire du fief pour lequel j'ai été reçu en foi, si ne l'ayant aliéné que pour un certain temps, ou sous une condition résolutoire, j'en suis redevenu propriétaire par la cessation ou résolution de l'aliénation que j'en avois faite, il y a lieu de penser que je ne suis pas obligé de porter la foi de nouveau; car n'étant pas propriétaire en vertu d'un nouveau titre, je ne suis pas un nouveau vassal; mon ancien titre de propriété pour lequel j'ai été reçu en foi venant à revivre, et ayant été plutôt suspendu qu'éteint, la foi en laquelle j'ai été reçu à ce titre doit pareillement revivre, et être censée avoir été plutôt suspendue qu'éteinte. On doit, par les mêmes raisons, décider que lorsque le seigneur à qui j'ai porté la foi a aliéné son fief, et en est redevenu propriétaire par la rescision, ou même par la simple cessation de l'aliénation qu'il en avoit faite, je ne suis pas obligé de lui porter la foi de nouveau.

16. Lorsqu'une femme qui a porté la foi pour son fief se marie, quoiqu'elle demeure propriétaire de son fief, néanmoins son mari est tenu d'en porter la foi; car, comme elle passe sous la puissance de son mari avec tout ce qui lui appartient, le mari est censé acquérir, par le mariage, une espèce de droit dominical, non de propriété, mais d'honneur et d'autorité, sur les biens propres de sa femme, à raison duquel il est censé l'homme du seigneur pour les fiefs du propre de sa femme, et, en cette qualité, tenu d'en porter la foi.

Voyez, art. 35, un cas d'exception lorsque la femme a un frère aîné qui la garantit.

Le mari porte en son nom de mari et pour lui, la foi pour les fiefs du propre de sa femme. C'est pourquoi si la femme ne l'a pas portée elle-même, elle doit la porter après la mort de son mari. Mais si elle l'avoit portée avant son mariage, elle n'est pas obligée de la porter de nouveau : cela est décidé par l'article 39 de la coutume de Paris, qui dit que la femme demeurante en viduité est tenue faire la foi pour ses propres, *si elle ne l'a faite*. La raison est, que le domaine d'honneur et d'autorité que le mari a acquis sur les propres de sa femme, et pour raison duquel il a été reçu en foi, n'est qu'un *dominium super-impositilium*, qui éclipse pendant le mariage celui de la femme plutôt qu'il ne le détruit : d'où il suit que la foi en laquelle la femme a été reçue, qui dépend de son droit de propriété du fief servant, n'est pas détruite par le mariage, mais seulement éclipsée, et qu'elle reprend sa force lors de la dissolution du mariage, de même que le droit de propriété de la femme auquel elle est attachée.

Les mêmes décisions doivent avoir lieu lorsque la femme propriétaire du fief dominant se marie : son mari est regardé comme un nouveau seigneur à qui les vassaux doivent porter la foi, quoiqu'ils l'eussent déjà portée à la femme avant son mariage; mais après la dissolution du mariage, ils ne sont obligés de la porter de nouveau à la femme, que dans le cas auquel ils ne la lui auroient pas déja portée avant son mariage.

17. Si l'acceptation que la veuve fait de la communauté, ou la répudiation qu'en font ses héritiers, donnent ouverture à la foi pour les conquêts; *voyez* les articles 38 et 39.

Voyez, pour le cas de la saisie réelle, l'article 3.

Sur les cas auxquels il y a ouverture à la foi pour les fiefs des communautés, *voyez* l'article 42 et les notes.

§. II. Par qui la foi doit être portée; et des qualités que doit avoir celui qui la porte.

18. Le vassal doit porter la foi en personne. Le seigneur n'est tenu, si bon ne lui semble, de l'admettre à la porter par procureur.

Cette règle reçoit exception, 1° dans le cas d'un juste empêchement, art. 65.

2° A l'égard des communautés; comme elles ne peuvent porter la foi par elles-mêmes, le seigneur doit les admettre à la porter par le vicaire qu'elles nomment pour cet effet.

3° Dans le cas de l'art. 4, et autres semblables; *voyez* le, et les notes.

19. Lorsqu'il y a plusieurs propriétaires du fief servant, le seigneur n'est point obligé d'admettre l'un d'eux à la porter pour ses copropriétaires; chacun la doit porter pour soi.

Voyez une exception en l'article 35 et suivant.

20. Celui qui porte la foi, soit pour lui, soit pour un autre, doit avoir l'âge réglé par l'article 24. Lorsque le vassal, pour cause d'empêchement, est admis à porter la foi par procureur, ce procureur doit être une personne honnête. S'il avoit donné sa procuration à son laquais, ou à quelque autre personne méprisable, le seigneur pourroit la refuser.

§. III. A qui la foi doit être portée.

21. La foi doit être portée au seigneur, c'est-à-dire, au propriétaire du fief dominant, ou à la personne qu'il a commise pour la recevoir.

22. Les princes apanagistes sont vrais propriétaires des domaines qui leur ont été donnés en apanage : c'est donc à eux, ou à leurs préposés, à qui la foi doit être portée par les vassaux qui en relèvent.

Il n'en est pas de même des engagistes. Le roi demeure le vrai propriétaire des domaines engagés; l'engagiste n'en a que les droits utiles. C'est pourquoi c'est au roi, et non à l'engagiste, à qui les vassaux de ces domaines doivent porter la foi.

23. Lorsque la dame de qui relève le fief est sous puissance de mari, c'est à son mari, ou aux préposés par son mari, et non à elle, à qui la foi doit être portée; car son droit est éclipsé par celui de son mari pendant qu'elle est sous sa puissance.

Lorsque le seigneur est mineur, ou interdit, la foi doit être portée à son tuteur, ou curateur, ou au préposé par le tuteur ou curateur. Je pense qu'elle pourroit aussi être portée au mineur, aussi bien qu'à son tuteur, s'il avoit l'âge réglé par l'article 24; l'âge auquel on peut la recevoir devant être le même que celui auquel on peut la porter.

24. Le seigneur doit préposer pour recevoir la foi de ses vassaux une personne honnête, tel que son juge, son procureur fiscal, son receveur, ou même son fermier. Il ne pourroit pas préposer pour cela une personne méprisable, tel qu'un laquais ou un pâtre. *Molin.*

La foi peut être portée au chef-lieu, même sans qu'il y ait personne pour la recevoir. *Voyez l'article 47.*

§. IV. Où, et comment la foi doit être portée.

25. La foi doit être portée au chef-lieu du fief dominant, *art.* 47. Le seigneur ne peut être obligé de la recevoir ailleurs. Si l'accès en étoit empêché, comme en cas de peste

ou de guerre, Dumoulin décide fort bien que le seigneur seroit tenu de recevoir les offres de foi qui lui seroient faites ailleurs. Je pense pourtant qu'il faut ajouter, si mieux n'aime le seigneur accorder souffrance jusqu'à ce que l'empêchement ait cessé : *arg. de l'art.* 65.

Le vassal ne peut pas non plus ordinairement être obligé à porter la foi ailleurs.

Voyez un cas d'exception en l'article 45.

26. Le chef-lieu où la foi doit être portée est le château, ou principal manoir, du fief dominant; ou, s'il n'y en a plus, la place où il étoit autrefois.

Si le seigneur l'avoit transféré dans un autre endroit du fief dominant, et que ce changement ne causât pas une incommodité notable à ses vassaux, ils seroient tenus d'y aller. Il ne change pas plus en cela la condition de ses vassaux, que le créancier d'une rente payable en sa maison, change celle de son débiteur lorsqu'il va se loger dans un autre quartier de la ville. On oppose qu'ordinairement, dans les aveux, il est dit que le fief relève d'une telle tour, d'un tel château; que les vassaux n'étant pas obligés de porter la foi ailleurs qu'au lieu d'où leur fief est mouvant, ils ne peuvent être obligés de la porter ailleurs qu'au lieu où étoit ladite tour ou château : la réponse est, que ce n'est que par une expression figurée, *metonymicè,* en prenant la partie principale pour le tout, qu'on dit que le fief relève d'une telle tour; il relève de toute l'universalité du fief dominant, qui ne compose qu'un seul tout; le chef-lieu de ce fief dépend de la destination du seigneur.

Lorsque l'ancien château subsistant, le seigneur en a fait construire un autre dans un autre endroit de son fief, il n'est pas facilement présumé avoir transféré le chef-lieu au nouveau château, et l'ancien doit toujours passer pour le chef-lieu, à moins que le seigneur ne l'eût entièrement abandonné.

Sur le lieu où la foi doit être portée lorsque le fief dominant est un fief en l'air et sans domaine, *voyez l'art.* 45, *in fine.*

27. Sur la forme en laquelle la foi doit être portée, les

choses que doit contenir l'acte de port de foi, et les offres qui doivent l'accompagner, *voyez l'article* 47.

§. V. Du délai qu'a le vassal pour porter la foi; ou de la souffrance.

28. On appelle *souffrance,* le délai accordé au vassal pour porter la foi.

Il y a deux espèces de souffrance, la légale, qui est accordée par la loi, et qui n'a pas besoin d'être demandée, et celle qui doit être demandée au seigneur.

29. Notre coutume distingue les différents cas de mutation qui donnent ouverture à la foi, pour régler les délais de la porter.

Lorsque la mutation arrive du côté du vassal; si c'est par l'aliénation qu'il a faite de son fief, notre coutume n'accorde aucun délai à l'acquéreur : elle permet au seigneur de saisir le fief *incontinent, art.* 43 : les notes sur cet article expliquent comment ce terme *incontinent* doit s'entendre. Si c'est par la mort du vassal que la mutation est arrivée, la coutume accorde à l'héritier un délai de quarante jours pour porter la foi. *Voyez l'art.* 50 et *les notes.*

Dumoulin pense que le délai n'a lieu que dans le cas auquel le fief est ouvert par la mort d'un vassal qui étoit en foi; que la mort de celui qui n'y étoit pas ne peut suspendre le droit de saisir que le seigneur avoit déja; que l'héritier de celui-ci ne peut, sur le prétexte qu'il n'est pas en demeure, prétendre jouir de son chef d'un délai que le défunt n'avoit pas; le droit de saisir féodalement étant un droit *qui afficit rem, non personam,* et qui a lieu plutôt *propter carentiam hominis,* que *propter moram clientis.* Plusieurs bons auteurs pensent, au contraire, que l'héritier doit, de son chef, jouir du délai entier. Quoique le droit de saisir féodalement soit fondé principalement dans le défaut d'homme, qui fait réputer le fief comme vacant vis-à-vis du seigneur, et que, en ce sens, *afficiat rem;* néanmoins ce droit ne peut être exercé par le seigneur qu'avec des tempéraments qu'exigent l'humanité et les égards qu'il doit à son vassal. De là le délai que la coutume accorde au vassal pour porter la foi, pendant lequel elle ne permet pas au seigneur d'user de son droit de saisie féodale ; de là, certains égards auxquels elle l'oblige, même durant la saisie, *art.* 73. Ce délai étant donc fondé sur des égards que le seigneur doit à la personne de son vassal, c'est-à-dire, du propriétaire du fief servant, chaque propriétaire du fief servant jouit de son chef de ce délai; et par conséquent il en doit jouir quand même le défunt auquel il a succédé n'auroit pas été dans le cas d'en jouir. On pourroit peut-être concilier ces deux sentiments, en disant que le seigneur, qui n'est pas obligé d'être informé de la mort d'un vassal qui ne s'est pas fait connoître à lui, peut aussi bien saisir valablement incontinent après sa mort, comme il le pouvoit aupara-vant; mais que, si son héritier se présente dans les quarante jours, la saisie doit être sans perte de fruits, le seigneur devant avoir cet égard pour ce nouveau vassal qui n'a pas été en demeure.

3o. Lorsque la mutation arrive du côté du seigneur, la coutume accorde un délai de quarante jours pour porter la foi, qui court du jour de la sommation que le nouveau seigneur a faite à ses vassaux. *Voyez les articles* 60, 61 et 62, *et les notes.*

Il y a lieu au même délai lorsque la mutation est arrivée de la part de l'un et de l'autre, *art.* 64.

31. Notre coutume accorde une autre espèce de souf-france en l'*art.* 285. *Voyez cet article.*

32. Ces souffrances, étant accordées par la loi, n'ont pas besoin d'être demandées.

33. Il y a des souffrances qui n'ont lieu que lorsque le seigneur les a accordées, ou du moins lorsqu'elles lui ont été demandées.

Telle est celle dont il est traité *art.* 4.

Telle est celle qui est due au vassal, lorsqu'il n'est pas en âge de porter la foi, ou qu'il a quelque autre juste cause d'empêchement.

Je pense que c'est aussi une juste cause de demander souffrance lorsque l'héritier présomptif n'a pu, dans le dé-lai de quarante jours accordé par la coutume pour porter la foi, prendre son parti sur l'acceptation ou répudiation de la succession; car il a un intérêt sensible à ne pas s'engager témérairement dans une succession dont il ne connoît pas encore les forces, par un port de foi qui est un acte d'héritier; c'est pourquoi le seigneur ne peut sans inhumanité lui refuser les délais que l'ordonnance a jugés nécessaires pour s'en instruire. Qu'on ne dise pas que la coutume ayant borné à quarante jours le délai qu'elle accorde à l'héritier pour porter la foi, il ne doit pas être étendu au-delà. Ce délai de quarante jours, accordé par la coutume, est le délai légal qui n'a pas besoin d'être demandé. Nous convenons qu'il ne peut être étendu au-delà des quarante jours; mais la loi, en accordant ce délai à l'héritier, ne l'exclut pas des autres espèces de délais qui se demandent au seigneur lorsqu'il y a une juste cause.

34. C'est au seigneur que la souffrance doit être demandée, à moins qu'il ne fût mineur ou interdit, ou que ce ne fût une femme sous puissance de mari; auxquels cas elle devroit être demandée au tuteur, curateur, ou mari.

Un procureur fondé de procuration *ad hoc*, et même un procureur général *omnium bonorum*, peuvent valablement accorder cette souffrance; car cette souffrance ne pouvant se refuser, et n'étant qu'un acte d'administration, est comprise dans la procuration générale.

35. La réquisition de souffrance n'étant pas un acte solennel, elle peut être demandée par quelque personne que ce soit qui ait charge du vassal de la demander, ou qui ait charge de son tuteur ou curateur, si le vassal est sous puissance de tuteur ou de curateur; et même, à défaut de tuteur, la coutume permet aux parents des mineurs de la demander, *art.* 34.

36. Il suit aussi de là qu'il n'est pas nécessaire de se transporter au chef-lieu pour la réquisition de cette souffrance, et qu'elle peut valablement se faire, comme tout autre exploit, à la personne du seigneur, quelque part où elle soit trouvée, ou à son domicile ordinaire. Elle peut néanmoins aussi se faire au chef-lieu, qui est aussi censé

le domicile du seigneur pour ce qui concerne les devoirs de fief.

37. Il n'y a aucune formalité à observer pour cette réquisition de souffrance ; il suffit, pour la constater, qu'il en soit donné acte par un notaire et deux témoins, ou deux notaires ; et si elle est faite en l'absence du seigneur, en son domicile, soit ordinaire, soit de fief, il doit en être laissé copie. Cette réquisition de souffrance doit être accompagnée des offres de payer les profits lorsqu'il en est dû ; et en cela elle est différente de la légale, qui s'étend au paiement des profits comme à la prestation de la foi.

§. VI. De l'effet qu'ont la prestation de foi, les offres de foi, et la souffrance.

38. L'effet de la prestation de foi est de *couvrir le fief*. Auparavant, le fief est dit *ouvert*, c'est-à-dire, vacant, comme s'il n'avoit point de maître, le seigneur ne connoissant pas pour propriétaire du fief mouvant de lui, celui qu'il n'en a point investi. Par la prestation de foi, le fief, d'ouvert qu'il étoit, devient *couvert*. Le vassal en étant investi par le seigneur, en étant saisi vis-à-vis de lui, le seigneur ne peut plus dès-lors regarder le fief comme vacant, ni par conséquent le saisir féodalement ; et s'il l'avoit saisi féodalement auparavant, la saisie seroit éteinte de plein droit.

C'est par cette raison qu'il ne reste plus au seigneur que la voie d'action pour se faire payer des profits qui lui seroient dus par le vassal, *art.* 66.

C'est par la même raison qu'il est dit, *art.* 68, que le vassal qui a porté la foi peut former complainte contre le seigneur, s'il étoit troublé par lui, en quelque manière que ce fût, dans la possession de son fief.

39. Lorsque le vassal a offert de faire la foi à son seigneur, qui a refusé de le recevoir en foi, ou qui ne s'est pas trouvé, ou n'a fait trouver personne pour lui au chef-lieu pour l'y recevoir, ces offres, lorsqu'elles sont dûment faites, couvrent le fief comme si le vassal eût effectivement porté la foi, *art.* 67, 68, 88.

C'est l'effet naturel de la demeure en laquelle les offres

ont mis le seigneur de recevoir en foi son vassal, conformément à cette règle de droit : *In omnibus causis pro facto id accipitur id in quo per alium mora fit quominus fiat. L.* 59, ff. *de R. J.*

Pour que ces offres soient *dûment faites*, et qu'elles puissent couvrir le fief, il faut qu'elles soient faites par celui qui doit porter la foi, c'est-à-dire, par le vassal en personne, à celui à qui elle doit être portée, au lieu où elle doit être portée, et avec les solennités qui doivent être observées pour la prestation de foi.

Il faut aussi qu'elles soient accompagnées des offres de payer les profits, lorsque le vassal en doit, *art.* 88; il faut enfin qu'il en ait été laissé copie.

Le fief étant couvert par les offres dûment faites, il suit de là que le seigneur, non seulement ne peut plus dès-lors saisir tant que l'effet des offres dure, mais que la saisie qu'il auroit faite auparavant est éteinte de plein droit.

40. L'effet des offres dûment faites est le même que l'effet de la prestation de la foi, tant que l'effet des offres dure; mais il en est très différent quant à la durée. Le vassal qui a porté la foi ne peut plus être obligé de la porter au même seigneur; la foi couvre tellement son fief, qu'il ne peut plus devenir ouvert que par la mort du vassal ou du seigneur, ou lorsque l'un ou l'autre aura aliéné son fief. Lorsqu'il n'a fait que des offres, il doit retourner à la foi dans les quarante jours, après qu'il en a été sommé par son seigneur. L'effet des offres, qui avoit pour fondement la demeure en laquelle avoit été le seigneur de recevoir en foi son vassal, cesse lorsque cette demeure en laquelle étoit le seigneur a cessé, et que le vassal a été depuis lui-même en demeure de la porter; le fief qui avoit été couvert par les offres redevient vacant.

Il reste à observer que les offres que le vassal a faites lui sont personnelles comme la prestation de foi, et qu'elles ne peuvent couvrir le fief pour son héritier, ou autre successeur. L'héritier jouit seulement, de son chef, de la souffrance, ou délai de quarante jours, que la coutume accorde aux héritiers.

41. La souffrance, tant la légale que celle qui a été accordée par le seigneur, et même celle qui lui a été demandée pour une juste cause, quoiqu'il ne l'ait pas accordée, couvre aussi le fief tant qu'elle dure. C'est ce que décide la coutume, *art.* 24, en ces termes : *Souffrance équipolle à foi tant qu'elle dure.* De là il suit que le seigneur, non seulement ne peut saisir féodalement pendant qu'elle dure, mais que s'il avoit saisi avant la souffrance demandée, la souffrance opéreroit non une simple main-levée provisionnelle, mais une entière extinction de la saisie ; car la souffrance équipollant à foi tant qu'elle dure, et faisant réputer pendant ce temps le vassal saisi de son fief vis-à-vis du seigneur, comme s'il en eût porté la foi, il est impossible que ce fief soit en même temps, pendant ce temps, en la main du seigneur par la saisie féodale. La souffrance détruit donc nécessairement la saisie qui avoit été faite ; et lorsque le fief redevient ouvert par l'expiration de la souffrance, le seigneur ne peut le mettre en sa main que par une nouvelle saisie.

Néanmoins, lorsque le seigneur accorde la souffrance de sa pure volonté pendant un certain temps, le vassal n'étant pas dans le cas de pouvoir l'exiger, le seigneur peut exprimer par l'acte, qu'il n'accorde qu'une main-levée provisionnelle de la saisie ; et cette souffrance, en ce cas, n'est pas tant une vraie souffrance qui couvre le fief, qu'une simple provision de fruits : *Feudum non relaxatur, sed tantum usus et perceptio fructuum sub manu dominicâ.* Le seigneur ne pourroit apposer cette clause dans les cas auxquels la souffrance est due.

42. Il reste à observer que l'effet de la souffrance ne s'étend qu'aux fiefs que le vassal avoit dans la mouvance du seigneur lorsqu'il l'a demandée, et pour lesquels il l'a demandée. S'il en acquéroit d'autres depuis, quoique son empêchement de porter la foi continuât, ces fiefs ne pourroient être couverts que par la demande d'une nouvelle souffrance.

Néanmoins, lorsque le tuteur de plusieurs mineurs en bas âge a eu souffrance pour un fief possédé par *indivis* par ses mineurs, plusieurs pensent qu'il n'est pas besoin d'une nouvelle souffrance pour la portion de l'un de ces mineurs décédé depuis, et à laquelle les autres lui succèdent. Ce sentiment souffre difficulté ; car la souffrance est personnelle à chaque mineur, et chacun d'eux ne l'obtient par son tuteur que pour sa portion. La souffrance, pour la portion de celui qui est depuis décédé, a donc expiré par sa mort : d'où il paroît suivre qu'il en faut demander une nouvelle.

43. La souffrance ne couvre le fief que tant qu'elle dure ; il devient ouvert, et peut être saisi féodalement aussitôt qu'elle est expirée.

Elle expire par l'expiration du temps pour lequel la loi ou le seigneur l'a accordée, lorsqu'elle l'a été pour un temps limité ; s'il n'y a pas de temps limité, elle finit lorsque l'empêchement de porter la foi pour lequel elle a été demandée a cessé.

Comme elle équipolle à la foi, elle expire aussi de même que la foi par la mort du vassal ou du seigneur, ou lorsque l'un ou l'autre a aliéné son fief.

La souffrance étant expirée par la mort du vassal, son héritier jouit de son chef d'une autre souffrance, savoir, du délai de quarante jours que la loi accorde à tout héritier. Pareillement, lorsque la souffrance en laquelle le vassal étoit de son seigneur est expirée par la mort de son seigneur, ou par l'aliénation que le seigneur a faite de son fief, le vassal jouit d'une autre souffrance que la coutume accorde aux vassaux à chaque avènement de seigneur.

§. VII. De la réception en foi par main souveraine, en cas de combat de fief.

Voyez sur ce l'article 87.

CHAPITRE II.

Du droit de saisie féodale.

44. Nous ne parlons ici que de la saisie féodale qui se fait lorsque le fief est ouvert, c'est-à-dire lorsque le vassal n'est point en foi de son seigneur. Il y a une autre espèce de saisie féodale que le seigneur a droit de faire pour contraindre son vassal qui est en foi, à lui donner un dénombrement dont nous parlerons au chapitre quatrième : elle est d'une nature toute différente de celle dont nous parlons.

§. I. Ce que c'est que la saisie féodale.

45. La saisie féodale est un acte solennel par lequel le seigneur se met en possession du fief mouvant de lui lorsqu'il le trouve ouvert, et le réunit à son domaine jusqu'à ce qu'on lui en ait porté la foi.

Ce droit est fondé sur ce que les fiefs, de personnels qu'ils étoient dans leur origine, n'étant devenus héréditaires et commerçables qu'à la charge que l'héritier ou acquéreur s'en feroit investir par le seigneur, en lui portant la foi ; tant qu'il ne se présente point pour la porter, le seigneur n'est point obligé de le reconnoître pour le propriétaire du fief servant : d'où il suit que le seigneur peut, par la saisie féodale, s'en mettre en possession, comme d'un fief vacant et sans maître, et le réunir à son domaine.

De là il suit que la saisie féodale n'est pas une simple saisie des fruits du fief ; c'est le fonds même qui est saisi.

Elle est aussi très différente de la saisie réelle qu'un créancier fait de l'héritage de son débiteur. Celle-ci n'est qu'un simple empêchement de l'héritage qui n'en dépossède point le débiteur, mais qui l'empêche seulement d'en percevoir par lui-même les fruits. Le commissaire établi à la saisie en jouit pour le débiteur saisi, en employant les fruits à l'acquittement de ses dettes. Au contraire, la saisie féodale dépossède vraiment le vassal vis-à-vis du seigneur, quoiqu'il ne soit pas censé dépossédé vis-à-vis des autres ; le seigneur possède l'héritage qu'il a saisi féodalement, comme une chose qui est réputée lui appartenir tant que la saisie dure : c'est pour cela qu'il en perçoit les fruits à son profit, et en pure perte pour le vassal.

§. II. Quand y a-t-il ouverture à la saisie féodale ?

46. Il y a ouverture à la saisie féodale toutes les fois que le fief est ouvert.

Le fief est ouvert lorsque le seigneur n'a point d'*homme ;* ce qui arrive, soit qu'il n'y ait aucun propriétaire du fief servant, comme lorsque le vassal a laissé sa succession vacante, soit qu'il y en ait un qui ne soit pas en foi du seigneur.

Il cesse d'être ouvert, et devient couvert, non seulement lorsque le seigneur a un homme qui lui a porté la foi, mais encore par les offres qui lui ont été dûment faites de la lui porter, tant que dure l'effet de ces offres, et par la souffrance, tant qu'elle dure. *Voyez ci-dessus*, §. 5.

§. III. Quelles personnes peuvent saisir féodalement.

47. Il résulte de la définition que nous avons donnée de la saisie féodale, *suprà*, §. 1, qu'il n'y a proprement que le seigneur, c'est-à-dire le propriétaire du fief dominant, qui puisse saisir féodalement, ou du moins que la saisie doit être faite en son nom.

Les princes apanagistes sont vrais propriétaires des domaines qu'ils ont en apanage, et par conséquent il n'est pas douteux qu'ils peuvent saisir féodalement, en leur nom, les fiefs qui en relèvent.

48. Le seigneur peut saisir féodalement en son nom, quoiqu'il soit grevé de substitution ; car il n'en est pas moins propriétaire jusqu'à l'ouverture de la substitution. Il le peut, quoiqu'il ne soit pas lui-même en foi de son seigneur, pourvu que son seigneur n'ait pas encore saisi féodalement son fief ; car tant que son seigneur le laisse jouir de son fief, il a le libre exercice de tous les droits qui y sont attachés.

49. Le possesseur du fief dominant, qui le possède *animo domini*, quoiqu'il n'en soit pas le propriétaire, étant réputé

6.

l'être tant que le vrai propriétaire n'apparoît point, c'est une conséquence qu'il peut saisir féodalement, en son nom, les fiefs qui en relèvent. Les vassaux ne sont pas recevables à lui opposer qu'il n'en est pas le propriétaire; ce seroit, de leur part, exciper du droit d'autrui.

Cela a lieu quand même il y auroit procès intenté par le vrai propriétaire contre ce possesseur; car le possesseur d'une chose en est toujours réputé le propriétaire jusqu'à ce qu'il ait été condamné, par un jugement dont il n'y ait point d'appel, à la délaisser au vrai propriétaire, ou qu'il la lui ait volontairement délaissée.

Je pense même que la saisie qu'il auroit faite avant l'éviction continueroit d'être valable après l'éviction, et profiteroit au propriétaire qui l'auroit évincé; car la qualité que ce possesseur, lors de la saisie, avoit de propriétaire *putatif* du fief dominant, étoit une qualité qui lui donnoit le droit d'exercer tous les droits qui y sont attachés : d'où il suit que la saisie a été par lui valablement faite, et qu'ayant eu l'effet de réunir le fief servant au fief dominant jusqu'au temps que le vassal en porteroit la foi, le fief dominant doit être restitué au vrai propriétaire, avec le fief servant, qui s'y trouve réuni par la saisie féodale qu'en a faite le possesseur sur qui il l'a évincé.

50. Le seigneur qui, par la saisie féodale, a mis en sa main le fief de son vassal, en étant réputé le propriétaire tant que la saisie dure, il peut saisir féodalement les fiefs qui relèvent de celui qu'il tient en sa main; mais il ne le peut qu'*au nom et comme tenant en sa main* le fief de son vassal; car ce n'est qu'en cette qualité qu'il est le seigneur de ces fiefs.

51. Le mari ayant une espèce de domaine d'honneur et d'autorité sur les biens propres de sa femme, il peut saisir féodalement les fiefs relevants des seigneuries du propre de sa femme; mais comme c'est en sa qualité de mari qu'il a cette espèce de domaine, il ne peut saisir qu'en sa qualité de mari d'une telle.

Au contraire, la femme ne peut saisir; car quoiqu'elle conserve pendant son mariage le droit de propriété sur ses biens propres, son droit est comme éclipsé, pendant son mariage, par celui de son mari.

Ces deux décisions n'ont pas lieu lorsque le contrat de mariage porte, outre la clause d'exclusion de communauté, celle que la femme aura la jouissance et administration de ses biens ; en ce cas, c'est la femme, et non le mari, qui peut saisir féodalement.

52. Les titulaires de bénéfices peuvent aussi saisir féodalement les fiefs relevants des domaines de leur bénéfice : les tuteurs, curateurs et autres administrateurs, ceux relevants des domaines des personnes qui sont sous leur tutelle, curatelle, etc., pourvu que ce soit en leur qualité de bénéficiers, tuteurs, curateurs, etc., car ces personnes représentent le propriétaire, *domini loco habentur*.

53. Il n'en est pas de même d'un simple procureur, quoique fondé de procuration spéciale ; la saisie ne seroit pas valable si elle étoit faite à sa requête, comme procureur du seigneur ; il faut qu'elle soit faite à la requête du seigneur. La raison est que la saisie féodale, qui se fait aujourd'hui en vertu d'une commission de justice et par le ministère d'un huissier, est regardée comme un acte judiciaire qui ne se peut faire par procureur, suivant cette règle : *Personne ne plaide par procureur, que le roi.*

En conséquence de ce droit qu'a le roi, la saisie féodale des fiefs des domaines du roi se fait à la requête du procureur du roi.

Les seigneurs hauts-justiciers ayant, à l'instar du roi, le droit de plaider dans leurs justices sous le nom de leur procureur fiscal, contre leurs justiciables, pour les contraindre au paiement de leurs droits seigneuriaux, dont le fonds ne leur est point contesté, c'est une conséquence que la saisie féodale des fiefs situés dans l'étendue de leur justice puisse se faire à la requête de leur procureur fiscal : les nouveaux arrêts l'ont jugé.

54. Lorsqu'il y a plusieurs coseigneurs du fief dominant, chacun d'eux peut, sans le consentement de ses coseigneurs, et malgré eux, saisir féodalement en son nom les fiefs qui en relèvent ; mais il ne le peut que pour sa portion.

Cela est indubitable lorsque les autres coseigneurs, ou ont donné souffrance, ou déclarent formellement qu'ils n'entendent point saisir. Hors ces cas, Dumoulin paroît penser que la saisie faite par l'un des seigneurs est valable pour le total, comme étant présumée faite tant pour lui que pour ses coseigneurs, desquels il doit être regardé comme un procureur légal.

55. Il est évident que l'usufruitier du fief dominant ne peut saisir en son nom; mais la coutume, *art.* 63, lui permet de le faire à ses risques sous le nom du propriétaire, après sommation à lui faite de le faire lui-même; ce qui doit être étendu aux engagistes, au commissaire établi à la saisie réelle du fief dominant, etc. *Voyez cet article 63, et les notes.*

§. IV. Pour quelles causes se fait la saisie féodale.

56. Il résulte de ce qui a été dit *supra*, paragraphe premier, touchant la nature de la saisie féodale, que le défaut d'homme ou de prestation de foi est la seule cause principale pour laquelle puisse se faire la saisie féodale, et que la cause du défaut de paiement des profits ne peut être regardée que comme une cause accessoire et concomitante de la première. *Causa principalis, est interruptio fidelitatis; defectus autem solutionis jurium, non est causa productiva potestatis prehendendi, sed solùm accessorium et concomitans causam principalem.* Molin.

57. De là il suit, 1° qu'après la réception en foi, la saisie féodale ne peut plus subsister pour les profits dus par le vassal, lesquels ne peuvent plus être exigés que par voie d'action. Néanmoins, Dumoulin observe que si le seigneur avoit reçu le vassal en foi, sous la condition expresse que, jusqu'au paiement des profits, la saisie féodale tiendroit avec perte de fruits pour le vassal; ou bien sous la condition que, faute par lui de payer dans un tel temps, le seigneur pourroit saisir féodalement, et acquérir les fruits en pure perte pour le vassal; ces conventions seroient valables: car le seigneur, qui étoit le maître de ne le point recevoir en foi jusqu'au paiement des profits, et qui jusque-là auroit

gagné les fruits, ne fait aucun tort au vassal en lui impo-
sant ces conditions ; mais la saisie qui auroit lieu en ce cas
ne seroit pas la vraie saisie féodale qui se fait en vertu de
la coutume, mais une saisie qui n'auroit lieu qu'en vertu
de la convention : *Ista prehensio non est propriè feodalis,
quia non fit virtute consuetudinis, et secundùm naturam
feudi ; sed est prehensio merè conventionalis, etc.* Molin.

Que si le seigneur avoit reçu le vassal en foi, sous la condition résolutoire que cette réception en foi seroit nulle, à
défaut de paiement des profits dans un tel temps, en ce cas,
après avoir constitué par une sommation le vassal en demeure de satisfaire à la condition ; ou pour plus grande pré-
caution, après avoir fait prononcer par sentence la nullité
de la réception en foi, le seigneur pourroit procéder par
une saisie féodale proprement dite, puisque le vassal, en
ce cas, se trouveroit n'être pas en foi.

58. Une seconde conséquence de notre principe, est que,
quand le port de foi fait en l'absence du seigneur se trouve
nul, faute par le vassal d'avoir offert les profits, ou d'en
avoir effectué les offres, le seigneur peut bien, à la vérité,
sans avoir égard à ce port de foi nul, saisir féodalement
pour foi non faite et droits non payés ; mais il ne pourroit
pas, comme l'a pensé M. Guyot, en se contentant du port
de foi, quoique nul, saisir féodalement pour les profits qui lui
sont dus, le défaut de paiement de profits n'étant pas, selon
nos principes, une cause suffisante pour saisir féodalement.

59. Une troisième conséquence est que, quoique la foi
n'ait point été faite, la saisie féodale sera nulle, s'il n'est
pas dit expressément, par l'exploit, qu'elle est faite *par
faute d'homme*, ou *faute de foi non faite* ; et qu'il soit dit
seulement qu'elle est faite *à défaut de paiement des profits.*

§. V. Des formalités de la saisie féodale.

60. Autrefois le seigneur saisissoit féodalement en se
mettant, de son autorité, par lui-même ou par ses préposés, sans aucune formalité judiciaire, en possession du
fief lorsqu'il étoit ouvert, et en faisant défenses à son vassal
d'en jouir jusqu'à ce qu'il eût porté la foi.

La saisie féodale est aujourd'hui assujettie à plusieurs formalités.

1° Il a prévalu, contre l'avis de Dumoulin, qu'elle ne pût se faire qu'en vertu d'une commission du juge dans le ressort duquel le fief qu'on veut saisir est situé.

Cette commission doit être spéciale, c'est-à-dire, à l'effet de saisir tel et tel fief. Il n'y a que le roi qui saisisse en vertu d'un commission générale.

Lorsque plusieurs fiefs appartiennent à une même personne, ils peuvent être saisis en vertu d'une même commission en laquelle ils soient exprimés : s'ils appartiennent à différentes personnes, il faut autant de commissions qu'il y a de vassaux dont on veut saisir les fiefs. C'est l'avis de M. Guyot.

Le défaut de sceau dans la commission ne la rend pas nulle. M. Guyot rapporte des arrêts récents qui l'ont jugé.

2° La saisie féodale doit se faire par le ministère d'un sergent, qui doit, à cet effet, se transporter sur le fief qu'on veut saisir.

Il ne peut y avoir lieu à ce transport lorsque le fief est une chose incorporelle ; il suffit, en ce cas, de dénoncer au vassal la saisie.

Cette saisie étant une saisie du fonds, *suprà*, n° 45, doit être recordée de deux témoins. *Edit du contrôle.*

Elle est sujette à toutes les formalités auxquelles l'ordonnance assujettit les autres exploits.

Il est d'usage que cette saisie contienne un établissement de commissaire : la coutume, *art.* 51, suppose cet usage, ainsi que celle de Paris, *art.* 31 : ce qui a fait penser à quelques auteurs, que cet établissement de commissaire étoit nécessaire pour la validité de la saisie. L'opinion contraire paroît plus véritable ; car cet établissement de commissaire n'est nécessaire, dans les autres saisies, que parce que le saisissant doit un compte au saisi, qui, pour cette raison, a intérêt d'opposer le défaut d'établissement de commissaire : mais, dans la saisie féodale, le seigneur ne devant aucun compte au saisi, ni à personne, puisqu'il fait les fruits siens en pure perte pour le vassal, l'établissement de commissaire ne s'y fait que pour la commodité du seigneur; le vassal n'y a aucun intérêt, et ne peut par conséquent en opposer le défaut. C'est l'avis de M. Guyot.

En cela la saisie féodale diffère des autres saisies. Elle en diffère encore en ce qu'elle n'a pas besoin d'être précédée de commandement; car elle se fait *non propter môram clientis, sed propter carentiam hominis.*

61. Cette saisie est valablement signifiée au vassal au lieu du fief servant, et le fermier est responsable envers son maître s'il ne l'en avertit; *art.* 72.

§. VI. Des effets de la saisie féodale.

62. Il faut se rappeler trois principes, pour décider quels effets doit avoir la saisie féodale.

Le premier, que la saisie féodale réunit le fief saisi au fief dominant tant qu'elle dure, de manière que le seigneur en est cependant réputé propriétaire par la résolution du droit du vassal.

Le second, que cette résolution du droit du vassal, et cette réunion du fief saisi au dominant, ne sont que fictifs et momentanés, jusqu'à ce que le vassal ait fait ses devoirs, ou qu'il ait eu souffrance.

Le troisième, que le seigneur doit certains égards à son vassal, même avant qu'il ait fait ses devoirs.

63. Il suit du premier de ces principes, que le seigneur qui a saisi féodalement le fief servant, a droit de percevoir à son profit tous les fruits de ce fief, naturels, industriels et civils, qui se trouvent être à percevoir pendant tout le temps que la saisie dure. *Voyez les art.* 71, 72, 73, 74, 75.

Il suit du même principe, qu'il a même l'exercice de tous les droits domaniaux et honorifiques attachés au fief saisi.

C'est pour cela qu'il peut se faire porter la foi par ses arrière-vassaux, qui relèvent en plein fief du fief saisi, et saisir féodalement leurs fiefs, *voyez l'art.* 76; et en exercer le retrait féodal, *voyez infrà, chap.* 7.

Par la même raison, il peut contraindre les gens de mainmorte qui ont acquis des héritages mouvants en fief, ou en censive de fief saisi, à en vider leurs mains, soit qu'ils les aient acquis avant ou depuis la saisie.

S'il y a quelque droit de justice, ou de patronage, attaché au fief saisi, il doit jouir, pendant que la saisie dure, des honneurs, prééminences et droits y attachés. Il peut en conséquence nommer aux offices qui se trouvent vacants, et présenter aux bénéfices; il le peut d'autant plus, qu'il a passé en jurisprudence que le droit de présentation étoit *in fructu*.

64. Il suit du même principe, que le seigneur n'est pas tenu des charges foncières et droits de servitudes imposées sur le fief servant par le vassal et les précédents vassaux, puisqu'il ne tient point son droit du vassal, et que la résolution du droit du vassal emporte celle des charges qu'il a imposées, suivant la règle, *Soluto jure dantis, etc.*

Il seroit néanmoins tenu des rentes foncières dont est chargé le fief servant, si lui ou ses prédécesseurs les avoient inféodées ou consenties.

Il ne peut pas non plus méconnoître celles qui lui sont dues : c'est pourquoi il doit en faire confusion pour le temps que durera la saisie.

Il est aussi tenu de toutes les charges du fief qui n'ont point été imposées par les vassaux, mais qui sont des charges naturelles dont le seigneur seroit tenu quand même le fief ne seroit jamais sorti de ses mains. Telles sont la dîme, les charges du dixième ou vingtième imposés par le roi; les tailles d'église; les impositions pour les pavés, fortifications, ban et arrière-ban, qui seroient faites pendant le temps que dure la saisie.

A l'égard du droit de franc-fief, comme c'est une charge plus personnelle que réelle, due pour la permission accordée au propriétaire roturier de posséder son fief, le seigneur qui a saisi féodalement n'en est point tenu. Cela doit avoir lieu quand même le seigneur seroit lui-même roturier; car le franc-fief qu'il paie pour le fief dominant, lui donne le droit d'exercer tous les droits attachés à son fief, dont la saisie féodale des fiefs de ses vassaux fait partie : le vassal roturier, dont le fief est saisi féodalement, n'en étant pas moins, vis-à-vis de tous autres que son seigneur, le vrai propriétaire et possesseur, n'en doit pas moins le franc-fief; et il ne peut opposer que la saisie-féodale l'empêche d'en jouir, puisqu'il ne tient qu'à lui d'en jouir en portant la foi : *Damnum quod quis culpâ suâ sentit, non videtur sentire*.

Il suit du second principe, que le seigneur n'ayant qu'un droit momentané dans le fief saisi féodalement, et étant obligé de le remettre à son vassal aussitôt qu'il aura fait ses devoirs, il ne peut disposer de ce fief, ni en més-user, ni le dégrader : mais il doit le conserver, et en jouir comme un bon père de famille. *Voyez l'art.* 70.

Il suit du même principe, que le seigneur ne peut rece-voir à vicaires les gens de main-morte qui auroient acquis des héritages dans la mouvance du fief saisi. Si ces gens de main-morte avoient obtenu lettres d'amortissement pour le posséder, le seigneur pourroit bien recevoir d'eux le droit d'indemnité pour en jouir pendant que dureroit la saisie; mais il seroit tenu d'en rendre le fonds au vassal lorsqu'il auroit fait ses devoirs, et même il pourroit être contraint par le vassal, même durant la saisie, à en faire emploi.

Par la même raison, lorsqu'il y a droit de justice atta-ché au fief saisi, il ne peut pas destituer les officiers.

65. Il suit du troisième principe, que le seigneur ne peut point, durant la saisie, déloger le vassal, *art.* 73 ; et qu'il doit entretenir les baux par lui faits, s'ils sont faits sans fraude, *art.* 72.

Par la même raison, il ne doit pas être écouté à vouloir, par mauvaise humeur, empêcher l'usage des servitudes, des vues, égouts, et autres semblables imposées par le vassal, ou ses prédécesseurs, sur le fief saisi, qui ne causent pas une incommodité notable ; quoique, *stricto jure*, ces droits dussent se résoudre pendant que dure la saisie, par les raisons rapportées *suprà, n.* 64.

§. VII. Quand finit la saisie féodale.

66. La saisie féodale finit de plein droit par la prestation de foi, par les offres dûment faites, et par la souffrance accordée, ou même seulement demandée, lorsqu'il y a juste cause de la demander.

Elle finit aussi par le laps de trois ans, si elle n'est pas renouvelée. *Voyez l'art.* 51.

§. VIII. Des oppositions à la saisie féodale.

67. Le vassal ne doit point enfreindre la saisie, *art.* 77 ; mais il peut se pourvoir contre par les voies, soit d'opposition ou d'appel, et l'attaquer ou par la forme, s'il prétend qu'il y ait quelque nullité de forme ; soit par le fond, s'il prétend que le saisissant n'a pas eu droit de saisir ; *putà*, parce que le fief étoit couvert, ou parce qu'il n'étoit pas le seigneur.

Régulièrement la saisie tient, et le vassal n'en peut avoir main-levée par provision jusqu'à ce que l'opposition ait été jugée : car c'est une règle en matière de fiefs, que le seigneur ne plaide point dessaisi ; *art.* 80.

Cette règle a néanmoins ses exceptions. *Voyez l'art.* 81.

CHAPITRE III.

Du droit de commise.

68. La foi ou fidélité que le vassal doit à son seigneur étant de l'essence du fief, le violement formel et caractérisé de cette fidélité a paru devoir faire perdre au vassal son fief.

C'est sur cette raison qu'est fondé le droit de commise, qu'on peut définir, le droit qu'a le seigneur de confisquer et réunir à perpétuité à son domaine le fief mouvant de lui, pour cause de désaveu ou de félonie du vassal.

§. I. Du désaveu qui donne lieu à la commise.

69. La coutume prononce la peine de la commise pour le cas du désaveu. *Voyez l'art.* 81.

Le désaveu est l'acte par lequel le vassal dénie formellement à son seigneur qu'il soit seigneur.

70. Le désaveu, pour donner lieu à la commise, doit être parfait, inexcusable, judiciaire.

Le désaveu *personæ tantùm* n'y donne donc pas lieu; c'est-à-dire, lorsque mon vassal convient relever de mon fief, mais qu'il nie que j'en sois le propriétaire : car ce désaveu n'est pas parfait, puisqu'il reconnoît, *aliquatenùs*, mon droit de supériorité féodale que j'ai comme propriétaire du fief dominant dont il convient relever.

Le désaveu *rei tantùm* n'y donne pas lieu non plus; c'est-à-dire, lorsque mon vassal dénie relever de mon fief dominant duquel il relève effectivement, en me reconnoissant néanmoins pour son seigneur pour raison d'une autre de mes seigneuries.

Si la seigneurie de laquelle mon vassal prétend relever, et pour raison de laquelle il m'offre la foi, étoit une seigneurie qui ne m'appartînt point, ou qui ne m'appartînt qu'en une autre qualité que celle en laquelle je lui demande la foi; *putà*, si je la lui demandois en mon propre nom, et qu'il me l'offrît pour raison d'une seigneurie appartenante à ma femme, ou dépendante de mon bénéfice, *aut vice versâ*; en ces cas le désaveu est *rei simul et personæ*, et par conséquent parfait, et qui donne lieu à la commise; car ce n'est pas reconnoître quelqu'un sérieusement à seigneur, que de le reconnoître pour une seigneurie qui ne lui appartient pas.

Si le seigneur ne l'a aliéné que depuis l'acte qui contient le désaveu, il n'y aura pas lieu à la commise, à moins que, depuis l'aliénation connue au vassal, le vassal n'eût signifié quelque autre acte de persistance en son désaveu; car le désaveu porté par ce nouvel acte, se trouvant alors être *rei simul et personæ*, donneroit lieu à la commise. *Molin*, §. 43, *gl.* 1, *q.* 1.

71. Quelques auteurs ont prétendu que le désaveu n'étoit pas parfait, et ne donnoit pas lieu à la commise lorsque le vassal soutenoit ne relever de personne. Cette opinion paroît dénuée de fondement. Le désaveu consiste à méconnoître son seigneur; et il n'est pas moins méconnu lorsque son vassal se prétend indépendant, que lorsqu'il veut se donner à un autre seigneur. Dumoulin décide expressément qu'il y a lieu à la commise en l'un et l'autre cas. *Quùm vassallus absolutè negat et prehensorem et qualitatem in quá prehendit, hoc est planè abnegat ipsam feudalitatem, sive contendat rem prehensam esse allodialem, sive non; quia satis est quòd planè abnegat feudaliter moveri à prehendente.* Molin., *ibid.*, *n.* 10.

Il résulte de ces derniers termes que, selon la doctrine de Dumoulin, le désaveu ne laisseroit pas d'être parfait et de donner lieu à la commise, quoique le vassal offrît de reconnoître à cens son seigneur; *satis est quòd abnegat feudaliter moveri,... abnegat feudalitatem.* En effet, un seigneur de censive n'ayant de droit que sur les héritages, et n'ayant aucuns devoirs à exiger de ses censitaires, il paroît que ce n'est pas en tout reconnoître son seigneur de fief, que de ne le reconnoître que comme un seigneur de censive. Néanmoins plusieurs pensent que ce n'est pas entièrement le méconnoître, et qu'il n'y a pas lieu en ce cas à la commise.

Il est hors de doute que ce n'est pas désaveu, et qu'il n'y a pas lieu à la commise, lorsque le vassal convient relever en fief de son seigneur, et conteste seulement sur les charges auxquelles il relève; *putà*, lorsqu'il soutient que son fief n'est tenu d'aucune autre charge féodale que de la foi, *si affirmaret feudum francum et liberum.* Molin., *ibid.*, *n.* 7.

72. Le désaveu, pour donner lieu à la commise, doit être inexcusable.

Il est réputé excusable lorsque le vassal ne désavoue son seigneur que pour reconnoître le roi de qui il soutient relever, ou l'apaganiste qui est aux droits du roi; et il a passé en maxime, qu'il n'y a pas lieu en ce cas à la commise. Mais si, après qu'il a été abandonné par le procureur du roi, il persévère dans son désaveu, le désaveu devient inexcusable, et donne lieu à la commise. *Livonière, p.* 123.

Le désaveu est encore excusable lorsque le vassal a été induit en erreur par le fait même du seigneur ; *putà*, si le seigneur des fiefs A. et B. m'a, par erreur, reçu en foi en qualité de seigneur du fief A., pour mon fief qui relevoit du fief B., et ensuite qu'il ait laissé différents héritiers, dont l'un a succédé au fief A., et l'autre au fief B. ; si je désavoue l'héritier seigneur du fief B., de qui mon fief relève effectivement, prétendant relever du fief A., mon désaveu doit être jugé excusable, ayant été induit par le précédent seigneur dans l'erreur qui m'a porté à ce désaveu. *Mol., d. gl., q.* 24.

Au reste, il ne suffit pas pour, que le désaveu soit jugé excusable et exempt de la peine de la commise, que le vassal qui a désavoué le seigneur n'eût pas une connoissance positive qu'il étoit son seigneur : *voyez l'art.* 81, *et les notes.*

Quelques auteurs prétendent aussi que le désaveu est excusable, et ne doit pas être assüjetti à la peine de la commise, lorsque le vassal s'est désisté avant le jugement. On peut tirer argument *à simili* pour ce sentiment des *L.* 14, §. 8, et *l.* 16, §. 3, *ff. de bon. libert.* ; *l.* 8, §. 14, *ff. de inoff. Testam.* ; et *l.* 8, *Cod. de his quib. utend.* Néanmoins Dumoulin, *ibid., q.* 1, pense que le vassal ne peut plus, en rétractant son désaveu, se soustraire à la peine de la commise aussi tôt que le seigneur y a conclu, ou déclaré qu'il entendoit y conclure.

73. Enfin le désaveu, pour donner lieu à la commise dans notre coutume, doit être judiciaire. *Voyez l'art.* 81, *et les notes.*

De là il suit que le désaveu formé par une personne qui n'est pas capable d'ester en jugement, ne peut donner lieu à la commise. Tel est celui qui seroit fait par une femme qui l'auroit formé sans être assistée et autorisée de son mari ; ou par un mineur, sans être assisté par son curateur aux causes.

74. Même le désaveu formé par le mineur, assisté de son curateur, ne donne pas lieu à la commise, pourvu qu'il

ne paroisse pas qu'il ait été malicieux ; *arg. l.* 9, §. 5, *ff. de minor. ;* car on pardonne aux mineurs l'indiscrétion, mais non le dol. C'est l'avis de Dumoulin, *ibid.*, *q.* 13, qui me paroît régulier, quoique plusieurs qui ont écrit depuis décident indistinctement que le désaveu du mineur ne donne pas lieu à la commise, ce désaveu, quoique malicieux, étant plutôt un délit féodal qu'un crime. *Guyot.*

Il est évident que celui formé par un tuteur, curateur, ou administrateur, ne peut donner lieu à la commise.

§. II. De la félonie qui donne lieu à la commise.

75. La félonie est une injure atroce commise par le vassal contre son seigneur, connu pour tel.

Il faut, 1° que l'injure soit atroce.

On laisse à l'arbitrage du juge à juger de l'atrocité. Elle peut être jugée telle, non seulement lorsque le seigneur a été attaqué dans sa personne, comme lorsque son vassal a porté la main sur lui ou attenté à sa vie, mais aussi lorsqu'il l'a été dans son honneur, comme lorsque son vassal a répandu des écrits, ou des discours, dans le public, contenant des faits calomnieux, circonstanciés et graves contre la probité ou les mœurs du seigneur; ou lorsqu'il a commis adultère avec sa femme, ou abusé de sa fille, de sa bru, ou de sa mère ; et enfin lorsqu'il a été attaqué dans ses biens; comme lorsque son vassal, par de mauvaises manœuvres, a causé la ruine de toute ou de la plus grande partie de sa fortune. *V. l. ult. Cod. de revoc. Donat.*

76. Il faut, 2° que celui qui a commis l'injure fût vassal au temps qu'il l'a commise. De là il suit que l'injure faite par le fils du vassal, ou par un appelé à la substitution du fief servant avant qu'elle fût ouverte, ou par l'acheteur du fief servant avant aucune tradition réelle ou fictive, ou celle faite par celui qui a vendu et livré le fief servant, avec clause de réméré, avant qu'il ait exercé le réméré, ne sont point félonie; car la félonie étant essentiellement le violement de la foi que le vassal a faite, ou qu'il est tenu de faire, toutes ces personnes, qui, au temps de l'injure, n'étant pas encore propriétaires du fief servant, n'étoient

pas encore tenues à la foi, n'ont pu commettre félonie : c'est pourquoi lorsqu'elles seront devenues propriétaires, le seigneur ne pourra pas leur refuser l'investiture à cause de cette injure, à moins qu'elles ne refusassent d'en faire au seigneur réparation : car ce refus fait par ces personnes depuis qu'elles ont la qualité de vassal, est une félonie. *Molin.*, §. 43, *q*. 40.

Au contraire, le grevé de substitution, l'acquéreur à la charge de réméré avant qu'on l'ait exercé, le vendeur avant la tradition, étant vrais propriétaires, l'injure par eux commise est félonie, qui donne lieu à la commise, à la charge néanmoins de la substitution ou du réméré.

77. L'injure commise par l'héritier du vassal, qui sait que la succession lui est déférée quoiqu'il ne l'ait pas encore acceptée, est félonie, et donne lieu à la commise s'il accepte la succession ; car il est censé avoir été propriétaire dès l'instant qu'elle a été ouverte, *art.* 301. S'il renonce à la succession, il n'y aura pas lieu à la commise. *Molin.*, *ibid.*

Lorsque le légataire d'un fief, depuis la mort du testateur et avant qu'il ait accepté le legs, injurie le seigneur, Dumoulin décide que si le légataire accepte le legs par la suite, cette injure aura été félonie, qui doit donner lieu à la commise, parceque la propriété de la chose léguée est censée transférée en la personne du légataire dès l'instant de la mort du testateur, suivant les principes du droit. *Molin.*, 43.

Observez qu'il faut qu'il ait su, lors de l'injure, que le legs lui étoit déféré, autrement il n'auroit pas connu pour son seigneur la personne qu'il offensoit ; ce qui est nécessaire pour la félonie ; *infrà, n.* 82.

Si dans la même espèce c'étoit l'héritier qui eût commis l'injure, elle ne seroit félonie que dans le cas auquel le légataire répudieroit le legs ; car, s'il l'acceptoit, l'héritier se trouveroit n'avoir jamais été propriétaire du fief légué. *Q.* 43.

L'héritier, quoique sous bénéfice d'inventaire, étant vraiment héritier, et par conséquent vrai propriétaire des biens de la succession, l'injure par lui commise envers le

15. — I.

7

seigneur de qui relève un fief de la succession, est félonie qui donne lieu à la commise. *Molin.*, q. 42.

78. L'injure faite par le membre d'un corps au seigneur de quelque fief qui appartient au corps, n'est pas félonie; car c'est le corps, qui est une personne civile distinguée *intellectu* des membres qui le composent, qui est propriétaire et vassal, et non aucun de ses membres. *Arg. l. 7, ff. quod. cuj. univ.*, §. 1.

79. Le titulaire d'un bénéfice, comme un prieur, un curé, un chapelain, est vassal pour les fiefs de son bénéfice, quoiqu'il n'en soit pas propriétaire, puisque c'est lui qui est obligé à la foi; et il en est de même d'un mari pour les fiefs du propre de sa femme. C'est pourquoi l'injure commise par l'un ou l'autre est félonie, qui donne lieu à la commise du droit qu'ils y ont. *Molin.*, q. 14 et 15.

Quoique le mari soit vassal pour les fiefs du propre de sa femme, la femme ne laisse pas aussi de l'être, puisqu'elle demeure, pendant le mariage, propriétaire de ses propres : c'est pourquoi l'injure par elle commise est félonie, qui donne lieu à la commise de son fief, sans préjudice du droit qu'a le mari d'en jouir. *Molin.*, q. 16.

A l'égard des fiefs conquêts, la femme n'y ayant aucun droit formé pendant le mariage (*infrà*, Tit. de la Commun., *n.* 1), l'injure qu'elle commettroit, pendant le mariage, envers le seigneur de qui ils relèvent, ne seroit pas félonie. *Molin.*, q. 16.

80. Le simple usufruitier d'un fief n'est pas vassal; c'est pourquoi l'injure commise par celui qui a donné son fief, sous la réserve de l'usufruit, n'est pas félonie, mais plutôt celle qui seroit commise par le donataire, qui, étant propriétaire, est le vrai vassal, quoique la loi lui accorde souffrance pour la foi jusqu'à l'extinction de l'usufruit, *art.* 285.

Il reste à observer que le propriétaire du fief servant es censé vassal, et commettre félonie, quoiqu'il n'ait pas encore porté la foi; il suffit qu'il la doive : la félonie est le violement de la foi que le vassal a portée, ou qu'il est tenu de porter.

81. Il faut, 3° pour qu'une injure soit félonie, qu'ell

soit faite au seigneur, c'est-à-dire au propriétaire du fief dominant.

Il suffit qu'il le soit pour partie, quelque petite qu'elle soit. Il n'importe aussi que le droit de propriété qu'il a soit résoluble.

Celui qui possède le fief dominant *animo domini*, quoiqu'il n'en soit pas le vrai propriétaire, étant réputé tel tant qu'il le possède, et ayant l'exercice de tous les droits y attachés, l'injure qui lui est faite est félonie.

Le titulaire d'un bénéfice, quoiqu'il ne soit pas propriétaire des fiefs de son bénéfice; le mari, quoiqu'il ne le soit pas de ceux du propre de sa femme, ayant l'exercice des droits y attachés, sont réputés seigneurs, et l'injure qui leur est faite par les vassaux est félonie. *Mol.*, q. 30 et 31.

Celle qui seroit faite à la femme le seroit aussi : car, comme elle conserve la propriété, c'est elle qui est la dame du fief. Celle faite à l'un des membres d'un corps par un vassal de ce corps, n'est pas félonie; car il n'a pour seigneur que le corps. *Suprà*, *n.* 78.

Au reste, l'injure est censée faite au seigneur et est félonie, non seulement lorsqu'elle lui est faite en sa propre personne, mais lorsqu'elle lui est faite en la personne de sa femme, ou de ses enfants; *Inst. tit. de injur.*, §. 2; mais il faut qu'elle soit plus atroce que si elle lui étoit faite en sa propre personne.

82. Il faut, 4° pour que l'injure soit félonie, qu'elle soit faite au seigneur connu pour tel; *Mol.*, q. 41; car il n'y a pas de crime sans intention de le faire; le caractère essentiel de la félonie consistant à ce que l'injure soit faite par quelqu'un *à son seigneur*. Celui qui fait une injure à son seigneur, sans le connoître pour tel, a bien intention de commettre une injure; mais il ne peut avoir intention de commettre une félonie, et par conséquent il ne commet point de félonie.

Si le vassal de deux seigneurs, ayant intention d'injurier l'un de ses seigneurs, injurioit l'autre en se méprenant de personne, ce seroit félonie. *Arg. l.* 18, §. 3, ff. *de injur.*

Au reste, un vassal ne seroit pas facilement écouté à

7.

dire qu'il ne connoissoit pas son seigneur; il faut que son ignorance paroisse par les circonstances. *Mol.*, *ibid.*

Le propriétaire du fief dominant qui n'en est point en possession, n'est point présumé connu pour seigneur; et par conséquent l'injure qui lui est faite par ses vassaux n'est point présumée félonie.

§. III. Quand est acquis le droit de commise; en quoi il consiste; et à quoi il s'étend.

PREMIÈRE MAXIME.

83. Selon la doctrine de Dumoulin, le droit de commise *antè acceptatum jus commissi* est en suspens; de manière que si le seigneur, *antè acceptatum jus commissi*, pardonne l'offense, le droit de commise sera censé plutôt n'être jamais né que remis ou aliéné.

Dumoulin pensoit que le seigneur devoit être censé avoir accepté ce droit, de quelque manière qu'il eût sur ce déclaré sa volonté; mais comme ces déclarations de volonté pourroient souvent être équivoques et donner lieu à des procès, le seigneur ne doit être censé accepter ce droit que par la demande qu'il forme : c'est par l'action qu'il intente que le droit de commise devient un droit ouvert et formé.

SECONDE MAXIME.

84. Le droit de commise acquis au seigneur ne le fait pas rentrer de plein droit dans le fief de son vassal; *Mol.*, *q.* 6. Il ne consiste que dans une action pour faire ordonner la confiscation du fief à son profit, en punition du délit de son vassal. Nous traiterons de cette action au paragraphe suivant.

Le vassal demeure donc propriétaire de son fief jusqu'à ce que la confiscation en ait été ordonnée et exécutée; il contracte seulement par son délit l'obligation personnelle de le délaisser à son seigneur lorsqu'il requerra la confiscation; il ne peut plus néanmoins l'aliéner ni l'obliger en fraude de la confiscation, car la loi affecte le fief à son obligation : c'est pourquoi Dumoulin dit que l'action de commise *afficit rem, n.* 103.

TROISIÈME MAXIME.

85. La commise s'étend à tout ce qui fait partie du fief, comme fief, et non à autre chose.

Les choses unies au fief par une union naturelle font partie du fief, et par conséquent sont comprises dans la commise ; *v. g.,* ce qui est accru par alluvion, et les bâtiments construits sur le terrain féodal.

Le vassal qui a construit ces bâtiments avant le désaveu, ou la félonie qui a donné lieu à la commise, ne pourroit pas les enlever ; car ces bâtiments étant unis au terrain féodal, sont devenus eux-mêmes quelque chose de féodal, suivant la règle, *Accessorium sequitur naturam rei principalis,* et par conséquent sujets à toutes les obligations féodales et à la commise. C'est pourquoi on ne peut pas dire que le seigneur s'enrichit, en ce cas, aux dépens de son vassal qui les a construits : *Non censetur patronus locupletari cum jacturâ alienâ, sed jure suo uti et exigere jus commissi sibi debitum.* Le vassal, en les construisant, n'a enrichi que lui-même ; c'étoit lui qui en profitoit, puisqu'il les construisoit sur son fonds.

Si les bâtiments avoient été construits depuis le droit de commise acquis au seigneur, en ce cas, le seigneur doit en permettre l'enlèvement : autrement cette construction l'enrichiroit aux dépens du vassal, puisqu'elle a été faite sur un terrain auquel le seigneur avoit déja acquis droit, et que le vassal ne pouvoit conserver. La décision est indistinctement certaine lorsque ce sont les héritiers du vassal qui a commis désaveu ou félonie, qui les ont construits. Lorsque c'est le vassal lui-même, Dumoulin ne lui accorde cette permission que dans le cas du désaveu téméraire, et non lorsqu'il y a dol, le vassal dans ce dernier cas en étant indigne. *Mol., q.* 26.

Les héritages que le vassal a acquis dans sa censive, sans faire déclaration pour empêcher la réunion, sont aussi enveloppés dans la commise ; car, par l'acquisition qu'il en a faite, ils sont devenus parties de son fief.

La commise ne s'étend pas aux choses mobiliaires qui sont dans l'héritage féodal ; car elles ne font pas partie du fief.

QUATRIÈME MAXIME.

86. Le seigneur n'acquiert par la commise que le droit qu'avoit, dans le fief, le vassal qui a commis désaveu ou félonie, et tel qu'il l'avoit.

Suivant ce principe, si ce vassal n'avoit qu'un droit de propriété résoluble sous quelque condition, comme s'il étoit grevé de substitution, s'il étoit acquéreur à la charge de réméré, ou à titre de donation sujette à la révocation pour survenance d'enfants, le seigneur ne confisqueroit le fief qu'à la charge de la substitution du réméré, ou de la révocation pour cause de survenance d'enfants.

87. Si un mari a commis désaveu, ou félonie, envers le seigneur du fief propre de sa femme, le seigneur ne pourra confisquer le fief que pour le temps que le mari avoit droit d'en jouir, c'est-à-dire, pendant le temps que durera le mariage. *Mol.*, *q.* 16.

À l'égard des fiefs conquêts de la communauté, le mari en étant pendant le mariage le seul maître absolu, et ayant le droit de les aliéner, même *delinquendo (Intr. au tit.* 10, *ch.* 8), c'est une conséquence qu'ils soient confisqués pour le total à perpétuité. *Molin., ibid.*

Notre décision a lieu même à l'égard des propres ameublis de la femme, quoiqu'il y ait clause, par le contrat de mariage, qu'elle reprendra, en cas de renonciation, ce qu'elle a apporté : car cette clause n'ôte pas au mari le droit d'en disposer en maître, et par conséquent de les confisquer. *Mol.*, *ibid.*

La femme devient seulement, dans le cas auquel la clause de reprise de son apport auroit lieu, créancière de l'estimation de cet héritage à la place de l'héritage, de même que lorsque son mari l'a aliéné.

Notre décision souffre exception lorsque le jugement qui

prononce la confiscation pour cause de félonie, prononce
en même temps une condamnation capitale : car la communauté étant dissoute par cette condamnation, et le droit
du mari par conséquent restreint à la moitié des conquêts,
la confiscation ne peut avoir lieu que pour la moitié.

88. Lorsqu'un bénéficier a commis désaveu ou félonie,
le seigneur ne peut confisquer le fief du bénéfice que pour
le temps que le bénéficier a droit d'en jouir, c'est-à-dire,
pour le temps qu'il conservera le bénéfice; et même si les
autres biens du bénéfice n'étoient pas suffisants, le seigneur
ne le confisqueroit même pendant ce temps qu'à la charge
d'une somme telle qu'elle seroit réglée pour la desserte.

S'il le résigne, quoiqu'avec pension, le seigneur n'en
pourra refuser l'investiture au résignataire; mais si le bénéficier qui a commis l'offense redevenoit de nouveau titulaire du bénéfice, le seigneur seroit fondé à lui refuser
l'investiture de ce fief; car l'offense subsiste toujours.
Mol., q. 14.

CINQUIÈME MAXIME.

89. La commise se fait avec la charge des rentes foncières, droit d'usufruit ou autres servitudes, et des hypothèques dont le fief étoit chargé.

Cette maxime a prévalu, suivant l'avis de Dumoulin,
q. 18, 19 et 20, contre celui de d'Argentré. La maxime
Soluto jure dantis, solvitur jus accipientis, sur laquelle
est fondé l'avis de d'Argentré, ne doit avoir lieu que lorsque le droit de celui qui a imposé les charges se résout et
s'éteint *per se et sui ipsius naturâ,* et sans aucun fait de
celui qui les a imposées. Mais il en doit être autrement lorsque c'est par son fait et son délit, n'étant pas juste que la
peine de son délit tombe sur d'autres que sur lui : *culpâ
suos debet comitari auctores.* Si, dans le cas de la saisie
féodale, le seigneur n'est pas tenu de toutes ces charges,
c'est qu'il est au pouvoir de ceux qui ont des droits sur le
fief de se les conserver, et d'obtenir main-levée de la saisie,
en reconnoissant le seigneur autant qu'il est en eux, et lui
demandant souffrance. Mais dans le cas de la commise, si

elle ne se faisoit pas avec toutes les charges imposées sur le fief, ceux qui ont des droits sur le fief n'auroient aucune voie pour les conserver; ce qui seroit trop dur.

Si ces charges avoient été imposées depuis que le droit de commise a été acquis, le seigneur n'en seroit pas tenu : car le droit de commise, aussitôt qu'il a été acquis au seigneur, a dès-lors affecté le fief en l'état qu'il se trouvoit, et le vassal n'a pu dès-lors y imposer aucunes charges au préjudice de cette affectation.

Le seigneur qui a confisqué le fief à la charge des hypothèques dont il est chargé, étant poursuivi hypothécairement, peut, comme tout autre tiers détenteur, renvoyer le demandeur à discuter les débiteurs personnels. *Molin.*, *n.* 117.

SIXIÈME MAXIME.

90. Le seigneur n'est point tenu des engagements personnels que le vassal a contractés par rapport au fief confisqué.

Par exemple, le seigneur n'est point tenu d'entretenir les baux qu'en a faits le vassal. Si la coutume l'y oblige dans le cas de la saisie féodale, c'est à cause des égards qu'il doit à son vassal; mais il n'en doit aucun à celui qui s'est rendu indigne de l'être. Il doit néanmoins laisser jouir le fermier pendant l'année qui est commencée. Par la même raison, si le vassal, avant le désaveu ou la félonie commise, avoit vendu son fief sans l'avoir livré, non seulement l'acheteur n'auroit aucune action contre le seigneur; mais si le vassal, depuis que ce droit de commise a été acquis au seigneur, avoit livré le fief à cet acheteur, le seigneur pourroit le lui faire délaisser. *Mol.*, *q.* 21 et 22.

Observez néanmoins que si le bail ou la vente avoient été faits, avant le délit, par acte qui emportât hypothèque, le seigneur qui ne confisque le fief qu'à la charge des hypothèques, en pourroit être tenu hypothécairement. *Q.* 23.

91. Pareillement, lorsque le mari a fait des deniers de la communauté, sur son héritage propre, des impenses nécessaires, pour raison desquelles il doit récompense de mi-

denier à sa femme, et qu'il a commis ensuite désaveu, ou félonie, qui a donné lieu à la commise de cet héritage envers le seigneur de qui il relève en fief, le seigneur ne sera pas tenu de cette récompense, qui n'est pas une charge réelle de l'héritage, mais une dette personnelle dont le mari est tenu envers sa femme, *actione pro socio*. Mol., *ibid.*

SEPTIÈME MAXIME.

92. Les créanciers chirographaires, quoique antérieurs au délit qui a donné lieu à la commise, n'ont pas l'action révocatoire contre le seigneur, quand même le vassal se seroit rendu par-là insolvable. *Molin.*, *q.* 21.

La raison est, que cette action n'a lieu que contre des acquéreurs qui ont été participants de la fraude du débiteur, ou qui ont acquis de lui à titre purement lucratif. Le seigneur n'est ni dans l'un ni dans l'autre cas. La commise n'est point un titre purement lucratif, puisqu'il acquiert le fief pour la réparation qui lui est due de l'injure qui lui a été faite, et par conséquent en paiement d'une dette.

Il faut néanmoins avouer que cette maxime souffre difficulté. Plusieurs pensent qu'il suffit que le seigneur acquière, par la commise, le fief, sans qu'il lui en coûte rien, pour qu'il y ait lieu à l'action révocatoire, ne devant pas profiter aux dépens des créanciers.

§. IV. Comment s'exerce le droit de commise; et de l'action de commise.

93. Il n'y a que le roi qui ait droit de saisir les fiefs qu'il prétend sujets au droit de commise; les autres seigneurs n'ont que la voie d'action. *Molin.*, *q.* 6 et 7.

Lorsque le seigneur a saisi le fief par défaut de foi, et que le vassal se présente à sa foi, et demande main-levée de la saisie, le seigneur peut aussi conclure à la commise par forme d'exception, suivant cette règle de droit: *Qui actionem habet, multò magis debet habere exceptionem.* Mais le vassal qui a fait dûment ses offres de foi, doit avoir, par provision, main-levée de la saisie féodale pendant le procès sur la question de commise proposée par l'exception du seigneur.

94. L'action de commise est une action personnelle *ex delicto*, qui naît de l'obligation du vassal, qui, par son délit, s'est obligé à la peine de la commise. Elle n'est pas simplement personnelle, mais personnelle réelle, *in rem scripta*, comme l'enseigne Dumoulin, *d. gl.*, *n.* 58. C'est pourquoi elle peut être intentée contre des tiers détenteurs qui auroient acquis le fief depuis le délit, pour être condamnés à le délaisser, après que le seigneur aura fait déclarer contre le vassal la peine de la commise encourue.

95. Lorsque le seigneur ne l'est pas *proprio nomine*, mais comme mari, comme titulaire d'un tel bénéfice, et qu'il est désavoué par le vassal de sa femme, de son bénéfice, il ne peut exercer l'action de commise qu'en son nom qualifié de mari d'une telle, de titulaire d'un tel bénéfice; et c'est au profit de sa femme, ou de son bénéfice, qu'il confisque le fief. Car c'est sur ces personnes que rejaillit l'offense du désaveu : il a seulement droit d'en jouir tant que le mariage durera, ou qu'il sera possesseur du bénéfice.

Il y a plus de difficulté dans le cas de la félonie : néanmoins Dumoulin décide qu'il en doit être de même; car l'injure qui lui est faite n'est félonie, et ne donne lieu à la commise, qu'en tant qu'il est mari d'une telle, titulaire d'un tel bénéfice, etc., et par conséquent en tant qu'elle rejaillit sur sa femme, sur son bénéfice, etc. *Molin.*, §. 43, *q.* 30 et 31.

96. Il n'en est pas de même du seigneur qui tient en sa main le fief de son vassal par la saisie féodale. Lorsqu'un vassal, relevant de ce fief saisi, commet, pendant la saisie féodale, désaveu ou félonie envers ce suzerain; quoique ce suzerain n'exerce pareillement l'action de commise qu'en sa qualité de *tenant en sa main* le fief d'où ce vassal relève, néanmoins il exerce cette action entièrement à son profit, et il demeure propriétaire du fief confisqué, après la mainlevée de la saisie du fief d'où il relève. *Molin.*, §. 55, *gl.* 10, *n.* 45. La raison de différence est, que le mari tient et

emprunte de sa femme les droits qu'il a sur les propres de sa femme, et la qualité de seigneur des vassaux qui en relèvent. Il n'a cette qualité que parceque l'union du mariage et la puissance maritale font considérer sa femme et lui comme n'étant tous les deux qu'une même personne, dont il est le chef : le désaveu ou la félonie que ces vassaux commettent envers lui, n'est un délit féodal qui donne lieu à la commise, qu'autant qu'il rejaillit sur sa femme; et ce n'est qu'à cause de sa femme, qu'il a et qu'il exerce l'action de commise. Il en est de même du titulaire de bénéfice; mais il en est autrement du seigneur qui tient en sa main, par la saisie féodale, le fief de son vassal : ce n'est point de son vassal qu'il emprunte le droit qu'il a sur le fief qu'il tient en sa main; il ne le tient que de lui-même. C'est donc de son chef, et non du chef de son vassal, qu'il est le seigneur des vassaux qui en relèvent; et par conséquent c'est de son chef, et pour lui-même, qu'il a droit de poursuivre, par l'action de commise, la réparation de l'injure qui lui est faite en cette qualité.

97. Lorsque, sur l'action du seigneur, le fief est jugé sujet à la commise, le défendeur doit être condamné à le lui délaisser avec restitution de fruits du jour de la demande.

98. Le pardon de l'offense intervenu depuis que l'action de commise a été intentée, l'éteint; de même qu'il l'empêche de naître lorsqu'il intervient auparavant.

C'est une preuve non équivoque de ce pardon, lorsque le seigneur ayant connoissance de l'offense, a reçu le vassal en foi, ou à souffrance.

Il n'y a que la personne offensée qui puisse remettre l'offense; c'est pourquoi le mari ne peut pardonner l'injure faite à sa femme par le vassal de sa femme; et la femme peut, nonobstant ce pardon, intenter l'action de commise. On peut tirer argument de l'article 200.

La femme peut, sans son mari, la pardonner tant que la chose est entière, *ante acceptatum commissum*; mais depuis que l'action de commise a été intentée, elle ne le peut plus, parcequ'elle ne peut rien aliéner sans l'autorisation de son mari. (*Article* 194.)

Lorsque l'injure a été faite au mari, ou au bénéficier, par le vassal de sa femme, ou de son bénéfice, il peut pareillement, en pardonnant l'injure, *ante acceptatum commissum*, soustraire le vassal à la peine de la commise : mais, *post acceptatum commissum*, il ne le peut plus au préjudice du droit acquis à sa femme, ou à son bénéfice. *Molin.*, q. 31.

99. La mort du seigneur, ou du vassal, qui survient depuis l'action intentée, ne l'éteint pas ; mais elle l'empêche de naître si elle survient auparavant.

La règle souffre exception lorsque la félonie qui a donné lieu à l'action de commise consiste dans l'homicide du seigneur, qui n'a pas vécu assez de temps pour en poursuivre lui-même la vengeance. *Voyez* Molin., q. 33 et 34.

100. L'action de commise, selon Dumoulin, ne se prescrit que par trente ans : néanmoins un long silence doit facilement faire présumer le pardon, et exclure par ce moyen l'action.

§. V. De la peine de la déloyauté du seigneur.

101. La même espèce d'injure, qui est *félonie* lorsqu'elle est commise par le vassal envers son seigneur connu pour tel, est *déloyauté* lorsqu'elle est commise par le seigneur envers son vassal connu pour tel.

Les devoirs d'amitié et de protection dont le seigneur est tenu envers son vassal, n'étant pas moins de l'essence du fief, que ceux de fidélité dont le vassal est tenu envers son seigneur ; de même que le vassal félon qui y manque est privé de son fief, de même le seigneur déloyal doit être privé de sa dominance sur le fief de son vassal.

De ce délit de seigneur naît une action qu'a le vassal contre son seigneur, pour le faire déclarer déchu de son droit de dominance ; laquelle action est semblable à celle qu'a le seigneur contre son vassal, en cas de félonie, pour le priver de son fief.

Le seigneur, par cette action, est privé de sa dominance sur le fief de son vassal, et de tous les droits, tant honorifiques qu'utiles, qui en dépendent : *Privatur directo dominio et omni jure feudali, et ejus juribus et pertinentiis;*

Mol., §. 8, *gl.* 4, *n.* 11; ce qui comprend non seulement les droits ordinaires et réglés par les coutumes, mais ceux qu'il auroit en vertu de quelque clause particulière de l'inféodation. Pocquet prétend néanmoins que les redevances extraordinaires cessent seulement d'être seigneuriales, et que le seigneur les conserve comme redevances pures foncières; mais cette opinion ne me paroît pas fondée. Si le seigneur avoit des droits en autre qualité que de seigneur, il ne les perdroit pas.

102. La privation de la dominance du seigneur sur le fief de son vassal n'empêche pas qu'il ne demeure fief, et sujet aux droits ordinaires des fiefs; mais ce n'est plus envers le seigneur immédiat qui a été privé de sa dominance, mais envers le seigneur suzerain, qui en devient par-là le seigneur immédiat, *sublato medio.* Molin., *ibid., n.* 13.

À l'égard des droits seigneuriaux extraordinaires qu'avoit le seigneur qui a été privé de sa dominance, le fief en demeure entièrement affranchi.

Il reste à observer que lorsque le seigneur déloyal n'est seigneur que comme mari ou comme bénéficier, il ne perd que l'exercice de la dominance, pendant le temps que durera le mariage, ou qu'il sera bénéficier. *Molin., ibid., n.* 19.

CHAPITRE IV.

Du dénombrement, et de la saisie à défaut de dénombrement.

103. Le dénombrement est une description que le vassal doit donner à son seigneur, par le détail de tous les héritages et droits qu'il tient en fief de lui.

§. I. De ce que doit comprendre le dénombrement.

104. Le dénombrement doit contenir non seulement chaque corps d'héritage, mais, par le menu, chacune des pièces de terre qui en dépendent; leur nature, continence, tenants et aboutissants. Il doit pareillement contenir tous les droits du fief, tels que ceux de patronage, de justice,

de banalité, de dîmes inféodées; la nature de ces différents droits, en quoi ils consistent; la continence, tenants
et aboutissants du territoire sur lequel ils s'exercent; les
actes par lesquels ils ont été reconnus.

Le vassal doit y déclarer les noms et surnoms de chacun
de ses vassaux, qui sont les arrière-vassaux du seigneur, et
de ses censitaires; et en gros, la quantité et qualité des héritages et droits qu'ils tiennent de lui, soit en fief, soit en
censive; le lieu de leur situation; les droits et devoirs auxquels ils les tiennent; la date, et le notaire des actes par
lesquels il en a été reconnu. Dumoulin demandoit bien davantage : il vouloit que le vassal insérât en entier dans son
dénombrement, ceux que lui avoient donnés ses vassaux;
mais cela ne s'observe pas.

Le détail que nous venons d'expliquer, dans lequel le
dénombrement doit être donné, étant nécessaire absolument pour remplir la fin de cet acte, qui est de conserver
au seigneur, tant contre son vassal que contre les seigneurs
voisins, la preuve de tout ce qui relève de lui, soit immédiatement, soit médiatement, ce détail est tellement de
la substance de l'acte, que le vassal ne peut s'en dispenser,
quand même pendant plusieurs siècles les dénombrements
auroient été donnés sans ce détail : ce seroit un désordre,
vetustas erroris, qui ne peut faire de loi. *Molin., glos.* 7,
n. 20.

§. II. De la forme extrinsèque du dénombrement.

105. Le dénombrement étant, par sa nature, destiné à
être conservé dans les archives du seigneur, *ad perpetuam
rei memoriam et fidem*, il doit être expédié en forme pro-
bante et authentique, c'est-à-dire, par acte devant notaire,
et en parchemin. C'est la disposition de l'article 8 de la
coutume de Paris, qui, étant fondée et sur la jurisprudence des arrêts rendus avant la réformation, et sur la
nature même de cet acte, doit être observée dans les coutumes qui, comme la nôtre, ne s'en sont point expliquées.

Cet acte peut s'expédier en brevet, dont le vassal peut
tirer un *duplicata*.

Lorsque le fief est de peu de détail, le dénombrement se donne souvent par même charte que le port de foi. *Molin.*, §. 8 , *gl.* 1 , *n.* 1. On dit que l'usage de la chambre des comptes est contraire.

Il y auroit plus d'inconvénient à permettre au possesseur de plusieurs fiefs séparés , relevants d'un même seigneur , d'en donner les dénombrements par même charte. Auzanet et plusieurs autres pensent qu'il en doit donner de séparés. Livonière, *p.* 38, et quelques autres, pensent qu'il peut donner le dénombrement de tous ses fiefs par même charte , par chapitres séparés.

§. III. E n quels cas le dénombrement est-il dû? et des délais qu'a le vassal pour le donner.

106. Le dénombrement n'est dû qu'aux mutations de vassal. Un nouveau seigneur ne peut l'exiger du vassal qui en a donné un à son prédécesseur. Paris, *art.* 66; *Molin.*, §. 8 , *gl.* 1 , *n.* 3; *Livon.*, *p.* 38.

Lorsqu'une femme qui a porté et donné dénombrement se marie, le mari , quoiqu'il doive de nouveau porter la foi, ne doit pas un dénombrement; car il devient bien , par le mariage, vassal; mais la femme propriétaire du fief servant, l'étant aussi, il n'y a pas mutation parfaite de vassal.

Lorsque le fief servant dépend d'un bénéfice, le dénombrement est dû par chaque nouveau titulaire; s'il dépend d'une communauté, il est dû par chaque nouveau vicaire.

Le seigneur ne peut demander le dénombrement à son vassal qu'après qu'il l'a reçu en foi; *et vice versâ*, le vassal n'est pas reçu à l'offrir avant qu'il ait porté la foi (*Paris, art.* 8); mais il peut le donner en même temps : *suprà, n.* 105.

107. Sur les délais que la coutume accorde pour le donner, voyez *l'article* 78; et sur la communication des titres pour y parvenir, *l'article* 79.

§. *IV. Par qui, et à qui le dénombrement est-il dû? par qui, et à qui doit-il être présenté? en quel lieu?

108. Le dénombrement est dû par le vassal au seigneur. L'usufruitier du fief dominant, de même que l'engagiste, n'étant point seigneurs, ce n'est point à eux à qui le dénombrement est dû. Néanmoins, comme ils ont intérêt à la conservation des mouvances du fief, à cause des droits utiles qui leur appartiennent, et par conséquent à ce que le dénombrement soit donné, je pense que, en cas de négligence du propriétaire du fief dominant à le demander, ils peuvent, après sommation à lui faite, le demander au nom de ce propriétaire, par argument de ce qui est décidé en l'article 63 pour la foi.

Ils peuvent aussi, par la même raison, lorsque le dénombrement a été donné au propriétaire du fief dominant, en prendre communication, même des copies collationnées à leurs frais.

A l'égard du mari, il n'est pas douteux qu'il peut, en son nom de mari, exiger un dénombrement des vassaux de sa femme qui n'en ont pas donné; de même que le titulaire de bénéfice, des vassaux de son bénéfice; le seigneur qui tient en sa main le fief de son vassal, des vassaux de ce vassal; car toutes ces personnes sont en ces qualités seigneurs.

109. Lorsqu'il y a plusieurs propriétaires par indivis du fief servant, ils ne doivent tous ensemble qu'un seul acte de dénombrement; mais cet acte doit être donné par tous; et il est censé donné par tous lorsque l'un d'eux l'a donné au nom de ses autres copropriétaires, dont il avoit procuration spéciale, ou qui ont depuis ratifié.

Lorsqu'il a été donné par l'un de ces copropriétaires, en son nom seul, les copropriétaires ne sont pas déchargés; mais ils peuvent employer pour dénombrement celui donné par leur copropriétaire.

Lorsqu'il y a plusieurs seigneurs dominants, le vassal ne doit qu'un seul acte de dénombrement; mais il le doit à tous les seigneurs, qui, pour cet effet, doivent être tous nommés en l'acte de présentation.

110. Le dénombrement doit être donné par le vassal, ou son procureur fondé de procuration spéciale.

Comme le dénombrement engage celui qui le rend et celui qui le reçoit, la majorité féodale, qui rend habile à porter et à recevoir la foi, ne rend pas le mineur parvenu à cet âge habile à donner ou à recevoir le dénombrement: c'est pourquoi lorsque le vassal est mineur de vingt-cinq ans, le dénombrement doit être donné ou reçu par son tuteur; ou, s'il est émancipé, par lui assisté de son curateur, ou par un procureur spécial de ces personnes.

Si c'est une femme mariée, quoiqu'elle soit séparée de son mari, elle ne peut le donner ni le recevoir qu'avec l'autorisation de son mari : car c'est un acte qui n'est pas de pure administration, mais *in quo* (comme dit Dumoulin) *agitur de proprietate et perpetuo præjudicio rerum ac jurium feudalium.*

111. Le dénombrement se présente au seigneur, ou à quelqu'un qui ait charge de lui. La présentation s'en constate par un récépissé qu'en donne le seigneur, et qui s'écrit ordinairement sur le *duplicata* que le vassal retient. Si le seigneur le refusoit, ou étoit absent, il faudroit le constater par un notaire, qui en dresseroit acte devant deux témoins.

§. V. Par quelles voies le seigneur contraint le vassal à lui donner dénombrement.

112. Le vassal peut être contraint à donner son dénombrement par amendes, qu'il encourt faute de satisfaire à chacune des sommations qui lui sont faites de le donner; et enfin, après quatre sommations, par la saisie de son fief. *Voyez*, sur cette saisie et ces sommations, les *art.* 78 et 83.

§. VI. Des blâmes que le seigneur peut donner contre le dénombrement qui lui a été présenté.

113. On appelle *blâmes* la critique articulée que donne le seigneur, de ce qu'il prétend avoir été omis, ou mal-à-propos compris dans le dénombrement.

Putà, s'il prétend que le vassal a omis certaine pièce

d'héritage, ou certain droit qu'il tient en fief ; s'il a omis de déclarer quelqu'un des droits ou devoirs dont son fief est chargé ; s'il a omis les tenants ou aboutissants, ou quelque autre chose qui doive être exprimée par le dénombrement ; s'il y a compris quelque chose, comme la tenant en fief ; que le seigneur prétende être de son domaine ; s'il a compris comme arrière-fief ce que le seigneur prétend être son plein fief ; s'il a compris quelque droit, ou pris quelque qualité que le seigneur lui conteste, comme de seigneur d'une telle paroisse.

Le seigneur ayant fourni ses blâmes, si le vassal refuse de réformer son dénombrement conformément à ces blâmes, il en résultera un procès, sur l'assignation que donnera le seigneur au vassal, pour voir ordonner la réformation du dénombrement conformément aux blâmes ; ou sur celle que donnera le vassal au seigneur, pour voir ordonner que, sans avoir égard aux blâmes, le dénombrement passera.

Sur le temps dans lequel le blâme doit être fourni, *voyez l'art.* 82.

§. VII. De la réception du dénombrement.

114. Le dénombrement est reçu ou expressément, lorsque le seigneur, par un acte au bas, a déclaré qu'il le recevoit ; ou tacitement, ce qui arrive, 1° lorsque le seigneur est déchu de fournir les blâmes ; sur quoi, *voyez* l'art. 82 ; ou 2° lorsque, en ayant fourni, le vassal a réformé son dénombrement conformément aux blâmes ; 3° ou lorsqu'il a été statué sur les blâmes par une sentence dont il n'y a pas d'appel ; en ce cas, le dénombrement passe pour reçu tel qu'il a été présenté, si le juge n'a pas eu égard aux blâmes, ou sous les réformations ordonnées par la sentence.

Si le seigneur a fourni des blâmes, et qu'il ait laissé passer trente ans sans agir contre son vassal, aux fins de réformation de son dénombrement, il ne pourra plus, à la vérité, intenter contre lui cette action qu'il a laissé prescrire ; mais on ne pourra pas en conclure qu'il ait reçu et approuvé le dénombrement dans les articles qu'il a blâmés. La présomption d'approbation résulte bien du silence du

seigneur, lorsqu'il n'a fourni aucuns blâmes; mais lorsqu'il
en a fourni, ces blâmes, quoique non suivis d'action, ré-
sistent à cette présomption; car *ubi est evidens voluntas
improbandi, non est præsumptioni locus* : le changement
de volonté ne se présume point, et doit être prouvé par
celui qui l'allègue. Le seigneur ne pouvant donc point, en
ce cas, être réputé avoir approuvé le dénombrement dans
les articles qu'il a blâmés, il ne résultera de ce dénombrement aucune fin de non recevoir contre les blâmes que
lui ou ses successeurs fourniroient contre les dénombrements que donneront par la suite les successeurs du vassal.

Le seigneur n'est pas tenu de me garantir ce qui est compris dans mon dénombrement qu'il a reçu; car le fief est
un titre lucratif (*n°* 1); il est seulement tenu de rapporter
les profits qu'il a reçus, lorsque je suis attaqué par un autre
qui se prétend seigneur. *Molin.*, §. 10, *gl.* 7, *n°* 23.

§. VIII. De la foi que font les dénombrements.

115. Le dénombrement fait foi au profit du seigneur
contre le vassal, aussitôt qu'il a été présenté, et quoique
le seigneur ne l'ait pas reçu; il fait foi aussi au profit du
vassal contre le seigneur, mais seulement lorsque le seigneur l'a reçu.

Cette foi, que fait le dénombrement, peut être détruite
par une preuve contraire, qui peut se faire par le rapport
du titre d'inféodation, ou des anciens dénombrements.

116. Le titre d'inféodation doit l'emporter sur les dénombrements, en quelque nombre qu'ils soient; car ces
actes étant par leur nature purement recognitifs, les parties
n'ayant point intention de rien innover par ces actes, dans
lesquels la clause *sans innovation* est même de style, et
doit être suppléée lorsqu'elle n'est pas exprimée, on doit
juger que lorsqu'il s'y trouve quelque chose de différent
de ce qui est porté par le titre d'inféodation, ce ne peut être
que par erreur que cela s'y est glissé.

Si néanmoins ces actes établissoient une possession centenaire et uniforme, en laquelle le vassal seroit de n'être
pas tenu de quelque droit porté par le titre d'inféodation,

8.

le seigneur ne seroit pas fondé à le prétendre, quoiqu'il rapportât le titre d'inféodation : non que ces dénombrements puissent, *per se*, déroger au titre, mais parceque la possession centenaire en laquelle est le vassal, d'être affranchi de ce droit, fait présumer qu'il est intervenu un titre par lequel le vassal s'est rédimé de ce droit, lequel titre s'est perdu par l'injure des temps ; car c'est une maxime que la possession centenaire équipolle à un titre, et le fait présumer.

Par la même raison, si les dénombrements établissoient une possession centenaire uniforme, en laquelle seroit le seigneur, de quelque droit particulier qui ne seroit pas porté par le droit d'inféodation, il pourroit être fondé à le prétendre, parceque cette possession centenaire doit faire présumer qu'il est intervenu un nouveau titre, par lequel le seigneur, qui depuis le premier titre seroit rentré dans son fief, l'auroit de nouveau concédé à la charge des droits dont il se trouve être en possession.

Telle est la doctrine de Dumoulin, contre laquelle M° Guyot n'oppose rien de plausible.

117. Lorsque le titre d'inféodation n'est pas rapporté, et que, de part et d'autre, on rapporte des dénombrements contraires les uns aux autres, les anciens sur-tout, s'ils sont voisins du titre primordial, et qu'il y soit énoncé, doivent l'emporter sur les postérieurs, quoiqu'en beaucoup plus grand nombre, pourvu qu'ils n'établissent pas une possession centenaire uniforme.

118. Les dénombrements servent à faire foi non seulement entre le seigneur et le vassal, ils font foi au profit du seigneur contre d'autres seigneurs, de la possession de sa directe sur les fiefs que le vassal y reconnoît tenir de lui ; ils peuvent faire foi aussi, au profit du vassal, de l'ancienneté de la possession en laquelle il est des droits qui y sont contenus, et qu'il porte en fief.

CHAPITRE V.

Du profit de quint.

119. Le profit de quint, qu'on peut aussi appeler *profit de vente*, est ainsi appelé parcequ'il consiste dans la cinquième partie du prix de la vente, qui est due au seigneur lorsqu'un fief mouvant de sa seigneurie est vendu.

L'origine de ce profit vient de ce qu'autrefois les vassaux ne pouvoient vendre leurs fiefs qu'avec le consentement du seigneur, qu'ils avoient coutume d'obtenir en lui payant une certaine finance. Depuis, les vassaux n'ont plus eu besoin de ce consentement; mais les seigneurs ont retenu le droit d'exiger, en cas de vente, un profit qui leur tient lieu de cette finance.

C'est par cette raison que le vendeur étoit autrefois chargé de ce profit, à moins qu'il n'en eût chargé l'acheteur par la clause de *franc denier au vendeur*, qui s'inséroit assez souvent dans les contrats de vente. Par notre coutume réformée, *art.* 1, ce n'est plus le vendeur, mais l'acheteur, qui est chargé du profit.

ARTICLE PREMIER.

Principes généraux sur ce qui donne ouverture au profit de vente.

PREMIÈRE MAXIME.

120. C'est le contrat de vente, plutôt que la mutation, qui donne ouverture au profit de vente. *In venditione statim contractu concluso, acquisitum est jus quinti denarii.* Molin., §. 20, gl. 3, n° 12.

En cela ce profit est différent du profit de rachat.

Nous verrons, dans un article séparé, quels sont les contrats qui sont à cet égard réputés contrats de vente.

DEUXIÈME MAXIME.

121. C'est la vente du fief même, et non d'autre chose, qui donne ouverture au profit.

Nous expliquerons cette maxime dans un article séparé.

TROISIÈME MAXIME.

122. Tant qu'il n'y a pas un contrat de vente parfait, il ne peut y avoir ouverture au profit. C'est une conséquence de la première maxime.

Première conséquence. L'obligation de vendre n'étant pas un contrat de vente, ne donne donc pas ouverture au profit. C'est pourquoi, si le défunt à qui j'ai succédé avoit ordonné par son testament que je vendrois à Pierre, moyennant un certain prix, un certain fief de sa succession qui est à la bienséance dudit Pierre : quoiqu'en acceptant sa succession je contracte l'obligation de vendre ce fief à Pierre, néanmoins le profit n'est pas dû, et il ne le sera que lorsque j'aurai effectivement vendu ce fief à Pierre.

123. *Seconde conséquence.* Les contrats qui se font sous une condition suspensive n'étant pas parfaits tant que la condition n'est pas accomplie, si un contrat de vente est fait sous une pareille condition, le seigneur ne peut prétendre aucun profit tant que la condition n'est pas accomplie; et si la condition vient à défaillir, il ne sera pas dû profit de vente pour un tel contrat.

Que si, avant la condition accomplie, le contrat étoit exécuté de part et d'autre par la tradition de l'héritage et le paiement du prix, en ce cas, dit Dumoulin, *discessum est à conditione quoad vim suspensivam;* les parties sont censées s'être désistées de l'effet suspensif de la condition, et avoir converti leur contrat, de conditionnel qu'il étoit, en un contrat de vente pure et simple, mais seulement résoluble sous la condition apposée au contrat : c'est pourquoi le profit sera dès-lors dû, et ne pourra être répété, quand même, par la suite et peu après, la condition viendroit à défaillir, et que le vendeur rentreroit dans son héritage.

Il en seroit autrement si le contrat n'avoit été exécuté que d'une part; *putà*, si le vendeur, sans se faire payer le prix par l'acheteur, et sans attendre l'accomplissement de la condition, avoit fait entrer l'acheteur en possession de l'héritage : les parties ne doivent pas être censées, pour cela, s'être désistées de l'effet suspensif de la condition ; mais la tradition, dans le doute, est présumée faite tacitement sous la même condition apposée au contrat, et il n'est dû aucun profit jusqu'à l'accomplissement de la condition.

Il y a plus : quand même il paroîtroit que la tradition auroit été faite purement et simplement, et dans l'intention de transférer dès-lors à l'acheteur la propriété de l'héritage, les parties ne doivent pas être censées pour cela s'être désistées de la condition de la vente, et le quint ne seroit pas dû avant son accomplissement ; mais comme il y a eu, en ce cas, mutation dans le fief par la tradition qui s'est faite, non en conséquence du contrat de vente, qui n'est pas parfait avant la condition, mais par une espèce de libéralité du vendeur envers l'acheteur, il sera dû pour cette mutation le profit de rachat qui est dû pour quelque mutation que ce soit, hors les cas exceptés (*infrà*, ch. 6); et ce rachat ne pourra être répété, soit que la condition du contrat de vente vienne à défaillir ou à exister, parce-qu'il demeure toujours vrai, en l'un et l'autre cas, que l'acheteur a été fait, à titre de libéralité, propriétaire de l'héritage *ad tempus*, jusqu'à l'évènement ou défaillance de la condition.

Nous avons extrait tout ceci de Dumoulin, sur le §. 15, *hodiè 20, gl. 5, n. 23 et seqq.*

QUATRIÈME MAXIME.

124. Lorsque le contrat de vente est nul, il ne peut être dû aucun profit de vente.

Ex contractu nullo nulla debentur laudimia. C'est encore une conséquence de la première maxime.

Observez que tant que le contrat n'est pas déclaré nul par un jugement rendu entre les parties contractantes, l'acheteur à qui le seigneur demande le profit n'est pas recevable à opposer la nullité du contrat, et il doit payer le profit demandé ; mais lorsque le contrat aura été déclaré nul, il en aura la répétition. *Mol.*, §. 33, *gl. 1, n. 32 et 33.*

CINQUIÈME MAXIME.

125. Le contrat de vente d'un fief, lorsque la tradition qui se fait en exécution n'en peut transférer la propriété à l'acheteur, est regardé comme nul et inefficace, et ne donne pas lieu au profit. *Mel., ibid., n.* 64.

Première conséquence. La vente faite par celui qui n'est pas le propriétaire du fief, sans le consentement du propriétaire, ne donne pas lieu au profit ; car quoiqu'elle soit valable quant à l'obligation de garantie à laquelle elle oblige le vendeur, et qu'on puisse dire en ce sens que *res aliena vendi potest,* il suffit qu'elle ne puisse avoir l'effet d'opérer une mutation de main, qui est ce qu'on considère en matière de profits, pour qu'elle doive être regardée comme nulle et inefficace. *Ibid.*

Observez que tant que l'acheteur n'a pas été obligé de délaisser l'héritage au propriétaire, il n'est pas recevable à opposer que son vendeur ne l'étoit pas, et ne lui a pas transféré la propriété.

Lorsqu'il a été obligé de délaisser, non seulement il ne doit pas le profit pour la vente qui lui a été faite, mais, s'il l'avoit payé, il en auroit la répétition.

Observez, sur cette répétition, que suivant les principes de droit en la loi 65, §. 8, ff. *de cond. ind.*, le seigneur qui a reçu de bonne foi n'est tenu à la restitution de la somme qui lui a été payée, que jusqu'à concurrence de ce qu'il en a profité ; mais la présomption est qu'il en a profité, tant que le contraire ne paroît pas. Il n'en auroit pas profité, si la somme avoit été reçue par son tuteur, ou autre administrateur devenu depuis insolvable ; et il ne seroit, en conséquence, tenu à autre chose qu'à céder ses actions contre lui.

Lorsque l'acheteur, pour éviter de délaisser l'héritage au propriétaire, l'a de nouveau acheté de lui, en reconnoissant son droit, il n'est dû profit que pour la seconde vente ; et si le seigneur en a reçu un pour la première, il doit le compenser jusqu'à due concurrence avec la somme qui lui est due pour le profit de la deuxième.

126. *Seconde conséquence.* L'adjudication faite à un héri-

tier bénéficiaire, d'un héritage de la succession, sur la saisie réelle des créanciers, ne donne pas lieu au profit de vente. *Arrêt du 22 août 1685, au Journal du Palais; autre de 1645.*

La raison est que cette adjudication ne lui transfère pas la propriété de cet héritage, qu'il avoit déjà en sa qualité d'héritier; elle ne fait qu'assurer et confirmer son droit.

SIXIÈME MAXIME.

127. Lorsque le contrat de vente a, par son exécution, transféré à l'acheteur la propriété du fief vendu, quoiqu'il ne la lui ait pas transférée d'une manière irrévocable, il ne laisse pas d'être regardé comme efficace, et de donner lieu au profit.

Première conséquence. Lorsque l'acheteur, depuis son acquisition, a été obligé de délaisser l'héritage, soit sur des actions hypothécaires des créanciers de son vendeur, soit sur l'action de quelqu'un à qui cet héritage devoit retourner par l'évènement de quelque condition accomplie depuis l'acquisition de cet acheteur, *putà,* en vertu d'une substitution, le profit de vente n'en est pas moins dû pour le contrat de vente. *Molin., ibid., n.* 63.

Dumoulin, *dicto loco,* n'en exempte l'acheteur qui en a été chargé par le contrat, que lorsque deux choses concourent : 1° lorsque l'acheteur n'a pas de garantie contre son vendeur, soit à cause de son insolvabilité, soit parceque l'acheteur s'est chargé du risque de l'éviction; 2° lorsqu'il n'a pas joui assez de temps pour se dédommager du profit par la jouissance de l'héritage.

Notre coutume réformée, *art.* 115, conforme en cela à celle de Paris, a subvenu d'une autre manière à l'acheteur dans le cas particulier de l'éviction sur une action hypothécaire; elle veut indistinctement que, en ce cas, l'acheteur, pour dédommagement du profit par lui dû pour la vente de l'héritage qu'il a été obligé de délaisser, soit subrogé jusqu'à due concurrence dudit profit aux droits du seigneur, pour le profit qui sera dû par la vente qui sera faite sur le curateur au délais; notre coutume a jugé équitable que le seigneur ne profitât pas en ce cas, par un double droit, de l'infortune de cet acquéreur évincé. *Voyez ledit art.* 115.

Suivant cet article, le seigneur ne peut prétendre le profit pour l'adjudication, qu'en rendant à l'acheteur évincé celui qu'il a reçu pour la première vente. On pourroit douter si, lorsque c'est l'acheteur lui-même qui s'est rendu adjudicataire, le seigneur peut lui demander le prix de l'adjudication, en lui faisant déduction de celui de la première vente. La raison de douter est que, cette adjudication ne lui ayant pas transféré la propriété de l'héritage qu'il avoit déja en vertu de la première vente, il semble qu'elle ne puisse donner ouverture au profit, suivant la maxime 5. La raison de décider est que, si l'acheteur avoit été rendu propriétaire par la première vente, ce n'étoit que *commutabiliter;* le délais qu'il a été obligé de faire a destitué la première vente de son effet pour l'avenir; ce n'est qu'en vertu de la seconde qu'il demeure propriétaire, et par conséquent il doit le profit pour cette seconde vente. C'est ce que décide Dumoulin, §. 33, *gl.* 1, *n.* 65.

Voyez une deuxième conséquence de cette maxime en la maxime 13.

SEPTIÈME MAXIME.

128. Aussitôt que le contrat de vente est parfait par le consentement des parties, quoiqu'il n'ait pas encore été exécuté, et qu'il n'ait pas encore, par conséquent, opéré une mutation de main, il y a ouverture au profit; mais tant que la chose est entière, et que ce contrat peut être détruit, le profit est bien dû, mais il ne l'est pas incommutablement.

La première partie de cette maxime est une suite de la première maxime. D'Argentré, en son Traité de *Laudim.,* §. 2, la combat, et soutient que le contrat de vente ne peut donner ouverture au profit avant qu'il ait opéré la mutation par la tradition de l'héritage : il faut s'en tenir, à cet égard, à la doctrine de Dumoulin. La seconde partie s'explique par la maxime suivante.

HUITIÈME MAXIME.

129. Quoique le contrat de vente ait été d'abord valablement fait par un vendeur qui avoit droit d'aliéner son héritage, si par la suite, avant la tradition réelle, la chose étant entière, les parties se désistent du contrat, le contrat est censé, par ce désistement, anéanti et réduit *ad non actum*, et le profit auquel il avoit donné ouverture cesse d'être dû.

La raison est que, le contrat n'existant encore que dans le consentement des parties, ce consentement peut facilement être détruit par un consentement contraire. *Leg.* 35 et 100, ff. *de reg. jur.*

Cette maxime a lieu quand même il seroit intervenu une tradition feinte, telle que celles qui se font par la rétention d'usufruit, les causes de constitut, de dessaisine, etc., quoique ces traditions feintes transfèrent la propriété, et opèrent une mutation de main; car ces traditions feintes ne consistant dans aucun fait extérieur, mais dans le seul consentement des parties, elles peuvent être elles-mêmes détruites, aussi bien que le contrat de vente, par un consentement contraire. *Mol.*, §. 78, *gl.* 1, *n.* 32 *et seq.*

La maxime a aussi lieu quoique le contrat de vente ait été effectué, de la part de l'acheteur, par la numération du prix; car cet effet du contrat est étranger au seigneur; il n'y a que l'effet qui consiste dans la mutation de main qui le concerne; *ibid.*

130. Cette maxime a lieu, non seulement lorsque les parties se sont désistées purement et simplement de leur contrat, mais aussi lorsqu'il est intervenu entre elles un nouveau contrat qui renferme un désistement du premier.

NEUVIÈME MAXIME.

131. Après la tradition, tant que le contrat n'est pas exécuté, de la part de l'acheteur, par le paiement entier du prix, les parties peuvent bien encore se désister du contrat de vente, mais seulement pour l'avenir. C'est pourquoi le

profit auquel il avoit donné lieu continue d'être dû ; mais il n'en est pas dû un nouveau pour le désistement. *Mol.*, §. 33, *gl.* 1, *n.* 20.

La raison de la première partie est que le contrat de vente, tant qu'il ne consiste que dans le droit qui naît du consentement des parties, peut bien être anéanti par un consentement contraire, parceque *omnia quæ jure contrahuntur, contrario jure pereunt;* l. 100, ff. *de reg. jur.;* mais il n'en peut pas être de même lorsque la vente a été effectuée par la tradition réelle, qui est un fait extérieur, *quia facta pro infectis haberi non possunt.*

Observez que si, dans l'instant même de la tradition réelle, les parties s'étoient désistées, et que l'acheteur, avant que de divertir à d'autres actes, eût remis la possession de l'héritage au vendeur, ce désistement auroit le même effet que s'il eût été fait avant la tradition réelle, et il ne seroit dû aucun profit au seigneur ; car on ne doit pas considérer une tradition momentanée qui n'a pas duré ; *non videtur factam quod non durat factum.* Molin., §. 78, *gl.* 1, *n.* 35.

132. La raison de la seconde partie est que l'acte par lequel les parties se désistent d'un contrat de vente avant qu'il ait reçu son entière exécution, est plutôt un *distract* qu'un nouveau contrat de vente ; *partes discedunt à contractu, magis quàm novam venditionem contrahunt.*

C'est un distract lorsque le vendeur rentre dans l'héritage en acquit du prix qui lui en restoit dû, et en rendant celui qu'il a déja reçu ; mais s'il y rentre pour un prix différent, ou à des conditions différentes que celles auxquelles il l'a vendu, ce n'est pas un distract, mais un nouveau contrat, qui donne lieu à un nouveau profit.

133. C'est aussi un distract lorsque le vendeur rentre dans l'héritage pour un autre qu'il vend à la place du premier. Par exemple, si, après vous avoir vendu et livré le fief A, je conviens avec vous, avant le paiement du prix, que je vous vendrai le fief B à la place de celui que je vous avois vendu, il sera dû un profit pour la vente que je vous ai faite du fief A, qui a été exécutée par la tradition réelle ;

il en sera dû un second pour celle du fief B , que je vous ai
vendu à la place ; mais je n'en devrai pas un nouveau pour
être rentré dans le fief A ; car j'y rentre *per distractum
primæ venditionis, magis quàm per novum contractum.*
En vous vendant le fief B à la place du fief A , nous nous
sommes désistés de la vente du fief A. *Molin.*

DIXIÈME MAXIME.

134. Lorsque le contrat a été exécuté de part et d'autre
par la tradition de la chose, et le paiement entier du prix,
la convention par laquelle l'acheteur rétrocéderoit volontairement l'héritage au vendeur, quoique pour le même
prix et aux mêmes conditions, ne peut plus passer pour un
désistement, mais pour un nouveau contrat de vente qui
donne lieu à nouveau profit. *Molin.*, §. 33, *gl. n.* 19. La
raison est que *non potest intelligi discessio, nisi ab eo quod
cæptum et nondum consummatum est.*

Il en seroit autrement si le vendeur, quoiqu'après la tradition de sa chose, et le paiement entier du prix, étoit forcé
de la reprendre, faute de pouvoir exécuter quelqu'un de ses
engagements, *occasione subortæ hypothecæ*, dit Dumoulin,
vel juris evicti, vel pactionis non impletæ. Il est évident
que le vendeur rentre en ce cas par le résiliement du contrat, qui n'étoit pas encore entièrement accompli, puisqu'il restoit encore à remplir cette obligation du vendeur,
dont l'inexécution donne lieu au résiliement : c'est pourquoi il ne sera pas dû un nouveau profit......*d. n.* 19, *in
fine.*

ONZIÈME MAXIME.

135. Le profit auquel le contrat de vente avoit donné
ouverture , cesse d'être dû lorsqu'il devient inefficace avant
que d'avoir été exécuté par la tradition, ou dans l'instant
même de la tradition.

C'est sur ce principe que Dumoulin, sur le §. 78, *gl.* 3,
n. 27 et 29, décide que si le premier acheteur, avant la
tradition, a revendu le fief à un second acheteur, qu'il en a
mis en possession aussitôt après qu'il y a été mis lui-même

par le vendeur, il n'est pas dû profit pour la première vente qui est devenue inefficace, n'ayant transféré qu'une possession et propriété momentanée du fief au premier acheteur, qui la fait passer incontinent au second, au moyen de la revente qu'il lui en avoit faite.

Il décide au *n.* 29, sur le même principe, que si le vendeur, ne pouvant être payé par le premier acheteur, avant la tradition faite à ce premier acheteur, a vendu et livré le fief à un second acheteur, il n'est dû aucun profit pour la vente faite au premier, qui est devenue inefficace.

136. Cela décide la question controversée entre les auteurs, si lorsque, faute par un adjudicataire de payer dans la huitaine le prix de son adjudication, l'héritage est de nouveau crié et adjugé à un autre, il est dû double profit. Il faut décider selon ce principe, qu'il n'en est pas dû pour la vente que renfermoit la première adjudication : car quoiqu'elle ait l'effet d'obliger l'adjudicataire au paiement de ce que l'héritage sera vendu de moins, elle est destituée de l'effet qu'on considère en matière de profits, qui est celui de transférer la propriété de l'héritage à l'acheteur, cet adjudicataire n'ayant pu l'acquérir qu'en payant le prix. *Inst.*, *t. de R. D.* §. 43. Etant donc devenue inefficace par ce défaut de paiement, il ne peut être dû de profit pour cette vente, et il en sera seulement dû pour la nouvelle adjudication.

Il en seroit autrement si le premier adjudicataire avoit été long-temps en possession de l'héritage avant qu'on l'eût crié de nouveau sur lui à sa folle-enchère; car ce long temps prouve qu'on a suivi sa foi et qu'on lui a fait crédit du prix, et par conséquent que son adjudication lui ayant transféré la propriété de l'héritage, a été efficace. C'est dans cette espèce qu'il faut croire qu'étoient les arrêts rapportés par Brodeau, R. 11, 4, qui sont cités par ceux qui sont d'avis qu'il est dû double droit.

137. Lorsque l'acheteur, après avoir payé le prix, décharge par libéralité le vendeur de l'obligation en laquelle il est de lui livrer l'héritage, Dumoulin décide que le profit ne laisse pas d'être dû, parce que le contrat subsiste, puis-

que ce n'est qu'en vertu de ce contrat que le vendeur retient le prix. Je pense qu'il faut décider le contraire ; car
quoique le contrat subsiste de la part de l'acheteur, il est,
par la nouvelle convention intervenue, *re integrâ*, destitué
de l'effet de transférer la propriété à l'acheteur, qui est celui que l'on considère en matière de profits ; et par conséquent étant devenu inefficace, le profit n'en peut être dû.

Cela me paroît être une conséquence des principes qu'é-
tablit Dumoulin lui-même en d'autres endroits, comme
nous l'avons rapporté.

DOUZIÈME MAXIME.

138. Après la tradition réelle, le contrat ne peut plus
être anéanti, si ce n'est *ex causâ necessariâ et inexistenti
contractu*, pour raison de quelque vice du contrat ; et il
n'est pas dû de profit pour ce contrat rescindé et anéanti.

Cela arrive lorsque l'une ou l'autre des parties se fait
restituer par lettres de rescision contre le contrat, pour
cause, soit de minorité, soit de dol, soit de lésion énor-
me, etc., ou lorsque l'acheteur fait rescinder le contrat sur
une action rédhibitoire, pour quelque vice ou quelque
charge de l'héritage qu'on ne lui a pas déclaré, et qui l'auroit empêché d'acheter s'il l'eût connu. *Mol.*, §. 78, *gl.* 2,
n. 13.

139. Lorsque le contrat est rescindé pour le dol de l'a-
cheteur, quoique le profit ne soit pas dû pour ce contrat
qui est anéanti, néanmoins l'acheteur n'en a pas la répétition s'il l'a payé. La raison est qu'il n'est pas recevable,
pour fonder sa demande en répétition, à alléguer son dol ;
*quùm nemo audiatur propriam allegans turpitudinem,
et quùm nemo ex proprio dolo consequatur actionem.*

Mais si le profit n'a pas encore été payé, le seigneur ne
peut le lui demander : car le seigneur, en demandant un
profit pour un contrat nul qui ne lui est pas dû, seroit lui-
même en mauvaise foi, et ne doit pas par conséquent être
écouté. *In pari causâ doli melior est causa possidentis.*
Mol., §. 33, *gl.* 1, *n.* 55.

140. Hors ce cas du dol de l'acheteur, non seulement

on ne peut demander un profit pour le contrat qui a été rescindé ; mais il y a lieu à la répétition s'il a été payé, sous les limitations rapportées *suprà, Maxime* 5.

Il n'importe que l'acquéreur ait été dédommagé du profit par les fruits qu'il auroit perçus, et qu'il n'auroit pas été condamné de restituer. Le texte de Dumoulin, *ibid.,* n. 33, qu'on allègue pour cette distinction, ne peut s'appliquer qu'au profit de rachat qui est dû pour la mutation, et non au profit de quint, auquel le contrat de vente donne lieu plutôt que la mutation, et qui ne peut par conséquent être dû lorsque ce contrat est anéanti.

Observez que le seigneur ne pourroit pas, pour éviter la restitution du profit, appeler, ou former opposition en tiers, au jugement contradictoire rendu entre le vendeur et l'acheteur qui a rescindé le contrat, à moins qu'il ne justifiât des faits de collusion ; mais avant le jugement, il peut intervenir en l'instance pour soutenir la validité du contrat. Il n'est pas tenu d'ajouter pareille foi à un jugement par appointé, ou par défaut ; l'acheteur qui oppose ce jugement au seigneur, doit en prouver le bien-jugé. *Mol.,ibid., n.* 34.

141. Lorsque, sur la demande du vendeur en rescision du contrat pour cause de lésion de plus de moitié du juste prix, l'acheteur a suppléé le juste prix, suivant qu'il lui est permis par la loi 2, *cod. de rescind. vend.,* le profit de quint du prix porté au contrat continue d'être dû au seigneur, ou au fermier des droits seigneuriaux du temps de ce contrat ; car le contrat qui y a donné ouverture subsiste : il n'est pas, en ce cas, rescindé, mais réformé et perfectionné.

Il y a plus de difficulté de savoir si le quint du prix qui a été suppléé est aussi dû au fermier, du temps du contrat. Me Guyot est d'avis qu'il lui est dû. La raison sur laquelle il se fonde, est que ce supplément peut être considéré comme faisant partie du prix de ce contrat, puisque l'acheteur étoit par ce contrat obligé de le suppléer, dans le cas auquel il voudroit tenir l'héritage. D'autres pensent que le prix de ce supplément est dû au fermier du temps auquel ce prix a été suppléé : la raison sur laquelle ils se fondent, est que ce supplément ne peut être considéré comme faisant partie du contrat, tel qu'il a d'abord été fait, et comme dû dès ce temps. Le vendeur ne pouvoit pas conclure au paiement de ce supplément ; il n'étoit donc pas *in obligatione*, il n'étoit qu'*in facultate solutionis* ; il n'est devenu partie du prix du contrat que lorsque l'acheteur l'a suppléé, et perfectionné le contrat par ce supplément ; ce n'est donc que de ce temps, et au fermier de ce temps, que le quint de ce supplément peut être dû. Ce dernier sentiment est autorisé par deux arrêts rapportés par *Livonière, pag.* 142, qui ont adjugé le quint du prix porté au contrat, au fermier du temps du contrat ; et le quint du supplément, au fermier du temps auquel l'acheteur l'a suppléé.

142. Lorsqu'un mineur, devenu majeur, ratifie la vente qu'il a faite en minorité pour un supplément de prix que lui paie l'acheteur, il y a plus de difficulté si l'on doit décider que le quint du prix porté au contrat est dû au fermier du temps du contrat. La raison de douter est que, dans cette espèce, différente en cela de la précédente, le supplément se paie en vertu d'une nouvelle convention ; et il pourroit paroître que, par cette nouvelle convention, les parties auroient rescindé la première vente, et en auroient contracté une nouvelle pour le nouveau prix ; d'où il suivroit que le profit entier seroit dû au fermier du temps de la nouvelle convention. On autorise ce raisonnement par la loi 72, ff. *de contrah. emp.* Nonobstant ces raisons, je pense qu'on doit décider comme dans l'espèce précédente. La loi opposée, qui dit que les parties qui sont convenues d'un nouveau prix, sont censées s'être désistées de la première vente et en avoir contracté une nouvelle, est dans l'espèce d'une vente qui n'avoit pas encore été effectuée par la tradition, *omnibus integris manentibus :* en ce cas la vente, qui ne consiste encore que dans le consentement, se détruit aisément par un autre consentement ; mais lorsqu'elle a été exécutée, on doit croire que les parties, par la nouvelle convention, n'ont pas tant eu la volonté de détruire le contrat, que de le perfectionner, et de purger le vice d'ini-

quité qu'il renfermoit, en suppléant ce qui manquoit au
juste prix.

TREIZIÈME MAXIME.

143. Lorsque le contrat de vente, après la tradition
réelle, vient à se résoudre en vertu de quelque clause résolutoire qui y étoit apposée, le contrat n'étant, en ce cas,
détruit que pour l'avenir, et ayant subsisté et eu effet jusqu'à son résiliement, le profit auquel il a donné ouverture
continue d'être dû; mais il n'en est pas dû un nouveau
pour le résiliement.

On peut apporter pour exemple la clause de réméré.
Voyez l'art. 12.

QUATORZIÈME MAXIME.

144. Lorsqu'il n'y a eu qu'un seul contrat de vente, il
n'est dû qu'un seul profit de vente, quoiqu'il ait donné
lieu à plusieurs mutations.

Cette maxime est une conséquence de la première.

On peut apporter pour exemple de cette maxime, 1° les
cas auxquels le vendeur rentre dans l'héritage vendu, soit
en vertu d'une clause résolutoire, suivant la maxime 12;
soit en vertu d'un désistement, suivant la maxime 9.

Un second exemple est celui du retrait lignager exercé
sur l'acheteur. Quoiqu'il y ait, en ce cas, deux mutations,
la propriété ayant passé du vendeur à l'acheteur, et ensuite de l'acheteur au retrayant, il n'est dû qu'un seul
profit, auquel le contrat de vente fait à l'acheteur sur qui
le retrait a été exercé, a donné lieu. Il n'en est pas dû un
nouveau pour le retrait; car le retrait n'est pas une nouvelle vente; il ne fait autre chose que subroger le retrayant
à l'acheteur, aux droits du contrat de vente faite à cet
acheteur.

Il en est de même du retrait conventionnel que du lignager. Lorsque j'ai vendu un héritage avec clause que, lorsqu'il sera revendu, je serois préféré pour l'acheter à celui
à qui il seroit revendu, et qu'en conséquence de cette
clause j'ai exercé le retrait sur celui à qui il a été revendu;

il n'est pas dû trois profits, mais seulement deux : un pour la vente que j'ai faite, et un second que je dois pour celle que mon acheteur a faite à celui sur qui j'ai exercé le retrait en vertu de la clause de mon contrat. Au reste, je dois ce second profit, quoique ce soit en vertu d'une clause de mon contrat de vente que j'exerce ce retrait : car cette clause n'est pas une clause résolutoire du contrat de vente que j'ai fait, mais une clause qui me donne seulement le droit d'acheter, préférablement à un autre, l'héritage que j'ai vendu, lorsqu'il sera revendu : j'en redeviens propriétaire, non par la résolution de la vente que j'en avois faite, mais par la seconde vente qui en a été faite à celui aux droits duquel le retrait m'a subrogé.

145. Lorsque quelqu'un a acheté volontairement, ou s'est rendu adjudicataire d'un héritage, et qu'il fait déclaration que c'est pour un autre qu'il en fait l'acquisition, c'est une question de fait, si l'on doit, en ajoutant foi à sa déclaration, juger qu'il n'y a qu'une seule vente faite par son canal et son ministère, à celui au profit de qui la déclaration est faite ; ou si en regardant cette déclaration comme faite à dessein de cacher une seconde vente, on doit juger qu'il y a deux ventes, et que le seigneur est bien fondé à demander double profit. On peut sur cette question tenir les règles suivantes.

PREMIÈRE RÈGLE.

Lorsque l'acheteur a déclaré, par le contrat d'acquisition, qu'il acquéroit pour un autre qu'il nommeroit dans un certain temps, et qu'il fait dans ce temps sa déclaration, on doit y ajouter foi, quoiqu'il ne rapporte pas de procuration; et le seigneur ne peut prétendre qu'un profit.

Il faut pour cela, 1° que ce temps dans lequel il se réserve de faire sa déclaration, soit un temps court : autrement on faciliteroit les fraudes de ceux qui, acquérant pour leur compte, et ayant néanmoins l'intention de revendre, si par la suite ils trouvoient une occasion favorable, feroient cette déclaration pour frauder le seigneur du profit qui lui seroit dû pour la revente. Livonière fixe ce temps à un an ; Chopin à deux mois ; Guyot pense qu'il ne doit pas excéder quarante jours. Je pense que cela doit être laissé à l'arbitrage du juge, qui doit avoir égard aux circonstances.

Il faut, 2° que la personne au profit de qui il fait sa déclaration ait été, au temps du contrat d'acquisition, en état de donner charge d'acquérir pour elle. C'est pourquoi si l'acheteur faisoit sa déclaration au profit d'une personne qui n'étoit pas même encore conçue au temps de l'acquisition, cette déclaration ne pourroit passer que pour une revente, qui donneroit lieu à un second profit.

Il faut, 3° que l'acheteur n'ait pas fait depuis quelque acte qui fasse présumer qu'il a acheté pour lui-même, et qu'il se regardoit comme propriétaire. Au reste, on ne peut inférer cela de ce qu'il a perçu les fruits, ou fait les réparations, même à ses dépens ; car il pouvoit faire toutes ces choses pour celui qui lui avoit donné charge d'acheter.

Enfin il faut, 4° que la déclaration qu'il fait au profit d'une personne, et l'acceptation qu'en fait cette personne, soient pures et simples, et ne renferment pas un prix différent, ou des conditions et clauses différentes de celles portées au contrat d'acquisition.

SECONDE RÈGLE.

Quoique l'acheteur n'ait pas fait mention par le contrat qu'il achetoit pour un autre, néanmoins on doit ajouter foi à la déclaration qu'il fait depuis le contrat, s'il l'a fait *in continenti ;* ou même lorsqu'il l'a fait *ex intervallo,* pourvu qu'en ce cas il rapporte une procuration qui ait une date certaine antérieure au contrat d'acquisition, ou du même jour.

Lorsqu'un procureur se rend adjudicataire à son siége, sa qualité de procureur sans procuration suffit pour ajouter foi à la déclaration qu'il fait au profit d'une personne qui l'accepte. *Voyez sur cette question,* Mol., §. 33, *gl.* 2, *n.* 24 *et seq.*, et Livonière, *p.* 171 *et seq.*

ARTICLE II.

Quels contrats sont réputés contrats de vente, pour donner ouverture au profit de vente.

146. Il n'importe qu'une vente soit nécessaire ou volontaire, pour qu'elle donne ouverture au profit.

C'est pourquoi la vente par décret y donne ouverture.

Pareillement si un testateur avoit ordonné à son héritier de me vendre un certain héritage qui est à ma bienséance; soit que le prix soit fixé, soit qu'il ne le soit pas, la vente que cet héritier me fera, en exécution du testament, donnera ouverture au profit de vente.

Pareillement si j'ai échangé avec vous le fief A contre le fief B, avec clause que, lorsqu'il me plairoit, vous me vendriez pour un certain prix le fief A que je vous ai donné en échange; la vente que vous m'en ferez en exécution de cette clause, quoique nécessaire, donnera ouverture au profit. *Molin.*, §. 78, *gl.* 1, *n.* 97, 99.

Cette clause est bien différente de celle de réméré apposée dans un contrat de vente. Celle-ci, remettant les parties au même état qu'elles étoient avant le contrat de vente, est une résolution de ce contrat faite en vertu d'une clause qui en fait partie, plutôt qu'une nouvelle vente, et ne doit pas par conséquent donner lieu à un nouveau profit. On ne peut pas dire la même chose de la clause apposée à ce contrat d'échange.

147. Non seulement le contrat de vente proprement dit donne lieu au profit de quint; les contrats équipollents à vente y donnent aussi ouverture, comme aussi ceux qui sont mêlés de vente, à proportion de ce qu'ils tiennent de la vente : mais il y a certains contrats qui, quoiqu'en apparence ressemblants à la vente, ne sont pas néanmoins contrats de vente, et ne donnent pas lieu au profit.

§. I. Des contrats équipollents à vente.

148. Les contrats équipollents à vente, qui donnent ouverture au profit de quint ou de vente, sont : 1° celui qu'on

appelle *datio in solutum,* lorsqu'un débiteur donne à son créancier un héritage en paiement d'une somme d'argent qu'il lui doit, ou en paiement de choses mobiliaires qu'il doit, ou pour le rachat d'une rente rachetable à prix d'argent; car *dare in solutum, est vendere. L.* 4, *cod. de evict.*

Si l'héritage étoit donné en paiement d'un autre héritage que le débiteur devoit, ou pour le rachat d'une rente non rachetable, il faut distinguer s'il est donné au créancier immédiatement à la place de l'héritage, ou de la rente non rachetable qu'on lui devoit : en ce cas, le contrat n'est pas équipollent à vente, et tient plutôt de l'échange. Mais s'il est dit que le créancier d'un tel héritage, ou d'une telle rente non rachetable, tient son débiteur quitte de cet héritage ou de cette rente pour la somme de tant, en paiement de laquelle le débiteur lui donne un tel fief; en ce cas le contrat est encore équipollent à vente, et donne lieu au profit de vente.

Observez que la cession qu'un débiteur fait de ses héritages à tous ses créanciers en grand nombre, en paiement de ce qu'il leur doit, ne doit pas passer pour un contrat de vente, mais pour un simple abandon, et un pouvoir qu'il leur donne de les vendre en direction : car ces créanciers n'acceptent pas cet abandon dans la vue d'acquérir pour chacun d'eux, et ils ne forment pas ensemble un corps politique capable d'acquérir. C'est pourquoi le débiteur demeure propriétaire jusqu'à ce que les héritages aient été vendus par les créanciers; et un tel abandon ne peut donner ouverture à aucun profit. *Arrêt du 7 septembre* 1660, *rapporté par Livon., page* 186.

149. On peut aussi, 2° mettre au nombre des contrats équipollents à vente, les donations rémunératoires et les donations onéreuses, lorsque les services ou les charges sont appréciables à prix d'argent.

3° Et aussi l'échange contre des meubles.

150. 4° Enfin, le bail à rente rachetable en conséquence de la somme d'argent pour laquelle les parties se proposent de la racheter un jour, a paru un titre d'aliénation à prix d'argent, et un contrat équipollent à vente, qui donne lieu

au profit de quint. *Paris, art.* 23. On peut aussi l'inférer de notre *article* 390.

Il n'importe que la rente soit rachetable par la convention portée au bail, ou par la loi, telles que sont les rentes créées par baux de maisons de ville. Car si dans ces baux la faculté de racheter la rente n'est pas expressément stipulée, c'est qu'il est inutile de stipuler ce que la loi permet : mais la volonté de libérer son bien lorsqu'on en aura la commodité, étant naturelle, et devant toujours se présumer, ces baux ne doivent pas moins être censés des aliénations à prix d'argent, à raison de la somme pour laquelle la rente est rachetable, que le sont les baux faits avec la convention expresse de racheter la rente. On peut même dire qu'ils sont en plus forts termes, *baux à rente rachetable,* puisque la faculté de racheter ces rentes ne se peut prescrire. Néanmoins Livonière est d'avis contraire.

Au contraire, le bail à rente non rachetable, et l'échange d'un immeuble contre un autre immeuble, ne sont pas équipollents à vente, et ne donnent lieu qu'au rachat. *Voyez sur l'échange, l'article* 13 *et les notes.*

§. II. Des contrats mêlés de vente.

151. Lorsque par le bail à rente non rachetable d'un fief, ou par l'échange d'un fief contre un autre immeuble, l'acquéreur donne en outre, ou promet donner une somme d'argent, ou quelque chose de mobilier par forme de deniers d'entrée, ce contrat est mêlé de vente à raison de ces deniers d'entrée, et donne lieu au profit de quint de ces deniers d'entrée.

Un contrat peut aussi être mêlé de donation et de vente, lorsque la donation est faite à des charges appréciables à prix d'argent, dont le prix est inférieur à celui de l'héritage : le quint est dû du prix des charges seulement.

Il en est de même lorsqu'il est dit que je vous vends mon fief pour une certaine somme, et que je vous en fais don pour le surplus ; car, en ce cas, le don tombe sur le fief, pour le surplus de ce qu'il vaut. Mais s'il étoit dit que je vous vends mon fief pour une telle somme, et que je vous remets le surplus du prix, la donation ne tombant, en ce cas, que sur le prix, le contrat seroit entièrement contrat de vente. *Molin.*, §. 53, *gl.* 2, *n.* 54. Voyez *infrà*, *n.* 173.

§. III. De certains actes qui, quoiqu'en apparence ressemblants à la vente, ne sont pas réputés contrats de vente, et ne donnent pas lieu au profit de quint.

152. Tout acte par lequel un cohéritier ou copropriétaire acquiert, moyennant une somme d'argent, les parts que quelques-uns de ses cohéritiers ou copropriétaires ont dans un fief commun entre eux par indivis, n'est pas réputé vente, mais partage, et en conséquence ne donne pas lieu au profit de quint. *Voyez les articles* 15 *et* 16 *et les notes.*

A plus forte raison, un partage fait avec un retour en deniers n'est point censé pour cela un acte mêlé de vente, mais un pur partage : *art.* 15.

153. L'acte par lequel le mari ou ses héritiers cèdent à la femme qui a renoncé à la communauté, ou à ses héritiers, un conquêt pour la payer de ses reprises, ne passe pas pour une dation en paiement équipollente à vente, et ne donne lieu à aucun profit : c'est une jurisprudence reçue depuis très long-temps. La raison est que la renonciation de la femme à la communauté n'empêche pas qu'il y ait eu une communauté dans laquelle elle avoit une part *habitualiter :* en renonçant à la communauté, elle ne renonce qu'à ce qui pourroit rester après le prélèvement de ses reprises, qui soit à exercer sur les biens de la communauté; elle ne renonce pas à ce qu'elle a droit d'en prélever pour ses reprises. C'est pourquoi lorsqu'on lui donne pour ses reprises un conquêt de la communauté, ce n'est pas tant une acquisition qu'elle fait, que son droit habituel dans les biens de la communauté, qui se réalise et se détermine à ce conquêt. *Livon.*, *p.* 191.

Lorsque c'est un propre du mari qui est donné en paiement des reprises de la femme, c'est une vraie dation en paiement, qui donne lieu au profit de quint. *Dumoulin*, 78, *gl.* 1, *n.* 111. Arrêts des 7 mai 1712, et 12 mai 1722, aux 6e et 7e volumes du Journal des Audiences.

Il en est de même lorsque le mari lui donne en paiement de son douaire un héritage, quoique conquêt.

154. L'acte par lequel un père ou une mère qui a promis en mariage une certaine somme à son fils, lui donne par la suite un héritage, semble d'abord être une dation en paiement, qui doit donner lieu au profit de quint ; néanmoins la coutume de Paris, *art.* 26, suivant une jurisprudence déjà établie lors de la réformation, décide qu'il ne donne pas lieu au profit. La raison est que la donation de la somme promise en dot n'ayant pas encore été exécutée, les parties ont pu, *rebus integris*, s'en désister, et sont censées en effet s'en être désistées, pour faire à la place donation de l'héritage. *Molin.*, §. 33, *gl.* 1, *n.* 28.

On a étendu cette disposition au cas auquel un père ou une mère donneroit à un monastère un héritage à la place de la somme d'argent qu'ils lui auroient promise pour la dot de leur fille. *Brodeau, Livonière.*

155. *Vice versâ.* Lorsque des enfants rendent à leurs père et mère l'héritage qu'ils ont reçu en dot, pour une somme d'argent qu'ils reçoivent à la place, il a été jugé que ces actes n'étoient point équipollents à vente, mais de purs accommodements de famille, qui ne donnoient ouverture à aucun profit. *Brodeau, sur l'article 26 de Paris ; Livonière.* On peut apporter pour raison, que ces donations étant censées faites en avancement de succession, et à la charge du rapport à la succession, l'acte par lequel l'enfant rétrocède cet héritage au donateur, est une anticipation du rapport qu'il doit.

156. Lorsqu'un père ou une mère donne à un enfant un certain héritage, à la charge de payer ses dettes, ou une partie de ses dettes, ou certaines dettes, ou pour se libérer d'un compte de tutelle, il semble que c'est une donation onéreuse, ou une dation en paiement, qui sont des contrats équipollents à vente, et qu'il y a ouverture au profit. Cependant la jurisprudence a établi qu'on devoit favorablement considérer ces actes plutôt comme des anticipations de succession, par lesquelles le père ne fait que faire succéder d'avance son fils à cet héritage, aux mêmes charges

auxquelles il y auroit succédé après sa mort; car il n'auroit pu lui succéder qu'à la charge de payer ses dettes. *Voyez Henrys et Bretonnier*, t. 1, 111, 111, 28.

§. IV. **Des contrats à deux faces, et de la transaction.**

157. Il y a des contrats d'aliénation qui sont gratuits par rapport à celui qui aliène, et aliénations à prix d'argent par rapport à celui qui acquiert. *V. G.* Si je donne un fief à Pierre, créancier de Jacques d'une somme de 10,000 liv., à la charge qu'il quittera Jacques de cette somme, contre qui je n'entends avoir aucune répétition; ce contrat est gratuit vis-à-vis de moi, qui ne reçois rien pour le fief que j'aliène; et il est acquisition à prix d'argent vis-à-vis de Pierre, acquéreur, à qui il en coûte les 10,000 livres qui lui étoient dues par Jacques.

Il n'en est pas de même du contrat par lequel je donne un fief à Pierre, à la charge qu'il donnera 10,000 livres à Jacques à qui j'en fais présent. Ce contrat est aliénation à prix d'argent des deux côtés : car Pierre, acquéreur, les payant par mon ordre à Jacques, est censé me les avoir payées à moi-même, suivant cette règle de droit : *Quod jussu alterius solvitur, pro eo est quasi ipsi solvatur. L.* 180, ff. *de Reg. Jur.* Je suis censé, *fictione brevis manûs*, les avoir reçues de Pierre, et les avoir données à Jacques : l'aliénation est donc vis-à-vis même de moi à prix d'argent. Mais dans l'espèce précédente, dans laquelle je charge Pierre, acquéreur, de quitter Jacques de ce qu'il doit, je ne puis être censé avoir reçu aucune chose, parcequ'il n'y a que le débiteur qui puisse recevoir la libération de sa dette.

Vice versâ, il y a des contrats d'aliénation qui sont à prix d'argent de la part de celui qui aliène, et gratuits de la part de celui qui acquiert; comme lorsque de l'ordre de Jacques, mon créancier, je donne un fief à Pierre, à la charge que je demeurerai quitte envers Jacques de 10,000 livres que je lui dois, pour laquelle somme Jacques déclare n'entendre avoir aucune répétition contre Pierre : j'aliène, en ce cas, à prix d'argent pour les 10,000 livres dont j'ob-

tiens la libération, et Pierre acquiert gratuitement. Il en
seroit autrement si Jacques me comptoit une somme de
10,000 livres pour Pierre ; car Pierre seroit censé l'avoir
reçue de Jacques, pour me la payer lui-même.

Touchant ces contrats à deux faces, Dumoulin établit
cette règle, qu'on doit estimer leur nature plutôt par rapport
à celui qui aliène, que par rapport à l'acquéreur, et qu'en
conséquence ils ne doivent pas donner lieu au profit de
quint, si l'aliénation est gratuite de la part de celui qui
aliène, quoiqu'elle soit à prix d'argent de la part de l'acquéreur ; *et contrà vice versà*. Il en donne cette raison, que
*tradens est primitiva, originalis et efficacissima causa
mutationis manûs ; accipiens autem est tantùm causa con-
currens et concomitans.*

Cette décision ne souffroit aucune difficulté dans l'ancienne coutume de Paris, sur laquelle Dumoulin écrivoit,
le profit étant dû alors par le vendeur : mais le profit étant
dû par l'acquéreur, suivant nos coutumes réformées, on
pourroit soutenir que c'est de son côté qu'on doit considérer si le contrat est vente, plutôt que du côté de celui
qui aliène. Néanmoins M⁰ Guyot pense qu'on doit suivre
encore, dans nos coutumes réformées, l'avis de Dumoulin ;
et j'inclinerois à son avis : car c'est pour le contrat de vente
que le profit est dû ; il n'importe laquelle des deux parties
en soit chargée. La raison de Dumoulin, que la nature du
contrat doit s'estimer *ex parte tradentis qui est originalis
causa mutationis manûs*, subsiste toujours.

158. A l'égard de la transaction sur la propriété d'un
fief, lorsqu'il reste au possesseur qui donne une somme
d'argent au demandeur pour qu'il se désiste de sa demande,
tous conviennent qu'il n'y a pas lieu au profit. Le possesseur est censé avoir été propriétaire du fief dès avant la
transaction, et n'avoir donné de l'argent au demandeur que
pour se rédimer d'un procès : la transaction ne peut donc
passer pour un titre d'aliénation qui ait pu donner lieu au
profit de quint, à moins qu'il ne parût évidemment que
l'acte est un contrat de vente déguisé sous le nom de transaction, tant par l'évidence des titres de celui avec qui ce

possesseur a traité, que par la somme que ce possesseur lui a donnée égale à la valeur entière de l'héritage.

Lorsque par la transaction le fief est délaissé au demandeur pour une somme d'argent qu'il paie au possesseur, plusieurs pensent qu'indistinctement il y a lieu au profit de quint, parceque, en ce cas, disent-ils, la transaction opère un changement de main; à moins que le demandeur ne fût en état de justifier que l'héritage qui lui a été délaissé par la transaction, lui appartenoit effectivement. Dumoulin pense, au contraire, que c'est encore le seigneur qui doit justifier que l'héritage appartenoit à celui qui l'a délaissé par la transaction, parceque la transaction étant par sa nature *de re incertâ et dubiâ*, ne peut établir que l'héritage appartenoit effectivement au possesseur, et que, en conséquence, la transaction par laquelle il a été délaissé au demandeur, soit un titre d'aliénation qui ait donné lieu au profit. *Quùm quis transigit restituendo rem actori, adhuc idem puto : si sola transactio attendatur, non erit fundata intentio patroni super quinto pretio, etiamsi mediante pecuniâ transactum, nisi probet eum qui restituit reverà fuisse dominum.* Molin., §. 23, *gl.* 1, *n.* 64 et 68.

Si par la transaction le demandeur payoit au possesseur qui lui délaisse l'héritage, une somme à peu près égale à sa valeur, ce seroit une présomption qu'il appartenoit au possesseur, et que l'acte seroit un vrai contrat déguisé sous le nom de transaction.

ARTICLE III.

Que c'est la vente du fief, et non d'autre chose, qui donne ouverture au profit.

159. Ce n'est que la vente du fief même qui donne ouverture au profit. C'est pourquoi il ne sera pas dû si je vends les fruits de mon héritage féodal, quoique pendants par les racines, sans vendre le fonds, ou même un bois de haute futaie pour l'abattre : car cette vente ne devant transférer à l'acheteur la propriété de ces choses que lorsqu'elles seront séparées du fonds, et par conséquent de-

venues choses mobiliaires, cette vente n'est qu'une vente de choses mobiliaires, et non une vente du fief.

Il en est autrement lorsque ces fruits sont vendus avec l'héritage sur lequel ils sont pendants : il n'y a, en ce cas, que le fief qui soit vendu, dont les fruits qui y sont pendants font partie : *art.* 390 ; *Argentré, de Laudim.*, §. 27.

160. La vente de quelque droit d'usufruit ou de quelque autre droit réel dans l'héritage féodal, comme d'une rente foncière, pourvu qu'elle ne soit pas inféodée, ne donne pas lieu au profit ; car ces droits réels dans un héritage féodal, lorsqu'ils ne sont pas inféodés, ne sont pas le fief, ni partie d'icelui.

161. Observez que lorsque quelqu'un vend d'abord le bois de haute futaie pour l'abattre, et ensuite peu de jours après le fonds au même acheteur ; ou lorsqu'il vend d'abord l'usufruit, et peu de jours après la propriété ; ces deux contrats sont présumés n'avoir été faits séparément qu'en fraude du seigneur. C'est pourquoi ils sont réputés n'en faire qu'un, qui donnera ouverture au quint des prix portés par les deux contrats.

Il en est de même *vice versá*, si quelqu'un m'a vendu d'abord le fief sous la réserve de l'usufruit, ou sous la réserve du droit de réméré, et que peu après il me vende ce droit d'usufruit ou de réméré qu'il s'étoit retenu. Dans tous ces cas, ces deux contrats sont censés ne faire qu'un seul contrat de vente du fief plein et entier, et le quint est dû des prix portés aux deux contrats. *Molin.*, §. 78, *gl.* 1, *n.* 191.

Cette décision a lieu quand même l'acheteur acquerroit de différents vendeurs, *putà*, du propriétaire, l'héritage à la charge de l'usufruit envers un tiers, et peu après l'usufruit de ce tiers ; il devroit le profit des deux contrats. Il en seroit autrement si c'étoit long-temps après qu'il rachetât l'usufruit.

162. Le droit *ad rem*, ou l'action que quelqu'un a pour se faire délaisser le fief, n'étant pas le fief même, la vente qu'en fait celui à qui elle appartient, ne donne pas par elle-même, et tant que l'action n'est pas exercée, ouverture au

profit : mais si l'acheteur, ayant exercé cette action, acquiert le fief; en ce cas, comme l'action qui a été vendue
se termine et se fond dans le fief, la vente qui a été faite
de cette action devient la vente du fief, et donne ouverture au profit : c'est ce qu'enseigne d'Argentré, *de Laudim.*, §. 22. *Venditio juris* (dit-il) *nihil continet præ-*
ter incorporale, nihil feudale, nullam mutationem manûs;
sed si virtute talis cessionis emptor feudum consecutus
sit, laudimia debebuntur. Dumoulin a varié sur la seconde
partie de ce principe : au §. 33, il décide que la vente de
l'action pour avoir le fief, *putà*, d'une action de réméré,
quoique exercée par le tiers cessionnaire, ne donne pas
ouverture au profit de quint; mais au §. 78, il décide, conformément à notre principe, qu'elle donne ouverture au
quint, tant du prix pour lequel l'action de réméré a été
vendue, que de celui du réméré. Effectivement lorsque Titius, après avoir vendu son fief à Pierre avec clause de réméré pour 10,000 liv., me vend pour 2,000 liv. son droit
de réméré que j'exerce sur Pierre comme cessionnaire de
Titius, c'est comme si Titius, après avoir lui-même exercé
ce réméré, me revendoit son fief pour 12,000 liv.

S'il m'avoit fait donation de son action de réméré, pour
par moi l'exercer à mes dépens, et qu'en conséquence je
l'aie exercée, je devrai le quint de dix mille livres. Mon
titre n'est pas une donation gratuite car; Titius, en me donnant l'action de réméré, ne m'a pas donné pour rien le
fief dans lequel cette action devoit se résoudre; mais il me
l'a donné à la charge de payer en sa place les dix mille
livres qu'il eût été obligé de payer en exerçant lui-même
le réméré.

Si avant que d'exercer le droit de réméré que Titius m'a
cédé, je le revends à Paul qui l'exerce, suivant notre principe, il ne sera dû aucun profit pour la cession que Titius
m'a faite, qui ne s'est point terminée en ma personne à
l'acquisition d'un fief; il sera dû seulement pour celle que
j'ai faite à Paul, qui doit le quint, tant du prix pour lequel je lui ai vendu, que de celui du réméré.

Si mon oncle m'avoit, par mon contrat de mariage, pro-

mis de me donner un certain fief, et que je transportasse
mon droit pour dix mille livres à Pierre, qui en conséquence se le fît livrer par mon oncle, Dumoulin, au §. 33,
décide qu'il n'est pas dû profit de quint pour cette cession,
mais seulement rachat pour la donation. Mais cette décision étant fondée sur le principe qu'il a abandonné lui-
même au §. 78, il ne faut pas s'y arrêter; et il faut décider au contraire, suivant notre principe, que la vente que
j'ai faite de mon droit à Pierre, s'étant terminée à l'acquisition du fief, elle donne lieu au profit de quint, et
que, au contraire, il n'est point dû de rachat pour la donation qui ne m'a point fait acquérir le fief.

163. La vente des droits successifs donne lieu au profit
de quint pour les fiefs qui se trouvent dans cette succession. Car quoique l'hérédité, *juris intellectu*, soit quelque chose de distinct des corps héréditaires qui la composent, néanmoins on ne peut nier que la vente des droits
successifs ne renferme celle de tous les corps héréditaires,
et que les fiefs qui la composent, passent, à titre de vente,
à l'acheteur des droits successifs, qui ne peut par conséquent éviter d'en payer le quint. Sur la ventilation qu'il
faut faire en ce cas, *voyez* Bourbonnois, *art.* 396.

Si le cédant n'étoit héritier qu'en partie, la vente qu'il
feroit de ses droits successifs avant partage ne donnera lieu
au profit que pour raison des fiefs qui tomberont au lot du
cessionnaire.

ARTICLE IV.

Quand la cause pour laquelle la vente est faite, ou la qualité de la personne des vendeurs ou des acheteurs, la soustrait au profit de quint.

164. Plusieurs auteurs enseignent que la vente d'un héritage faite pour cause de quelque utilité publique, est
exempte de profit; et on rapporte quelques arrêts qui l'ont
jugé. Cette maxime est néanmoins contestée par Dupineau
et Livonière.

A l'égard de l'indemnité due par les gens de main-morte
lorsqu'ils acquièrent, il n'est pas douteux que la cause d'u-
tilité publique ne les en affranchiroit pas.

165. Lorsque c'est le seigneur du fief qui a lui-même vendu le fief mouvant de lui, dont il étoit propriétaire, sans qu'il l'eût encore réuni à son domaine, cette vente ne doit pas de profit; car les profits, dans leur origine, étant dus pour rendre commerçables les fiefs, de personnels qu'ils étoient, et comme pour le prix du consentement que le seigneur est obligé de donner à la vente du fief, une vente qui étant faite par le seigneur lui-même, ne peut avoir besoin d'aucun autre consentement, ne peut être sujette à aucun profit.

Cette raison peut faire décider que, même dans le cas auquel les profits appartiendroient à un autre qu'à la personne du seigneur, *putà*, à un usufruitier, ou à un fermier, il n'en seroit point dû pour cette vente.

166. Il paroît que, par la même raison, on devroit décider que lorsque c'est le seigneur qui achète le fief mouvant de lui, il ne doit point de profit à l'usufruitier ou au fermier des droits seigneuriaux de son fief dominant, cette vente n'étant pas de nature à en produire. Néanmoins Dumoulin, §. 78, *gl.* 1, *n.* 113, et d'Argentré, décident que le profit est dû à l'usufruitier, ou au fermier; et leur avis, dont, contre leur ordinaire, ces auteurs ne donnent pas de raison, a été confirmé par quelques arrêts; il y en a un de 1718. On dit pour leur sentiment que le seigneur doit payer en ce cas profit à l'usufruitier, ou au fermier, comme par forme de dédommagement de ce qu'en achetant il les prive des profits qui leur seroient dus, si les fiefs de sa mouvance eussent été vendus à d'autres, ne pouvant pas, par son fait, *deteriorem fructuarii aut conductoris conditionem facere.* Ces arrêts et autorités n'ont pas empêché Mᵉ Guyot de suivre l'avis contraire.

167. Il y a certaines personnes qui sont exemptes de payer profit lorsqu'elles vendent ou achètent quelque héritage dans les mouvances du roi. Tels sont les secrétaires du roi, par édit de 1545; les chevaliers de l'ordre, messieurs du parlement de Paris, messieurs de la chambre des comptes de Paris, etc. Leurs veuves, tant qu'elles demeurent en viduité, doivent aussi jouir de ce privilége, par la

ègle générale qu'elles jouissent de tous les priviléges de leur mari.

Ils jouissent de ce privilége, même dans les mouvances des domaines des apanagistes et des engagistes, lorsque leur privilége est plus ancien que l'érection de l'apanage ou de l'engagement. Le contraire néanmoins a été jugé en faveur de M. le duc d'Orléans, contre les secrétaires du roi, par un arrêt du conseil de régence, du 30 juillet 1718.

Ils jouissent aussi de ce privilége dans les mouvances des seigneuries qui se trouvent être en la main du roi, soit par droit de régale, soit par la saisie féodale.

Ils n'en jouissent pas pour les droits d'échange qui appartiennent au roi dans les mouvances des seigneurs particuliers, ce droit étant un droit domanial de bursalité plutôt que de propriété. Ainsi jugé par arrêt du conseil du 23 décembre 1738.

Ils jouissent de ce privilége lorsqu'ils vendent, comme lorsqu'ils achètent.

Le vendeur privilégié, même dans les coutumes qui, comme la nôtre, chargent du profit l'acheteur, jouit de ce privilége lorsqu'il s'est chargé du profit par le contrat, quoique l'acheteur ne soit pas privilégié; ainsi jugé en 1738, pour M. Pelletier. Cela avoit été décidé dans le cas inverse par lettres-patentes de 1573, rapportées par Chopin sur l'article 4 d'Anjou, pour les privilégiés acheteurs dans les coutumes qui chargent du profit le vendeur.

168. Lorsqu'un privilégié exerce le retrait lignager sur un acheteur non privilégié, doit-il jouir de son privilége, et le profit doit-il être rendu par le fermier à qui il paroît avoir été acquis par la vente faite à l'acquéreur non privilégié? Par lettres-patentes des 14 avril et 12 mai 1545, il est dit « que les secrétaires du roi jouiront de leur privilége, même dans le cas auquel ils exerceront un retrait « lignager. » Mais dans l'arrêt d'enregistrement de la chambre des comptes, il y a une modification qui porte qu'ils n'en jouiront pas dans ce cas de retrait. *Voyez Chopin, sur l'article 4 d'Anjou. Dumoulin, sur le §. 22,*

15. — I.

n. 6, *in fine,* rapporte ces lettres-patentes sans faire mention de la modification, et il décide en conséquence que le profit doit être rendu au privilégié retrayant; ce qui peut faire croire que la modification n'a pas été observée. Cependant Guyot pense qu'elle doit l'être.

Vice versâ, lorsque le retrait est exercé par un non privilégié sur un acheteur privilégié, plusieurs auteurs, appuyés d'un arrêt du 14 mai 1714, rapporté au sixième tome du Journal des Audiences, pensent que le privilégié doit jouir de son privilége, et que le retrayant lui doit tenir compte du profit comme s'il l'eût payé. C'est beaucoup étendre le privilége: le privilégié, au moyen du retrait exercé sur lui, se trouvant n'être plus acheteur, il semble qu'il ne peut user d'un privilége qui ne lui est accordé que lorsqu'il vend ou qu'il achète : *Non debet negotiari ultra fines privilegii.* Molin., §. 22, n. 6. D'ailleurs ce seroit ouvrir la porte aux fraudes; car il seroit très facile à un parent qui voudroit acheter de son parent, d'acheter sous le nom d'un privilégié, sur lequel il exerceroit aussitôt le retrait. Cet arrêt de 1714 se trouve contredit par des arrêts précédents, des 21 août 1649, et 18 décembre 1668, rapportés aussi au même Journal, qui ont jugé le contraire.

ARTICLE V.

Par qui, et à qui est dû le profit de quint; et en quoi il consiste.

169. Le profit de quint, dans notre coutume réformée, n'est dû que par l'acheteur, à moins que le vendeur ne s'en fût chargé par le contrat; et même, en ce cas, le seigneur pourroit l'exiger de l'acheteur, sauf son recours. Il est dû au seigneur, ou à ceux qui seroient à ses droits pour percevoir les fruits du fief dominant, tels que sont un engagiste, un usufruitier, un fermier des droits seigneuriaux.

170. Ce profit est appelé *profit de quint,* parcequ'il consiste dans la cinquième partie du prix.

Ce quint est dû non seulement du prix principal, mais de tout ce qui en fait partie; telles que sont les sommes stipulées pour pot-de-vin, épingles, ou sous quelque autre dénomination que ce soit. Il ne faut pas néanmoins étendre cela aux présents modiques faits par l'acheteur à la femme, ou aux enfants, ou aux domestiques du vendeur.

Les charges qui sont imposées à l'acheteur, et qui sont appréciables à prix d'argent, font aussi partie du prix, et le quint est dû de la somme à laquelle elles sont appréciables.

Mais lorsque pour la sûreté d'une rente que le vendeur retient sur l'héritage, l'acheteur est chargé d'y faire certaines améliorations, cette charge ne peut passer pour faire partie du prix, et pour être sujette au quint, puisque c'est l'acheteur qui profite de ces améliorations.

On ne doit pas non plus évaluer pour le profit de quint, les charges imposées à l'acheteur, qui sont charges du fief, telle qu'est celle des rentes inféodées dont le fief est chargé.

Les frais ordinaires de criées, dont un adjudicataire est chargé, sont plutôt regardés comme loyaux coûts et frais de contrat, que comme faisant partie du prix; *secùs*, des extraordinaires.

171. Le quint est dû, non seulement du prix porté au contrat, et des charges appréciables qui y sont contenues; mais si, par la suite, le contrat a été réformé, et le prix augmenté, le quint est dû de l'augmentation du prix. Cette décision a lieu même dans le cas auquel l'acheteur auroit donné ce supplément par pure délicatesse de conscience, la lésion n'étant pas assez grande pour que le vendeur eût pu se pourvoir en justice.

Contrà vice versâ. Si depuis le contrat exécuté par la tradition réelle, le vendeur eût fait volontairement une remise d'une partie du prix à l'acheteur, sous le prétexte qu'il étoit excessif, l'acheteur ne laisseroit pas de devoir le quint sur le pied du prix entier porté au contrat; car en ayant contracté l'obligation envers le seigneur, il ne peut en être déchargé par une convention où le seigneur n'est pas partie.

172. Lorsque le contrat porte un terme pour le paiement du prix sans intérêts, Dumoulin, §. 78, *gl.* 1, *n.* 42

10.

et 43, décide que le seigneur ne peut exiger profit de vente avant le terme expiré. Sa raison est, que *quàm dies solutionis sit pars diminutiva pretii, si emptor solidam laudimiorum summam repræsentare teneretur, plus solveret quàm est duodecima pretii* (et dans les fiefs *quinta*), *contrà mentem consuetudinis.* Livonière, *p.* 170, atteste que l'usage est contraire à l'opinion de Dumoulin, et que le seigneur peut exiger le profit aussitôt qu'il est ouvert, sans attendre le terme.

173. Le seigneur ne peut demander le profit de quint sur un pied plus fort que le prix du contrat, sous le prétexte que le fief n'auroit pas été vendu sa valeur, le vendeur ayant été le maître de donner à la chose tel prix qu'il a jugé à propos; *quàm sit unusquisque suæ rei arbiter.*

Mais s'il étoit dit que le vendeur a fait remise à l'acheteur du surplus du juste prix, le quint ne seroit pas dû seulement de la somme portée au contrat, qui n'est pas, en ce cas, le total du prix que le vendeur a donné à son fief; mais il seroit dû de la somme entière à laquelle le fief seroit estimé. *Mol.,* §. 33, *gl.* 2, *n.* 54.

174. Dans le cas de l'art. 9, le quint ne se règle pas sur le prix du contrat. *Voyez cet article.*

CHAPITRE V.

Du profit de rachat, et du cheval de service.

175. Le droit de rachat est le droit qu'a le seigneur d'avoir le revenu de l'année du fief relevant de lui, toutes les fois qu'il change de main, sauf lorsque c'est à titre de vente, ou contrat équipollent à vente, et en quelques autres cas exceptés par la coutume.

176. Le cheval de service est aussi une autre redevance, sur laquelle voyez l'*art.* 84.

ARTICLE PREMIER.

Règles générales sur les cas auxquels le droit de rachat est dû.

PREMIÈRE RÈGLE.

177. Le rachat est dû régulièrement à toutes mutations du fief servant. *Quoties et quomodocumque feudum mutat manum, hoc est, contingit mutatio vassalli, debetur relevium.* Molin., §. 33, *gl.* 1, *n.* 10.

On peut distinguer deux espèces de mutations de fief, qui donnent l'une et l'autre ouverture au rachat : l'une, que j'appelle *parfaite*, qui arrive lorsque la propriété du fief passe d'une personne à une autre ; car le nouveau propriétaire devenant vassal à la place de l'ancien, il y a mutation dans le fief ; l'autre, que j'appelle *imparfaite*, qui arrive lorsqu'il y a un nouveau vassal, sans qu'il y ait néanmoins aucun changement dans la propriété. Il en est traité *infrà, art.* 2, §. 4.

Lorsque le propriétaire du fief donne à quelqu'un un droit d'usufruit, ou quelque autre droit réel dans son fief, lorsqu'il l'engage, lorsque ce fief est saisi réellement sur lui, il n'y a, dans tous ces cas, aucune mutation de fief, ni par conséquent lieu au rachat ; car il demeure toujours propriétaire et vassal ; et l'usufruitier, l'engagiste, le commissaire à la saisie-réelle, ne sont point vassaux. *Molin., d. gl., n.* 9.

SECONDE RÈGLE.

178. La simple ouverture du fief qui arrive par la mort du vassal, dont la succession est laissée vacante, n'est pas une mutation ; il faut, pour qu'il y ait mutation, et en conséquence ouverture au profit, que le fief passe d'une personne à une autre. *Molin., ibid., n.* 5.

En cela, le droit de rachat diffère du droit de saisie féodale, à laquelle le seul défaut d'homme donne ouverture. Le seigneur peut donc saisir féodalement les fiefs de la succession vacante ; mais le curateur, en faisant les devoirs, doit en avoir main-levée sans payer aucun rachat ; *ibid.,*

n. 5. Le seigneur peut seulement exiger qu'en attendant que le fief soit vendu sur le curateur à la succession vacante, ce qui n'arrive quelquefois qu'après un très long temps, il lui soit nommé un homme vivant et mourant, par la mort duquel il lui sera dû rachat. *Voyez Lalande sur l'article 4.*

TROISIÈME RÈGLE.

179. Le contrat d'aliénation ne donne point ouverture au profit de rachat jusqu'à ce qu'il ait été suivi d'une tradition ou réelle, ou du moins feinte, par laquelle la propriété du fief ait été transférée de l'une des parties contractantes à l'autre. *Molin., d. gl., n. 2.*

C'est une suite du principe, que c'est la mutation plutôt que le contrat qui donne ouverture au rachat; en quoi il diffère du profit de quint, auquel le contrat de vente donne ouverture.

Suivant cette règle, si deux parties ont échangé leur fief l'un contre l'autre, le rachat n'en sera dû que, ou lorsqu'ils en seront entrés en possession réelle, ou du moins lorsqu'ils s'en seront fait une tradition feinte.

Observez que lorsque la tradition n'a été que feinte, le rachat auquel elle a donné ouverture cesse d'être dû lorsque les parties se sont désistées du contrat avant la tradition réelle; *quia quamvis ex fictâ traditione sequatur vera mutatio, tamen illa sicut solo consensu est indicta, ità solo consensu resolubilis est et reductibilis ad non causam.* Molin., *ibid.*, n. 10, *in fine.*

QUATRIÈME RÈGLE.

180. Lorsque quelqu'un a acquis un fief en vertu d'un titre putatif qui n'a jamais existé, ou d'un titre nul, quoique par la suite, *errore comperto*, il ait été condamné à le restituer, pourvu que ce soit sans restitution de fruits, le rachat est dû.

C'est une suite du principe, que ce n'est pas le titre, mais la mutation qui donne lieu au rachat. Ce nouveau possesseur étant réputé propriétaire, quoiqu'il ne le fût pas effectivement, étoit tenu à la foi, et par conséquent *nouvel homme, nouveau vassal*; il y a donc eu mutation, et par conséquent lieu au rachat. Si ce possesseur avoit été condamné à la restitution des fruits, le rachat ne seroit pas dû, et il y auroit lieu à la répétition par la règle sixième, *infrà*.

CINQUIÈME RÈGLE.

181. Les mutations qui donnent ouverture au rachat, sont celles qui contiennent l'acquisition que quelqu'un fait d'un fief, et non celles par lesquelles quelqu'un rentre par la destruction de l'aliénation qu'il en avoit faite, ou même par la simple cessation ou résiliement pour l'avenir de cette aliénation, plutôt que par une nouvelle acquisition qu'il en fasse.

Suivant cette règle, si quelqu'un a aliéné son fief à titre de vente, échange, donation ou autre titre, et qu'ayant pris des lettres de rescision contre, et ayant fait déclarer nulle la vente, donation ou échange qu'il avoit fait, il est rentré dans son fief, il ne doit pas de rachat pour y être rentré; car ce n'est point une acquisition qu'il fasse; il est même censé en être toujours demeuré propriétaire, l'aliénation qu'il en avoit faite ayant été déclarée nulle.

Si quelqu'un rentre dans le fief qu'il avoit aliéné, non par la rescision et destruction entière du titre d'aliénation, mais par le résiliement pour l'avenir de cette aliénation; comme lorsque quelqu'un, pour cause de survenance d'enfants, révoque la donation d'un fief qu'il avoit faite, il y a plus de difficulté; car, en ce cas, l'aliénation a subsisté jusqu'au temps de la révocation; ce donateur redevient véritablement, de nouveau, propriétaire du fief. Il y a donc eu deux mutations, d'où il sembleroit qu'il seroit dû double rachat. Néanmoins il faut, suivant notre règle, décider qu'il n'est pas dû un nouveau rachat, parceque ce n'est point par une nouvelle acquisition qu'il fasse qu'il redevient propriétaire de ce fief, mais par la cessation de l'aliénation qu'il en avoit faite, qui ne devoit durer que jusqu'au temps de la condition de la survenance d'enfants, sous laquelle elle avoit été tacitement faite. Il n'est donc point un nouvel acquéreur, un nouveau vassal, et par conséquent il ne doit point le rachat : c'est la décision de Dumoulin sur l'article 33, *gl.* 1, *n.* 58, qui avoit néanmoins formellement décidé le contraire un peu plus haut, *n.* 31. Il faut s'en tenir à sa dernière décision.

Notre décision doit avoir lieu non seulement lorsque l'aliénation se résout sans le fait du vassal, comme dans l'espèce précédente, mais même lorsqu'elle se résout par son fait, comme lorsqu'une donation est révoquée pour l'ingratitude du donataire. *Molin., ibid., n.* 57. Même lorsque l'aliénation se résout *ex causâ novâ et merè voluntariâ*, il n'y a pas lieu à un nouveau rachat; comme lorsque l'héritage que j'avois donné à rente m'est déguerpi; ou lorsque, *re integrâ*, avant que le contrat ait eu son entière exécution de part et d'autre, les parties conviennent de s'en désister. *Molin., ibid., n.* 21.

Suivant ce principe, si j'ai échangé avec vous mon fief A contre un autre héritage, et qu'après vous en avoir mis en possession, et avant que vous m'ayez mis en possession du vôtre, nous convenions ensemble que je reprendrai le fief A, et que je vous donnerai à la place le fief B, il sera dû deux rachats, un pour l'aliénation que j'ai faite du fief A, et un pour celle que j'ai faite du fief B; mais il n'en sera pas dû un troisième pour ma rentrée en la propriété du fief A; *quia*, dit Dumoulin, *ibid., n.* 27, *recuperatio primæ rei spectat ad merum distractum;* nous sommes censés nous être désistés du premier contrat d'échange qui n'étoit pas encore consommé, et il n'est pas dû de rachat pour le désistement.

Observez qu'on ne peut être censé se départir d'un contrat que lorsqu'il n'a pas reçu son entière exécution. C'est pourquoi si, après un échange exécuté de part et d'autre, les parties se rétrocèdent chacune l'héritage qu'elle avoit acquis de l'autre, ce n'est pas un désistement du premier contrat d'échange, mais un nouveau contrat d'échange et une nouvelle acquisition que chacune fait de l'héritage qu'elle avoit aliéné, qui donne lieu à un nouveau profit. *Voyez suprà, n.* 134.

SIXIÈME RÈGLE.

182. Les mutations inefficaces ne donnent pas ouverture au rachat.

Une mutation est réputée inefficace lorsque j'ai été contraint, au bout d'un temps court, de délaisser le fief que j'avois acquis, ou auquel j'avois succédé, sur une action ou de revendication, ou hypothécaire, ou par quelque autre genre d'éviction que ce soit, dont la cause fût ancienne, et non nouvellement survenue.

Si je n'ai été condamné à le délaisser qu'au bout de quelques années, et qu'après que j'aurai pu me dédommager du rachat par les fruits que j'ai perçus; si c'est sans restitution de fruits, la mutation ne laissera pas d'être réputée efficace, et d'avoir donné lieu au rachat. Si c'est avec restitution de fruits, quelque long que soit le temps au bout duquel j'ai été condamné à le délaisser, la mutation sera censée avoir été inefficace, et il y aura lieu à la répétition du rachat, si je l'ai payé.

183. Suivant cette règle, lorsque le vendeur d'un fief est mort avant aucune tradition, quoique ce fief vendu se trouve encore dans sa succession, et passe de lui à son héritier collatéral, néanmoins cet héritier ne devra pas le rachat s'il a été obligé, peu après, de le livrer à l'acheteur, en exécution de la vente que le défunt en avoit faite, parcequ'en ce cas la succession n'a produit qu'une mutation inefficace. *Molin.*, §. 33, *n.* 127.

Quelqu'un, se faisant fort du propriétaire, a vendu son fief; le propriétaire meurt avant que de ratifier; son héritier collatéral ratifie : le seigneur à qui, en conséquence de cette ratification, le quint est dû pour la vente, ne pourra pas demander un rachat pour la succession; car la ratification ayant un effet rétroactif au contrat, c'est comme si le défunt avoit vendu lui-même; auquel cas nous venons de voir que la mutation ne pourroit produire qu'une mutation inefficace, qui ne peut donner lieu au rachat. *V. Molin.*, §. 33, *gl.* 2, *n.* 42.

Il y auroit plus de difficulté si le vendeur avoit vendu

l'héritage en son propre nom, et non au nom du propriétaire, et comme se faisant fort de lui, et que les héritiers de ce propriétaire donnassent leur consentement à cette vente; car un tel consentement n'est pas une ratification dont l'effet soit rétroactif, et il n'a d'effet que du jour qu'il est interposé. Néanmoins Dumoulin, *dicto*, *n.* 42, décide que, même en ce cas, le rachat n'est pas dû; *quamvis hujusmodi approbatio* (dit-il) *non operetur nisi ut ex nunc, tamen eo ipso quòd patronus percipit aut percepturus est quintum pretii ex dictâ venditione, non potest prætendere relevium à tempore dictæ venditionis, ex personâ quondam domini vel ejus hæredum.*

Il en seroit autrement si les héritiers avoient vendu eux-mêmes, depuis la succession échue, un fief de cette succession; l'eussent-ils vendu et livré le jour même que la succession leur est échue, la mutation n'en est pas moins efficace, et n'en donne pas moins lieu au rachat. *Mol.*, *d.* §. 1, *gl.* 1, *n.* 127, *in fine.*

Voyez une autre espèce de mutation, que la coutume regarde comme inefficace, en *l'art.* 21.

SEPTIÈME RÈGLE.

184. La mutation ne donne pas lieu au rachat lorsque le seigneur la désapprouve, et contraint l'acquéreur de vider ses mains; comme lorsque ce sont des gens de main-morte qui ont acquis, *art.* 40; le rachat étant dû pour le prix du consentement que le seigneur est obligé de donner à la mutation, ce seroit une contradiction qu'il exigeât le rachat pour une mutation à laquelle il refuse son consentement. *Molin.*, §. 33, *gl.* 1, *n.* 134 *et seq.*

HUITIÈME RÈGLE.

185. Les mutations du fief servant qui arrivent, soit par l'acquisition qu'en fait le seigneur de qui il relève, soit par l'aliénation qu'il en fait après l'avoir acquis et avant qu'il l'ait réuni, ne donnent pas lieu au rachat. *Voyez le chapitre précédent, art.* 4.

NEUVIÈME RÈGLE.

186. Lorsque le propriétaire du fief dominant et du fief servant, qu'il n'avoit pas réunis, a aliéné l'un et l'autre en même temps à deux différentes personnes, ou les a transmis, dans sa succession, à deux différents héritiers, il n'y a pas lieu au rachat pour le fief servant. *Mol.*, §. 33, *gl.* 2, *n.* 47. C'est une suite de la règle précédente.

DIXIÈME RÈGLE.

187. Les mutations qui arrivent à titre de vente, ou contrat équipollent à vente, ne donnent pas lieu au rachat.

La raison est que la coutume a établi une autre espèce de profit pour ces mutations, dont il a été parlé au chapitre précédent.

ONZIÈME RÈGLE.

188. Les mutations qui arrivent en ligne directe, tant ascendante que descendante, par succession, donation ou legs, et, dans notre coutume, celles qui sont faites pour cause pie, ne donnent pas lieu au rachat. C'est une faveur. *Voyez les articles* 14 *et* 22.

Observez, à l'égard des substitutions, qu'en fait de profits, la mutation est censée arriver en collatérale, et donner lieu au rachat, lorsque le substitué recueille le fief par le canal de son collatéral, qui en étoit grevé envers lui, quoique l'auteur de la substitution fût un de ses descendants.

Vice versâ. La mutation est censée en directe, et ne donne pas lieu au profit, lorsque le substitué recueille le fief par le canal de quelqu'un de ses ascendants, quoique la substitution lui ait été faite par un collatéral. *Voyez* l'arrêt de règlement de 1727; ordonnance des substitutions, *pag.* 1, *art. fin.* Cela est fondé sur le principe que le rachat, à la différence du profit de vente, étant produit par la mutation plutôt que par le titre, on ne doit pas examiner si le titre est un legs en directe ou en collatérale, mais si la mutation se fait en directe ou en collatérale.

Suivant ce principe, il paroît qu'on devroit décider que

lorsqu'un père ou une mère ont donné un fief à un couvent pour la dot de religion de leur fille, il doit être dû rachat; car quoique la donation soit faite principalement en
considération de la fille du donateur, et que pour cette raison elle puisse être regardée comme une donation en directe, néanmoins on ne peut nier que la mutation ne se
fait pas en directe, puisque le fief passe de la personne du
donateur au couvent, qui est une personne civile étrangère
au donateur : tel est aussi le sentiment de Lemaître. Néanmoins Brodeau, Guyot, décident que le rachat n'est pas
dû; et la Peyrere rapporte un arrêt qui l'a jugé. Dans notre
coutume, qui exempte du rachat les donations faites pour
cause pie, il y a moins de difficulté à exempter du rachat
cette donation.

DOUZIÈME RÈGLE.

189. Plusieurs mutations, qui arrivent par mort en une
même année, ne donnent lieu qu'à un seul rachat envers le
même seigneur. *Voyez l'article 17 et les notes.*

TREIZIÈME RÈGLE.

190. La mutation qui arrive dans la nue propriété du
fief donne lieu au rachat, sans que le seigneur soit obligé
d'attendre l'extinction de l'usufruit pour l'exiger.

Notre coutume apporte une exception à cette règle, dans
le cas de la donation faite avec rétention d'usufruit; elle
accorde le délai pour le rachat, aussi bien que pour la prestation de foi, jusqu'après l'extinction de l'usufruit. *Art.* 285.
Cette exception est particulière à notre coutume, et n'a pas
lieu ailleurs.

Hors le cas de cette exception, c'est une question si c'est
à l'usufruitier à acquitter le rachat auquel a donné lieu la
mutation arrivée pendant le cours de l'usufruit, ou au propriétaire. Dumoulin en charge l'usufruitier, sauf en deux
cas : le premier, lorsque la mutation arrive par une aliénation volontaire du fief, le propriétaire ne devant pas, par
son fait, diminuer l'usufruit, et charger l'usufruitier d'un
profit; le second cas d'exception est lorsque l'usufruit a

été laissé pour aliments, tel qu'est présumé celui d'une douairière. D'Argentré charge aussi l'usufruitier du rachat, sauf lorsqu'il est usufruitier à titre onéreux. La plupart des commentateurs de la coutume de Paris en chargent indistinctement le propriétaire qui acquiert ou succède à la nue propriété du fief; ils se fondent sur cette raison, que le rachat étant dû originairement pour le prix de l'investiture et du consentement que le seigneur est tenu de donner à la mutation, c'est celui en qui se fait cette mutation qui doit en être tenu. *Voyez* Brodeau, et les autres cités par Lemaître, *t.* 1, *ch.* 2, §. 3.

QUATORZIÈME RÈGLE.

191. Les mutations qui arrivent dans le fief pendant que le seigneur le tient en sa main par la saisie féodale, ne laissent pas de donner lieu au rachat, sans que les fruits que le seigneur perçoit en vertu de la saisie féodale puissent s'imputer sur le rachat.

C'est la décision de Dumoulin, §. 33, *gl.* 1, *n.* 143 *et seq.* La raison de la première partie est que, quoique par fiction le seigneur soit censé avoir réuni à son domaine le fief saisi féodalement, pendant que la saisie dure, à l'effet de percevoir les fruits, et d'exercer même les droits domaniaux y attachés, néanmoins la propriété et la possession civile de ce fief demeurent réellement, pendant la saisie, en la personne du vassal, et peuvent, durant la saisie, se transporter de sa personne à une autre; ce qui forme de vraies mutations qui donnent lieu au rachat. La raison de la seconde partie est que, le rachat consistant dans le revenu de l'année qui suit les offres, *art.* 56, les fruits perçus durant la saisie féodale, et par conséquent avant ces offres, ne peuvent s'y imputer.

QUINZIÈME RÈGLE.

192. Il n'y a que les mutations qui arrivent dans le fief même qui donnent lieu au rachat; non celles qui arrivent dans le corps de l'héritage, lorsque le fief est séparé de la

propriété du corps de l'héritage (ce qui arrive dans le cas du jeu de fief. *Voyez l'art.* 8), ni celles qui arrivent dans quelque droit réel qui ne fait pas partie du fief (telles que sont les rentes foncières non inféodées).

En cela le rachat convient avec le profit de quint. *Voyez* ce que nous en avons dit au chap. précédent, *art.* 3.

SEIZIÈME RÈGLE.

193. Lorsque quelqu'un a acquis ou a succédé non au fief même, mais à une action pour avoir le fief, s'il a exercé cette action, et par ce moyen acquis le fief même, c'est comme s'il eût acquis ou eût succédé au fief même, et c'est une mutation du fief qui donne lieu au rachat : *secùs*, s'il n'a pas exercé cette action.

Par exemple, si celui qui a vendu son fief avec clause de réméré, laisse pour son héritier collatéral Pierre, qui succède à cette action de réméré, et meurt sans l'avoir exercée, laissant pour son héritier collatéral Jean, qui exerce cette action et rentre dans le fief; il sera dû rachat du chef de Jean; car l'action de réméré à laquelle il a succédé s'est terminée au fief : mais il ne sera dû aucun rachat du chef de Pierre, lequel a bien succédé à l'action de réméré pour avoir le fief, mais qui, ne l'ayant pas exercée, ne peut être censé avoir succédé au fief.

Ceci est encore conforme à ce que nous avons dit touchant le profit de quint, au chap. précéd., *art.* 3. *V. Molin.*, §. 33, *gl.* 1, *n.* 107.

DIX-SEPTIÈME RÈGLE.

194. Lorsque la propriété du fief et la possession se trouvent séparées, ce sont les mutations qui arrivent du côté des possesseurs, et non celles qui arrivent du côté des propriétaires, qui donnent lieu au rachat, tant que le possesseur n'a pas été condamné à délaisser, ou n'a pas délaissé volontairement le fief au vrai propriétaire.

DIX-HUITIÈME RÈGLE.

195. Même après la condamnation ou le délais, si c'est sans restitution des fruits, les rachats sont dus pour toutes les mutations arrivées auparavant dans les possesseurs, et non pour celles arrivées dans les propriétaires, si ce n'est pour celle arrivée en la personne du dernier propriétaire à qui le fief a été restitué.

DIX-NEUVIÈME RÈGLE.

196. Lorsque le dernier possesseur a été condamné à restituer le fief au propriétaire, avec restitution de tous les fruits perçus depuis l'usurpation, tant par lui que ses prédécesseurs dont il étoit héritier, tant médiat qu'immédiat, les rachats se trouvent n'avoir point été dus par les mutations arrivées dans les possesseurs, lesquelles, au moyen de la restitution des fruits, se trouvent avoir été sans effet; et en conséquence ils doivent être rendus : mais, en récompense, il est dû rachat par chaque mutation arrivée dans les propriétaires pendant ce temps.

Ces trois règles sont de Dumoulin, *d. gl., n. 149 et seq.*, qui apporte néanmoins cette exception à la seconde partie de la règle 18, savoir, que lorsque le seigneur a refusé de reconnoître pour ses vassaux les possesseurs, il peut demander les rachats pour toutes les mutations arrivées dans les propriétaires pendant que la propriété étoit séparée de la possession. La raison est que le propriétaire auroit mauvaise grâce à se plaindre que le seigneur n'ait pas reconnu pour ses *hommes* les usurpateurs de son fief; le seigneur n'en ayant point eu par ce moyen du côté des possesseurs, les propriétaires qui se sont succédé doivent être considérés comme ayant été ses *hommes;* car il lui en faut ou d'un côté ou de l'autre, et par conséquent les mutations arrivées dans ces propriétaires doivent donner lieu au rachat.

Suivant ces règles, quoique la propriété du fief légué soit par-devers le légataire dès le temps de la mort du testateur, néanmoins, tant que l'héritier le possède, et en perçoit irrévocablement les fruits, ce sont les mutations qui arrivent du côté de l'héritier, et non celles qui arrivent du côté du légataire, qui donnent ouverture aux rachats; mais dès que l'héritier est sujet à la restitution des fruits, soit par la demande en délivrance, soit parceque le testateur a ordonné que le fief seroit délivré au légataire avec les fruits, du jour de sa mort, ce sont les mutations qui arrivent de la part du légataire, quoiqu'il n'ait pas encore été saisi de son legs, qui donnent ouverture aux rachats, et non celles qui arrivent du côté de l'héritier. C'est pourquoi si, dans ce second cas, le légataire meurt laissant un héritier collatéral, il sera dû double rachat; et si cet héritier du légataire meurt lui-même avant la délivrance du legs, laissant pareillement un héritier collatéral, il en sera dû trois, *et deinceps*. Pareillement, si le légataire fait don de son legs à quelqu'un avant la délivrance, il sera dû double rachat, un du chef du légataire, l'autre du chef du cessionnaire à qui la délivrance a été faite. Mais si le cessionnaire, avant la délivrance, étoit mort laissant un héritier collatéral, il ne seroit pas dû un troisième rachat; car un cessionnaire ne pouvant acquérir la propriété de la chose qui lui est cédée, que par la délivrance qui lui est faite, la mort du cessionnaire n'a pu opérer une troisième mutation; la propriété du fief a passé directement du légataire à l'héritier du cessionnaire, et n'a jamais appartenu au cessionnaire, qui n'a jamais eu qu'une action pour se le faire délivrer. *Molin.*, §. 33, *gl.* 1, *n.* 108, 109, 110.

VINGTIÈME RÈGLE.

197. Non seulement il y a lieu au rachat par les mutations qui arrivent dans la propriété ou possession civile du fief, mais aussi toutes les fois qu'il y a un nouvel homme de fief, quoiqu'il n'en soit pas proprement le propriétaire; ce qui arrive lorsqu'une femme propriétaire du fief se marie, ou par les mutations de titulaire de bénéfice, ou d'homme vivant et mourant des communautés. La coutume a néanmoins excepté les premiers mariages. *Voyez les art.* 36 et 37, *et les notes.*

ARTICLE II.

Des différentes espèces de mutations qui donnent lieu au rachat.

§. I. De la succession collatérale.

198. Un héritier collatéral doit le rachat pour les fiefs auxquels il a succédé.

Il n'importe que ce soit le fief même qui se soit trouvé dans la succession : lorsqu'il a succédé à une action que le défunt avoit pour avoir le fief ou pour rentrer dans le fief, et qu'en vertu de cette action à laquelle il a succédé, il est devenu effectivement propriétaire du fief qu'il s'est fait livrer ou restituer, il est censé avoir succédé au fief, et il doit le rachat; car l'action est réputée la chose même lorsqu'elle s'y termine, comme nous l'avons observé au chap. précédent.

199. L'héritier ne doit pas le rachat pour les fiefs que le défunt a légués purement et simplement; car, en ce cas, c'est le légataire, et non l'héritier, qui y succède. *Molin.*, §. 33, *gl.* 1, *n.* 106.

Mais si le fief n'a été légué qu'au bout d'un temps, ou sous une certaine condition qui ne soit arrivée qu'après la mort du testateur; y ayant, en ce cas, deux mutations, puisque le fief a passé de la personne du défunt en celle de l'héritier jusqu'au temps de la condition du legs, et depuis, de celle de l'héritier en celle du légataire, il sera dû double rachat. Néanmoins, si la condition du legs étoit arrivée peu de temps après la mort du défunt; ou si l'héritier, pour remplir plus pleinement la volonté du défunt, eût délivré volontairement l'héritage au légataire, sans attendre la condition, il ne seroit pas dû, en ce cas, de rachat par l'héritier, suivant la règle 6. *Molin.*, *ibid.*, *n.* 111 *et seq.*

200. Lorsqu'une personne laisse des héritiers collatéraux, et une veuve qui accepte sa communauté, dans laquelle il y a un fief, Dumoulin, *d. gl.*, *n.* 142, avoit pensé qu'il étoit dû rachat pour la moitié de ce conquêt, quoique par le partage il échût en entier, soit à la veuve, soit aux héri-

15. — I.

tiers, le partage, qui est un acte étranger au seigneur, ne pouvant donner atteinte au droit de rachat qui lui est acquis dès l'instant de la mort du défunt, ni l'augmenter : mais cette opinion a été rejetée, et le sentiment commun, aujourd'hui, est qu'il n'est dû aucun rachat en ce cas, si, par le partage, ce conquêt échet en entier à la veuve, et qu'au contraire il est dû pour le total, s'il échet pour le total aux héritiers du mari : c'est une suite de l'effet déterminatif et rétroactif que la jurisprudence donne aux partages.

Si le seigneur demandoit le profit avant que le partage fût fait, il devroit être sursis à faire droit sur sa demande pendant le temps nécessaire pour le faire.

201. Quoiqu'une succession collatérale soit acceptée sous bénéfice d'inventaire, le rachat n'en est pas moins dû; car l'héritier bénéficiaire est propriétaire.

Ce rachat est dû par l'héritier en sa qualité d'héritier bénéficiaire, et doit être payé sur les biens de la succession; car le rachat est une charge réelle du fief.

Le rachat est dû par l'héritier bénéficiaire, quand même il renonceroit peu après à la succession; car cette renonciation n'a d'effet que de le décharger de l'administration des biens de la succession; il n'en conserve pas moins la qualité d'héritier et de successeur en tous les droits actifs et passifs du défunt; *semel hæres, semper hæres*: il continue d'être propriétaire des biens de la succession; il est même censé en jouir nonobstant cette renonciation, puisque les revenus servent à acquitter les dettes de la succession, qui, par la qualité qu'il conserve d'héritier, sont véritablement ses dettes, quoique, par la vertu du bénéfice d'inventaire, il n'en soit tenu que sur les biens de la succession.

Il y a plus : si cet héritier bénéficiaire, après avoir renoncé, et avant que les biens de la succession aient été vendus, meurt et laisse un héritier collatéral, il sera dû un nouveau rachat; car conservant en sa personne, nonobstant cette renonciation, tous les droits actifs et passifs de la succession attachés à la qualité d'héritier, qu'il conserve, il les transmet à son héritier, et par conséquent il transmet à cet héritier la propriété des fiefs de cette succession. Il se fait donc une nouvelle mutation de ces fiefs, qui donne lieu à un nouveau rachat, lequel doit être payé sur les biens de la succession bénéficiaire à laquelle les fiefs appartiennent.

202. Lorsqu'un héritier se fait restituer contre l'acceptation qu'il a faite de la succession, étant restitué contre la qualité même d'héritier qu'il a prise, il est censé n'avoir jamais été héritier; et par conséquent il n'est point dû de rachat, et il doit être rendu s'il a été payé.

203. Lorsque Jean, héritier collatéral de Pierre, meurt sans s'être expliqué sur l'acceptation de la succession, et que Thomas, héritier de Jean, accepte du chef de Jean la succession de Pierre, il est dû double rachat; car il s'est fait deux mutations, les fiefs de Pierre étant censés être passés de sa personne, suivant la règle, *Le mort saisit le vif*, en la personne de Jean, quoique mort sans s'être expliqué sur l'acceptation de la succession, et ensuite par la mort de Jean, en celle de Thomas.

Si Thomas, héritier de Jean, se trouvoit lui-même de son chef, à défaut de Jean, en degré de succéder à Pierre, pourroit-il, pour éviter un double rachat, renoncer du chef de Jean à la succession de Pierre, et l'accepter de son chef? Dumoulin, §. 33, *gl.* ₄, *n.* 102, décide qu'il ne peut éviter par-là le double rachat, parceque celui qui meurt sans s'être expliqué sur l'acceptation ou renonciation à une succession qui lui étoit déférée, est censé l'avoir acquise lorsqu'elle étoit avantageuse, et que Thomas, en l'acceptant de son chef, décide lui-même qu'elle étoit avantageuse.

204. Lorsque les parents habiles à succéder à un absent dont on ignore l'existence, se font mettre provisionnellement en possession de ses biens, le seigneur ne peut demander le rachat, tant qu'il ne justifie pas de la mort de cet absent, ou d'un laps de cent ans depuis sa naissance, qui doit le faire présumer mort; *quiais finis vitæ longævi hominis est*; L. 56, ff. *de usuf.* Molin., §.1, *gl.* 2. *q.* 4; *Livonière*, pag. 272.

205. Mais ces parents étant devenus possesseurs, si par la suite ils transmettent cette possession à leurs héritiers,

il y aura lieu au rachat, à moins qu'ils n'eussent été obligés de restituer les fruits à l'absent qui seroit revenu. *Voyez les règles* 17, 18 et 19.

§. II. De la mutation par déshérence ou confiscation.

206. Lorsqu'un seigneur de justice acquiert, par droit de déshérence ou de confiscation, un fief qui relève d'un autre seigneur, c'est une mutation de fief qui donne lieu au rachat, si le seigneur haut-justicier veut conserver ce fief; mais lorsqu'il le met hors de ses mains, la coutume, *art.* 21, l'en exempte, et regarde la mutation qui est arrivée en sa personne comme sans effet. *Voyez l'art.* 21.

Les biens confisqués sont acquis au haut-justicier du jour du jugement qui lui adjuge la confiscation ; *nam adjudicatio est modus acquirendi dominii jure civili.* C'est donc de ce jour que se fait la mutation, et que le rachat est dû, lorsque le seigneur ne met pas l'héritage hors ses mains.

Ceux auxquels il succède à titre de déshérence lui sont acquis du jour qu'ils lui ont été adjugés, ou qu'il s'en est mis en possession, et non pas du jour de la mort de celui qui n'a pas laissé d'héritiers : car la règle *le mort saisit le vif* n'a lieu qu'à l'égard des héritiers, et non pas à l'égard des seigneurs justiciers, qui ne succèdent aux biens du défunt que comme à des biens vacants, dont ils ont droit de s'emparer exclusivement à tous autres. *Molin.*, §.33, *gl.* 1, *n.* 7.

§. III. Des mutations qui arrivent par contrats ou testaments.

207. Les mutations qui arrivent en vertu de quelques contrats d'aliénation, autres que ceux exceptés *art.* 1, r. 10 et 11, donnent lieu au rachat, du jour seulement de la tradition réelle ou feinte, qui se fait en vertu du contrat : car c'est par cette tradition que se fait la mutation qui donne lieu au rachat. Celles qui arrivent par testament donnent lieu au rachat du jour de la mort du testateur, lorsque le legs est fait sans condition : car c'est de ce jour que la propriété du fief légué est censée transférée

en la personne du légataire : mais on ne peut l'exiger du
légataire qu'après qu'il a accepté le legs et en a eu délivrance. A l'égard des legs conditionnels et des substitutions, le rachat n'est dû que du jour de la condition qui
donne ouverture au legs ou à la substitution; car ce n'est
que de ce jour que la propriété du fief légué est transférée au légataire ou substitué. *L. 5, §. 1 et 2, q. de Leg. c.*

§. IV. Des mutations imparfaites qui donnent lieu au rachat.

208. J'appelle *mutations imparfaites* celles qui n'arrivent pas dans la propriété du fief, mais qui résultent de
ce qu'il y a un nouvel homme de fief.

Telles sont celles qui arrivent par mariage. Il n'arrive
aucune mutation dans la propriété du fief de la femme qui
se marie, laquelle demeure pendant le mariage seule et
vraie propriétaire de son fief : néanmoins, comme son
mari, à cause d'un certain domaine, non de propriété,
mais de gouvernement et d'autorité qu'il acquiert sur les
propres de sa femme, devient *homme de fief,* par rapport
aux fiefs du propre de sa femme, c'est une espèce de mutation imparfaite qui donne lieu au rachat. Notre coutume
en exempte néanmoins les premiers mariages. *Voyez les
art.* 36 et 37, *et les notes sur ces articles.*

Lorsqu'il y a clause, par le contrat de mariage, qu'il n'y
aura pas de communauté, et que la femme jouira séparément de ses propres, le mari n'acquérant pas, en ce cas, ce
domaine de gouvernement et d'autorité sur les propres de
sa femme qui le rend *l'homme du seigneur,* il n'y a pas lieu
au rachat; mais la simple exclusion de communauté n'empêchant pas le mari d'acquérir ce droit sur les propres de
sa femme, n'empêche pas qu'il y ait lieu au rachat. *Voyez
Livonière,* IV, 7.

Il y a lieu aussi au rachat, quoique la femme n'ayant
que la nue propriété du fief, n'en ait pu apporter la jouissance à son mari : car ce n'est pas à cause des fruits qu'il
perçoit qu'il doit le rachat, mais parce qu'il devient *l'homme
du seigneur* pour raison des fiefs propres de sa femme, qui
passent avec la personne de sa femme sous la puissance du

mari, lorsqu'il n'y a pas de clause par le contrat de mariage qui les en ait soustraits.

Observez que c'est le mari qui doit personnellement le rachat auquel le mariage donne ouverture : et comme il n'est pas le propriétaire du fief de sa femme, et qu'il ne peut l'engager, ce fief n'est pas, après la dissolution du mariage, affecté à la dette de ce rachat. *Arrêt du* 16 *avril* 1707, au supplément du 7ᵉ t. du Journal. *Mol.*, en sa note sur Vitry, *art.* 21.

209. Les mutations qui arrivent dans les titulaires de bénéfice sont aussi des mutations imparfaites; car il ne se fait aucune mutation dans la propriété du fief qui appartient à l'église, et non à ces titulaires : mais comme le titulaire du bénéfice est l'homme de fief pour les fiefs de son bénéfice, la mutation du titulaire est une mutation d'homme de fief qui donne lieu au rachat.

La vacance du bénéfice, soit par mort, soit par destitution, rend bien ouverts les fiefs du bénéfice, mais elle ne donne pas lieu au rachat; car ce n'est pas la simple ouverture de fief qui y donne lieu, mais la mutation; et il n'y a de mutation que lorsqu'il y a un nouveau titulaire de pourvu. Je pense même qu'il faut qu'il ait pris possession : car c'est la prise de possession qui le rend l'homme de fief; c'est donc elle qui opère la mutation, et ce n'est que de ce jour que le rachat est dû.

210. Les mutations d'homme vivant et mourant pour les fiefs des communautés donnent aussi lieu au rachat. *Voyez sur ce les art.* 41 *et* 42. *Voyez un autre cas, suprà, n.* 178, *in fine.*

Les curateurs à une succession vacante ne sont pas censés hommes vivants et mourants, s'ils n'ont été nommés pour tels : cela a été jugé contre le chapitre de Sainte-Croix d'Orléans.

ARTICLE III.

De certains cas à l'égard desquels on pourroit douter s'ils renferment,
ou non, une mutation.

211. Les partages, licitations, et tous autres actes qui
tiennent lieu de partage que des cohéritiers, ou autres copropriétaires, font ensemble pour sortir de communauté,
ne sont point censés renfermer de mutation, et ne donnent
pas lieu au rachat, ni à aucun profit. *Voyez sur ce les art.*
15 et 16, *et les notes.*

212. L'acceptation et la renonciation de la femme ou
de ses héritiers à la communauté, ni la renonciation d'un
héritier à la succession, ne sont pas censées non plus faire
aucune mutation, ni donner lieu au rachat. *Voyez* sur ces
différents cas les *art.* 38 et 39.

213. L'apport que le mari fait de son héritage féodal à
la communauté de biens d'entre lui et sa femme, n'est
point censé avoir fait aucune mutation dans ce fief, ni
donné lieu au rachat, à moins que par le partage de la
communauté il ne tombe au lot de la femme ou de ses héritiers : car la femme n'a jamais eu de droit qu'à sa part des
biens de la communauté qui se trouvent lors de la dissolution, laquelle part est, par le partage de la communauté,
déterminée aux seules choses qui tombent dans son lot. Si
ce fief ameubli tombe au lot de la femme, la femme est
censée l'avoir acquis par l'ameublissement qui en a été fait
par le contrat de mariage : mais comme la mutation qu'o-
père en ce cas l'ameublissement, n'est consommée et effectuée que par le partage, le rachat auquel elle donne lieu
n'est ouvert qu'au temps du partage, et est dû à celui qui
est seigneur en ce temps.

214. A l'égard des héritages féodaux apportés en communauté par la femme, quoique le mari devienne pendant
le mariage seul maître des biens de la communauté, et par
conséquent de ces fiefs ameublis par la femme, néanmoins,
comme elle a un droit informe aux biens de la communauté, et qu'elle conserve l'espérance de conserver son fief

ameubli, soit par le partage de la communauté par lequel il peut tomber en son lot, soit en cas de renonciation à la communauté, lorsqu'il y a clause par le contrat de mariage qu'elle reprendra ce qu'elle a apporté; tant que cette espérance subsiste, la femme n'est point censée encore expropriée de son fief ameubli; et l'on ne peut encore dire qu'il y ait mutation, ni qu'il y ait plus lieu au rachat que pour les autres fiefs propres non ameublis, pour lesquels il n'en est pas dû si le mariage est le premier mariage de la femme.

Mais lorsqu'après la dissolution de la communauté il tombe dans le lot du mari ou de ses héritiers, en ce cas l'ameublissement est censé avoir opéré une mutation qui donne lieu au rachat; et comme la mutation que l'ameublissement opère en ce cas, ne se consomme que par le partage, le rachat auquel elle donne lieu n'est ouvert qu'au temps du partage, et est dû à celui qui se trouve seigneur en ce temps.

Lorsque le mari a vendu, durant le mariage, le propre ameubli de sa femme, le mari vendant comme chef de la communauté, la femme est censée vendre avec lui et par son ministère; et comme, tant que la communauté dure, elle n'est pas encore censée expropriée des héritages qu'elle y a ameublis, la propriété est censée passer directement de la femme à l'acheteur, et l'ameublissement n'est pas censé avoir donné lieu à aucune mutation qui puisse opérer un rachat.

215. Lorsque le mariage de la femme est un second mariage, il est dû, quelque cas qui arrive, un rachat pour le fief ameubli de la femme; car si ce n'est par l'ameublissement, c'est par le mariage qui donne ouverture au rachat pour les fiefs propres de la femme, quoique non ameublis : c'est pourquoi le rachat pourra être exigé dès le temps du mariage.

216. Lorsque deux conjoints se sont fait, par contrat de mariage, donation mutuelle en propriété des biens de leur communauté au survivant, il est évident que lorsque la femme survit, le don que lui a fait son mari de sa part, opère pour cette part une mutation dans les conquêts féo-

daux pour la part du mari, qui donne lieu au rachat. Il y a
plus de difficulté lorsque c'est le mari qui survit : le mari
étant réputé, pendant le mariage, le maître et seigneur
pour le total des biens de la communauté (*art.* 193), il
pourroit sembler que le don mutuel que lui a fait sa femme,
lui conserve plutôt la part qu'auroient pu prétendre les héritiers de sa femme sans le don mutuel, qu'elle ne la lui fait
acquérir, et qu'en conséquence il ne se fait aucune mutation
qui puisse donner lieu au rachat. Néanmoins tous conviennent que si les héritiers de la femme, nonobstant le don
mutuel, acceptent la communauté, il y a mutation de fief
dans les conquêts féodaux pour la part de la femme qu'elle
a donnée à son mari, et qu'il y a lieu au rachat. La raison
est que, par la dissolution de la communauté qui est arrivée par la mort de la femme, le droit informe qu'elle avoit
dès le temps du mariage à la moitié des biens de la communauté qui se trouveroient lors de la dissolution, s'est
développé et réalisé, de manière que la femme est morte
avec un droit de propriété pour moitié dans ces biens,
qui, par le don qu'elle en a fait à son mari, a réellement
passé de sa personne en celle de son mari.

Si au contraire les héritiers de la femme renoncent à la
communauté, le total des biens demeurant en ce cas au
mari par cette renonciation, le don mutuel que la femme
a fait à son mari devient superflu, et ne donne lieu à aucune mutation qui puisse opérer un rachat. Notre décision
néanmoins n'est pas unanimement suivie. M. Guyot prétend
que, même en ce cas, il est dû rachat, à moins que le mari
ne justifiât que sa communauté n'étoit pas avantageuse,
parceque si elle l'étoit, les héritiers de la femme n'ayant
en ce cas renoncé qu'à cause du don mutuel, c'est plutôt
en vertu du don mutuel qu'en vertu de la renonciation des
héritiers, que le mari devient propriétaire des biens de la
femme. Je ne puis être de cet avis : 1° parce que le seigneur ne doit pas être recevable à entrer dans le secret des
affaires du mari, pour examiner si sa communauté étoit
avantageuse. 2° C'est qu'en la supposant telle, il s'ensui-
vroit seulement que le don mutuel auroit été la cause occa-

sionelle de ce que le total des biens de la communauté
seroit demeuré au mari; mais il n'en est pas moins vrai que
la femme qui ne peut avoir de part dans les biens de la
communauté que par l'acceptation qu'elle ou ses héritiers
en font, ne peut, au moyen de la renonciation, être censée
avoir eu réellement une part dans ces biens, que le don
mutuel ait fait passer de sa personne en celle du mari : le
don mutuel n'a donc, en ce cas, qu'un effet indirect, et n'a
opéré aucune mutation qui ait pu donner lieu au rachat.
Par ces raisons, je crois devoir aussi rejeter l'avis de Livonière, qui distingue si la renonciation a été faite auparavant ou depuis la demande du mari en délivrance de son
don mutuel; car quoiqu'elle n'ait été faite que depuis, les
mêmes raisons militent.

Le rachat qui est dû par le donataire mutuel en propriété
des conquêts, n'est dû que du jour de la mort du donateur
prédécédé. Je sais qu'il y en a qui pensent qu'il est dû du
jour de la donation, quoiqu'il ne puisse être exigé qu'au
temps du décès; mais cela ne peut être : car selon le principe avoué par eux, ce n'est pas le titre, mais la mutation
qui donne lieu au rachat. Or, quelque effet rétroactif qu'on
donne à la condition du prédécès du donateur, sous laquelle
il fait la donation de sa part dans les conquêts qui se trouveroient lors, il n'est pas possible de supposer qu'il en ait
transféré la propriété au donataire dès le temps de la donation, puisqu'il n'a pu transférer la propriété de sa part
dans les conquêts avant qu'ils aient été acquis.

ARTICLE IV.

En quoi consiste le profit de rachat.

217. Le profit de rachat consiste ordinairement en trois
choses, dont le vassal doit donner par ses offres le choix au
seigneur; savoir, le revenu de l'année du fief en nature,
ou l'estimation par dire de deux prud'hommes, ou une
somme que le vassal doit offrir, *art.* 52. *Voyez* sur ce choix
et sur le temps dans lequel il doit être fait, sur la somme

que le vassal doit offrir et sur le dire de prud'hommes, les *art.* 52, 53, 55, 59, *et les notes.*

218. Sur le temps auquel commence l'année dont le seigneur doit avoir le revenu, lorsqu'il a choisi le revenu en nature, ou lorsqu'il n'a fait aucun choix, *voyez l'art.* 56 *et les notes.* Sur ce à quoi le vassal est tenu en ce cas, *voyez l'art.* 54.

219. Le seigneur a droit de jouir pour son rachat de tout ce qui composoit le fief lors de la mutation qui y a donné ouverture, et non des parties que le vassal a depuis réunies. Il a droit d'en jouir en l'état où il se trouve lors des offres, soit qu'il soit amélioré ou détérioré.

Sur les fruits qui entrent dans le revenu de l'année que le seigneur a choisie pour son droit de rachat, tenez pour règle que le seigneur doit avoir la récolte de cette année de toutes les espèces de fruits, tant naturels qu'industriels, que l'héritage tenu en fief produit. *Voyez l'art.* 56 *et les notes.*

Si néanmoins cette récolte étoit la production d'une succession de plusieurs années, telle qu'est une coupe de bois ou une pêche d'étang, il ne prendroit dans cette récolte que la valeur d'une année : *art.* 57 et 58.

Tous les fruits civils des droits tenus en fief, qui naissent durant l'année du rachat, entrent aussi dans le rachat. Si pendant l'année du rachat il étoit né un gros profit ou un gros droit de confiscation, quand même il surpasseroit ce que la seigneurie a coutume de produire dans le cours de vingt ou trente années, il appartiendroit en entier au seigneur pour son rachat : car on ne peut pas dire que ces fruits civils soient les fruits de plusieurs années, n'étant pas produits par une succession de temps, mais par le seul instant qui leur donne la naissance : *eodem instanti et seminantur et nascuntur.* Molin., §. 50, *gl.* 1, *n.* 4.

Quoique le droit de présentation aux bénéfices soit *in fructu*, et appartienne en conséquence à l'usufruitier, néanmoins, comme il est purement honorifique, je ne penserois pas qu'il entrât dans le revenu de l'année. C'est l'avis de Guyot.

220. Sur la manière dont le seigneur doit jouir, *voyez les art.* 72, 73, *et les notes.*

Sur les charges du rachat, *voyez l'art.* 53 *et les notes.*

Lorsque le vassal est mineur, et que tout son bien consiste dans le fief dont le seigneur jouit pendant une année pour son droit de rachat, la coutume d'Anjou, *art.* 168, charge en ce cas le seigneur de laisser au mineur, pour ses aliments, le tiers du revenu. Cette coutume paroît devoir, à cause de son équité, être suivie dans celles qui, comme la nôtre, ne s'en sont pas expliquées. Celle de Sens, qui refuse en ce cas des aliments au mineur, est appelée par Dumoulin, *iniquissima consuetudo.*

APPENDICE

AUX DEUX CHAPITRES PRÉCÉDENTS.

§. I. Des voies qu'ont les seigneurs pour se faire payer des profits qui leur sont dus.

221. Le seigneur a le choix de deux voies pour exiger les profits qui lui sont dus, tant que son vassal ne lui a pas porté la foi; savoir, celle de la saisie féodale, et celle de la simple action ou demande en justice.

Lorsque le vassal a porté la foi, il ne reste plus au seigneur qui a fait réserve des profits, que la voie de l'action.

222. Cette action est une action personnelle-réelle. Elle est personnelle, car elle naît de l'obligation que le vassal, en acquérant, contracte de payer les profits. C'est la loi municipale qui forme cette obligation ; c'est pourquoi cette action est de celles qu'on appelle *condictio ex lege.*

Le vassal étant obligé personnellement au paiement du profit dû pour son acquisition, il ne seroit pas recevable à offrir d'abandonner le fief pour le profit. C'est ce qui a été jugé par arrêt contre un particulier qui avoit acheté le fief de la Jonchère, près d'Orléans, dans le temps des billets de banque.

Le fief est affecté à cette obligation ; c'est ce qui rend cette action *personnelle-réelle.* C'est pourquoi le seigneur

peut intenter cette action contre le possesseur du fief, non
seulement pour le profit qu'il doit personnellement et de
son chef, mais pour ceux dus par ses auteurs, quoiqu'il
n'en soit pas héritier : mais il pourroit délaisser le fief
pour ceux-ci.

223. Notre coutume donne encore au seigneur, pour le
paiement des profits qui lui sont dus, la voie de la saisie-
arrêt des revenus du fief. *Voyez l'art.* 423.

§. II. Des remises que les seigneurs ont coutume de faire d'une partie
du profit.

224. Du principe établi ci-dessus, que, suivant la nature
des fiefs, le seigneur doit amitié et protection à ses vassaux,
est né l'usage dans lequel sont les seigneurs de ne pas exiger à la rigueur les profits qui leur sont dus, et d'en faire
remise d'une portion, comme d'un tiers, d'un quart, ou
d'une autre portion moindre ou plus grande.

Cette remise est une donation, le seigneur n'étant point
obligé en rigueur à la faire; c'est *liberalitas nullo jure
cogente facta.*

225. Mais l'usage ayant fait de cette remise, sinon une
obligation de rigueur, au moins un devoir de bienséance,
il suit de là :

1° Que quoiqu'un mineur soit restituable contre les donations qu'il fait, néanmoins un seigneur mineur n'est pas
restituable contre ces remises, n'ayant fait en cela que ce
qu'un majeur sage auroit pu faire. *Facit l.* 1, *cod. si adv.
donat. Livonière, p.* 250.

2° Que quoique le pouvoir du tuteur n'aille pas jusqu'à
pouvoir donner ni faire des remises de ce qui est dû au
mineur, néanmoins comme ce principe souffre exception
à l'égard des donations et remises qui sont de bienséance,
arg. l. 12, §. 3, ff. *de adm. tut.*, il peut valablement
faire pour son mineur ces espèces de remises, pourvu
qu'elles ne soient pas excessives, *ibid.* Dupineau permet
aux tuteurs de remettre jusqu'au tiers du profit. Livonière
pense que la remise ne doit pas excéder le quart, cette remise étant la plus ordinaire. On pourroit néanmoins en per-

mettre une plus forte, lorsqu'elle se fait par convention avant le marché, qui ne se feroit pas sans cela.

C'est aussi sur ce fondement que les receveurs des domaines sont autorisés à faire la remise du quart, qui leur est passée à la chambre des comptes, pourvu que les acquéreurs déclarent leur acquisition, et paient dans les trois mois. *Lettres patentes de* 1556, *citées par Livonière, ibid.*

226. De là il suit, 3° que les remises de cette espèce, lorsqu'elles sont faites par un père à un de ses enfants, ne sont point considérées comme une donation sujette à rapport, cette remise lui étant faite comme elle auroit été faite à un étranger.

227. Les compositions de profit se font de deux différentes manières entre le seigneur et celui qui se propose d'acquérir le fief.

Quelquefois la composition porte que le seigneur, pour une certaine somme que je lui ai payée ou promise, m'a fait cession ou don du profit qui lui seroit dû par la première vente ou adjudication qui seroit faite du fief. En ce cas, si la terre est vendue à un autre qu'à moi, je puis, comme subrogé aux droits du seigneur, exiger le profit entier de cet acquéreur, et il ne peut, pour s'en défendre, m'opposer les lois *ab Anastasio* et *per diversas,* le profit que je me suis fait céder ne pouvant passer pour un droit litigieux.

Quelquefois la composition porte seulement que le seigneur s'engage à me faire une certaine remise, si j'achète un tel fief : en ce cas, si le fief est vendu à un autre qu'à moi, cette convention, qui étoit conditionnelle, est annulée par la défaillance de la condition, et le seigneur peut exiger le profit entier de l'acquéreur.

§. III. Des fins de non recevoir contre les profits.

228. La première fin de non recevoir contre les profits, se tire du défaut de réserve dans l'acte de réception de foi : ce défaut de réserve les fait présumer, dans notre coutume, ou payés, ou remis. *Voyez l'art.* 66.

La seconde résulte de la prescription de trente ans. *Voy. l'art.* 263.

La troisième résulte du décret auquel le seigneur à qui ils étoient dus ne s'est pas opposé : *art.* 480.

CHAPITRE VII.

Du droit de retrait féodal.

ARTICLE PREMIER.

De la nature du retrait féodal.

229. Le retrait féodal, selon les principes de Dumoulin, est le droit qu'a le seigneur, lorsque le fief mouvant de lui est vendu, de le prendre pour lui, pour pouvoir le réunir au fief dominant, à la charge de rendre à l'acheteur le prix qu'il lui a coûté, et les loyaux coûts.

Il n'est pas, à la vérité, de l'essence du retrait, que le seigneur réunisse actuellement par le retrait le fief qu'il retire : *formalis unio non est de essentiâ retractûs feudalis.* Molin., *art.* 55, *gl.* 10, *n.* 44. Il peut, depuis qu'il l'a retiré, le posséder encore comme un fief mouvant de son fief dominant, *d. n.* 44, et S. 20, *gl.* 1, *n.* 69. Mais suivant la doctrine de Dumoulin, il est de l'essence de ce retrait que le seigneur l'exerce dans la vue de garder pour lui le fief qu'il retire, et au moins de pouvoir le réunir à son fief dominant, quand il le jugera à propos, s'il ne l'y réunit pas actuellement : *fuit ad hoc introductum ut patronus præferatur extraneo emptori, et ut sibi et pro se habeat feudum à se avocatum et mensæ suæ unire possit,* S. 20, *gl.* 1, *n.* 27; d'où Dumoulin conclut que ce retrait n'est pas cessible, et qu'on peut même exiger du seigneur son serment que c'est pour lui, et non pour un autre, qu'il exerce le retrait : *d. gl., n.* 31.

Il en conclut aussi que le retrait n'est pas un fruit du fief dominant, et qu'en cela il diffère des autres droits utiles, parcequ'il ne s'exerce pas simplement pour en retirer émo-

lument, mais pour la fin de la réunion : *non est in fructu....
et ratio est quia non potest peti nisi nomine domini et ad
finem consolidationis et reversionis ad mensam* : d. gl.
§. 38.

230. Ce principe de Dumoulin n'a pas été suivi, et la
jurisprudence est aujourd'hui constante, que dans les coutumes qui n'ont pas de disposition contraire, le retrait
féodal peut être exercé pour une autre fin que la réunion,
et seulement pour en retirer de l'émolument, puisqu'on juge
constamment que ce retrait est cessible.

Ce droit doit donc aujourd'hui être défini simplement le
droit qu'a le seigneur, lorsque le fief mouvant de lui est
vendu, de prendre le marché de l'acheteur, en le remboursant du prix et des loyaux coûts.

Ce retrait diffère du lignager, en ce que celui-ci est une
pure grace de la loi, au lieu que le droit de retrait féodal
est un droit que le seigneur est présumé s'être retenu par
le titre d'inféodation, ou expressément, ou implicitement.
Dumoulin, art. 20, *gl.* 1, *n.* 2. De cette différence, il
naît plusieurs autres qui seront observées au *Traité des
Retraits.*

ARTICLE II.

A qui appartient le droit de retrait féodal; et par qui peut-il être exercé?

§. I. A quel seigneur il appartient.

231. Par le droit commun, tout seigneur de fief a le
droit de retrait féodal : notre coutume ne l'accorde qu'aux
seigneurs châtelains, ou d'une plus grande dignité; les
autres seigneurs doivent justifier ce droit par titre ou possession.

L'érection d'une terre en châtellenie, ou autre plus grande
dignité, faite depuis la réformation de la coutume, ne rend
pas sujets au retrait féodal les fiefs qui en relèvent, qui n'y
étoient pas sujets auparavant, le roi n'accordant pas ses
graces au préjudice du droit d'autrui.

232. Notre coutume n'exclut pas du droit de retrait les
seigneurs ecclésiastiques. L'édit de 1749, qui porte, *art.* 25,

que *les gens de main-morte ne pourront exercer à l'avenir aucune action en retrait féodal*, les en a-t-il exclus? On peut dire en leur faveur que l'édit les exclut seulement de *pouvoir l'exercer* pour leur compte; ce qui est une suite de la disposition principale, qui leur défend d'acquérir des héritages, mais qui ne les exclut pas de pouvoir le céder à des particuliers; la vue de l'édit n'ayant pas été de les dépouiller de leurs droits, mais seulement d'empêcher qu'ils n'acquissent de nouveaux héritages : c'est pourquoi l'édit ne dit pas qu'ils *n'auront plus le droit de retrait féodal*, mais seulement qu'ils ne *pourront plus l'exercer*.

Nonobstant ces raisons, on peut soutenir que cet édit, pour une cause d'utilité publique, a privé absolument les gens de main-morte de leurs droits de retrait féodal. La raison est, que le législateur ayant eu l'intention de leur réserver leurs autres droits seigneuriaux par ces termes, *sauf à eux à se faire servir de leurs droits seigneuriaux*, n'auroit pas manqué de leur réserver le pouvoir de céder à d'autres le droit de retrait féodal, s'il eût eu intention de le leur conserver : l'édit ne dit pas que les gens de main-morte ne pourront exercer *pour leur compte* aucune action de retrait féodal; mais il dit absolument et indistinctement qu'ils n'en pourront exercer aucune : or, c'est exercer le retrait féodal que de l'exercer par un cessionnaire qui ne l'exerce qu'en notre nom, et comme ayant nos droits cédés.

233. Quelques anciens auteurs prétendoient que le roi ne pouvoit exercer le retrait féodal. Loisel en a fait une règle; mais ce sentiment, qui n'étoit appuyé d'aucune bonne raison, a été rejeté. *Voyez Livonière, page* 463.

§. II. Par qui le retrait féodal peut être exercé; et sur qui.

234. Quoique le retrait féodal, consistant dans l'utilité qu'il y a à profiter d'un marché avantageux, soit un droit utile et un fruit du fief dominant; néanmoins, comme l'exercice de ce retrait féodal renferme le refus de l'investiture du fief, fait à l'acquéreur sur qui le retrait est exercé, et que le droit de refuser comme d'accorder l'investiture, est un droit qui ne peut appartenir qu'au seigneur; il suit de

15.— 1.

là qu'il n'y a que le seigneur qui puisse exercer le retrait féodal, et ceux à qui le seigneur auroit cédé son droit, et en faveur desquels il auroit jugé à propos de refuser l'investiture à l'acquéreur.

De là il suit que le seigneur qui a aliéné son fief ne peut dès-lors ni par lui, ni par un cessionnaire étranger, exercer le retrait féodal, quoique né et ouvert pendant qu'il étoit encore seigneur : car pour exercer un droit dominical, qui suppose dans celui qui l'exerce la qualité de seigneur, il faut nécessairement avoir cette qualité dans le temps qu'on l'exerce. Chopin et Livoniere sont d'avis contraire : leur moyen consiste à dire qu'un étranger qui a les droits cédés du seigneur, étant admis à exercer le retrait, le seigneur à qui le droit a été acquis, doit à plus forte raison être admis à l'exercer, quoique par l'aliénation qu'il a faite depuis son fief il soit devenu étranger, ce droit qui lui a été acquis étant quelque chose de plus fort que celui d'un cessionnaire. Je réponds que l'étranger cessionnaire du seigneur qui exerce le retrait, ne l'exerçant pas de son chef, mais l'exerçant *tanquàm procurator in rem suam* de son cédant, il suffit que la qualité de seigneur se trouve, lors de l'exercice du retrait, en la personne de son cédant du chef de qui il exerce le retrait; mais le seigneur qui a cessé de l'être, n'ayant plus ni de son chef, ni du chef d'aucun autre, la qualité de seigneur nécessaire pour exercer le retrait, il ne peut plus l'exercer.

Observez que l'acquéreur du fief dominant ne pourra pas non plus exercer le retrait né avant son acquisition, à moins qu'il ne lui ait été cédé par son auteur à qui il a été acquis.

235. Il suit aussi de notre principe, que ni l'engagiste, ni l'usufruitier du fief dominant, ni le fermier des droits seigneuriaux, ni les autres personnes à qui appartient le droit de percevoir les fruits du fief dominant, ne peuvent exercer en leur nom le retrait féodal.

Car le retrait féodal est bien un fruit du fief dominant, à l'égard de ceux qui, ayant l'exercice des droits dominicaux, peuvent l'exercer; mais il n'est pas fruit à l'égard de ceux qui, n'ayant pas cet exercice des droits dominicaux, nécessaire pour l'exercer, ne peuvent le percevoir; ou s'il est fruit, il doit être excepté de ceux qu'ils ont droit de percevoir. C'est ce qu'établit fort bien M. Guyot.

La plupart des auteurs, après Dumoulin, §. 20, *gl. 1, q. 2,* permettent néanmoins à l'usufruitier d'exercer le retrait féodal, non en son nom, mais au nom du seigneur, et comme son procureur légal, pour tout ce qui peut tendre à l'amélioration du fief dominant.

D'où il suit, 1° qu'il peut bien l'exercer à l'insu du seigneur, mais non contre son gré, s'il plaît au seigneur de recevoir en foi l'acquéreur, ou si le seigneur veut l'exercer lui-même. Il suit, 2° qu'il ne peut le céder.

Il suit, 3° qu'après l'usufruit fini, le fief retiré doit être restitué avec le dominant au seigneur, à la charge de restituer à la succession de l'usufruitier tout ce qu'il en a coûté pour le retrait, même le profit de vente que l'usufruitier a manqué de percevoir pour exercer ce retrait; car cela fait partie de ce qu'il lui a coûté. *Mol., ibid., n. 46.*

M. Guyot ne reconnoît point dans l'usufruitier cette qualité de procureur légal du propriétaire pour exercer le retrait, et il lui en refuse absolument l'exercice, s'il n'a le droit cédé du propriétaire. Son sentiment ne paroît pas autorisé suffisamment : ce qui a été dit de l'usufruitier s'applique à l'engagiste; mais un simple fermier ne peut exercer le retrait sans une cession des droits du seigneur.

236. Il n'est pas douteux que non seulement le vrai propriétaire du fief dominant peut exercer le retrait féodal, mais que tous ceux qui *domini loco habentur*, et qui en cette qualité ont droit de recevoir à la foi les vassaux, le peuvent aussi. Ainsi celui qui possède *animo domini* le fief dominant, peut exercer le retrait féodal des fiefs qui en relèvent; le mari, de ceux qui relèvent de sa femme, et qui ont été vendus durant le mariage. Le suzerain qui tient en sa main, par la saisie féodale, le fief de son vassal, peut pareillement, pendant qu'il le tient en sa main, exercer le retrait de ses arrière-fiefs mouvants de celui qu'il tient en sa main, pourvu que le retrait soit né durant la saisie

12.

féodale, etc. *Molin.*, §. 20, *gl.* 4, *n.* 2; §. *et q.* 55, *gl.* 10, *n.* 43.

Il n'en est pas de même du suzerain qui jouit du fief de son vassal pour son droit de rachat : il ne peut pas exercer le retrait féodal de l'arrière-fief, quoique né durant l'année du rachat ; car il n'a pas en ce cas l'exercice des droits dominicaux attachés au fief de son vassal.

237. Celui qui n'est propriétaire que pour partie du fief dominant, n'a droit d'exercer le retrait que pour cette partie.

Mais l'acquéreur peut, si bon lui semble, forcer ce retrayant à retirer le total, ou à se désister de son action, ne devant pas souffrir de ce que le fief dominant est commun entre plusieurs propriétaires. *Molin.*, §. 20, *gl.* 1, *n.* 51.

238. Le retrait féodal ne peut être exercé que sur les acquéreurs étrangers, et non sur ceux qui seroient descendus de la ligne d'où est provenu le fief au vendeur : car, bien loin que le seigneur puisse exercer le retrait sur eux, ils peuvent exercer le retrait sur le seigneur ; *art.* 365.

Par la même raison, le seigneur ne peut exercer le retrait sur un acquéreur étranger qui est en communauté de biens avec une femme lignagère, ou qui a des enfants lignagers, tant qu'il y a espérance que l'héritage pourra échoir à la femme lignagère par le partage de la communauté, ou aux enfants lignagers par la succession de l'acquéreur ; *art.* 381 et 403.

Observez que les lignagers du vendeur ne doivent être préférés au seigneur que pour les héritages qui sont de leur ligne : c'est pourquoi si avec un héritage de leur ligne, ils en ont acquis ou retiré d'autres qui ont été vendus conjointement et pour un même prix, le seigneur pourra retirer sur eux les fiefs qui ne sont pas de leur ligne.

239. Le retrait ne peut s'exercer sur le roi. *Grimaudet.*

240. Il peut être exercé sur les gens d'église, quoiqu'ils aient obtenu du roi lettres-patentes portant permission d'acquérir, et payé le droit d'amortissement ; car le roi n'entend pas préjudicier au droit des tiers : mais le seigneur

retrayant doit leur rembourser le coût des lettres, et le droit
d'amortissement qu'ils ont payé, sauf à lui à exercer leur
action en répétition contre le fermier : car tout retrayant
doit rendre *indemne* l'acquéreur.

§. III. Si le seigneur qui n'a qu'un droit révocable dans le fief dominant,
   peut exercer d'une manière irrévocable, et pour toujours, le retrait
   féodal des fiefs qui en relèvent.

241. Dumoulin, *ibid.*, *n.* 64, décide pour l'affirmative
dans l'espèce d'un seigneur grevé de substitution : il décide
qu'il peut, après l'ouverture de la substitution, retenir le
fief qu'il a retiré. La raison est évidente. Quoiqu'il ne soit
pas propriétaire incommutable de l'héritage, néanmoins il
perçoit les fruits incommutablement : or le retrait est une
espèce de fruit à l'égard de celui qui a qualité pour l'exercer. Il faut décider la même chose dans tous les cas, semblables, même dans le cas auquel le droit de celui qui a
exercé le retrait féodal auroit été absolument rescindé *pro ut
ex tunc*. Néanmoins si le jugement qui l'a condamné à délaisser l'héritage ne l'a point condamné aussi à la restitution
des fruits par lui perçus, Dumoulin, *ibid.*, *n.* 66, décide
qu'il pourra conserver les fiefs qu'il auroit retirés par retrait
féodal.

242. Suivant les mêmes principes, si pendant que je te-
nois en ma main, par saisie féodale, le fief de mon vassal,
j'ai exercé le retrait féodal d'un arrière-fief qui en relevoit,
né pendant la saisie, je ne serai pas obligé de restituer ce
fief à mon vassal lorsqu'il aura eu main-levée de la saisie,
Mol., *art.* 55, *gl.* 10, *n.* 44. Car quoique je n'aie pu exercer ce retrait qu'en la qualité de *tenant en ma main le fief*
de mon vassal, dont l'héritage retiré relevoit, *Molin.*,
art. 20, *gl.* 4, *n.* 2, néanmoins je l'ai retiré pour mon
compte, et non pour celui de mon vassal, le seigneur,
pendant le cours de la saisie, exerçant pour son propre
compte tous les droits du fief saisi.

243. Il en est autrement du mari qui exerce pendant le
mariage, en sa qualité de mari, le retrait féodal d'un fief
relevant d'un propre de sa femme. Dumoulin, *art.* 20, *gl.* 1.

n. 47 et 48, décide qu'il exerce le retrait *ad causam uxo-ris suæ,* et que le fief retiré doit demeurer à la femme après la dissolution du mariage, à la charge de la récompense en-vers la communauté. *Voyez la raison de différence,* suprà, *n.* 95 et 96. Ce que Dumoulin décide à l'égard du mari s'étend au titulaire de bénéfice, qui n'est seigneur que comme époux de son église.

244. Lorsqu'un possesseur de bonne foi du fief dominant, qui n'en étoit pas le propriétaire, a, durant le temps de sa possession, retiré féodalement un fief qui en relève, le vé-ritable propriétaire du fief dominant peut, après l'éviction du fief dominant, retirer sur lui le fief par lui retiré; car ce possesseur n'étant, lorsqu'il a exercé le droit, qu'un sei-gneur apparent, n'avoit qu'un droit apparent, et non un véritable droit de retrait; l'acquisition qu'il a faite par ce retrait n'est qu'une acquisition faite par un étranger, et par conséquent sujette au retrait du véritable seigneur. *Mol., ibid., n.* 65.

ARTICLE III.

Quand il y a ouverture au retrait féodal.

245. C'est un principe qu'il y a ouverture au retrait féo-dal dans les mêmes cas auxquels il y a ouverture au droit de quint. La coutume donne au seigneur le choix de l'un ou de l'autre droit.

C'est pourquoi tout ce qui a été dit au chapitre précé-dent, *art.* 1, 2 et 3, sur le profit de quint, reçoit ici ap-plication pour le retrait féodal. Notre principe reçoit néan-moins quelques exceptions.

La première est lorsque le fief a été vendu à un ligna-ger du vendeur : cette vente ne donne pas lieu au re-trait féodal, *art.* 365, quoiqu'elle donne lieu au profit de quint.

La seconde exception concerne les contrats qui partici-pent de la vente et d'un autre contrat. On ne suit pas, à l'égard de ces contrats, la même règle pour le retrait que pour le quint; mais c'est par la nature du contrat qui prédomine, qu'on décide s'il y a lieu en tout au retrait, ou non. *Voyez* les exemples aux *art.* 384 et 389.

Suivant ce principe qui nous est indiqué par lesdits articles, on doit décider à l'égard des donations rémunératoires de services mercenaires, ou faites sous des charges appréciables, qu'il n'y a pas lieu en tout au retrait, lorsque le prix des services ou des charges n'excède pas la moitié de la valeur de l'héritage ; mais que s'il l'excède, il y a lieu pour le total au retrait de l'héritage, à la charge par le retrayant de rembourser non seulement le prix des services ou des charges, mais encore le surplus de la juste valeur de l'héritage, afin que le donataire jouisse de la libéralité que le donateur lui a voulu faire.

246. L'aliénation d'un héritage féodal pour le prix d'une rente viagère, est-elle un contrat équipollent à vente qui donne ouverture au retrait? Il faut distinguer. Si la rente viagère que l'acquéreur s'oblige de payer par chacun an, est à peu près égale au revenu annuel de l'héritage, ce contrat équipolle plutôt à une donation qui se feroit avec rétention d'usufruit, qu'il n'équipolle à un contrat de vente. Par ce contrat, le donateur entend donner à l'acquéreur seulement la nue propriété de l'héritage, et lui vendre l'usufruit qu'il eût pu se réserver, pour la rente viagère que l'acquéreur donataire s'oblige de lui payer : ce contrat étant donc plutôt donation que vente, ne peut donner ouverture au retrait. Mais lorsque la rente viagère que l'acquéreur s'oblige de payer, excède assez le revenu de l'héritage, et est assez considérable pour qu'elle paroisse renfermer le prix du fonds, le contrat est en ce cas un contrat équipollent à vente, qui doit donner ouverture au retrait.

Observez que ce contrat d'aliénation pour une rente viagère, est de la classe des contrats aléatoires, et renferme essentiellement un risque que l'acheteur court de payer beaucoup plus que la valeur de l'héritage, dans le cas auquel le vendeur à qui la rente viagère doit être payée, vivroit long-temps ; lequel risque est compensé avec celui que court de son côté le vendeur, de ne recevoir que très peu de chose du prix que vaut son héritage, dans le cas auquel il mourroit peu après le contrat.

Le prix de ce contrat consiste essentiellement dans ce risque, dont l'acheteur se charge par ce contrat : ce risque fait véritablement le prix de ce contrat. Lorsque le seigneur exerce le retrait pendant que le risque dure, le seigneur, en se chargeant de payer la rente pendant tout le temps qu'elle aura cours, et en donnant caution à l'acheteur de s'en acquitter, se charge par ce moyen du risque qui fait le prix du contrat à la place de l'acheteur, et lui rend par ce moyen le prix du contrat.

De là naît la question, si le seigneur est à temps pour pouvoir exercer le retrait, lorsque le vendeur sur la tête de qui la rente viagère que l'acheteur s'étoit obligé de payer, étoit créée, est mort. La raison de douter, est que le retrait n'étant accordé au seigneur qu'à condition de rendre à l'acheteur le prix du contrat, il semble ne pouvoir plus satisfaire à cette condition, puisqu'il ne peut plus se charger, à la place de l'acheteur, du risque qui faisoit le prix du contrat, ce risque n'existant plus. On doit néanmoins décider que le seigneur peut exercer le retrait, et satisfaire à la condition de rendre à l'acheteur le prix du contrat, en lui rendant le prix du risque dont il s'étoit chargé par le contrat, qui consiste dans la somme à laquelle des arbitres estimeront que valoit, au temps du contrat, la rente viagère que l'acheteur s'étoit obligé, par ce contrat, de payer pendant le temps incertain de la vie du vendeur.

Mais il ne suffit pas que le retrayant offre de rembourser seulement tous les arrérages de la rente viagère que l'acheteur a payés jusqu'à la mort du vendeur; car ces arrérages ne sont que les arrérages de quelques années, ou même seulement de quelques mois ou de quelques jours. Or ce n'est pas ce qui a été payé pour ces arrérages qui faisoit tout le prix du contrat; autrement le contrat seroit une donation qui ne donne pas ouverture au retrait, plutôt qu'il ne seroit un contrat de vente. Le prix de ce contrat aléatoire consiste dans le risque dont l'acheteur s'est chargé de payer cette rente pendant une longue suite d'an-

nées, si le vendeur eût vécu long-temps. Le retrayant ne
peut donc être censé lui rendre le prix du contrat qu'en
lui rendant l'estimation de ce risque. On cite un arrêt par
lequel on dit avoir été jugé qu'il suffisoit au retrayant de
rendre ce qui a été payé d'arrérages jusqu'à la mort du
vendeur : mais, quand il seroit vrai qu'il fût intervenu, il
ne devroit pas être suivi, par les raisons que nous venons
de rapporter.

ARTICLE IV.

Dans quel temps, et par quelles voies le retrait peut s'exercer.

247. Le retrait peut s'exercer aussitôt que la vente qui
y donne ouverture est parfaite, même auparavant la tradition; c'est l'avis de Dumoulin, *S.* 20, *gl.* 3. La raison est
que le retrait n'étant autre chose que le droit que la loi
donne au seigneur de prendre le marché de l'acheteur, il
suffit qu'il y ait un marché conclu et parfait pour que le
seigneur puisse le prendre. Il est vrai que le seigneur ne
peut retirer sur l'acheteur le fief, même avant que cet acheteur l'ait acquis par la tradition; mais il peut retirer sur
lui l'action *ex empto*, que cet acquéreur a acquise pour se
le faire livrer.

Tant que l'acquéreur vassal ne se présente point au seigneur pour lui faire ses offres de foi, le droit de retrait féodal
ne peut se prescrire que par trente ans, comme les autres
actions; mais lorsque l'acquéreur a fait dûment ses offres
de foi, le seigneur n'a plus que quarante jours après ces
offres pour l'exercer. *Voyez l'art.* 49.

Si le seigneur à qui la notification a été faite, venoit à
décéder dans les quarante jours, son héritier n'auroit pour
exercer le retrait que ce qui resteroit de ce temps, lequel
restant de temps ne commenceroit néanmoins à courir
contre cet héritier, que depuis qu'il auroit su ou pu savoir
la notification faite au défunt. *Mol.*, *S.* 20, *gl.* 12, *n.* 7.

Ce délai de quarante jours court contre le seigneur,
quoique mineur; car l'acquéreur qui s'est mis en règle ne
doit pas souffrir de la minorité de son seigneur, et être trop

long-temps incertain de la stabilité de son acquisition; ce qui seroit contre l'intérêt public, et détourneroit les acqué-reurs d'améliorer leurs héritages.

248. Le retrait peut s'exercer ou par action, ou par exception. L'action de retrait est une action personnelle réelle que le seigneur, ou autre qui est à ses droits, peut exercer contre l'acquéreur, pour qu'il soit condamné à délaisser le fief, aux offres de le rembourser du prix de la vente et des loyaux coûts.

Cette action est personnelle, parcequ'elle naît de l'obligation que l'acheteur du fief contracte, en l'achetant, de le délaisser au seigneur, s'il juge à propos d'en exercer le retrait; et cette obligation est formée en sa personne par la loi municipale : l'action qui en naît est de celles qu'on appelle *condictio ex lege*.

Cette action est aussi réelle, ou *in rem scripta*, parceque la loi affecte le fief à cette obligation de l'acquéreur. C'est pourquoi cette action peut être exercée, non seulement contre l'acquéreur obligé au retrait, mais contre les tiers détenteurs.

249. De là il suit que si le fief a été vendu et revendu successivement plusieurs fois, sans qu'il y ait eu d'offres qui aient arrêté le retrait, le seigneur, qui a autant d'actions en retrait qu'il y a de contrats de vente qui y ont successivement donné lieu, peut intenter celle qu'il lui plaira contre le dernier possesseur du fief, qui, comme possesseur, est tenu de toutes. *Mol.*, §. 20, *gl.* 5, §. 44.

Observez que s'il retire sur la dernière vente, les profits de quint ne laissent pas de lui être dus pour les précédentes; et il sera tenu des charges imposées sur le fief par les précédents vendeurs; mais s'il retire sur la première, il est exclu des profits de quint pour toutes, les ayant rendues inefficaces par le retrait; et il n'est pas tenu des charges imposées par les vendeurs postérieurs. *Mol.*, *d. gl.*, §. 44 et 45.

250. Le retrait s'exerce aussi par forme d'exception, soit dans le cas auquel le seigneur auroit saisi féodalement, auquel cas le seigneur peut retenir le fief, en remboursant

l'acquéreur lorsqu'il se présentera à la foi ; soit dans le cas auquel, sans qu'il y ait eu de saisie féodale, l'acquéreur assigneroit le seigneur pour voir déclarer valable son port de foi, ou ses offres de foi ; auquel cas le seigneur peut conclure au congé de la demande, en offrant de le rembourser : mais, dans tous ces cas, il faut que le temps du retrait ne soit pas expiré.

ARTICLE V.

Que doit retirer le seigneur qui exerce le retrait ; de ses obligations, et de celles de l'acquéreur.

251. Le seigneur qui exerce le retrait féodal n'a droit de retirer que le fief qui relève de lui, et non les autres choses, quoique vendues conjointement et pour un même prix avec ce fief. L'acquéreur ne peut pas aussi l'obliger à retirer autre chose ; et en cela ce retrait est différent du lignager, *art.* 395. La raison de différence, est que le retrait lignager n'est qu'une grace de la coutume, qui ne doit pas empêcher le vendeur de disposer comme bon lui semble de ses biens : au contraire, le retrait féodal étant un droit auquel le vassal ne peut préjudicier, il ne doit pas être permis au vassal de rendre le retrait plus onéreux, en vendant d'autres choses avec le fief sujet au retrait.

Lorsque plusieurs fiefs relevants du même seigneur ont été vendus conjointement et pour un même prix, le seigneur peut aussi retirer l'un d'eux sans les autres. *Mol.*, §. 20, *gl.* 1, *n.* 54.

252. Le principe général sur les obligations du retrayant, est qu'il doit rendre l'acquéreur *indemne* autant qu'il est possible.

Il doit par conséquent le rembourser, tant du prix de son acquisition que de tous les loyaux coûts et mises.

§. I. De ce que le retrayant doit rembourser.

253. Le retrayant doit rembourser à l'acquéreur le prix porté au contrat que cet acquéreur a payé. A l'égard de celui qui est encore dû au vendeur, il suffit au retrayant d'en rapporter à l'acquéreur quittance ou décharge.

Si le retrayant met en fait que, en fraude du retrait, on a exprimé par le contrat un prix plus fort que celui convenu, il peut être admis à la preuve testimoniale de ce fait, s'il y a des circonstances qui portent le juge à l'admettre. L'ordonnance de 1667, qui défend de l'admettre outre et contre le contenu aux actes, ne concerne que les parties contractantes, qui doivent s'imputer de ne s'en être pas procuré une preuve par écrit, et non pas les tiers, au pouvoir desquels il n'est pas de se procurer une preuve par écrit de la fraude qui leur est faite.

254. Les augmentations naturelles, telles qu'une alluvion survenue à l'héritage depuis le contrat, n'augmentent pas le prix que le retrayant doit rembourser, de même que les dégradations survenues par cas fortuits, sans le fait ni la faute de l'acquéreur, ne le diminuent pas : le retrayant, en prenant le marché de l'acquéreur, le prend avec ses risques, comme avec les bonnes fortunes qui ont pu survenir.

255. Si par convention des parties, et sans fraude, depuis le contrat et avant le tradition réelle de l'héritage, le prix avoit été augmenté ou diminué, les parties, par cette convention, seroient censées avoir anéanti le premier contrat, et avoir en la place fait un nouveau contrat de vente pour ce nouveau prix. *L.* 72, *ff. de cont. empt.,* *suprà, n.* 129; et en conséquence ce seroit ce nouveau prix que le retrayant devroit rembourser. *Mol.,* §. 20, *gl.* 8, 1.

Si c'est depuis la tradition réelle que l'acheteur a payé un supplément de prix, il faut distinguer s'il l'a payé *ex necessitate,* pour empêcher des lettres de rescision, dans lesquelles le vendeur eût été fondé, soit pour cause de lésion d'outre moitié du juste prix, soit pour cause de minorité ; ce supplément doit lui être remboursé. Il en est autrement s'il a payé ce supplément sans nécessité ; car il ne doit pas être en son pouvoir de préjudicier au droit de retrait, lorsqu'il a été une fois acquis incommutablement au seigneur, et d'en rendre la condition plus onéreuse.

Vice versâ. Lorsque, depuis le contrat exécuté, le ven-

deur a fait remise d'une partie du prix; s'il paroît qu'il l'ait
faite parcequ'il a reconnu que le prix étoit excessif, et pour
rendre justice à l'acquéreur, le retrayant qui est en ses
droits en doit profiter : mais si la remise a été faite par libéralité envers la personne de l'acheteur, le retrayant doit
lui rembourser cette partie du prix dont on lui a fait remise,
à moins qu'il ne parût que ce prix dont il a été fait remise,
ne fût un prix simulé; ce qu'on présumera facilement s'il
ne paroît aucune raison qui ait porté le vendeur à faire
cette remise à l'acquéreur, et que le prix qui reste, outre
celui dont on a fait remise, soit à peu près la valeur de
l'héritage. *Mol., d. gl., n.* 3 et 4.

256. Lorsque l'héritage a été vendu avec les fruits qui
y étoient pendants pour un seul prix, on doit faire déduction au retrayant sur le prix porté au contrat de celui auquel on évaluera celui desdits fruits que l'acquéreur a perçus, si mieux n'aime l'acquéreur compter de ces fruits.

257. Lorsque le contrat porte un terme pour le paiement du prix, Dumoulin, *d. gl., n.* 5, pense que le seigneur prenant pour lui, par le retrait, le marché de l'acquéreur, doit jouir de tous les avantages y portés, et par conséquent du terme, et qu'en conséquence il doit suffire, en
ce cas, que le seigneur donne caution à l'acquéreur, de
payer le prix dans le terme porté au contrat.

Par la même raison, si par le contrat l'acquéreur avoit
constitué rente pour le prix, selon le sentiment de Dumoulin, il devroit suffire au seigneur de donner caution à l'acquéreur qui la continueroit à sa décharge, et néanmoins
qu'il la rembourseroit dans un certain temps qui seroit fixé
par le juge; car il ne seroit pas juste que l'acquéreur de-
meurât perpétuellement obligé.

Ce sentiment de Dumoulin n'a pas été suivi : l'acquéreur
ne seroit pas indemnisé autant qu'il est possible par une
caution; il a intérêt d'être pleinement déchargé. C'est
pourquoi notre coutume, *art.* 390, dans le cas du retrait
sur un bail à rente rachetable, oblige précisément le retrayant à racheter la rente.

Lorsque le terme pour le paiement du prix est en faveur

du vendeur, qui ne peut être forcé de le recevoir auparavant, en ce cas, il n'est pas douteux que l'acquéreur doit se contenter que le seigneur lui donne caution pour le paiement, n'étant pas possible, en ce cas, de pourvoir autrement à son indemnité.

Il y en a qui pensent que le retrait subrogeant le retrayant au marché de l'acheteur, il doit être subrogé à ces obligations qui en résultent, et qu'en conséquence le vendeur peut être obligé à l'accepter pour débiteur avec caution, et à décharger l'acheteur. Ce sentiment est réfuté par Dumoulin, §. 20, *gl.* 8, *n.* 8. Le vendeur ne peut être forcé à cela, par la règle générale que personne n'est tenu de changer de débiteur malgré lui. L'acheteur ne peut l'y obliger; car ayant acheté à la charge du retrait, le retrait ne peut être pour lui une raison pour demander la décharge de son obligation. Le retrayant ne le peut pas davantage; car le retrait étant une affaire qni ne se passe qu'entre le retrayant et l'acheteur sur qui le retrait est exercé, et qui est étrangère au vendeur, ne peut obliger à rien le vendeur. La coutume, *art.* 390, en obligeant le retrayant sur un bail à rente rachetable à racheter la rente pour l'indemnité de l'acquéreur, suppose assez clairement que le vendeur ne peut être obligé à décharger l'acquéreur.

258. Outre le prix principal, le retrayant doit rembourser à l'acquéreur tout ce qui en fait partie. C'est pourquoi, s'il y a des charges imposées par le contrat à l'acheteur, ce retrayant doit rembourser la somme à laquelle elles seront appréciées.

Ce que l'acheteur a donné au vendeur, ou à sa femme, à ses enfants, ou à ses domestiques, pour pots-de-vin ou épingles convenus par le contrat, fait aussi partie du prix; mais l'acquéreur n'a pas de répétition contre le retrayant de ce qu'il a donné volontairement.

259. Le retrayant doit aussi rembourser à l'acquéreur ses loyaux coûts, c'est-à-dire, toutes les dépenses qu'il a faites avec prudence pour son acquisition : tels sont les frais du contrat, le centième denier, le salaire du proxénète, les frais de voyage pour visiter ou faire visiter l'héritage, les

frais de décret qu'il a fait faire pour purger les hypothèques. On doit aussi passer à l'acquéreur, en loyaux coûts, les intérêts de la somme qu'il a payée pour le prix de son acquisition, depuis le paiement qu'il en a fait jusqu'au remboursement que lui en a fait le retrayant, pourvu néanmoins que l'acquéreur n'ait perçu aucuns fruits qui l'en aient dédommagé.

260. Lorsque le fief retiré a été vendu avec plusieurs autres choses pour un même prix, le retrayant ne doit rembourser qu'une portion du prix et des loyaux coûts qui réponde à l'objet qu'il a retiré. La ventilation qu'il est nécessaire de faire pour cela doit se faire aux dépens de l'acquéreur; car le seigneur ne doit pas souffrir de ce que les parties n'ont pas, comme elles le pouvoient, distingué les prix de chaque chose.

Lorsque le contrat porte une ventilation de chaque objet, il faut la suivre, à moins qu'il ne parût qu'elle est frauduleuse, et que les objets sujets à retrait ont été estimés beaucoup plus à proportion que les autres.

261. Enfin l'acquéreur doit être remboursé des réparations par lui faites aux héritages, si elles étoient nécessaires. La coutume, par l'article 373, dispense le retrayant de rembourser celles qui ne seroient qu'utiles. La raison est qu'il ne doit pas être au pouvoir de l'acquéreur de rendre, en les faisant, le retrait plus difficile, et qu'il ne souffre pas beaucoup d'attendre, pour les faire, que le temps du retrait soit expiré. Il est vrai que cet article est dans l'espèce du retrait lignager; mais il y a même raison de décider pour le féodal, le temps de celui-ci étant encore plus court. Au reste, il doit être permis à l'acquéreur qui auroit fait des impenses utiles, de les enlever, si elles peuvent l'être, en rétablissant les choses.

Si l'acquéreur avoit joui long-temps de l'héritage avant qu'on exerçât le retrait sur lui, il n'auroit pas la répétition des impenses de simple entretien, ces impenses étant censées une charge de sa jouissance.

A l'égard des impenses qui sont faites *magis propter fructus percipiendos*, telles que les impenses de labour et

semences, elles doivent être portées par celui qui perçoit
les fruits : c'est pourquoi, si l'acquéreur a perçu les fruits,
il n'a aucune répétition de ces impenses; au contraire, le
retrayant les lui doit rembourser, si l'héritage est retiré
avec les fruits pendants.

§. II. Comment se fait le remboursement, et dans quel temps il
doit se faire.

262. Il n'est pas nécessaire de faire le remboursement
du prix dans les mêmes espèces dans lesquelles l'acheteur
l'a payé. Quand même, par une augmentation survenue
sur la monnoie, les espèces dans lesquelles le retrayant
rembourse auroient une moindre valeur intrinsèque que
celles dans lesquelles l'acheteur a payé, le retrayant ne
seroit pas néanmoins tenu de payer une plus grande somme
que celle que l'acheteur a payée; car, dans la monnoie,
on ne considère pas *ipsa nummorum corpora*, mais seulement la valeur qu'il plaît au roi de lui assigner.

Il y a d'assez grandes raisons contre cette décision. Il est
vrai de dire que l'acquéreur qu'on rembourse en espèces aug-
mentées, n'est pas parfaitement indemne; car s'il n'eût pas
acquis, ou il auroit gardé son argent, auquel cas il auroit
profité de l'augmentation, ou il en auroit acquis d'autres
biens, et il les auroit acquis à meilleur marché qu'il ne les
acquerra, les biens augmentant à proportion de ce que les
espèces augmentent : néanmoins la décision est constante
dans l'usage.

Le remboursement peut se faire par le retrayant, en offrant à l'acheteur la compensation de quelque somme liquide
qui seroit due au retrayant par l'acheteur : §. 20, *gl.* 7,
n. 10.

263. Notre coutume n'a fixé aucun temps fatal dans lequel le seigneur fût tenu de rembourser; on peut dire que ce
remboursement étant de la substance du retrait, il doit être
fait dans le temps de quarante jours, accordé au seigneur
pour exercer le retrait. Si l'acquéreur est refusant de recevoir, les offres qui lui ont été faites, suivies de consignation, tiennent lieu de remboursement lorsqu'il y a eu pro-

cès sur le retrait. *Brodeau, sur Paris*, estime qu'il suffit de rembourser dans le temps qui sera limité par le jugement qui adjugera le retrait.

§. III. Des obligations de l'acquéreur.

264. L'acquéreur, après que le retrayant a satisfait à ses obligations envers lui, est tenu de lui délaisser l'héritage sur lui retiré, s'il n'est pas déjà en la main du seigneur par la saisie féodale.

Il doit le laisser en l'état qu'il l'a reçu, et il ne lui est pas permis de le détériorer, ni d'en changer la forme, à peine des dommages et intérêts du retrayant, art. 373.

Il doit aussi rendre les fruits perçus depuis que le seigneur a conclu au retrait, et fait des offres réelles de rembourser; mais il n'est pas tenu à la restitution de ceux perçus auparavant. *Voyez néanmoins* suprà, n. 256.

ARTICLE VI.

Des effets du retrait féodal.

265. Le retrait étant le droit de prendre pour soi le marché de l'acheteur sur qui il s'exerce, il suit de là que, par le retrait, le seigneur est censé avoir acheté le fief de celui qui l'a vendu.

D'où il suit, 1° qu'il est subrogé à l'acheteur à toutes les actions qui naissent de ce contrat, telles que sont l'action de garantie, même les actions rescisoires et rédhibitoires, et qu'il peut les exercer contre le vendeur, comme l'acheteur auroit pu faire.

Vice versâ. Le seigneur retrayant est sujet aux actions que le vendeur a retenues par rapport à l'héritage, telles que celles qui procéderoient de quelque clause résolutoire, comme est l'action de réméré; il est pareillement sujet aux actions rescisoires du vendeur. Observez néanmoins que lorsqu'il n'a pas connu le vice de l'acquisition, étant possesseur de bonne foi, il n'est pas tenu sur ces actions à la restitution des fruits, pour lesquels le vendeur doit se pour-

15. — 1.

voir contre l'acheteur, que le retrait qui a été exercé sur lui ne décharge pas de ses obligations.

266. De là il suit, 2° qu'il est censé tenir du vendeur l'héritage qu'il a retiré, lequel en conséquence lui passe avec la charge de toutes les hypothèques, servitudes, charges foncières que le vendeur ou les auteurs du vendeur lui ont imposées, même de celles dont l'héritage étoit chargé avant le contrat envers l'acquéreur; car l'éviction qu'il souffre par le retrait empêche la confusion. *Mol.*, §. 20, *gl.* 5, *n.* 36.

Mais il n'est pas tenu de celles qui ont été imposées par l'acheteur sur qui il a exercé le retrait; car il n'achète pas de cet acheteur; il est censé acheter directement du vendeur. Le droit que l'acheteur avoit dans l'héritage s'éteint par le retrait, et par une suite, toutes les charges qu'il y a imposées, suivant la règle, *Soluto jure dantis, solvitur*, etc.

267. De là il suit, 3°, que, le seigneur tenant cet héritage à titre d'achat, cet héritage est un acquêt en sa personne.

C'est ce qui a été jugé par les arrêts rapportés par Chopin et par Bardet, 1, 109; c'est aussi l'avis de Dumoulin, §. 43, *n. fin.* C'est une conséquence que si le retrait a été exercé pendant la communauté, l'héritage doit être conquêt; il est vrai que Dumoulin, §. 20, *gl.* 1, *n.* 48, est d'avis contraire, et décide qu'il est propre de communauté; mais cette décision est fondée sur ce qu'il pensoit que le retrait féodal étoit incommunicable. Nous avons vu que ce sentiment n'a pas été suivi : en cela le retrait féodal diffère du lignager; car celui-ci n'étant pas cessible, l'héritage retiré par retrait lignager n'est pas conquêt.

ARTICLE VII.

Des fins de non recevoir contre le retrait féodal.

268. La première est la prescription. *Voyez l'art.* 49.

269. La seconde est lorsque le seigneur a accepté l'acheteur pour vassal, en le recevant en foi, ou en le compre

nant, sans protestation, comme arrière-vassal dans le dénombrement qu'il a donné à son seigneur.

Dumoulin, §. 21, *gl.* 1, *n.* 6, pense que la simple souffrance accordée par le seigneur à l'acquéreur pour porter
la foi, ne renferme pas cette acceptation. J'inclinerois, au
contraire, à penser qu'elle la renferme, lorsque le seigneur
l'a accordée avec connoissance de cause sans protestation,
après que l'acquéreur lui a exhibé son contrat. C'est l'avis
de Livonière.

La réception en foi exclut le seigneur du retrait, lorsque
c'est lui-même ou son tuteur, ou quelqu'un de son consentement, qui a reçu en foi l'acquéreur; mais si ce sont ses
officiers qui, à son insu, ont reçu en foi l'acquéreur, il
n'en est pas exclu : c'est ce qui a été jugé pour madame
de Conti, par l'arrêt du 10 mars 1717, au sixième tome du
Journal des Audiences.

Quoique le tuteur qui a reçu en foi l'acquéreur eût eu
alors des deniers de son mineur entre les mains, qu'il eût été
utile d'employer à exercer le retrait, néanmoins le mineur
n'est pas restituable contre l'investiture que son tuteur a
accordée à l'acheteur. *Mol.,* §. 20, *gl.* 2, *n.* 1 et 2.

270. La troisième fin de non recevoir est lorsque le seigneur a fait choix du profit de quint; ce qu'il est censé avoir
fait *lorsqu'il l'a reçu*, même en partie, ou en a *chevi* (c'est-
à-dire, composé du profit), ou *baillé souffrance* (c'est-à-
dire, terme pour le payer). *Paris,* 21.

S'il a donné à l'acheteur de plusieurs fiefs une quittance
à compte, sans exprimer pour quelle vente il recevoit, il
est censé avoir reçu la somme à compte de tous les profits
qui lui étoient dus, et en conséquence avoir agréé toutes les
ventes.

Il faut, pour exclure le retrait, que ce soit le seigneur
lui-même, ou, s'il est mineur, son tuteur; si c'est une
femme, son mari, ou un procureur spécial de ces personnes,
qui ait reçu le profit, chevi, ou baillé souffrance. *Mol.,* §. 21.

Le paiement du profit fait à l'usufruitier ou au fermier,
n'exclut pas du retrait le seigneur, qui est seulement tenu
de le rembourser à l'acquéreur; *d. gl.*

Observez que le seigneur, en composant du profit, peut apposer cette condition, que faute par l'acheteur de payer le profit dans certain temps, il pourra exercer le retrait. *Mol.*, §. 21, *n.* 1.

La demande du seigneur contre un homme qu'il trouve en possession du fief relevant de lui, aux fins de porter la foi, payer les profits, et rapporter son contrat d'acquisition, n'exclut pas le seigneur du retrait; mais la demande que le seigneur fait des profits, après que le contrat lui a été exhibé, contient un choix, et exclut le seigneur du retrait, pourvu que l'acquéreur n'ait pas contesté sur cette demande, et refusé de payer. *Mol.*, §. 21, *n.* 4 et 5.

La découverte de la fraude, *putà*, d'une contre-lettre qui modéreroit le prix porté au contrat, rend le seigneur restituable contre tous les actes approbatifs qu'il y a donnés, et en conséquence recevable au retrait, nonobstant ces actes.

271. Il est évident que lorsque le seigneur est lui-même vendeur en son nom, il ne peut exercer le retrait; car on ne peut être vendeur et acheteur tout à la fois.

Il en est autrement lorsqu'il n'a vendu qu'en qualité de tuteur, ou de fondé de pouvoir. Par la même raison, sa présence au contrat comme notaire, ou comme témoin, ne doit pas l'exclure du retrait. *Mol.*, §. 20, *gl.* 1, *n.* 10, 13; §. 21, *n.* 3.

Dumoulin, *d. n.* 10, pense aussi que le juge ne doit pas être exclu du retrait de l'héritage qu'il a adjugé. Quelques auteurs néanmoins ont pensé qu'il devoit l'être, de peur qu'il n'écartât les enchérisseurs, et ne fît une adjudication à vil prix pour en profiter; mais c'est trop mal présumer des juges.

Le seigneur qui s'est rendu caution pour le vendeur, ou qui est devenu son héritier, ne doit pas être exclu du retrait; car l'obligation de garantie que contracte le vendeur, ne s'étend pas au retrait. *Molin.*, *ibid.*

Lorsque le seigneur propriétaire en partie du fief qui relève de lui, l'a, avec ses copropriétaires, vendu; s'il a vendu sa part, divise ou indivise, pour un prix séparé, quoique par même charte, rien n'empêche qu'il puisse exercer le retrait des portions de ses copropriétaires. *Secùs*, s'il l'a vendu conjointement avec ses copropriétaires pour un même prix, quoique sans solidité; car, en ce cas, la chose ayant été vendue *sub specie unitatis*, il n'y a qu'une chose vendue, il n'y a qu'un contrat, dans lequel il ne peut être vendeur et acheteur. *Molin.*, *ibid.*, n. 13, §. 21, n. 3.

CHAPITRE VIII.

Du démembrement; du jeu, et de la réunion des fiefs.

ARTICLE PREMIER.

Du démembrement.

272. Dumoulin, §. 51, *gl.* 1, *n.* 1, distingue trois espèces de démembrements; *à capite*, *à capite et corpore simul*, *à corpore tantùm*. Il entend par *caput* le fief dominant; par *corpus*, le fief servant, composé de toutes ses parties intégrantes, qui ne font toutes ensemble qu'un même fief, qui a pour chef le fief dominant dont il relève.

273. Le démembrement *à capite* se fait lorsqu'un seigneur voisin, en se faisant reconnoître pendant quarante ans et plus, par les propriétaires d'un fief relevant du mien, en acquiert par prescription la directe; car, par cette prescription, ce fief est démembré de son chef, qui étoit mon fief duquel il relevoit, pour s'unir à un autre chef, qui est le fief du seigneur qui a prescrit contre moi.

Si le seigneur voisin n'a prescrit la directe que sur une des parties intégrantes dont le fief servant est composé, le démembrement qu'opère cette prescription est *à capite et corpore simul;* car cette partie, sur laquelle il a acquis par prescription la directe, est démembrée et détachée non seulement de son *chef*, qui est mon fief dont elle relevoit, mais aussi de son *corps*, qui est le reste du fief servant qui relève de moi, dont elle est détachée pour faire un fief séparé qui relève du seigneur qui a prescrit.

Ces démembrements ne sont point contraires à ce principe des fiefs, que le vassal ne peut démembrer son fief sans le consentement du seigneur, puisqu'ils s'opèrent plutôt par le fait et la négligence du seigneur qui souffre qu'un autre seigneur se fasse reconnoître, que par le fait du vassal.

La prescription qui opère ces démembrements est établie par notre art. 86.

274. La troisième espèce de démembrement, qu'on appelle *à corpore tantùm*, consiste à diviser le fief servant, et à en faire plusieurs qui relèvent du même fief dominant dont ils relevoient avant leur division.

C'est de cette troisième espèce de démembrement qu'on doit entendre ce principe des fiefs qui se trouve en l'article 51 de la coutume de Paris : *Le vassal ne peut démembrer son fief au préjudice et sans le consentement de son seigneur.*

Pour l'entendre bien, il faut distinguer le *subjectum materiale* du fief, c'est-à-dire le corps d'héritage, d'avec le *titre du fief*, c'est-à-dire *la foi*, à la charge de laquelle l'héritage féodal est tenu. Ce n'est que du titre du fief dont le démembrement est prohibé, et non du corps de l'héritage tenu en fief. Par exemple, dans les coutumes qui défendent le démembrement, si je possède un fief de cent arpents, je puis bien aliéner quarante arpents, qui continueront de composer un seul et même fief avec les soixante que je retiens, pour raison duquel l'acquéreur des quarante arpents et moi serons covassaux, chacun à proportion des parts que nous y avons : il n'y a en cela aucun démembrement du fief, qui demeure toujours un seul et même fief. Mais je ne puis pas, sans le consentement du seigneur, aliéner ces quarante arpents pour, par l'acquéreur, les tenir du seigneur comme un fief distinct et séparé de celui des soixante arpents que je retiens. Telle clause, si le seigneur ne la consent, est de nul effet, parcequ'en ce cas ce ne seroit pas seulement l'héritage *subjectum materiale* du fief qui seroit divisé, mais le fief même, le titre du fief; ce que le droit commun des fiefs ne permet pas.

C'est ce que nous apprenons de Dumoulin, *d. §., n.* 3.

Vassalli invito patrono possunt dividere fundum et non feudum ; et possunt singuli pro portionibus suis justa offerre et investiri tanquam de parte quotâ et integrali unius feudi, sed non tanquam de feudo separato.

C'est donc fort mal-à-propos que quelques auteurs, comme Duplessis, confondant la division du fonds avec le démembrement du fief, s'efforcent de rechercher quelle doit être la peine du démembrement fait sans le gré du seigneur ; il faut plutôt dire qu'il ne peut absolument se faire sans son gré.

Il y a quelques coutumes qui se sont écartées du droit commun des fiefs, en permettant le démembrement sans le gré du seigneur. Nous verrons, sur l'*art.* 1, si la nôtre est de ce nombre.

ARTICLE II.

Du jeu de fief.

275. Le jeu de fief est la disposition que quelqu'un fait pour le total ou pour partie de l'héritage qu'il tient en fief, sans toucher au titre du fief. C'est ce qu'explique la coutume de Paris, art. 51. *Le vassal ne peut démembrer son fief sans le consentement de son seigneur ; bien se peut jouer, et disposer et faire son profit des héritages, cens ou rentes dudit fief.*

Ces termes, *disposer et faire son profit*, etc., sont l'explication de ceux qui précèdent, *se peut jouer*, telle que l'avoit donnée Dumoulin, *d.* §., *gl.* 2, *n.* 1. *Istud verbum, se jouer, habet emphasim metaphorœ admixtam à similitudine licentiœ qualis esse solet in ludo joco, significat licentiam et facultatem liberam disponendi ad libitum de feudo circà dismembrationem.*

276. M. Guyot a fort bien distingué deux espèces de jeux de fiefs, celui qui se fait avec démission de foi, et celui qui se fait sans démission de foi.

Le premier se fait lorsque, dans les coutumes qui ne permettent pas le démembrement du fief, j'aliène une partie de mon héritage tenu en fief, en chargeant l'acquéreur, pour cette partie, des devoirs féodaux qu'il fera pour cette partie, laquelle, avec celle que je retiens, continue de ne composer qu'un fief. Cette aliénation n'est point un démembrement, puisque le fief demeure dans son intégrité, et n'est point divisé; c'est *un jeu de fief*, parceque j'use, par cette aliénation, de la liberté que j'ai de disposer à mon gré de mon héritage tenu en fief, en ne touchant point à l'intégrité du fief.

277. Le jeu de fief sans démission de foi, que Guyot appelle aussi *sans profit*, se fait lorsque, en aliénant en tout ou en partie mon héritage féodal, je retiens par-devers moi *la foi*, c'est-à-dire la charge des devoirs féodaux, même pour la partie que j'aliène, qui est toujours censée m'appartenir, au moyen de quelque redevance ou devoir recognitif d'un *dominium civile* que j'y retiens, comme lorsque je donne mon héritage, en tout ou en partie, à titre de foi et hommage, ou à titre de cens, rente, etc.

Notre coutume, diffère sur ce jeu de fief, de la coutume de Paris réformée. Celle-ci ne permet de se jouer ainsi, sans démission de foi, de l'héritage tenu en fief, que jusqu'à concurrence des deux tiers de cet héritage. Notre coutume permet de se jouer du total.

Cette matière du jeu de fief est traitée par notre coutume dans les *art.* 7, 8, 9, 10 et 11. *Voyez ces articles.*

Les effets de ce jeu de fief peuvent se réduire aux maximes suivantes:

PREMIÈRE MAXIME.

278. Lorsqu'un vassal s'est joué de son fief, en le donnant, par exemple, à cens ou rente, c'est toujours le corps de l'héritage qui demeure le fief du seigneur, quoique ce ne oit pas le possesseur de l'héritage, mais celui qui a le droit de cens ou rente, qui soit vassal pour raison dudit fief; *art.* 7 et 8.

DEUXIÈME MAXIME.

279. Le vassal ne doit pas porter la foi pour le cens et la rente qu'il s'est retenus sur cet héritage, mais pour l'héritage même. Il doit le comprendre de cette manière dans l'aveu : *un tel héritage, dont un tel est détenteur.*

C'est à quoi le seigneur doit bien prendre garde; car s'il recevoit en foi le vassal pour le cens ou la rente qu'il s'est retenu, au lieu de l'y recevoir pour l'héritage même; ou s'il souffroit qu'il comprît dans son dénombrement le cens ou la rente au lieu de l'héritage, il n'auroit plus pour fief relevant de lui que le cens ou la rente.

TROISIÈME MAXIME.

280. Quoique l'héritage dont le vassal s'est joué demeure toujours le fief vis-à-vis du seigneur, néanmoins il est possédé comme bien roturier par le possesseur qui le tient à cens ou rente de ce vassal; *art.* 345, 346.

QUATRIÈME MAXIME.

281. Les ouvertures et les mutations de fief ne se font que du côté de celui à qui appartient le cens ou la rente, et non du côté des possesseurs de l'héritage; *art.* 8 et 9.

CINQUIÈME MAXIME.

282. Néanmoins, lorsque ces ouvertures et mutations arrivent, c'est l'héritage même que le seigneur saisit féodalement, et non le cens ou la rente; et c'est sur le prix de l'héritage que se règlent les profits de quint et de rachat, et non sur celui du cens ou de la rente; *art.* 9.

SIXIÈME MAXIME.

283. Par la même raison, la vente du cens doit donner ouverture au retrait féodal, non du cens seulement, mais de l'héritage; et le retrayant sera tenu, en ce cas, non seulement de rembourser l'acquéreur du cens du prix et loyaux coûts de son acquisition, mais aussi de rembourser le preneur ou ses successeurs des deniers d'entrée payés par le bail à cens, et de tous les loyaux coûts dudit bail.

SEPTIÈME MAXIME.

284. En cas de commise, le seigneur ne confisque que le cens ou la rente qui appartient au vassal, et non l'héritage.

La raison est que le seigneur ne confisque le fief de son vassal qu'autant et jusqu'à concurrence du droit qu'y a son vassal, avec toutes les charges que son vassal y a imposées, *suprà, n.* 86, et par conséquent à la charge du domaine utile qu'il a aliéné.

ARTICLE III.

De la réunion des fiefs.

285. La réunion de fief est le retour de la partie au tout.

L'héritage qui relève, soit en fief, soit en censive, de mon fief dominant, est présumé en avoir été autrefois une partie intégrante, et en avoir été détaché par l'inféodation, ou le bail à cens; et par l'acquisition que j'en fais, ou par celle que fait de mon fief le propriétaire de l'héritage qui en relève, il redevient le plein fief du seigneur de qui mon fief dominant relève : c'est en quoi consiste la réunion de fief.

Cette réunion ne se fait point nécessairement et *potestate juris;* il n'y faut point appliquer les principes du droit romain, suivant lesquels les droits de servitude réelle s'éteignent *consolidatione,* lorsque l'héritage dominant et le servant viennent à appartenir à un même maître, selon la règle, *Res sua nemini servit.* Dans notre droit, la dominance du fief dominant, et la servitude féodale ou censuelle de l'héritage servant, sont des qualités réelles de l'héritage que nous estimons pouvoir subsister, quoique ces héritages appartiennent à un même maître; l'exercice de la dominance est seulement, en ce cas, suspendu pendant le temps qu'ils appartiendront au même maître.

286. Les coutumes ont suivi différents principes sur la réunion de fief. Nous n'expliquons ici que ceux de la nôtre; elle fait différence à cet égard de l'héritage qui relève en fief, et du censuel.

Celui-ci (et c'est la première différence) est présumé réuni à la censive dès l'instant même de l'acquisition que le seigneur de censive a faite de l'héritage mouvant de sa censive, ou de celle que le censitaire a faite de la censive, s'il n'a fait incontinent une déclaration expresse qu'il ne

veut pas réunir. L'héritage qui relève en fief n'est réuni
au dominant que par la foi que le propriétaire de l'un ou
de l'autre porte à son seigneur pour l'un et l'autre, comme
pour un seul et plein fief.

287. Le seigneur de censive qui, par l'acquisition, soit
de l'héritage mouvant de sa censive, soit de la censive dont
son héritage étoit mouvant, a déclaré qu'il ne vouloit pas
réunir, ni ses héritiers, ne peuvent être contraints à la réunion par le seigneur de qui relève la censive. Au contraire
(et c'est la deuxième différence), celui qui est propriétaire
du fief dominant et du servant peut, lorsqu'il n'est pas en
foi pour le dominant, être forcé à la réunion, par le refus
que son seigneur est en droit de lui faire de le recevoir en
foi pour l'un sans l'autre.

288. Lorsque la censive et l'héritage qui en relève ont
été l'un et l'autre acquis durant la communauté des deux
conjoints par mariage, il n'est pas douteux que si, par le
contrat de la dernière acquisition, il n'y a pas déclaration contraire, il y a réunion, quand même le partage de la communauté donneroit la censive au mari, et l'héritage à la femme,
aut vice versâ; car la censive et l'héritage étant l'un et
l'autre conquêts, le mari en a fait la réunion en sa qualité
de chef de la communauté, et la femme est censée avoir
elle-même, avec lui, fait cette réunion; une femme commune étant censée faire avec son mari tout ce qu'il fait en
qualité de chef de la communauté.

Si le mari acquiert, durant la communauté, un héritage
relevant d'une censive qui est son bien propre, *aut vice
versâ*, il n'y aura pas de réunion, si par le partage le conquêt tombe à sa femme; car il n'a pu réunir, en qualité de
chef de la communauté, deux choses, dont l'une n'appartenoit pas à la communauté; et il a pu encore moins les
réunir *proprio nomine*, l'une des deux choses se trouvant,
par l'évènement du partage, ne lui pas appartenir. Mais si,
par le partage, le conquêt tombe en son lot, ou en total,
ou pour partie, il y aura eu réunion ou pour le total, ou
pour cette partie, si par le contrat d'acquisition il n'y a
déclaration contraire; le conquêt, en ce cas, étant censé lui

avoir toujours appartenu, ou pour le total, ou pour la partie pour laquelle il est tombé en son lot.

Lorsque le mari acquiert, durant la communauté, l'héritage qui relève de la censive propre de sa femme, *aut vice versâ*, il n'y aura pareillement de réunion que dans le cas auquel le conquêt tombera au lot de la femme; et elle peut, lors du partage, faire une déclaration pour empêcher la réunion, n'ayant pas été en son pouvoir de la faire lors de l'acquisition; en quoi elle diffère de l'homme.

289. L'héritage mouvant de ma censive, auquel j'ai succédé, est réuni faute de déclaration, quoique j'aie accepté la succession sous bénéfice d'inventaire; ce n'est que vis-à-vis les créanciers de la succession que le bénéfice d'inventaire empêche la confusion des droits de l'héritier et de la succession. Néanmoins, si j'abandonne par la suite les biens de la succession, la réunion doit être censée n'avoir jamais été faite, mon acquisition n'ayant pas été durable.

290. Lorsque le propriétaire du fief dominant qui a acquis le servant, *aut vice versâ*, n'a, à l'égard de l'un des deux, qu'un droit de propriété résoluble, la réunion est sujette à se résoudre par la condition par laquelle doit se résoudre son droit de propriété; car l'effet ne peut pas avoir plus d'étendue que sa cause. C'est pourquoi, si quelqu'un me donne un héritage mouvant de ma censive, *aut vice versâ*, la réunion qui se fait par cette acquisition, faute de déclaration, se résoudra par la révocation de la donation pour cause de survenance d'enfants; et l'héritage reprendra sa première qualité de mouvant de ma censive.

Il en seroit autrement si le droit de propriété du vassal, dans l'un des deux héritages, venoit à se résoudre par une cause volontaire, et par le fait du vassal; comme lorsque la donation de l'héritage qu'il a réuni à sa censive est révoquée pour cause d'ingratitude : en ce cas, la réunion ne laisse pas de subsister, ne devant pas être au pouvoir du vassal de priver, par son fait, son seigneur du droit que la réunion lui a acquis.

291. Lorsqu'un enfant a eu de la succession de son père la censive, et de celle de sa mère l'héritage qui en étoît

mouvant, sans avoir, par une déclaration, empêché la réunion, Livonière et Guyot pensent que cette réunion cesse à la mort de cet enfant, lorsqu'il laisse différents héritiers paternels et maternels; et que l'héritage passe aux maternels, comme mouvant de la censive qui passe aux paternels. Cette décision me paroît n'être aucunement fondée.

CHAPITRE IX.

De la succession des fiefs.

292. Il est traité sous ce titre de la succession des fiefs. La succession des fiefs dans la ligne directe descendante, a cela de particulier, que l'aîné y a un avantage sur ses frères et sœurs, qu'on appelle *droit d'aînesse*, dont nous allons traiter.

Dans la succession des fiefs en ligne collatérale, il n'y a pas de droit d'aînesse : mais cette succession a cela de particulier, que les mâles sont, en pareil degré, préférés aux filles pour succéder. *Voyez* sur ce les *art.* 98, 99, 320, 321 et 322.

ARTICLE PREMIER.

A qui est dû le droit d'aînesse.

293. Notre coutume, *art.* 89, accorde le droit d'aînesse au *fils aîné* dans la succession de ses père ou mère; ou, au cas qu'il soit prédécédé, à sa postérité qui le représente. *Voyez l'art.* 305.

Le fils aîné est celui qui, lors de l'ouverture de la succession, c'est-à-dire, lors du décès de celui *de cujus bonis agitur*, se trouve le premier né de tous les enfants mâles. Il n'importe qu'il y en ait eu d'autres avant lui, s'ils sont prédécédés ou morts civilement, sans aucune postérité qui les représente : il n'importe aussi que ses sœurs soient plus âgées que lui.

Il est évident que l'aîné, pour jouir de ce droit dans la succession de ses père et mère, doit être capable de leur succéder. **Non seulement la mort civile, mais une juste exhérédation le prive de ce droit.**

Mais quoique l'aîné soit exhérédé, le second fils n'a pas pour cela en sa place le droit d'aînesse. Cette exhérédation n'exclut l'aîné que de la succession, et n'empêche pas qu'il ne tienne dans la famille du défunt la place d'aîné, laquelle étant occupée par lui, ne peut l'être par le second fils.

A plus forte raison, quoique l'aîné renonce même gratuitement à la succession, le second n'a pas le droit d'aînesse. *Voyez l'art.* 359.

294. L'enfant légitimé par le mariage contracté depuis sa naissance entre ses père et mère, a le droit d'aînesse sur les enfans nés de ce mariage; mais il ne l'a pas sur ses frères nés d'un premier mariage contracté dans le temps intermédiaire entre sa naissance et le mariage que son père a contracté avec sa mère, quoiqu'il soit né avant eux : car on ne doit pas compter le temps de sa naissance du jour qu'il est venu au monde, mais du jour qu'il est né à la famille par le mariage que son père a contracté avec sa mère; et il seroit absurde qu'étant, par la légitimation, réputé enfant de ce second mariage de son père, il fût l'aîné de ceux d'un premier mariage. D'ailleurs l'enfant du premier mariage, qui se trouvoit en possession de la place d'aîné lors du second mariage, n'a pu en être dépossédé. *Molin.*, §. 13, *gl.* 1, *n.* 34 et 35.

295. Entre deux jumeaux, c'est celui qui est sorti le premier du sein de la mère qui est l'aîné; car l'aîné est le premier né; et naître, n'est autre chose que sortir du sein de la mère.

Dans le cas d'une entière incertitude, il y en a qui pensent que le droit d'aînesse doit se partager entre les deux jumeaux. D'autres pensent qu'il ne doit pas y avoir lieu, en ce cas, au droit d'aînesse, aucun ne pouvant justifier qu'il est l'aîné, ni par conséquent le prétendre. *Facit* L. 10, ff. *de R. dub.*

Dumoulin, *ibid.*, 4 *et seq.*, rejette la première opinion, qui, en faisant deux aînés, donne deux têtes à un même corps : la seconde lui paroît plus plausible. Néanmoins, comme il faut un chef à une famille, il la rejette aussi, et il pense qu'on doit en ce cas commettre au jugement du sort lequel des deux jumeaux sera l'aîné. Ne seroit-il pas plus raisonnable de commettre ce jugement aux suffrages de la famille?

296. La postérité de l'aîné, lorsqu'il est prédécédé, le représente dans le droit d'aînesse. *Voyez sur ce l'art.* 305 *et les notes.*

297. Sur la question si l'aîné de chaque branche doit prendre un droit d'aînesse dans la subdivision, *voyez les notes sur cet art.* 305.

ARTICLE II.

Sur quels biens s'exerce le droit d'aînesse.

298. Le droit d'aînesse n'a lieu que sur les biens nobles, c'est-à-dire sur les fiefs, *art.* 89; et sur les francs-alleux nobles. *Voyez l'art.* 255.

Il ne suffit pas qu'un héritage de la succession soit intrinsèquement féodal pour être sujet au droit d'aînesse; il faut que le défunt le tînt lui-même à titre de fief : c'est pourquoi l'héritage féodal qui a été donné à cens, n'est pas sujet au droit d'aînesse dans la succession du possesseur qui le tient à titre de cens. *Voyez sur ce les articles* 345, 346.

Les rentes à prendre sur un fief ne sont pas biens nobles, ni par conséquent sujettes au droit d'aînesse, si ce n'est qu'elles fussent inféodées, ou que celui à qui elles appartiennent fût, à cause desdites rentes, tenu de la foi pour les héritages sur lesquels elles sont à prendre. *Voyez l'art.* 347.

299. La créance d'un fief qui se trouve dans une succession, est sujette au droit d'aînesse : car elle est réputée être le fief même auquel elle doit se terminer, suivant la règle, *Qui actionem habet, ipsam rem habere videtur.* Lebrun, 11, 11, 1, *n.* 57 et 58.

Cela n'est pas douteux lorsque la créance d'un fief qui s'est trouvé dans la succession, s'est effectivement depuis terminée à ce fief, qui a été livré aux héritiers par le débiteur.

Mais que doit-on décider, si elle ne s'est terminée qu'à des dommages et intérêts? Je pense qu'il faut distinguer si dès le temps de l'ouverture de la succession la créance ne devoit se terminer qu'à des dommages et intérêts, le débiteur n'ayant pas eu dès ce temps le pouvoir de livrer le fief qu'il s'étoit obligé de donner, la créance ne pourra en ce cas être considérée comme fief, et ne sera pas sujette au droit d'aînesse. Mais si, au temps de l'ouverture de la succession, la créance trouvée dans la succession devoit se terminer au fief, et que le débiteur fût depuis devenu, par sa faute, hors d'état de le livrer; en ce cas, la nature des choses auxquelles on succède devant se considérer au temps de l'ouverture de la succession, l'aîné a succédé à cette créance comme à un fief; il a été saisi du droit de demander pour sa portion avantageuse le fief qui en faisoit l'objet : le débiteur n'a pu, par son fait, diminuer le droit de l'aîné; le tort qu'il a fait aux enfants de son créancier, en se mettant, par sa faute, hors d'état de leur livrer le fief qu'il leur devoit, est proportionné à la part que chacun d'eux auroit eue dans le fief : par conséquent l'aîné doit avoir, dans les dommages-intérêts résultants de ce tort, la même portion avantageuse qu'il auroit eue dans le fief.

300. Lorsqu'il se trouve dans la succession un héritage féodal sujet à éviction, soit parce que le défunt n'en avoit que la possession sans en être propriétaire, soit parce que son droit de propriété étoit résoluble, l'aîné ne laisse pas d'y prendre son droit d'aînesse jusqu'à l'éviction. Mais après l'éviction, l'aîné aura-t-il son droit d'aînesse sur les deniers qu'aura été obligé de rembourser celui à qui aura été fait le délais de l'héritage? Cela dépend de la nature de l'action sur laquelle l'éviction est intervenue. Si c'est une action de réméré exercée sur les enfants par celui qui avoit vendu l'héritage à cette condition, l'aîné doit avoir son droit d'aînesse dans la somme qui est remboursée, comme prix du réméré; car les enfants recevant cette somme comme le prix de leur héritage qu'ils sont obligés de rétrocéder, en

exécution de la clause de réméré, chacun d'eux doit avoir dans le prix une portion proportionnée à celle qu'il avoit dans l'héritage. *Lebrun,* 11, 11, 1, 15.

Il en est de même dans le cas d'un retrait, soit lignager, soit féodal, et dans le cas d'un droit de refus : mais il en doit être autrement si l'éviction est intervenue sur des lettres de rescision que celui qui avoit vendu l'héritage au défunt a prises contre la vente, ou sur une action rédhibitoire ; car la vente, dans ces cas, étant détruite, et l'héritage étant censé n'avoir jamais appartenu au défunt ni à ses enfants, la somme d'argent que le vendeur avoit reçue du défunt pour le prix de la vente qui est rescindée, et qu'il est obligé de restituer, ne peut être considérée comme le prix d'un héritage qui appartînt aux enfants, mais simplement comme une somme qui, se trouvant avoir été payée sans sujet par le défunt, au moyen de la rescision de la vente, doit être restituée à sa succession, *condictione sine causâ*, et dans laquelle par conséquent l'aîné ne peut prétendre de droit d'aînesse. *Lebrun, ibid.*

301. Lorsque le créancier de celui qui avoit vendu un héritage féodal au défunt, l'a évincé sur une action hypothécaire, à la charge par lui de rembourser une certaine somme pour le prix des augmentations faites par le défunt sur cet héritage, l'aîné doit avoir son droit d'aînesse dans cette somme : car les augmentations faites sur l'héritage en faisant partie, suivant la règle, *Inœdificatum solo cedit*, l'aîné doit avoir une part dans le prix proportionnée à celle qui lui appartenoit dans l'héritage. Il faut décider autrement si le délai avoit été fait sur une action de revendication, ou sur une action rescisoire : car l'héritage, en ces cas, n'ayant jamais appartenu, ou étant censé n'avoir jamais appartenu au défunt, ni à ses enfants, les augmentations qui ont été faites par le défunt sur cet héritage, et qui font partie de cet héritage, ne sont point quelque chose qui ait appartenu au défunt, ni à ses enfants : d'où il suit que la somme qui leur est remboursée, ne leur est pas remboursée comme le prix d'un héritage de la succession, mais comme une somme qui est due à la succession du défunt pour impenses

15. — 1. 14

par lui faites sur l'héritage du demandeur. L'aîné n'y peut donc prétendre de droit d'aînesse.

302. Il ne peut non plus prétendre aucun droit d'aînesse dans l'action de garantie à laquelle l'éviction donne ouverture contre le garant; car cette action devant se terminer à des dommages et intérêts, elle ne peut être regardée comme quelque chose de féodal sujet au droit d'aînesse.

303. Si le défunt étoit propriétaire d'un héritage féodal, pour une portion indivise avec une autre personne, laquelle s'est rendue adjudicataire du total, sur la licitation faite entre les enfants du défunt et elle, l'aîné doit avoir son droit d'aînesse dans les deniers de la licitation; *Lebrun, ibid.*, 58. La raison de douter se tire de l'effet rétroactif qu'on donne aux partages et licitations, suivant lequel le propriétaire qui s'est rendu adjudicataire étant censé avoir été toujours propriétaire de l'héritage féodal, à la charge du retour, il ne se trouveroit rien de féodal dans la succession sur quoi l'aîné eût pu avoir droit d'aînesse. La réponse est, que cet effet rétroactif est une fiction qui a lieu quant à certains effets; mais il n'est pas moins vrai que le défunt a laissé dans sa succession une portion indivise de l'héritage féodal; que l'aîné a été saisi de son droit d'aînesse, et de sa portion avantageuse dans cette portion; qu'en conséquence, dans la licitation dans laquelle il a été partie avec ses frères et sœurs et le copropriétaire, il a été partie licitante pour une plus grande part que ses frères et sœurs, et qu'il doit avoir par conséquent une plus grande part dans le prix de la licitation. *Lebrun, ibid.*, *n.* 58.

Vice versâ, si l'aîné, et les frères et sœurs conjointement, s'étoient rendus adjudicataires, l'aîné ne pourroit prétendre qu'une part virile et égale dans la portion du copropriétaire, dont ils seroient devenus propriétaires par la licitation : car le copropriétaire par indivis d'une portion, quelque petite qu'elle soit, a autant de droit de se rendre adjudicataire du total, que celui qui a une plus grande portion : les puînés ayant donc eu un droit égal à celui de leur aîné pour acquérir par la licitation la portion de leur copropriétaire, ils doivent avoir chacun une part égale dans cette portion. *Lebrun, ibid.*

3o4. Lorsque le défunt a laissé dans sa succession un héritage féodal qui ne lui appartenoit pas, l'ayant acquis de celui qui n'en étoit pas le vrai propriétaire, et que, depuis sa mort, l'aîné, et ses frères et sœurs conjointement, l'acquièrent, *ex novâ causâ*, du véritable propriétaire, l'aîné cesse d'avoir son droit d'aînesse dans cet héritage : car ce droit n'a lieu que dans les biens de la succession; les enfants ne tenant plus cet héritage de la succession, mais de la nouvelle acquisition qu'ils en ont faite, il ne peut plus être considéré comme un bien de la succession dans lequel l'aîné puisse avoir son droit d'aînesse.

3o5. Observez que lorsque les enfants ont transigé pour une somme d'argent avec celui qui s'en prétendoit propriétaire, ils ne sont pas censés avoir acquis l'héritage par cette transaction, et l'aîné y conserve son droit d'aînesse, à moins qu'il ne fût évident que l'héritage appartenoit effectivement à celui avec qui ils ont transigé. Au reste, il doit contribuer au prix de la transaction à proportion de la part qu'il a dans l'héritage.

3o6. Lorsque celui qui a vendu l'héritage au défunt, le lui a vendu comme se faisant fort de celui qui en étoit le propriétaire, quoique ce propriétaire n'ait ratifié que depuis la mort de l'acheteur, et qu'en conséquence les enfants de cet acheteur n'en soient devenus propriétaires que depuis; néanmoins, comme les ratifications ont un effet rétroactif au temps du contrat, et que celui qui ratifie la vente faite en son nom, est censé, dès ce temps, l'avoir vendu lui-même, suivant les règles, *Ratihabitio mandato comparatur;* et celle-ci : *Qui mandat, ipse fecisse videtur;* cet héritage, en ce cas, n'appartient point aux enfants *ex novâ causâ*, mais en vertu de la vente qui en a été faite à leur père; et par conséquent ils le tiennent de la succession de leur père, qui leur a transmis, sinon l'héritage même, au moins l'action *ex empto*, à laquelle s'est depuis terminé l'héritage; et par conséquent l'aîné y doit conserver son droit d'aînesse.

ARTICLE III.

En quoi consiste le droit d'aînesse ; et à quel titre l'aîné a ce droit.

307. Le droit d'aînesse consiste en plusieurs avantages, tels que celui de porter les armes pleines de la famille, d'avoir le dépôt des titres de la famille, les tableaux de famille, les choses qui ont été les marques de la dignité du père commun ou des ancêtres, comme sont des croix de Saint-Louis ; leurs ouvrages manuscrits, qui sont des productions de leur esprit. L'aîné peut jouir de ces avantages sans être héritier de ses père et mère. A l'égard du droit d'aînesse que la coutume accorde à l'aîné dans leur succession, il est évident que l'aîné ne peut en jouir sans être héritier.

308. Ce droit consiste, 1° dans un manoir, c'est-à-dire, une maison à demeurer, dont la coutume accorde à l'aîné le choix entre ceux tenus noblement qui se trouvent dans la succession, avec un arpent de terre contigu audit manoir, qu'on appelle *vol de chapon,* aussi tenu noblement. Sur ce que comprend ledit manoir, *voyez les art.* 89 et 92.

Si une rente à prendre sur un manoir en peut tenir lieu ; *voyez les art.* 93 et 94.

Voyez un cas en *l'art.* 96, auquel l'aîné n'a pas le manoir.

Enfin sur la question, si l'aîné en doit avoir un dans chacune des successions de ses père et mère ou autres ascendants, *voyez l'art.* 97.

Observez que lorsqu'il y a des manoirs situés en différentes coutumes principales qui défèrent à l'aîné un manoir, l'aîné a droit d'en prendre un dans chaque coutume, parce que chaque coutume défère la succession des biens situés en son territoire, indépendamment des autres.

309. Le droit d'aînesse consiste, 2° en ce que notre coutume donne à l'aîné, dans le surplus des biens nobles, une portion plus considérable que celle des autres enfants : cette portion est les deux tiers lorsqu'il n'y a que deux enfants, et la moitié lorsqu'il y en a un plus grand nombre. *Voyez sur ce les art.* 89, 90 et 95.

310. Quoique l'aîné ne puisse jouir de son droit d'aînesse sans être héritier, néanmoins ce qu'il prend de plus que ses frères et sœurs, en vertu de ce droit, ne le rend pas héritier pour une plus grande portion que chacun de ses frères et sœurs; la coutume lui accordant ce qu'il a de plus qu'eux, comme un préciput qu'il prend hors part et avant partage.

D'où il suit, 1° qu'il n'a pas plus que chacun de ses cohéritiers dans l'accroissement de ceux qui renoncent, *art.* 369; 2° qu'il n'est tenu des dettes de la succession que pour la même part que chacun d'eux.

ARTICLE IV.

Si les père et mère peuvent donner atteinte au droit d'aînesse; et si ce droit doit céder à celui de la légitime.

311. Les père et mère peuvent bien diminuer le droit d'aînesse de leurs enfants, en aliénant entre vifs leurs biens nobles envers des tiers, ou en commuant leurs fiefs en censive par une convention faite avec le seigneur de qui ils relèvent; mais ils ne peuvent y donner atteinte par des donations même entre vifs qu'ils feroient à leurs puînés. C'est pourquoi quand même ces puînés donataires renonceroient à leur succession pour se tenir à leur don, les fiefs qui leur ont été donnés devroient se compter par fiction dans la masse des biens nobles dans lesquels l'aîné doit avoir son droit d'aînesse; et si dans le surplus des biens restés dans la succession, il ne se trouve pas de quoi le remplir en total de son droit d'aînesse dans les biens compris dans cette masse, et de sa légitime de droit dans les autres biens, l'aîné pourra quereller les autres donations faites à ses puînés, et en retrancher ce qui lui manque.

De là cette maxime, qu'encore que dans les biens ordinaires, la légitime de l'aîné, comme celle des autres enfants, soit seulement la moitié de ce qu'il auroit eu si son père n'eût pas disposé par donation, la légitime dans les biens nobles est, vis-à-vis de ses puînés, le total de ce que la loi lui accorde dans lesdits biens.

La règle que les père et mère ne peuvent donner atteinte au droit d'aînesse, reçoit dans notre coutume une exception en l'*art.* 91. *Voyez cet article.*

312. Le droit d'aînesse doit céder à la légitime des puînés dans le cas auquel il l'absorberoit. *Voyez l'art.* 96, *et l'Introd. au t.* 15, *ch. De la légitime.*

CHAPITRE X.

De la garde-noble.

313. *Garde et Bail* sont des termes qui, dans nos coutumes, signifient gouvernement, administration avec autorité.

Notre coutume appelle *garde*, tant entre nobles qu'entre non nobles, la tutelle d'enfants mineurs qu'elle défère de plein droit au survivant de leurs père et mère; ou, à son défaut ou refus, à leurs autres ascendants, *art.* 23; et elle donne à ces tuteurs le nom de *gardiens, art.* 26.

Entre nobles, lorsque la mère ou l'aïeule, gardienne de ses enfants, se remarie, elle communique et fait passer à son mari la tutelle qu'elle a de ses enfants. Cette tutelle, en ce cas, change de nom; elle s'appelle *bail; art.* 25; et cette mère ou aïeule remariée, et son mari, s'appellent *baillistres, art.* 27.

La tutelle que la coutume entre nobles, à défaut d'ascendants, défère aux collatéraux, s'appelle aussi *bail;* et ces tuteurs s'appellent *baillistres, art.* 27, 28, 29 et 30.

314. *Garde-noble* se prend, ou pour la tutelle que la loi défère entre nobles au survivant de deux conjoints par mariage sur ses enfants mineurs, et à son défaut, aux autres ascendants; ou pour l'émolument qu'elle y attache.

La garde-noble, prise en ce second sens, peut être définie, l'émolument que la coutume accorde, sous certaines charges, dans les biens de la succession du prédécédé de deux conjoints nobles, au survivant qui accepte la garde de ses enfants mineurs héritiers dudit prédécédé; et à son défaut ou refus, aux autres ascendants desdits mineurs.

Cet émolument est dans notre coutume un accessoire de la tutelle qu'elle accorde au survivant ou autres ascendants ; et comme un accessoire ne peut subsister sans le principal, mais peut en être séparé, le survivant ou autres ascendants ne peuvent, dans notre coutume, avoir cet émolument sans la tutelle ; mais ils peuvent renoncer à cet émolument, et néanmoins conserver la tutelle légitime de leurs enfants : c'est ce qui s'appelle renoncer à la garde-noble, pour s'en tenir à la garde ordinaire et comptable.

315. Notre coutume a traité de la garde-noble sous le titre des fiefs, parce qu'elle en tire son origine. Comme les fiefs étoient tenus autrefois à la charge du service militaire, lorsqu'un vassal laissoit à sa mort des enfants mineurs qui n'étoient pas encore capables de ce service, le seigneur se mettoit en possession de leurs fiefs, et en jouissoit jusqu'à ce qu'ils eussent atteint un âge suffisant, en se chargeant de pourvoir, en attendant, à leurs aliments et à leur éducation. De là l'origine de la garde royale et seigneuriale qui a lieu en Normandie : depuis les seigneurs se déchargèrent de ce soin sur quelqu'un des proches parents des mineurs, qui jouissoit des fiefs des mineurs jusqu'à ce qu'ils fussent en âge suffisant, en se chargeant, tant de faire le service militaire à leur place, que de pourvoir aux aliments et à l'éducation des mineurs.

Ce droit des gardiens-nobles, qui, dans son origine, n'avoit lieu qu'à l'égard des fiefs, et qui encore aujourd'hui, dans quelques coutumes, est restreint à ces sortes de biens, s'étendit à la jouissance des autres biens des mineurs. Bien plus, l'avarice des gardiens alla jusqu'à s'arroger le droit de s'emparer en propriété de tout le mobilier des mineurs ; et quoique ce droit ait été abrogé dans la plupart des coutumes, la nôtre l'a conservé aux gardiens.

316. Pour traiter sommairement cette matière de la *garde-noble*, nous verrons, 1° à quelles personnes la coutume l'accorde, et sur quelles personnes ; 2° ce qui y donne ouverture : quand et comment elle se défère ; 3° en quoi consiste l'émolument de la garde ; qu'elles sont les obliga-

tions du gardien, et les charges de la garde; 4° des ma ·
nières dont elle finit; 5° de la qualité des dispositions coutumières touchant la garde.

SECTION PREMIÈRE.

A quelles personnes notre coutume défère la garde-noble; et sur quelles
personnes.

317. Notre coutume défère la garde-noble, non seulement au survivant des père et mère des *mineurs,* mais encore, au défaut ou refus du survivant, à leur aïeul ou aïeule,
art. 23, et autres ascendants, *art.* 26, mais seulement à
ceux du côté du prédécédé. *Voyez l'art.* 23 *et les notes.*

Elle accorde ce droit à ceux de cette ligne, en considération de ce qu'ils sont de la famille du prédécédé d'où
viennent les biens du mineur.

318. Lorsqu'à défaut ou refus du survivant, il se trouve
un aïeul ou une aïeule du côté du prédécédé, qui accepte
la garde, il n'est pas douteux que les bisaïeuls et les bisaïeules, comme étant en degré plus éloigné, sont exclus :
mais lorsqu'il ne se trouve ni aïeul ni aïeule, et qu'il se
trouve plusieurs bisaïeuls ou bisaïeules dudit côté, la question n'est pas décidée si on doit les faire tous concourir.
On peut, pour la concurrence, tirer argument de la loi
romaine, qui fait concourir pour la tutelle légitime tous les
agnats mâles qui se trouvent au même degré le plus prochain. Néanmoins cette concurrence a des inconvénients,
et j'inclinerois à préférer le mâle à la femelle, c'est-à-dire,
le bisaïeul à la bisaïeule ; et entre deux bisaïeuls, celui de
la ligne paternelle du prédécédé, à celui de la ligne maternelle. On peut tirer argument pour cette préférence, de
l'*art.* 4 de Blois, coutume voisine.

319. Il faut être noble pour avoir la garde-noble ; c'est
pourquoi un aïeul de mineurs nobles, qui n'est pas lui-
même noble, ne peut avoir cette garde.

Mais la veuve d'un noble, quoiqu'elle soit d'extraction
roturière, étant devenue noble par son mariage, peut avoir
la garde-noble de ses enfants.

320. Il faut aussi être usant de ses droits pour être capable de la garde ; car celui qui n'est pas capable de se gouverner soi-même, est incapable d'en gouverner d'autres. C'est pourquoi un interdit pour cause de démence, ou même seulement de prodigalité, est incapable de la garde.

Mais celui à qui l'on a donné seulement un conseil pour l'aliénation de ses biens, peut être gardien.

Il y a plus de difficulté si le conseil lui a été donné même pour l'administration de ses biens. Je pense que si c'est pour ses infirmités que ce conseil lui a été donné, il ne doit pas être pour cela exclu de la garde ; et il suffira de créer aux mineurs un tuteur onéraire, qui, aux frais, aux risques et à la décharge du gardien, administrera leurs biens. Mais je pense qu'il faudroit décider autrement, si le conseil étoit donné à quelqu'un pour cause de mauvaise conduite ou de foiblesse d'esprit.

321. Les mineurs ne sont point exclus de la garde de leurs enfants : l'usage en est constant dans notre coutume, quoique la tutelle soit jointe à la garde. On crée seulement, en ce cas, aux mineurs, un curateur aux causes, pour les défendre en justice, et pour les actes où il s'agiroit d'aliénation.

322. Je ne pense pas que l'infamie qui résulte de quelque condamnation infamante, puisse seule par elle-même exclure quelqu'un de la garde de ses enfants ; car l'infamie n'exclut que des fonctions publiques, et non des droits de famille.

323. L'insolvabilité notoire n'est pas non plus une cause qui doive exclure de la garde ; mais on doit, en ce cas, créer aux mineurs un tuteur onéraire, qui administrera et donnera tous les ans au gardien ce qui restera, les dépenses de la garde déduites. Arrêt dans Soefve, 11, 4, 23.

324. La coutume donne le droit de garde-noble sur les mineurs qui sont au-dessous de l'âge fixé par l'*art.* 24. *Voyez cet article et le* 25.

325. Il faut qu'ils soient nobles : il ne suffit pas que le gardien le soit ; *art.* 179.

SECTION II.

Quand, et comment la garde se défère; et de sa répudiation.

326. La garde-noble ne se défère qu'une seule fois, et c'est lors de la mort de celui des père et mère des mineurs qui meurt le premier, qu'elle se défère; *art.* 23.

327. Elle n'a pas besoin, dans notre coutume, d'être acceptée : la garde-noble est acquise au gardien de plein droit, *art.* 23; à moins qu'il ne juge à propos de la répudier. *Voyez,* sur la manière et le temps dans lequel se doit faire cette répudiation, l'*art.* 23.

Lorsque celui à qui la garde-noble a été déférée, est mort peu après sans s'être expliqué, il est présumé l'avoir acquise, s'il étoit avantageux de l'acquérir; et par conséquent le droit de garde-noble est consommé, et ne peut plus se déférer une seconde fois.

328. Lorsque le prédécédé a laissé plusieurs enfants mineurs, quoiqu'il y ait autant de droits de garde-noble qu'il y a d'enfants, néanmoins on n'admet pas que le gardien puisse retenir la garde-noble de l'un d'eux, *putà,* celle de l'aîné, comme plus avantageuse, et répudier celle des autres; car cette distinction, qui a un motif d'avarice, choque la bienséance.

SECTION III.

En quoi consiste la garde-noble.

329. Le droit de garde-noble a cela de commun dans notre coutume avec la garde simple et comptable, qu'elle consiste principalement dans le droit de gouverner les personnes des mineurs, et de disposer de leur éducation; et elle est en cela une espèce de tutelle légitime. *Sur quoi voyez l'Introduction au tit.* 9.

Ce qui la distingue de la garde simple, est le droit que notre coutume accorde sous certaines charges au gardien-noble dans les biens des mineurs qui sont sujets à la garde, lequel consiste dans la propriété du mobilier, et dans la jouissance des immeubles pendant le temps que durera la garde.

§. I. Quels biens sont sujets à la garde.

330. Il n'y a de biens sujets à la garde-noble, que ceux de la succession du prédécédé de ses père et mère. *Voyez l'article 25 et les notes, et nos observations sur Lalande, dans l'édition de la Coutume d'Orléans, de l'année 1740.*

On doit regarder comme biens de cette succession, et par conséquent sujets à la garde, non seulement les choses qui s'y sont trouvées lors de son ouverture, mais tout ce qui seroit advenu depuis au mineur en vertu de quelque droit dépendant de cette succession, tels que seroient des héritages qui seroient advenus aux mineurs durant la garde, par l'expiration d'un bail à temps qui en auroit été fait par le défunt, ou qui auroient été déguerpis pour une rente foncière de la succession.

On doit aussi regarder comme biens de cette succession tout ce qui est accru et uni à quelque héritage de cette succession par une union naturelle, telles que sont les alluvions.

331. A l'égard des autres biens qui adviennent au mineur durant la garde, soit par les dons ou legs qui lui seroient faits, soit de la succession de ses aïeuls ou aïeules, ou de ses collatéraux, même de celle de ses frères et sœurs qui seroient tombés comme eux en garde-noble; quoique ces biens viennent originairement de la succession du prédécédé, ils ne sont pas sujets à la garde-noble : mais le gardien-noble, qui dans notre coutume est tuteur des mineurs, doit les administrer, à la charge de compter des fruits, revenus, intérêts, et intérêts d'intérêts, de même qu'un autre tuteur.

§. II. Du droit qu'a le gardien-noble de s'approprier en propriété le mobilier de la succession du prédécédé, échue au mineur.

332. Ce droit comprend tout ce qui est réputé meuble dans la succession du prédécédé, tant les meubles corporels que les incorporels, c'est-à-dire, les créances des

sommes exigibles, ou de quelque chose de mobilier ; tant celles que la succession a contre les tiers, que celles qu'elle a contre le survivant, qui, en ce cas, comme gardien-noble, en fait confusion et en est libéré.

333. L'usage a néanmoins excepté les créances que la succession du prédécédé a pour la reprise de ses deniers stipulés propres, ou pour le remploi de ses propres aliénés : car quoique ces créances soient dans la vérité mobiliaires, étant créances de sommes de deniers exigibles, elles sont considérées comme des espèces de propres fictifs.

C'est pourquoi, lorsque le gardien-noble rendra compte à ses mineurs, il faudra faire un état de toutes les créances que les mineurs tombés en garde-noble avoient contre la communauté lors de sa dissolution ; et sur la somme totale à laquelle toutes ces créances se trouveront monter, il faudra faire déduction du montant des sommes que lesdits mineurs devoient à la communauté.

334. Tous conviennent que la créance des enfants tombés en garde-noble contre le survivant leur gardien, pour la reprise de leurs deniers stipulés propres, et pour le remploi du prix de leurs propres aliénés durant le mariage, est une créance qui ne fait pas partie de leur mobilier, que la loi donne en propriété à leur gardien, cette créance étant regardée comme une espèce de propre fictif. Il y a plus de difficulté à l'égard de la créance que les enfants ont en cas de renonciation de communauté, pour la reprise de la somme apportée par leur mère en communauté, stipulée audit cas à leur profit par le contrat de mariage : cette créance, quoique mobiliaire, mérite une faveur particulière, ayant un objet qui fait partie de la dot de leur mère. Néanmoins Renusson, en son *Traité de la Garde-noble*, VI, 92, pense que cette créance que ces enfants ont pour cette reprise contre leur père et gardien-noble, étant une créance mobiliaire, doit, dans les coutumes qui donnent au gardien-noble les meubles des mineurs en propriété, être comprise dans la généralité des meubles des mineurs que ces coutumes donnent au gardien-noble, et se confondre par conséquent dans la garde-noble.

Il y a beaucoup moins de difficulté à l'égard de la créance
que les enfants mineurs tombés en garde-noble auroient,
en qualité d'héritiers du prédécédé, contre le survivant
leur gardien, pour les récompenses qu'il doit à la communauté. Il n'est pas douteux que cette créance, comme faisant partie des biens meubles, se confond dans la garde-
noble, dans les coutumes qui donnent au gardien-noble
les meubles des mineurs en propriété. Supposons, par
exemple, que la femme gardienne-noble avoit pendant son
mariage, pour ses affaires particulières, tiré du fonds de
la communauté une somme de dix mille livres : n'ayant
aucunes créances à exercer contre la communauté, qui
puissent venir en déduction de cette somme, elle est débitrice envers la communauté de cette somme de dix mille
livres. Supposons que les enfants doivent de leur côté
4,000 liv., compensation faite de ces dettes respectives,
la femme doit encore à la communauté 6,000 liv., dont elle
en confond 3,000 sur elle comme commune; et à l'égard
des autres 3,000 liv., elle les doit à ses enfants : mais elle
en est acquittée par la garde-noble, parce que cette créance
de 3,000 liv., en tant que créance mobiliaire, tombe dans
la garde-noble avec tout le reste du mobilier des mineurs.
Il en seroit de même, en cas de renonciation à la communauté, de la somme entière de dix mille livres qu'elle devroit, en ce cas, à ses enfants; elle en seroit pareillement
acquittée par la garde-noble, dans laquelle elle tomberoit
comme créance mobiliaire de ses enfants. Il n'en est pas de
même de la récompense due aux enfants mineurs tombés en
garde-noble par le survivant leur gardien, pour le rachat des
rentes par lui dues, fait, pendant le temps du mariage, des
deniers de la communauté; car cette récompense qui leur
est due, consistant dans la continuation que le survivant
doit leur faire desdites rentes, soit pour moitié, en cas
d'acceptation de communauté, soit pour le total, dans le
cas auquel leur gardienne, débitrice desdites rentes, auroit renoncé à la communauté, la créance des enfants étant
la créance d'une rente, n'est pas une créance mobiliaire,
et elle ne peut par conséquent se confondre avec la garde-

noble, si ce n'est pour les arrérages qui en courront pendant la durée de la garde.

335. Il seroit fort à souhaiter qu'on exceptât du gain des meubles accordé aux gardiens-nobles, les bestiaux qui se trouvent dans les biens de la succession du prédécédé, et qui sont absolument nécessaires pour l'exploitation des biens de la Sologne ; étant très injuste que les mineurs, en sortant de garde, soient obligés d'engager leurs fonds pour racheter de leurs gardiens les bestiaux nécessaires pour embestialer leurs terres : mais on n'a pas jusqu'à présent fait cette exception.

§. III. Du droit qu'a le gardien-noble de jouir des immeubles sujets à la garde.

336. Ce droit comprend tous les fruits qui sont à percevoir sur les biens de la succession du prédécédé pendant tout le temps de la garde-noble. Néanmoins si, lorsque le temps de la garde étoit prêt à expirer, le gardien eût coupé des fruits avant leur maturité, et qui n'auroient été bons à couper qu'après l'expiration du temps de la garde, il seroit tenu des dommages et intérêts du mineur.

337. Le gardien-noble a les fruits civils qui naissent durant la garde, comme les fruits naturels. Les fermes des biens de campagne étant le prix des récoltes, elles sont censées nées et acquises au gardien-noble, lorsque la récolte s'est faite durant le temps de la garde, quoique les termes de paiement n'échussent qu'après. A l'égard des arrérages des rentes foncières ou constituées, et des loyers de maisons, ils se comptent de jour à jour ; et ils sont dus au gardien-noble pour tout ce qui en a couru jusqu'au temps qu'a fini la garde.

Les profits de fiefs et de censive sont aussi des fruits civils, qui sont censés nés durant la garde et acquis au gardien, lorsque les contrats de vente et mutations qui y ont donné ouverture, sont arrivés durant le temps de la garde. Les amendes, les épaves, la portion due au seigneur justicier du trésor trouvé dans le territoire de sa justice ; les confiscations et droits de déshérence, même d'héritages, sont fruits civils des droits de justice, et par conséquent appartiennent au gardien, lorsqu'il y a eu ouverture à ces droits durant le temps de la garde.

La présentation des bénéfices est réputée un fruit civil du droit de patronage, qui est acquis au gardien-noble lorsque le bénéfice vaque durant le temps de la garde. Il y présente donc *proprio jure*, et peut en conséquence nommer au bénéfice son mineur : en quoi il diffère d'un tuteur ordinaire, qui ne présente qu'au nom de son mineur, et ne peut par conséquent nommer son mineur. *Chopin, de Mor. And. Tit. de jur. de port.*, n. 8.

Le gardien nomme aussi aux offices des justices de son mineur ; mais il ne peut accorder des survivances, ni destituer les officiers.

§. IV. Des charges de la garde, et des obligations du gardien.

338. La première obligation que doit remplir le gardien, est de faire, aussitôt après la mort du prédécédé, un inventaire des titres de la succession du prédécédé.

Quoique la coutume ne s'en soit pas expliquée, il a été jugé plusieurs fois que les parents du mineur pouvoient poursuivre le gardien en justice pour l'obliger à faire cet inventaire.

L'inventaire des meubles peut même quelquefois être nécessaire, comme dans le cas rapporté. *Voyez l'art.* 25 *in fin., et les notes* 9 et 10.

339. 2° Le gardien doit pourvoir aux aliments du mineur, et à tout ce qui est nécessaire pour son éducation : s'il y manquoit, il pourroit être, à la requête des proches parents, contraint par le juge, et même, en cas de contumace, privé de la garde.

340. 3° Il doit entretenir en bon état les héritages sujets à la garde ; c'est pourquoi il n'est pas douteux qu'il est tenu de toutes les réparations d'entretien survenues durant la garde. A l'égard de celles qui étoient à faire lors de son ouverture, la coutume donnant au gardien tout le mobilier, sur lequel doit naturellement se prendre le coût de ces réparations, il est équitable que le gardien en soit tenu au moins

jusqu'à concurrence de l'émolument qu'il a eu. Il n'est pas tenu des grosses, à moins qu'elles ne fussent survenues par sa faute, par défaut d'entretien.

341. 4° Enfin il est tenu d'acquitter toutes les dettes mobiliaires dont la succession du prédécédé est tenue, soit envers des tiers, soit envers lui. Par exemple, si le prédécédé étoit débiteur envers la communauté de partie de son apport mobilier qu'il n'avoit pas fourni, le survivant gardien-noble seroit tenu de tenir ses mineurs quittes de cette dette. On excepte de cette règle ce que la succession du prédécédé doit au survivant pour les reprises et remplois de propre du survivant. Cette espèce de créance du survivant ne se confond pas entièrement par la garde-noble; et voici ce qui se pratique. Cette créance de survivant, déduction et compensation préalablement faites de ce qu'il peut devoir à la communauté, se prélève par proportion, tant sur le mobilier que sur les conquêts qui composent la communauté; et les mineurs, nonobstant la garde-noble, demeurent débiteurs de ce que leur part desdits conquêts en doit porter. *Finge :* le survivant, pour lesdites reprises, est créancier de la communauté, toutes déductions faites, de 1,200 liv. Le mobilier de la communauté vaut 5,000 l., les conquêts 10,000 liv. Le mobilier doit en porter le tiers, montant à 400 liv., dont le survivant, qui a tout ce mobilier, doit faire confusion; et les mineurs, qui, en cas d'acceptation de la communauté, succèdent à la moitié des conquêts, sont débiteurs envers leur gardien de la moitié des 800 liv. restantes.

C'est ce qui paroît avoir été jugé en la coutume de Montargis, semblable à la nôtre, par un arrêt du 28 février 1668, rapporté au 3ᵉ tome du Journal des Audiences, par lequel il fut jugé que la dame Le Cirier, créancière de son mari d'un remploi de propre, devoit faire confusion, non seulement de moitié en sa qualité de commune, mais encore d'un tiers en l'autre moitié, comme ayant succédé, en sa qualité de gardienne-noble de ses enfants, à la part de son mari dans le mobilier des biens de la communauté, dont on estima que le mobilier faisoit le tiers.

C'est une question, si l'on ne doit pas encore excepter des dettes dont la gardienne-noble doit acquitter ses mineurs, celles dont ils sont tenus envers elle pour la reprise de son apport mobilier qu'elle a stipulé en cas de renonciation à la communauté, comme aussi celles dont ils sont débiteurs envers elle pour son douaire, lorsqu'il a été convenu à une certaine somme d'argent en propriété. J'inclinerois beaucoup à ne les point excepter, la garde-noble étant très odieuse dans les coutumes qui donnent les meubles au gardien.

À l'égard de ce que les enfants doivent à leur mère leur gardienne-noble pour son forfait de communauté, tous conviennent qu'elle en doit acquitter ses mineurs, et en faire confusion.

Il en est de même de ce que les enfants doivent à la communauté, soit pour ce qui se manque de l'apport du prédécédé, soit pour les récompenses des sommes qu'il en a tirées : tous conviennent que le gardien-noble doit les en acquitter, aussi bien que du préciput, et des donations de choses mobiliaires que le prédécédé auroit faites au survivant leur gardien.

On a fait la question de savoir si le gardien-noble doit acquitter ses mineurs des legs de sommes d'argent considérables portées au testament du prédécédé. Pour la négative on dit : La coutume charge bien le gardien *d'acquitter de toutes dettes* les mineurs; mais les legs sont bien des charges de la succession du prédécédé, et ne sont pas dettes du prédécédé. On dit au contraire pour l'affirmative, que les legs étant des charges de la succession du prédécédé, sont des dettes des mineurs qui l'ont acceptée; ce qui suffit pour que le gardien soit tenu de les en acquitter. Car la coutume ne dit pas que le gardien-noble est tenu d'acquitter ses mineurs des dettes du prédécédé: elle le charge indistinctement de les acquitter de toutes dettes; ce qui comprend non seulement les dettes du prédécédé, mais pareillement toutes celles que les mineurs contractent en acceptant sa succession. Renusson, *chap.* 7, a suivi cette seconde opinion, même pour les coutumes qui ne

donnent au gardien-noble que les revenus des biens de la
succession du prédécédé : elle doit, à plus forte raison,
être suivie dans celles qui lui donnent les meubles en propriété.

Le gardien - noble doit aussi acquitter ses mineurs des
frais d'inventaire, des frais funéraires du prédécédé, des profits de relevoisons dus par la mort du prédécédé, des frais
des actes de souffrance, de reconnoissances, et des déclarations d'hypothèque qu'il a été obligé de passer pour leurs
héritages, et généralement de toutes les sommes d'argent
ou autres choses mobiliaires qui pourront être dues par
les mineurs, soit à des tiers, soit à leur gardien, pour
quelque cause que ce soit, sauf le cas d'exception ci-dessus,
suivant cette maxime de Loysel, *Qui bail ou garde prend,
quitte le rend.*

Plusieurs prétendent aussi que la gardienne-noble à qui
l'on a promis par le contrat de mariage une certaine somme
en propriété pour son douaire, ne doit pas confondre cette
créance, dont la succession de son mari est tenue envers
elle.

La coutume, sous le terme de dettes, comprend les
frais funéraires du prédécédé, quoiqu'ils soient plutôt
charges de la succession que dettes ; on peut soutenir qu'il
en doit être de même des legs de sommes modiques.

A l'égard des rentes dont la succession du prédécédé est
débitrice, soit envers des tiers, soit envers le survivant, il
n'est tenu que des arrérages courus jusqu'au temps de l'expiration de la garde.

De là il suit que lorsque le prédécédé a remboursé des
deniers de la communauté, une rente qu'il devoit de son
propre, la récompense qui est due au survivant, consistant,
en ce cas, en ce que cette rente revit au profit du survivant pour la part qu'il a en la communauté contre la succession du prédécédé (*infrà, Introd. au tit.* 10, *chap.* 6),
le survivant, gardien-noble de ses enfants héritiers du prédécédé, ne fait aucune confusion de cette récompense, si
ce n'est des arrérages courus durant la garde.

342. Le gardien-noble est tenu de toutes ces charges,

même au-delà de l'émolument qu'il auroit retiré de la garde-noble : car l'acceptation qu'il en fait est comme un marché à forfait, par lequel il s'engage envers ses mineurs à l'acquittement de toutes ces charges, pour le mobilier et la jouissance des immeubles de la succession, qui est comme le prix du marché. Il y en a même qui prétendent que le gardien, quoique mineur, ne seroit pas restituable contre l'acceptation de la garde-noble; ce qui me paroît souffrir difficulté.

Au reste, comme ce n'est que vis-à-vis du mineur que le gardien a contracté cette obligation, si le mineur, en se faisant restituer contre l'acceptation de la succession du prédécédé, se trouvoit déchargé des dettes, le gardien se trouveroit pareillement indirectement déchargé, en comptant aux créanciers de ce qu'il auroit touché des biens de la succession.

SECTION IV.

Quand finit la garde-noble.

343. La garde-noble finit de plein droit, 1° lorsque le mineur est parvenu à l'âge fixé par l'article 24. *Voyez l'art.* 25.

Observez néanmoins que, en ce cas, c'est plutôt l'émolument de la garde, ou le droit de percevoir les revenus du mineur, qui cesse d'avoir lieu, que la garde même : car le gardien-noble, après ce temps, continue d'avoir la garde et tutelle légitime de ses mineurs, sauf qu'il devient comptable de leurs revenus.

2° Lorsque le mineur, même avant cet âge, est émancipé, soit par lettres du prince, entérinées devant le juge du consentement du gardien, soit par le mariage qu'il a contracté du consentement du gardien.

3° Par la mort naturelle ou civile, soit du gardien, soit du mineur.

344. Dans notre coutume, la garde-noble ne finit pas lorsque le gardien ou même la gardienne se remarie, à moins qu'elle n'épousât un homme qui ne fût pas noble : et

15.

en cela la gardienne-noble diffère de la bourgeoise. *Voyez l'art.* 25.

345. Lorsque le mari noble à qui la gardienne s'est remariée, ne veut pas se charger de la garde, l'aïeul peut la prendre. (*Voyez l'art.* 25 *et les notes.*) C'est la même garde qui, n'étant pas finie en la personne de la mère qui s'est remariée, peut continuer en la personne de l'aïeul, qui veut bien s'en charger en sa place : mais lorsque la gardienne s'est remariée à un homme qui n'est pas noble, la garde étant finie, parcequ'ayant perdu la qualité de noble, elle en est devenue incapable, l'aïeul ne peut la prendre en sa place.

346. La garde-noble peut aussi finir par le ministère du juge, lorsque le gardien mérite d'en être privé pour de justes causes; comme s'il dilapidoit les biens, s'il refusoit les choses nécessaires au mineur, ou pour cause de débauche publique à l'égard d'une gardienne.

SECTION DERNIÈRE.

De la qualité de nos dispositions coutumières touchant la garde.

347. La disposition de notre coutume, en tant qu'elle défère la garde des mineurs au survivant, et, à son défaut ou refus, aux autres ascendants, est un statut personnel, puisque ce statut a pour objet principal la personne des mineurs dont elle règle l'état, en les soumettant jusqu'à un certain âge à la puissance des personnes à qui elle défère leur garde. D'où il suit qu'il ne peut exercer son empire que sur des mineurs soumis par leur domicile à notre coutume. Au contraire, la disposition coutumière, en tant qu'elle attribue au gardien-noble le droit de jouir des héritages de la succession du prédécédé, dont ses mineurs sont héritiers, est un statut réel, puisqu'elle a pour objet les biens de cette succession : d'où il suit qu'il ne peut avoir lieu qu'à l'égard des biens situés sous cette coutume. *Mol.*, S. 32, *n.* 5.

La conséquence de la première partie de notre principe est, que l'aïeul des mineurs nobles domiciliés sous une coutume qui ne défère la garde qu'au survivant, et non à l'aïeul, ne peut prétendre jouir, en qualité de gardien-noble, des biens des mineurs, quoique situés sous la coutume d'Orléans; car la coutume d'Orléans, qui n'a point d'empire sur ces mineurs, n'a pu donner à leur aïeul le droit de garde-noble.

Au reste, je penserois qu'il suffit que les mineurs soient domiciliés sous notre coutume, quoique l'aïeul à qui notre coutume, au refus du survivant, défère la garde, n'y ait pas pareillement son domicile : car, en déférant la garde, ce n'est que sur les mineurs qu'elle assujettit au pouvoir du gardien, qu'elle exerce son empire, et non sur celui à qui elle la défère.

La conséquence de la seconde partie du principe est, que le gardien-noble des mineurs orléanois ne pourra pas, en cette qualité, avoir la jouissance des héritages de ses mineurs situés dans les provinces où ce droit est absolument inconnu. Il pourra bien jouir de ceux situés sous des coutumes qui admettent aussi le droit de garde-noble; mais comme ce ne sera pas en vertu de la coutume d'Orléans, qui ne peut exercer aucun empire sur les héritages situés hors de son territoire, qu'il en jouira, mais en vertu des coutumes sous lesquelles ces biens se trouvent situés, il n'en pourra jouir que sous les modifications et limitations portées par lesdites coutumes. C'est pourquoi, si les coutumes fixent la durée de la garde-noble à un temps moindre que celui fixé par notre coutume, il n'en pourra jouir après le temps fixé par lesdites coutumes. Si ces coutumes font cesser le droit de garde-noble lorsque le gardien s'est remarié, le gardien des mineurs orléanois, qui se sera remarié, n'aura plus le droit de jouir des biens situés dans lesdites coutumes, quoique la nôtre conserve la garde au gardien qui s'est remarié.

Quoique le gardien-noble ne jouisse pas des biens de ses mineurs, qui sont situés en des lieux régis par des lois qui ne lui donnent pas cette jouissance, l'émolument de la garde qu'il a dans les biens régis par notre coutume ne laisse pas de l'obliger, pour le total, aux frais de l'entretien du mineur, et aux autres charges de la garde, et non pas seulement au *prorata* des biens dont il jouit, comme l'a mal décidé Renusson : car ce n'est que sous ces charges que la coutume lui défère l'émolument de la garde.

CHAPITRE XI.

Des droits de banalité et de corvées.

ARTICLE PREMIER.

Du droit de banalité de moulin ou de four.

§. I. Ce que c'est que le droit de banalité; et en quoi il consiste.

348. Banalité est un mot qui vient de *bannum*, lequel, selon Ducange, se prend pour *edictum publicum, interdictum*.

On peut définir le droit de banalité de moulin ou de four, le droit qu'a un seigneur de contraindre les gens demeurants sur sa seigneurie à faire moudre leurs grains à son moulin, ou à faire cuire leurs pâtes à son four, et d'empêcher qu'ils ne les fassent moudre ou cuire ailleurs.

349. C'est une suite de ce droit, que le seigneur peut faire saisir, par un huissier, dans le chemin, les farines et les pains que les personnes sujettes à sa banalité auroient fait moudre ou cuire ailleurs, en faire ordonner la confiscation à son profit, ou faire condamner les contrevenants en des amendes, selon ce qui est porté par les titres de son droit; mais il n'est pas permis au seigneur de faire, dans les maisons, des perquisitions de farines ou pains pour établir les contraventions.

C'est une suite de ce droit, que le seigneur peut empêcher les personnes sujettes à la banalité, autres que les boulangers publics, d'avoir chez eux des fours, si ce n'est de petits fours pour la pâtisserie, et les faire condamner à les abattre, si elles en avoient.

Enfin, c'est une suite du droit de banalité de moulin,

que le seigneur peut empêcher les meuniers voisins de chasser sur son territoire, par saisie de leurs mulets et des sommes. *Voyez l'art.* 101.

§. II. A qui peut appartenir le droit de banalité.

350. Le droit de banalité, suivant ce qui vient d'être dit, ne peut appartenir qu'au seigneur du territoire. C'est pourquoi, si un particulier qui n'a aucune seigneurie, convenoit avec ses voisins, que, pour leur commodité commune, il construiroit à ses dépens un moulin, à la charge qu'ils y feroient moudre leurs grains, moyennant une certaine rétribution spécifiée par la convention, il ne résulteroit de cette convention qu'une simple obligation personnelle de ceux qui s'y seroient obligés envers lui, laquelle ne passeroit qu'à leurs héritiers, et non à ceux qui succéderoient à titre singulier à leurs héritages. Cette convention ne donneroit à ce particulier qu'une action personnelle contre ceux qui l'ont contractée, qui se termineroit à des dommages et intérêts, et à être indemnisé de la dépense qu'il a faite, au cas qu'ils contrevinssent à leur obligation; mais elle ne pourroit donner le droit de contrainte en quoi consiste le droit de banalité : il ne pourroit, en vertu de cette convention, saisir les grains ou les farines de ceux qui contreviendroient à leur obligation, ni les faire condamner en des amendes, ce droit supposant un droit de seigneurie que ce particulier n'a pas.

351. Le droit de banalité, non seulement ne peut appartenir à un particulier qui n'a aucune seigneurie, il ne peut appartenir qu'au seigneur du territoire. C'est pourquoi, si des habitants s'étoient soumis à une banalité envers un seigneur étranger, le seigneur du territoire pourroit empêcher ce seigneur étranger de l'exercer. C'est ce qui a été jugé pour le chapitre de Cléry, seigneur dudit lieu, contre l'évêque d'Orléans, par arrêt du 30 mars 1609, rapporté par Lalande sur l'*art.* 100.

352. Il suit de ce que nous avons dit, que le seigneur ne pourroit pas céder à une autre personne purement et simplement son droit de banalité sans la seigneurie à la-

quelle il est attaché ; mais il peut le donner à ferme , ou à rente , ou à cens , ou même à titre de fief ; et ceux qui le tiennent de lui à quelqu'un de ces titres , peuvent l'exercer , parceque c'est au nom du seigneur qu'ils sont censés l'exercer.

§. III. Sur quelles personnes s'exerce le droit de banalité ; et à l'égard de quelles choses.

353. La banalité de four et la banalité de moulin sont des banalités personnelles , qui ne s'exercent que sur les personnes qui demeurent dans l'étendue du territoire du seigneur : c'est à raison du domicile qu'elles y ont , ou de la résidence qu'elles y font , qu'elles y sont sujettes.

En cela , ces banalités diffèrent de la banalité de pressoir , laquelle est une banalité réelle , à laquelle ceux qui possèdent des vignes dans le territoire , sont sujets à raison des vignes qu'ils y possèdent , quand même ils auroient leur domicile ailleurs. Je ne connois aucun exemple dans ce bailliage de banalité de pressoir ; c'est pour cela que la coutume n'en a pas parlé.

354. Dans les banalités réelles , telles que celle de pressoir , il est évident qu'on ne doit avoir aucun égard aux qualités des personnes , puisque ce n'est qu'à raison de leurs biens qu'elles y sont sujettes : mais dans les banalités personnelles , telles que sont celles de moulin et de four , il y a plusieurs coutumes qui n'y assujettissent que les roturiers , *hommes levants et couchants roturièrement.* Dans celles qui , comme la nôtre , ne s'en expliquent pas , c'est un sentiment assez commun que les ecclésiastiques et les nobles doivent être exempts de la banalité de four pour le pain de leur table , à cause du risque qu'il y a que la pâte ne s'aigrisse en la portant au four banal. Lalande en rapporte un arrêt. Au contraire , plusieurs arrêts ont jugé qu'ils n'étoient pas exempts de la banalité de moulin : ils sont rapportés par Guyot , qui est néanmoins d'avis contraire.

355. Le droit de banalité n'a lieu que sur les grains et farines qui se trouvent dans le territoire sujet à la bana-

lité : mais quoique demeurant dans l'étendue de la banalité, si j'ai des grains hors de la banalité, je puis les faire
moudre hors la banalité, et en faire venir les farines chez
moi : et pareillement je puis faire cuire, hors la banalité,
les farines que j'ai hors la banalité, et en faire venir les
pains chez moi.

Ce droit ne doit s'exercer non plus que sur ce qui doit
être consommé dans le territoire. C'est pourquoi, un bou-
langer n'est tenu de faire cuire, au four banal, que les
pains qui doivent servir pour sa maison, ou qui seront dé-
bités aux personnes demeurantes sur le territoire de la banalité : il peut faire cuire, dans son four, les pains qu'il
débite aux forains, à la charge de les marquer d'une marque particulière, pour éviter les fraudes. *Voyez les arrêts
cités par Guyot, ch. IX, n. 5.*

§. IV. Comment s'établit le droit de banalité, et comment il se perd.

356. Le droit de banalité ne peut s'établir dans notre
coutume que par un titre, *art.* 100 : c'est une exception à
l'*art.* 261. Ce qui y a donné lieu, est l'abus que plusieurs
seigneurs avoient fait de leur puissance pour s'arroger, sur
leurs justiciables ou censitaires, des droits de banalité qui
ne leur appartenoient pas.

357. Les titres qui peuvent établir ce droit sont, ou le
titre constitutif de ce droit pour quelque cause juste, ou
plusieurs reconnoissances passées par les censitaires, dans
lesquelles ce droit est énoncé.

Un décret d'adjudication de la terre et seigneurie, où ce
droit est énoncé comme dépendant de ladite seigneurie,
n'est pas un titre suffisant, quoique les habitants ne se
soient pas opposés au décret : car les décrets sont établis
pour purger les droits dont l'heritage seroit chargé, et
non pour faire acquérir, à l'adjudicataire, des droits qui
n'en dépendent pas. *Voyez les arrêts cités par Guyot,
ch.* IV, 18.

Les dénombrements dans lesquels le seigneur auroit
énoncé ses droits de banalité, ne sont pas non plus des
titres suffisants pour l'établir : car il ne peut pas se faire

des titres à lui-même. Il en est de même du préambule d'un terrier, qui est l'ouvrage du seigneur, et dont on ne donne pas ordinairement lecture aux censitaires qui passent des reconnoissances au terrier. C'est pourquoi, si les déclarations des censitaires n'expriment pas le droit de banalité, quand même le notaire y auroit glissé la clause, *et autres droits ci-dessus réservés*, Guyot, *ibid., n.* 32 *et seq.*, pense que le préambule du terrier ne seroit pas suffisant pour établir le droit.

C'est une question si la possession centenaire équipolle à titre pour ces sortes de droits. Voyez ce que nous disons sur cette possession sur le titre des servitudes.

358. Quoique la banalité ne s'établisse que par titre, la libération de ce droit peut s'acquérir sans titre, par la prescription ordinaire de trente ans, si le seigneur est un particulier majeur; ou de quarante, si c'est l'église ou une communauté. Notre coutume l'ayant décidé, *art.* 226, pour la libération des servitudes prédiales, on doit le décider, à plus forte raison, pour la libération des servitudes personnelles, qui est bien plus favorable. Si donc pendant ce temps le seigneur n'a pas usé de son droit, il ne sera plus, par la suite, recevable à le prétendre; par exemple, si pendant ce temps les meuniers voisins ont chassé sur son territoire à son vu et su, et sans qu'il les en ait empêchés.

359. Quoique la banalité soit due par la communauté des habitants, néanmoins comme chaque habitant s'y trouve personnellement sujet, Guyot, VII, 2, pense que chaque habitant peut en particulier prescrire la libération de cette servitude; comme si pendant le temps de la prescription un particulier avoit eu, au vu et su de son seigneur, un four chez lui, ou avoit journellement porté ses grains à un autre moulin. *Voyez les arrêts qu'il cite.*

ARTICLE II.

Du droit de corvées.

360. Coquille, sur la coutume de Nevers, VIII, 5, définit la corvée, *l'ouvrage d'un jour pour l'aménagement du seigneur.*

Il y a différentes espèces de corvées, selon les différents titres par lesquels elles sont dues. Il y en a qui ne consistent que dans un ouvrage de corps seulement; d'autres doivent se faire avec bêtes et charrois.

361. On les divise principalement en personnelles et réelles : celles-ci sont dues par les possesseurs des héritages situés dans l'étendue de la seigneurie, à raison desdits héritages. La qualité du possesseur de ces héritages n'exempte point de ces corvées : les ecclésiastiques et les nobles sont tenus de les acquitter, non par eux-mêmes, mais par des gens qu'ils doivent envoyer de leur part. Les corvées personnelles sont dues par les habitants du territoire sujet à ce droit, à raison du domicile qu'ils y ont : les ecclésiastiques et les nobles en sont exempts. *Guyot,* XI, 21.

Dans les corvées personnelles dues avec charrois et bêtes, ceux qui n'ont pas de charroi, et n'ont qu'une bête de somme, ne sont tenus servir le seigneur qu'avec leur bête de somme : ceux qui n'ont ni charrois ni bêtes, ne sont tenus qu'à servir de leur corps; et ils en sont dispensés lorsqu'ils sont malades ou infirmes. *Arrêt de 1671, cité par Bretonnier sur Henris. Guyot,* ch. VII.

362. Les titres du droit de corvées limitent ordinairement le nombre qui est dû par chacun an. Il y en a qui ne limitent point, et qui portent qu'elles seront dues à la volonté du seigneur, toutes les fois qu'il en aura besoin : on les appelle *corvées à volonté.* La jurisprudence les a limitées à douze par an, sans que le seigneur puisse en demander plus de trois en un mois, et plus d'une chaque semaine. *Loysel,* VI, 7.

363. Le nombre des corvées réelles n'est pas sujet à variation : lorsque l'héritage qui étoit chargé d'un certain

nombre de corvées, se partage, le nombre des corvées se divise et répartit à proportion. Par exemple, si un héritage chargé de quatre corvées par an, est partagé en quatre portions, chacune sera tenue d'une corvée : s'il est divisé en trois, chacune des portions devra pour elle seule une corvée, et la quatrième sera due solidairement par les trois portions ensemble.

A l'égard des personnelles, si par les titres chaque feu ou ménage, ou chaque personne est chargée d'un certain nombre de corvées, le nombre de corvées dues au seigneur augmentera ou diminuera, suivant que le nombre des ménages ou des personnes augmentera ou diminuera. Si au contraire c'est la communauté d'habitants qui est chargée d'un certain nombre de corvées, le nombre demeure invariable, quoique le nombre des feux augmente ou diminue.

364. Il est de la nature de toutes les corvées qu'elles doivent être demandées aux redevables par le seigneur à qui elles sont dues ; *non antè cedunt quàm indictæ fuerint. L.* 24, ff. *oper. libert.* D'où il suit qu'elles ne s'arréragent pas, lorsque le seigneur ne les a pas demandées.

Cela doit s'entendre de celles qui sont dues en nature : mais lorsque le seigneur les a abonnées à une somme d'argent, il en peut demander vingt-neuf années d'arrérages.

Lorsqu'il n'y a pas d'abonnement, le seigneur ne peut pas demander au redevable l'estimation en argent de la corvée qu'il est prêt de faire ; il ne peut demander cette estimation que lorsque le redevable à qui la corvée a été demandée, ne l'a pas faite : *operæ peti non possunt nisi præteritæ. L.* 15, §. 2, ff. *d. tit.*

Cette décision a lieu quand même il seroit dit par le titre qu'il seroit dû tant de corvées ou telle somme, à moins qu'il ne fût dit expressément que ce seroit au choix du seigneur.

365. Le droit de corvées étant un droit attaché à la seigneurie, qui est dû au seigneur à cause de sa seigneurie, les corvées tiennent plus de la nature de celles qu'on appeloit en droit *officiales,* que de celles appelées *operæ fabriles :* c'est pourquoi elles ne sont pas cessibles. Elles peu-

vent néanmoins entrer dans le bail que le seigneur fait de sa terre, et être exigées par son fermier; car le fermier jouissant pour et au nom du seigneur, les corvées faites pour le fermier sont censées faites pour le seigneur : ce qui doit s'entendre de celles qui concernent le service de la terre. Celles qui concerneroient l'utilité personnelle du seigneur, ne peuvent entrer dans le bail de la terre, suivant qu'il a été jugé à l'égard d'une espèce de corvées qui consistoit à voiturer le vin que le seigneur faisoit venir pour la provision de sa maison.

366. Régulièrement le seigneur ne peut obliger les redevables de corvées à les faire hors l'étendue de la seigneurie, à moins que le contraire ne soit établi par les titres. Le temps d'aller à l'endroit où le service est demandé, et d'en revenir, est compté dans les journées qui sont dues. *Arg. l.* 20, §. 1, ff. *de oper. libert.*

Les redevables se doivent fournir d'outils et se nourrir à leurs dépens; *suo victu vestituque operas præstare debet libertus; L.* 18, ff. *de oper. libert.*, à moins que le redevable n'eût pas le moyen de se nourrir, *d. l.;* ou à moins que les titres, ou même seulement l'usage, n'établissent que le seigneur le doit nourrir.

367. Le droit de corvées, comme celui de banalité, ne peut s'établir que par titres; la seule possession ne suffit pas : mais la liberté de ce droit peut s'acquérir par prescription, lorsque le seigneur n'a pas usé de son droit.

Observez que lorsque les corvées sont dues par une communauté d'habitants, au syndic de laquelle le seigneur s'adresse pour être servi de ses corvées, tant que le seigneur est servi par la communauté, les particuliers ne peuvent pas acquérir la libération des corvées : chacun est censé acquitter ce droit par ceux qui rendent le service. Ce droit pouvant se prescrire pour le tout, peut, par la même raison, se prescrire pour la quotité; *v. g.*, si le seigneur à qui il est dû par chaque ménage quatre corvées par chacun an, n'en avoit, pendant le temps requis pour la prescription, exigé que deux, il seroit non recevable à en demander quatre.

COUTUMES

DES

DUCHÉ, BAILLIAGE ET PREVÔTÉ

D'ORLÉANS,

ET RESSORT D'ICEUX.

~~~~~~

TITRE PREMIER.

DES FIEFS.

ARTICLE PREMIER.

(A<small>NCIENNE</small> coutume, *art.* 1, 60.)—Un vassal peut vendre son fief, ou partie (1) d'iceluy, sans le consentement de son seigneur de fief. Et est tenu, ledit seigneur de fief, de recevoir en foy et hommage l'achepteur dudit fief, ou partie d'iceluy, en payant

(1) Ces termes comprennent même les droits incorporels attachés au fief. Ainsi je puis, sans le consentement de mon seigneur, vendre et détacher de ma terre un droit de justice, ou bien un ou plusieurs des vassaux qui en relèvent. Mais cela ne doit point changer la condition des justiciables ni des vassaux. C'est pourquoi la justice devra toujours s'exercer au même lieu, et les vassaux ne seront pas tenus porter foi à l'acquéreur leur nouveau seigneur, ailleurs qu'au chef-lieu de mon fief où ils étoient tenus de la porter auparavant.

M. de Lalande pense que par ces termes, *ou partie d'iceluy*, la coutume permet le démembrement de fief, que

le quint denier de la vente : (2) *et quant au re-quint*, (3) *n'en sera doresnavant deu.* Et est le quint denier, la cinquième partie du prix (4) que le fief a été vendu.

celle de Paris et beaucoup d'autres défendent. M. Guyot s'élève fort contre ce sentiment. Il est vrai que les termes de la coutume ne sont pas entièrement décisifs ; car le terme de *fief* se prenant souvent pour le corps du domaine tenu en fief, aussi bien que pour le *titre du fief,* ces termes peuvent s'entendre aussi bien du simple jeu de fief avec démission de foi, dont il est parlé *Introd.*, *ch.* 8, *art.* 2, comme du démembrement du fief. L'argument qu'on voudroit tirer de ce que la coutume, *art.* 121, déclare que le cens est divisible, n'est pas plus concluant : le féodal et le censuel étant de natures différentes, on ne peut argumenter de l'un à l'autre ; mais ce qui doit faire décider pour le sentiment de Lalande, c'est l'usage ; *optima legum interpres consuetudo.* Une personne très éclairée, qui a dépouillé toutes les archives de cette province, m'a dit n'avoir pas vu d'aveu par lequel l'acquéreur d'une portion divisée d'un héritage féodal, en eût porté la foi autrement que comme d'un fief séparé.

(2) Seulement, et non les anciens profits qui pourroient être dus, si ce n'est au cas de l'article suivant. *Voyez cet article.*

(3) Par l'ancienne coutume, outre le quint qui étoit dû par le vendeur, l'acheteur devoit le requint, qui étoit la cinquième partie du quint : cet article abroge le requint et charge du quint l'acheteur.

(4) Tant du prix principal que de ce qui y accède. *Voy. sur le profit du quint, tout le chapitre cinquième de l'Introduction.*

ARTICLE II.

« Toutesfois, si le seigneur du fief, auparavant la vente du fief, ou partie d'iceluy, avoit saisi (1) et apposé sa main sur le total dudit fief : en ce cas, l'achepteur qui auroit acquis ledit fief, ou partie, sera tenu payer entièrement, au seigneur de fief, les profits qui étoient deubz auparavant la vente, pour lesquels ledit seigneur avoit apposé sa main et fait sa saisie, ensemble les frais de la saisie ; sauf audit achepteur son recours, pour lequel ledit seigneur du fief sera tenu lui céder ses actions, et le subroger en son lieu et droict. »

(1) Donc hors ce cas, le tiers acquéreur n'est pas obligé, peur être reçu en foi, d'offrir les anciens profits; sauf au seigneur à se pourvoir par action, soit contre ceux qui en sont personnellement tenus, soit contre cet acquéreur, comme détenteur du fief qui y est affecté. *Introd. Append. aux ch. 5 et 6, S. 1.*

ARTICLE III.

(A. C., *art.* 96.) — Quand le vassal est en foy, ou a duement fait ses devoirs envers son seigneur de fief, et l'héritage dudit vassal pour ses debtes, est saisi et mis en criées ; par telle saisie et criées, ne sera le fief ouvert, et ne joüyra, ledit seigneur de fief, dudit héritage. Car tousiours dure la foy, jusqu'à ce que ledit héritage soit vendu et adjugé par décret, ou que la foy fust faillie [autrement (1) que par ladite saisie, et criées finies], du costé dudit

(1) Ce qui est entre deux [ ] est transposé, et doit être à la fin de la phrase, après le mot *vassal* : de manière qu'il faut lire, *ou que la loi fût faillie, du côté dudit seigneur de fief, ou dudit débiteur, son vassal, autrement que, etc.*

15. — 1.   16

seigneur de fief, ou dudit debteur son vassal :
aussi (2) que la main de justice ne dessaisit personne (3).

(2) *Aussi que* pour *parce que.*

(3) La saisie réelle et l'établissement de commissaire
empêchent seulement le débiteur de jouir par lui-même
de son héritage : mais il n'en est pas moins, jusqu'à l'adjudication, le vrai propriétaire, et même le vrai possesseur ;
c'est pour lui, et pour l'acquittement de ses dettes, que
le commissaire en perçoit les fruits.

ARTICLE IV.

(Coutume de Paris, *art.* 34.) — « Le curateur (1)
ou commissaire (2) établi à la requête des créanciers,
à un fief saisi par le seigneur féodal, soit auparavant
ou depuis la saisie des créanciers, peut demander
souffrance au seigneur féodal, pour obtenir main-
levée de la saisie féodale. Et sera le seigneur du fief
tenu bailler ladite souffrance audit curateur ou commissaire : sauf audit seigneur soi pourvoir pour ses
profits sur les deniers de la ferme de l'héritage, ou
deniers qui proviendront de la vente. Et à défaut de
le recevoir par ledit seigneur, il sera reçeu par
justice. »

Voyez sur les cas de cet article, et sur ceux auxquels il
peut être étendu, *l'Introduct.*, *ch.* 1, §. 5.

(1) A la succession vacante du vassal.

(2) Etabli à la saisie réelle du fief d'un débiteur qui n'en
a pas porté la foi.

ARTICLE V.

(A. C., *art.* 34.) — Un vassal peut vendre ou (1)
constituer rente sur son fief, sans le consentement
de son seigneur de fief : mais ledit seigneur de fief

(1) *Ou* est pris ici pour *id est.*

n'est tenu de recevoir en foy et hommage l'acquéreur de ladite rente, si bon ne lui semble. Et aussi
ledit seigneur de fief peut contraindre ledit acquéreur de lui faire la foy et hommage d'icelle rente.

ARTICLE VI.

(C. de Paris, *art.* 28. A. C., *art.* 3, 101, et
art. 314, *en la fin*, et infrà, *art.* 202.) — Et quand
le seigneur de fief exploictera son fief, sur lequel
a été vendue ou constituée ladite rente, par son vassal; iceluy seigneur de fief exploictera entièrement
sondit fief, sans payer ladite rente (1) ainsi constituée : sinon que auparavant elle eust été inféodée (2).

(1) Voyez *l'Introd.*, ch. 8, *art.* 2.
(2) Elle est inféodée lorsque le seigneur a reçu le créancier de la rente à lui en porter la foi. Si le seigneur avoit
simplement consenti la rente, il en seroit aussi tenu, par
argument tiré de l'article suivant, *in fine*.

ARTICLE VII.

(A. C., *art.* 4 et 57.) Un vassal peut bailler (1)

(1) *Etiam mediante pecuniâ* : Ainsi a été jugé, selon
mon opinion, par sentence du bailli d'Orléans, du 5 janvier l'an 1542, entre Guillaume Durant, notaire d'Orléans,
qui avoit baillé le domaine de son fief à cens et rente,
moyennant somme d'argent, excédant lesdits cens et rente,
d'une part; et Florent Bourgoin, seigneur de Clèves, qui
avoit saisi par faute d'homme, droits et devoirs; et demandoit le quint et requint, dont il fut débouté, et sa saisie
déclarée tortionnaire, lui condamné ès dépens de la cause,
dommages et intérêts de la saisie; ce qui fut confirmé par
arrêt prononcé le 5 février, l'an 1543; rapporteur, Bermo-
net, et présidents, de Gouy et Spifame. *Molin.* sur notre
ancienne coutume, *art.* 4.
Dumoulin, §. 51, *gl.* 2, *n.* 9 *et seq.*, rapporte un autre

arrêt de 1538, rendu dans l'ancienne coutume de Paris, semblable à la nôtre, par lequel il fut jugé qu'un contrat de vente de 150 arpents de terre, faite pour le prix de 2,000 liv. et pour 4 deniers de cens par arpent, n'avoit donné ouverture ni à la foi, ni aux profits. On avoit toujours depuis regardé comme un droit constant dans cette province, que la rétention de foi, par ces baux, étoit valable, quoique les deniers égalassent à peu près la valeur de l'héritage. Depuis peu la question s'est renouvelée, et on a soutenu nulle la rétention de foi faite par ces contrats. Pour moyens, on dit, 1° que ces contrats ne doivent point passer pour des contrats de bail à cens, rente, ferme ou pension, par lesquels la coutume a permis de retenir la foi, puisque c'est une autre nature de contrat, savoir celle du contrat de vente, qui y prédomine ; 2° que ces contrats doivent être présumés frauduleux, et faits uniquement pour frauder le seigneur du profit de vente. Enfin ils prétendent que leur sentiment a été confirmé par l'arrêt du 12 août 1752, pour la terre de Laroncière. La réponse au premier moyen, est que cet article n'est qu'une suite de ce principe des fiefs, qui est en l'art. 35 de l'ancienne coutume de Paris : *Un vassal peut se jouer de son fief jusqu'à démission de foi, sans payer profit;* c'est-à-dire, suivant que l'explique Dumoulin, qu'il a une liberté aussi grande que l'on puisse concevoir, d'en disposer à quelque titre que ce soit, soit de donation, soit de vente, soit d'échange, etc., sans donner ouverture au profit, pourvu qu'il ne se démette pas de la foi, et que pour cet effet il retienne dans l'héritage dont il dispose quelque droit réel qui puisse être représentatif d'un *dominium civile* qu'il conserve dans cet héritage, auquel *la foi,* c'est-à-dire, la charge des devoirs féodaux, soit attachée. Ceci supposé, il est clair qu'il ne s'agit point, en cet article, de décider par quelle espèce de contrat le vassal peut *se jouer* de son fief, mais plutôt quelle est l'espèce de droit ou de redevance qu'il doit se retenir dans l'héritage dont il dispose, qui puisse être représentatif du *dominium civile* qu'il s'y retient, et auquel la foi qu'il retient doit être attachée. Notre coutume décide qu'il n'est pas absolument nécessaire que ce soit un cens, et qu'un vassal peut retenir la foi en donnant son héritage, soit à cens, soit à *rente, ferme* ou *pension;* parce que quoiqu'il soit propre au cens d'être essentiellement représentatif du *dominium civile* de l'héritage, néanmoins toute autre redevance, quelque nom qu'on lui ait donné, soit de *rente, de ferme* ou de *pension,* en peut aussi être représentative lorsque le vassal s'est retenu la foi; et cette foi peut y être attachée.

A l'égard du second moyen tiré de la fraude, on convient que lorsqu'il y a des circonstances qui donnent lieu de présumer que le bail à cens ou à rente n'a pas été sérieux, et qu'il y a eu quelque paction secrète de rétrocéder le cens ou la rente au preneur, à quelque titre qui ne donne pas lieu au profit de quint, tel que celui de donation, on ne doit avoir aucun égard à la rétention de foi qui y est portée. Si cette rétrocession s'étoit faite dans les dix ans du bail, ce seroit une circonstance suffisante pour faire présumer cette paction, et faire juger le bail frauduleux, suivant la déclaration du roi, du 27 juillet 1751, rendue pour la Normandie. Mais lorsqu'il n'y a aucune circonstance qui fasse présumer cette paction secrète, l'acte ne doit point être présumé frauduleux, par cela seul qu'il y a des deniers d'entrée d'égale valeur au prix de l'héritage : car la fraude ne se présume point. Les parties ont pu avoir leurs raisons pour convenir que la foi seroit retenue par le vendeur : l'acheteur a pu ne pas vouloir posséder noblement l'héritage, pour n'être pas sujet au franc-fief, ou pour que l'héritage ne se partageât pas noblement dans sa famille. On peut même dire que quand même l'acheteur n'auroit eu d'autre vue, en acquérant de cette manière, que d'éviter le profit de quint, et le vendeur de retirer un prix plus cher de son héritage en se chargeant de la foi, il n'y auroit point en cela de fraude; car ce n'est pas une fraude que d'acquérir d'une manière permise par la loi; *non videtur dolo facere qui jure communi utitur,* l. 55, ff. *de R. J.* La fraude consiste seulement à faire paroître une rétention de

à cens, rente, ferme ou pension, son domaine (2)
à vies, à temps, ou à tousiours, en retenant (3) à
lui les foy et hommage : et n'y a en ce faisant le seigneur de fief aucun profit. Toutesfois, quand ledit

foi, lorsque l'intention des parties n'est pas qu'elle demeure
toujours par-devers le vendeur.

A l'égard de l'arrêt qu'on oppose, n'étant pas rendu en
forme de règlement, il ne fait point de loi : on ne peut
même dire qu'il ait préjugé la question, y ayant lieu de
croire que dans l'espèce il y avoit des circonstances de
fraude sur lesquelles la cour s'est déterminée ; au lieu qu'il
est certain que les arrêts rapportés par Dumoulin ont jugé
la question *in meris terminis* pour notre sentiment.

Observez qu'il y a de certains droits qui sont de nature
à ne pouvoir être tenus que noblement, tels que les droits
de justice ou de censive. Un vassal à qui ces droits appartiennent, ne peut s'en jouer par un bail à cens, ces droits
étant de nature à ne pouvoir être tenus à cens.

(2) Même pour le total; en quoi notre coutume diffère
de la coutume de Paris réformée, qui ne permet au vassal
de se jouer de son domaine tenu en fief, que jusqu'à la concurrence des deux tiers.

(3) Dans un bail à cens il n'est pas nécessaire que cette
rétention de foi soit exprimée ; car le cens est essentiellement représentatif du *dominium civile* retenu par le bailleur, et auquel la foi est attachée; autrement ce ne seroit
pas un cens. Il en est autrement du bail à rente; car la
rente foncière n'étant pas essentiellement représentative du
dominium civile de l'héritage, pour qu'il paroisse que le
bailleur a voulu retenir ce *dominium civile,* dont la rente
seroit représentative, il faut que cela soit exprimé : c'est la
distinction que fait Lalande après Dumoulin. Notre coutume même paroît l'insinuer dans les articles 345 et 346;
car dans le 345, elle dit simplement, *héritage féodal baillé
à cens est réputé censuel :* dans le 346, à l'égard de l'héritage féodal pris à rente, elle ajoute, *dont le bailleur a retenu à soi la foi.* Voyez la note sur l'*art.* 10.

fief chet en profit (4), le seigneur qui n'a consenty, ne inféodé ledit bail, peut entièrement exploicter sondit fief (5).

(4) Par les mutations qui arriveront du côté du bailleur et de ses ayants-cause, *art. 9, infrà.*

(5) C'est-à-dire l'*héritage*, qui demeure toujours le fief. *Voyez l'Introd., ch. 8, art. 2.*

ARTICLE VIII.

(A. C., *art.* 58.) — Et si le preneur *ou ses successeurs* vendent, baillent et transportent lesdits héritages, *et autres choses aliénées, ainsi que dessus,* n'est pour ce deu aucun profit au seigneur de fief (1): mais lesdits baulx et aliénations ne peuvent préjudicier audit seigneur de fief, qu'il ne puisse exploicter son fief (2), s'il le trouve ouvert (3), sans avoir esgard au bail fait par ledit vassal.

(1) C'est une suite de l'article précédent. *Voyez l'Introd.,* ch. 8, art. 2.

(2) L'héritage qui demeure toujours le fief. *Voyez l'Introd., ibid.*

(3) Ces ouvertures de fief arrivent du côté du bailleur. *Ibid.*

ARTICLE IX.

« Mais si vente étoit faite dudit cens ou rente, à quoy auroit esté baillé ledit héritage; en ce cas l'acquéreur sera tenu de payer quint denier au seigneur de fief, à cause de ladite acquisition, selon l'estimation du total dudit fief (1), qui sera faite par preud'hommes, dont le seigneur en nommera un, et

(1) Car quoique ce soit la vente du cens ou de la rente, et non celle de l'héritage, qui donne ouverture au profit de quint, parce que le *dominium civile* de l'héritage est censé être par-devers celui à qui appartient le cens ou la

l'acquéreur l'autre. Et où lesdits preud'hommes ne se pourront accorder, seront tenus lesdits preud'hommes convenir d'un tiers : et se fera ladite estimation aux frais de l'acquéreur.

rente : néanmoins, comme c'est toujours l'héritage qui demeure le fief du seigneur, et non le cens ou la rente, le profit de quint ne doit point se régler sur ce prix de la vente, mais sur la valeur de l'héritage.

Il en est de même des profits de rachat qui seroient dus par les mutations qui arriveroient du côté de ceux à qui le cens ou la rente appartient ; ils doivent se régler sur le revenu de l'héritage, et non sur celui du cens ou de la rente.

ARTICLE X.

(A. C., *art.* 87 et 88.)— Si aucun seigneur (1) d'héritage tenu en fief baille iceluy héritage à rente, soubz faculté (2) de pouvoir rachepter icelle rente : pour raison dudit bail n'est deu aucun profit au seigneur de fief, sinon que ledit bailleur se fust dessaisi (3)

(1) Cet article n'est qu'une répétition inutile. La première partie, jusqu'à *et toutefois*, est renfermée dans l'art. 7, et le surplus dans l'art. 9.

(2) Sous faculté *ou* sans faculté, n'importe.

(3) L'auteur des notes de 1711, suivi en cela dans celles de 1740, prétend que ces termes et ceux *sans soi dessaisir*, qui sont en l'article suivant, prouvent que la rétention de foi n'a pas besoin d'être exprimée dans le simple bail à rente, contre ce qui a été ci-dessus dit en la note 5 sur l'art. 7. Je ne crois pas assez décisif l'argument qu'on veut tirer de ces termes : l'objet de la coutume est seulement de décider ce qui doit être quand le bailleur ne s'est pas dessaisi de la foi ; non de décider quand il doit paroître ou non s'en être dessaisi. Pour que l'argument qu'on tire de ces termes fût concluant, il faudroit que la coutume n'eût pas dit simplement *sans soi dessaisir*, mais qu'elle eût dit, *sans soi dessaisir expressément de la foi.*

de la foy et hommage dudit héritage (4). Et toutesfois sitôt que ladite rente sera, en vertu de ladite faculté, ou autrement racheptée, le fief sera ouvert, et deu profit de quint audit seigneur de fief.

(4) Sur les profits auxquels donne lieu le bail lorsqu'il est fait avec dessaisissement de foi, *voyez l'Introd.*, *ch. 5*, *art. 2.*

ARTICLE XI.

(A. C., *art.* 29.) — Celui qui a baillé à cens ou à rente son héritage tenu en fief, sans soi dessaisir de la foy, est tenu faire et porter la foy, et payer tous les droits et profits féodaux dudit héritage, et en acquitter (1) le preneur, sinon qu'il y ait convention expresse au contraire.

(1) Car le seigneur s'attaque à l'héritage, qu'il peut saisir féodalement, jusqu'à ce que le bailleur ou ses ayants-cause lui aient porté la foi : il peut aussi assigner le preneur comme possesseur de l'héritage tenu en fief, pour le paiement des profits dus par le bailleur, auxquels cet héritage est affecté.

ARTICLE XII.

(A. C., *art.* 76.) — Quand le vassal vend son fief soubz faculté de réméré (1), il y a profit de fief (2), soit que le réméré fust en une même carte avec la

(1) C'est-à-dire, avec clause qu'il pourra dans un certain temps, limité ou illimité, rentrer dans l'héritage qu'il a vendu, en rendant à l'acheteur tout ce qu'il lui a coûté.

(2) En cela la vente avec clause de réméré diffère du contrat pignoratif : la raison de différence est que cette vente est un titre translatif de propriété, et que le contrat pignoratif ne l'est pas. L'acheteur, avec clause de réméré, est vraiment propriétaire de l'héritage, quoique *resolubi-liter :* le vendeur ne conserve que l'action de réméré, qui est sujette à prescription : au contraire, le contrat pigno-

vente, ou en diverses [pourvu (3) que ladite faculté
de réméré soit accordée par le traicté de ladite
vente]. Mais quand ledit vendeur rachepte ledit fief
dedans le terme (4) de ladite faculté, n'est deu aucun
profit.

ratif n'est point translatif de propriété; celui qui a engagé
son héritage en demeure le propriétaire, l'engagiste ne le
possède que *tanquam rem alienam.*

(3) Ce qui est renfermé entre les deux [ ] est transposé,
et ne doit être placé qu'à la fin de l'article.

(4) Ou même après le terme, pourvu que ce ne soit pas
en vertu d'une nouvelle convention, mais seulement faute
par l'acheteur d'avoir, après l'expiration du terme, fait
prononcer la déchéance du réméré.

Si le réméré se faisoit en vertu d'une convention intervenue depuis le contrat de vente, ce réméré seroit une
nouvelle vente, qui donneroit lieu à un nouveau profit.

ARTICLE XIII.

(A. C., *art.* 83.) — En eschange d'héritage féodal,
quand il n'y a aucunes tournes, n'est deu quint denier au seigneur féodal, mais seulement rachapt (1).
Et quand il y a tournes, ou autres choses équipol-
lentes, il est acquis quint denier audit seigneur pour
les tournes (2) : et pour l'outre plus, est deu rachapt
selon que dessus. Et si les fiefs eschangés *sont sous*

(1) Par les édits de mai 1645, février 1674, et les déclarations des 13 mars, 1er mai et 4 septembre 1696, les
contrats d'échange engendrent le même profit que ceux de
vente, c'est-à-dire, le profit de quint dans notre coutume,
au profit des seigneurs qui ont financé pour jouir de ce
droit, sinon au profit du roi; sur lequel profit le seigneur
qui n'a pas financé, prend ce qui lui est dû par la coutume,
et le surplus appartient au roi.

(2) *Voyez l'Introd.,* ch. 5, art. 2.

même teneur (3) *féodale*, n'y a profit, sinon qu'il y
ait tournes, pour raison desquelles (4) seulement sera
deu quint denier au seigneur.

(3) Il ne suffiroit donc pas que les fiefs échangés rele-
vassent du même seigneur ; il faut qu'ils relèvent de la
même seigneurie.

(4) Il ne laisse pas d'y avoir profit de quint pour les
tournes, quoique les deux fiefs soient sous même tenue,
et qu'il n'y ait pas lieu au rachat pour le surplus du contrat. La raison de différence est, que c'est la mutation
de vassal qui donne lieu au rachat, et qu'il n'y a point
en ce cas de mutation de vassal, l'un et l'autre des co-
permutants demeurant vassaux; au lieu que c'est le contrat même de vente qui donne lieu au profit de quint : il
suffit donc qu'il y ait un contrat où il y ait quelque mé-
lange de vente, ce qui se trouve par les tournes, pour
qu'il y ait lieu au profit de quint pour raison desdites
tournes. *Voyez l'Introd.*, *ch. 5, art.* 2.

ARTICLE XIV.

(**A. C.**, *art.* 61.) — Si un fief est donné (1), il y a
rachapt, pourveu que la donation ne soit faite pour
Dieu (2), ou en aumosne sans (3) fraude, ou qu'elle

(1) Il s'agit ici des vraies donations, et non de celles
faites pour récompenses de services appréciables à prix
d'argent, ou sous des charges pareillement appréciables :
elles sont réputées contrats équipollénts à vente, et donnent lieu au quint, jusqu'à concurrence de la valeur desdits services ou charges; et elles ne sont réputées donations
et ne donnent lieu au rachat que pour le surplus. *Voyez,*
infrà, l'art. 117. *Voyez l'Introd., ch. 5, art.* 2.

(2) C'est-à-dire, pour cause pie; *v. g.*, pour la fondation
d'une école de charité.

(3) Ces termes, *sans fraude*, paroissent avoir été trans-
crits ici par inadvertance, du texte de l'ancienne coutume :
ils n'ont ici aucun sens.

ne soit faite en mariage, ou autrement, par les père
ou mère, aïeul ou aïeule, ou autres ascendants, en
avancement de succession à fils ou filles, ou autres
descendants en droite ligne : et pareillement si par
les descendants est donné aux ascendants ; en chacun de tous lesquels cas exceptés, n'est deu aucun
profit.

ARTICLE XV.

(A. C., *art.* 54.) — Pour partage (1) *et subdivision
entre toutes personnes*, n'y a profit au seigneur féodal, *ni aussi pour également fait entre cohéritiers,
encore que audit également y eust tournes* (2).

(1) La raison de cet article est, que le partage, dans
notre droit, n'est pas regardé comme un nouveau titre
d'acquisition, mais comme une suite et une exécution nécessaire de la succession qui est échue à plusieurs cohéritiers en commun, ou de l'acquisition que plusieurs copropriétaires ont faite en commun ; toute communauté exi-
geant le partage, *nulla in æternum communio est.* L. 70,
ff. *pro soc.*

Par le partage, chacun des copartageants n'acquiert rien
l'un de l'autre ; le partage fixe et détermine seulement la
portion indivise et indéterminée de chacun des copartageants, aux choses qui lui échéent par le partage ; de manière que chacun des cohéritiers est censé avoir seul directement succédé aux choses qui lui sont échues en partage,
et à rien de plus.

(2) Cet article, et l'article 113, qui dit formellement,
*entr'autres personnes que cohéritiers est dû profit seule-
ment pour les tournes,* établissent une différence entre les
cohéritiers et le tiers acquéreur de la portion d'un cohéritier. Un exemple l'éclaircira.

Trois cohéritiers, Pierre, Jacques et Jean, partagent
la succession de leur oncle, dans laquelle il y a trois métairies tenues en fief d'un seigneur, une de 8,000 liv. et
deux chacune de 2,000 liv. Pierre a pour son lot celle de

8,000 liv., chargée d'un retour de 2,000 liv. envers chacun de ses cohéritiers; il n'est dû aucun profit pour les tournes. Mais si Pierre avoit vendu sa portion indivise dans ces trois métairies à un étranger, et que celle de 8,000 liv. tombât au lot de cet étranger, chargée d'un retour de 2,000 liv. envers chacun de ses copartageants, cet étranger devroit profit de quint pour ces tournes; non en vertu du partage, qui, n'étant pas un nouveau titre d'acquisition, ne peut donner lieu par lui-même à aucun profit, mais en vertu du contrat de vente que Pierre lui a faite de sa portion indivise, laquelle s'est déterminée par le partage à la métairie tombée en son lot; du prix duquel contrat de vente, les tournes dont il a été chargé par le partage sont censées faire partie : car celui des héritiers qui lui a vendu sa part indivise, lui a vendu tout ce à quoi cette part se détermineroit par le partage; c'est-à-dire ce qui lui tomberoit en partage, tant pour le prix porté par la cession, qu'à la charge de payer à ses cohéritiers les retours dont il pourroit être chargé : c'est ainsi que doivent être entendus ces articles. Au reste, toutes les fois qu'un fief est partagé entre des personnes auxquelles il est advenu en commun, par un même titre, non seulement lorsque c'est à titre de succession, mais pareillement lorsque c'est à titre de donation, de legs ou de vente qui leur en a été faite en commun, il n'est point dû de profit pour les tournes; car il y a une entière parité de raison pour le décider, à l'égard de tous ces copropriétaires, comme à l'égard de ceux qui partagent une succession. Il n'y a que les tiers acquéreurs qui ont acquis la part indivise de quelqu'un de ces copropriétaires, qui doivent profit pour les tournes dont leur lot est chargé.

ARTICLE XVI.

« Si (1) l'héritage féodal ne se peut partir (2) en-

(1) Cet article est une suite de l'autre; car une licitation entre copropriétaires est une espèce de partage avec tournes; c'est l'esprit de la loi 55, ff. *fam. ercis.*

(2) Il n'est pas nécessaire, pour que la licitation soit

tre co-héritiers (3), et se licite par justice (4), sans
fraude (5), ne sont deubz aucuns profits pour l'adjudication faite à l'un d'eux. Mais s'il est adjugé à
un étranger (6), l'acquéreur doit profit. »

regardée comme un acte équipollent à partage, et qui en
conséquence ne donne pas ouverture à aucun profit, que le
fief ne puisse absolument se partager : il suffit qu'il ne le
puisse à la commodité des parties; et cela se présume toujours lorsqu'elles ont recours à la licitation.

(3) Ou autres copropriétaires auxquels un fief est advenu
en commun, à quelque autre titre que ce soit, y ayant même
raison. Arrêts des 29 mai 1615 et 5 août 1619. *Brodeau
sur Louet*, L. l. 9.

(4) Ces termes ne doivent pas s'entendre *restrictivè* :
il en seroit de même, quoique la licitation eût été faite chez
un notaire, de gré à gré, sans avoir été ordonnée, ni même demandée en justice. Il y a plus; la jurisprudence a établi que
tout acte fait entre cohéritiers ou copropriétaires auxquels
un fief est advenu en commun, par lequel il peut paroître
que leur principale vue a été, en le faisant, de sortir de
communauté, tient lieu de partage, et ne donne pas lieu à
aucun profit, quoiqu'il ait été conçu sous la forme et dénomination d'un contrat de vente ou d'un autre contrat; *putà*,
si un cohéritier a vendu sa part indivise dans un fief de la
succession à l'un de ses cohéritiers, ou s'il la lui a donnée
pour une rente viagère, assez forte pour être le prix de
cette part : tels actes sont réputés tenir lieu de partage,
et ne donnent pas lieu au profit. *Voyez les arrêts des 15 décembre 1648, au Journal des Audiences; et du 29 février
1692, au Journal du Palais.*

(5) Il y auroit *fraude*, si après que, par un partage inconnu au seigneur, l'héritage auroit été divisé en deux portions, je cachois la vente que mon cohéritier me feroit de
sa portion divisée, sous l'apparence d'une licitation d'un
héritage indivis.

(6) Lorsqu'on a admis les étrangers à enchérir, il est pareillement dû profit, s'il est adjugé à un tiers cessionnaire

de la portion de l'un des héritiers ou copropriétaires. *Voy. la note sur l'article précédent.*

ARTICLE XVII.

« Si en une année (1) un même fief tombe en plusieurs rachapts, par mort (2), envers même seigneur (3), ne sera deu qu'un seul (4) rachapt.

C'étoit, avant la réformation de la coutume, une question controversée, si plusieurs mutations arrivées en une même année donnoient lieu à autant de rachats, ou à un seul. Notre coutume a embrassé, à cet égard, la distinction de Dumoulin entre les fortuites et les volontaires.

(1) C'est-à-dire un espace de 365 jours, qui ne se compte que par jours, et non par moments : *v. g.*, si la mort qui a donné lieu au premier rachat est arrivée le 25 avril 1758, quoiqu'à 11 heures du soir, l'année sera expirée aussitôt que commencera le jour 26 avril 1759.

Dans les années bissextiles le jour intercalaire n'est pas compté.

(2) M. Guyot pense qu'il suffit que la seconde des deux mutations arrivées dans la même année, soit par mort, quoique la première ait été volontaire. Cette décision souffre difficulté; le sens obvie de ces termes, *plusieurs rachats par mort,* semble être que tous sont échus par mort, et non pas seulement le dernier.

Notre coutume n'ayant parlé que des mutations par mort, j'aurois de la peine à croire qu'elle pût être étendue à celles qui arrivent par mariage. Mais à l'égard des coutumes qui ne se sont pas expliquées sur la question, il a été jugé par arrêt du 20 mars 1662, au second *tome du Journal,* qu'elles doivent passer pour mutations fortuites, qui ne donnent lieu qu'à un seul rachat lorsqu'elles arrivent en même année.

(3) Si celui du temps duquel arrive la seconde mutation, étoit l'héritier de celui du temps duquel est arrivée la première, on pourroit soutenir qu'il devroit passer pour *même seigneur,* puisqu'il trouve dans la succession le premier

rachat, et que, comme *héritier* du défunt seigneur, il succède à l'obligation en laquelle étoit le défunt de confondre
avec le premier rachat qui lui étoit échu tous ceux qui
pourroient naître dans la même année.

C'est *envers même seigneur*, quoiqu'au temps de la seconde mutation il y ait un autre fermier des droits seigneuriaux que celui qui l'étoit au temps de la première : car
c'est proprement au seigneur que les profits sont dus, et
non à ses fermiers, qui n'ont aucun droit dans le fief, et
qui n'ont droit de les demander qu'au nom et comme ayant
les droits cédés du seigneur.

C'est aussi *envers même seigneur*, lorsque la mutation
qui a donné ouverture au premier rachat est arrivée du
temps que j'étois déja propriétaire de la seigneurie, quoique ce rachat ait été acquis à un usufruitier, qui avoit lors
droit d'en jouir, et qui depuis est mort dans le temps intermédiaire entre les deux mutations : car cet usufruitier n'é-
tant pas *seigneur*, et n'ayant perçu le premier rachat qu'en
vertu d'un droit de servitude personnelle, dont ma seigneurie étoit chargée envers lui, qui m'obligeoit à lui en laisser
percevoir en ma place les fruits dont ce rachat faisoit partie, les deux mutations n'ont pas fait tomber le fief en rachat *envers différents seigneurs*, mais *envers le même
seigneur*.

(4) Savoir, celui auquel a donné lieu la première mutation : il n'en est point dû pour les autres.

ARTICLE XVIII.

(A. C., *art.* 47.) — Le seigneur de fief peut acquérir (1) le fief que son vassal tient de luy, et le
joindre et unir (2) à son domaine : et n'est tenu en

Voyez l'Introd., ch. 8, *art.* 3.

(1) Cela comprend toutes sortes de titres, *achat, donation, succession, etc.*

(2) Mais il ne fait cette réunion que s'il le veut : son seigneur ne peut l'y contraindre, tant que l'ancien fief n'est
point ouvert.

faire foy et hommage au seigneur de qui il tient son plein fief. Mais son héritier (3) ou celui qui aura cause de luy, en est tenu (4) faire la foy, sans payer profit (5) de ladite union. Et aussi si le seigneur de fief va de vie à trespas, après que son vassal aura achepté son arrière-fief, ledit vassal est tenu (6) faire la foy, tant dudit fief que de l'arrière-fief, et n'est plus réputé qu'un fief (7).

(3) Qui possédera les deux.

(4) Le seigneur l'y obligera, en refusant de l'admettre à la foi pour l'ancien fief, à moins qu'il ne la lui porte pour les deux, et en saisissant cependant l'ancien fief, et même celui qui a été nouvellement acquis, aux termes de l'article 76. Mais cet héritier peut éviter la réunion en mettant hors de ses mains l'un des deux, avant que d'en avoir porté la foi. C'est ainsi que cet article a été entendu par de Lalande; par l'auteur des notes de 1711; par Lhoste, sur Montargis, semblable à la nôtre; par Dumoulin, en sa note sur l'article 15 de Dunois, semblable à la nôtre. Cependant M. Guyot soutient que l'héritier de l'acquéreur ne peut, dans notre coutume, empêcher la réunion en aliénant : il ne rapporte aucune raison solide de son opinion.

(5) Car lorsque mon héritier y a succédé, il ne relevoit pas encore de mon seigneur, n'étant point encore réuni; il ne sera réuni que lorsqu'il en portera la foi comme plein fief.

(6) C'est-à-dire que le seigneur peut l'y contraindre de la même manière qu'il a été dit en la note 4.

(7) Après la foi portée. C'est par ce port de foi que se fait la réunion. *Voyez l'article suivant.*

ARTICLE XIX.

(A. C., *art.* 48.) — Et s'il le revend ou met hors de ses mains par quelque manière que ce soit, après que il en aura fait la foy et hommage, il demeure plein fief à son seigneur. Mais s'il le vend ou aliène

avant lesdits foy (1) et hommage faits à sondit seigneur, iceluy arrière-fief sera tousiours tenu en
arrière-fief dudit seigneur féodal, selon qu'il avoit
esté.

(1) Quand même ce seroit après la saisie féodale qui en
auroit été faite par le seigneur.

ARTICLE XX.

(C. de Paris, *art*. 53.) — « Les héritages acquis (1) par un seigneur de fief en sa censive (2),
sont réunis à son fief, et censez féodaux, si par
exprès le seigneur (3) ne déclare par le contrat d'acquisition (4), qu'il veut que lesdits héritages demeurent en roture (5). »

(1) Ou dont il devient propriétaire à titre de succession,
ou à quelque titre que ce soit.

(2) *Et vice versâ,* lorsque le censitaire devient propriétaire de la censive dont relève son héritage.

(3) Qui a acquis l'héritage mouvant de sa censive; ou le
censitaire qui a acquis la censive.

(4) Ou par l'acte qui le saisira de son legs, si c'est à titre
de legs qu'il en est devenu propriétaire; et si c'est à titre de
succession, il doit faire cette déclaration dans un temps
court, dans lequel il aura pu avoir connoissance que cet
héritage se trouve dans la succession, et qu'il est mouvant
de sa censive : l'estimation de ce temps doit être laissée à
l'arbitrage du juge.

Si lors du contrat d'acquisition le seigneur n'a pu ni dû
savoir que l'héritage étoit mouvant de sa censive, la déclaration pourroit se faire depuis, aussitôt que cela seroit venu
à sa connoissance.

(5) Auquel cas ils demeurent en roture perpétuellement;
et il n'est pas nécessaire que l'héritier qui y succédera,
réitère une pareille déclaration; l'acquéreur est censé avoir
fait la sienne, tant pour lui que pour ses héritiers : *quic-
quid enim quis sibi cavit et hæredibus suis cavisse intel-*

ligitur. C'est l'avis de Lalande, de Livonière, etc., duquel M. Guyot s'est mal-à-propos écarté. L'acquéreur, néanmoins, et ses héritiers, conservent le pouvoir de déroger à cette déclaration, et de le réunir lorsqu'il leur plaira.

ARTICLE XXI.

(A. C., *art.* 50.) — Quand à un haut-justicier advient, par aubaine (1) ou confiscation, un fief ou arrière-fief (2), qui n'est tenu de luy, il en doit dedans l'an, qu'il en sera requis, vuider ses mains (3) pour l'indemnité (4) du seigneur du fief ou arrière-fief,

Voyez l'Introd., ch. 6, art. 2, §. 2.

(1) Ce terme ne se prend pas ici pour le droit d'aubaine proprement dit, qui est le droit de succéder aux *aubains* ou étrangers, lequel droit n'appartient qu'au roi : mais il se prend, *lato sensu*, pour le droit qu'ont les seigneurs justiciers de succéder aux regnicoles qui ne laissent point d'héritiers.

(2) C'est-à-dire, ou un fief qui n'est tenu de lui ni médiatement, ni immédiatement, ou un fief qui relève seulement de lui en arrière-fief. *Ita* Lalande.

(3) Comme autrefois un seigneur haut-justicier auroit pu quelquefois avoir de la peine à devenir le vassal d'un seigneur de moindre qualité que lui, pour le fief qui lui est advenu à ce titre, la coutume lui permet, en ce cas, d'en vider ses mains; et au cas qu'il le fasse dans le temps marqué, la mutation arrivée dans le fief par l'acquisition que le haut-justicier en a faite, est regardée comme une mutation inefficace qui n'a pas duré, et qui par conséquent n'a pas donné lieu au rachat; mais il y aura lieu au profit par l'aliénation qu'en fera le justicier, suivant la nature du titre de cette aliénation.

(4) De ces termes, Lalande conclut que le justicier, pour être dispensé du rachat auquel auroit dû donner lieu l'acquisition qu'il a faite, doit mettre hors de ses mains le fief à un titre qui donne au moins lieu à un profit de rachat; autrement le seigneur ne seroit pas indemnisé.

ou faire la foy et hommage au seigneur féodal, et lui payer le profit de rachapt. Autrement (5) le seigneur de fief en jouira et l'exploictera.

(5) M. Guyot prétend que le justicier doit le rachat lorsqu'il ne met le fief hors de ses mains qu'après l'année ; mais la coutume paroît permettre seulement au seigneur de saisir féodalement après l'année, pour contraindre le justicier à faire son choix ; il ne paroît pas qu'elle le fasse déchoir de ce choix après l'année.

ARTICLE XXII.

(A. C., *art.* 36 et 62. C. de Paris, *art.* 33.) — En succession de ligne directe (1) n'y a aucun profit de fief. Mais en tous cas que le fief échet en ligne collatérale, est deu profit de rachapt au seigneur de fief.

(1) Tant descendante qu'ascendante : *arg. de l'art.* 14.

ARTICLE XXIII.

(A. C., *art.* 28 et 98.) — Quand homme (1) ou femme, noble ou non noble, vont de vie à trespas, délaissant un ou plusieurs enfants mineurs, le survivant (2) a et peut avoir, si bon lui semble (3), la garde d'iceux : et en leur défaut (4) ou refus, l'aïeul ou l'aïeule (5) du costé du décédé (6), si aucun y a :

(1) *Voyez*, sur la matière de la garde, *l'introd. à ce titre, chap.* 10, *et l'introd. au tit.* 9.

(2) De plein droit, sans qu'il soit besoin d'aucune acceptation expresse.

(3) Car il peut la répudier.

(4) Si le survivant en étoit incapable, *putà*, pour cause de démence. *Voyez l'introd.*

(5) Ou même, en défaut ou refus d'aïeul ou d'aïeule, les ascendants d'un degré plus éloigné. *Infrà*, art. 26.

(6) Ces termes, à l'égard de la garde-noble, qui est dé-

et ne doivent que la foy, sans profit (7) des héritages desdits mineurs. Et sont les seigneurs de fief
tenus bailler ausdits gardiens souffrance sans payer
profit. « Et en cas de refus d'accepter par eux ladite
garde, seront, lesdits père et mère, aïeul et aïeule,
subordinément tenus dedans quinzaine en faire déclaration (8) au greffe, et faire pourveoir à leurs frais
et dépens dedans la huitaine ensuyvant, de tuteurs
ou curateurs à leursdits enfants, à peine de tous (9)

favorable et contraire aux intérêts des mineurs, sont restrictifs; ceux du côté du survivant ne peuvent jamais la
prétendre : mais à l'égard de la garde ordinaire et comptable, qui est favorable, ces termes établissent seulement
une préférence envers les ascendants du côté du prédécédé,
sur ceux du côté du survivant, qui est fondée sur ce que
les biens du mineur venant de leur famille, ils auront plus
d'affection pour les bien conserver; mais à défaut ou refus
de ceux du côté du prédécédé, ceux du côté du survivant
sont admis à la garde.

(7) Autrefois le gardien noble étoit, pour les fiefs de ses
mineurs, l'homme du seigneur, étant tenu en leur place du
service militaire, et des autres devoirs du fief, jusqu'à ce
que les mineurs eussent atteint un âge suffisant pour les
remplir; c'est pourquoi, comme nouvel homme, il devoit
la foi en son propre nom, et le rachat. Ce droit n'est plus
en usage depuis long-temps; les gardiens doivent la foi non
plus en leur nom, mais pour leurs mineurs : c'est pourquoi
il est dit plus bas, que le seigneur est tenu *bailler auxdits
gardiens souffrance*, c'est-à-dire, délai pour cette foi, jusqu'à ce que les mineurs pour lesquels ils la doivent soient
en âge de la porter par eux-mêmes. De là il suit pareillement que la garde-noble ne doit pas donner ouverture au
profit de rachat.

(8) Même sans déclaration au greffe, en faisant, à leur
requête, nommer un tuteur aux mineurs, ils sont déchargés de la garde.

(9) Ces dommages et intérêts consistent entre nobles, en

despens, dommages et intérests desdits mineurs. Et à laquelle charge de tuteur ou de curateur, ils pourront (10) être eslus comme un autre parent. »

ce qu'ils demeurent gardiens-nobles, et sujets à toutes les charges de la garde, suivant un acte de notoriété du 27 août 1660, rapporté en entier dans l'édition de notre cuutume de 1740.

(10) S'ils en sont capables, et n'ont cause d'excuse.

ARTICLE XXIV.

(A. C., *art.* 28 et 56. C. de Paris, *art.* 42.) — Souffrance équipolle à foy (1), tant qu'elle dure. Et dure ladite souffrance, jusqu'à ce que lesdits mineurs soient en aage de porter la foy : assavoir, jusqu'à ce que le masle soit aagé de vingt ans et un jour, et la femelle de quatorze ans et un jour, ausquels temps lesdits garde (2) et bail finissent.

(1) C'est-à-dire qu'elle couvre le fief, et empêche qu'il ne puisse être saisi féodalement, comme si le mineur eût été reçu en foi. *Voyez l'Introd.*, ch. 1, §. 5.

(2) Ces termes sont pris ici seulement pour le droit qui est attaché à la garde et au bail entre nobles, de jouir des héritages des mineurs; mais la tutelle légitime, en quoi principalement consiste la garde, ne finit pas, et dure jusqu'à la majorité ou l'émancipation des mineurs.

ARTICLE XXV.

(A. C., *art.* 29, 43 et 98.) — Les gardiens-nobles prennent les meubles (1) de leurs enfants mineurs, et les font leurs, jusques à ce (2) que lesdits en-

(1) Tous les biens mobiliers de la succession du prédécédé. *Voyez l'introd.*, ch. 10, s. 3, §. 2.

(2) Cette phrase est ici mal placée; elle donneroit à entendre que les gardiens devroient restituer les meubles après

fants mineurs soient en aage de porter la foy, comme dessus. Et outre lesdits nobles gardiens gaignent les fruits des héritages (3) desdits mineurs durant ledit temps, à la charge de les nourrir, entretenir, alimenter (4), et acquitter de toutes debtes, et arrérages de rentes, *sans qu'ils soient tenus icelles rachepter.* Pareillement entretenir leurs héritages en suffisant estat, payer les charges (5) d'iceux, et les rendre indemnes (6), et sans empeschement. Lesquels père, mère, ayeul ou ayeule, ayant ladite garde-noble, s'ils se remarient, seront tenus bailler, *au préalable* (7), caution de rendre indemnes lesdits mineurs de ce qu'ils sont tenus les acquitter par ladite garde. Toutefois si la veufve noble, gardienne de ses enfants, se remarie, *et que son mari et elle ne voulsissent accepter le bail desdits enfants,*

la garde; il est néanmoins constant qu'ils les gagnent en pleine propriété, et irrévocablement.

(3) Ce terme comprend tous les immeubles réels ou fictifs.

Observez que les avantages qui sont accordés, par cet article, au gardien-noble, sur les biens des mineurs, n'ont lieu qu'à l'égard de ceux qui leur sont venus de la succession du prédécédé. C'est ce qui résulte clairement de l' rticle 43 de l'ancienne coutume, d'où celui-ci est tiré, en le conférant avec l'article 42 qui le précède : l'usage est constant.

(4) Cela comprend toute la dépense nécessaire pour leur éducation, et pour les faire instruire dans les lettres et dans les exercices convenables à leur naissance.

(5) *Voyez l'Introd., d. sect. 3, §. 4.*

(6) C'est-à-dire, quittes de toutes les choses mentionnées ci-dessus.

(7) C'est-à-dire que le gardien noble qui s'est remarié ne doit pas continuer à s'immiscer dans l'administration de la garde, qu'il n'ait, *au préalable,* donné caution.

aux charges que dessus; en ce cas, s'il y a ayeul ou ayeule (8) desdits mineurs, iceulx ayeul ou ayeule pourront prendre et avoir la garde (9) desdits mineurs sans payer aucun profit. Et prendront lesdits meubles (10) et fruits des héritages comme dessus, et aux charges susdites.

(8) Du côté du décédé ; *art.* 23.

(9) La garde n'est pas pour cela déférée deux fois, et il n'y a pas lieu à deux gardes-nobles ; car la garde que prend, en ce cas, l'aïeul, est la même qui avoit été déférée à la mère qui s'est remariée, et que l'aïeul prend et continue en la place de la mère qui s'en démet, tant pour l'avenir que pour le passé, et qui doit en conséquence compter à l'aïeul de tous les émoluments qu'elle a perçus, sous la déduction des charges qu'elle a acquittées. Observez que la mère qui s'est remariée ne laisse pas de demeurer obligée envers le mineur, et même envers les créanciers, aux charges de la garde qu'elle n'auroit pas acquittées, ne devant pas dépendre d'elle de s'en décharger, par son fait, en se remariant ; mais elle en doit être acquittée par l'aïeul qui a bien voulu se charger de la garde en sa place.

(10) Dont la mère qui les a eus leur doit compte, suivant la commune renommée, s'il n'y a pas eu d'inventaire.

ARTICLE XXVI.

(A. C., *art.* 37.) — Gardiens sont père et mère, ayeul ou ayeule, ou autres ascendants.

ARTICLE XXVII.

(A. C., *art.* 38 et 39.) — Baillistres sont la mère ou ayeule nobles qui se sont remariées. Et les parents en ligne collatérale, comme frère, sœur, oncle, cousin ; et le plus prochain est préféré, de quelque costé que ce soit. « Et néanmoins en pareil degré les masles sont préférez aux femelles ; et des frères

le plus aîné, idoine et suffisant, sera préféré aux
autres audit bail. » Et ne gaignent lesdits frères,
sœurs, oncles, tantes, cousins et autres baillistres,
les meubles ni les fruits des héritages lesdits mineurs (1). « Aussi ne doivent lesdits baillistres aucun
profit (2) pour ledit bail. »

(1) Ce bail des collatéraux est tombé en désuétude;
comme il ne contient aucun émolument, et qu'il est volontaire, personne ne se soucie de l'accepter, et on a recours à la tutelle dative.

(2) Autrefois le baillistre collatéral étoit l'homme du seigneur, comme l'étoit le gardien, jouissoit du fief, et devoit
rachat; ne l'étant pas aujourd'hui, il n'est plus dû de profit.

ARTICLE XXVIII.

(A. C., *art.* 51.) — Si plusieurs enfants, frères et
sœurs nobles, estoient en bail sous leurs oncles ou
cousins; l'un d'iceux venu en aage de *vingt cinq
ans*, soit fils ou fille, acquiert le bail des autres mineurs s'il veut, et en forclost leur baillistre plus
loingtain en degré, sans payer aucun profit.

ARTICLE XXIX.

(A. C., *art.* 52.) — Quand les mineurs sortent de
bail ou garde, et veulent (1) entrer en foy, le seigneur de fief est tenu de les recevoir sans profit.

(1) Cela est à leur choix lorsqu'ils ont un aîné qui l'a
portée pour eux; *art.* 35.

ARTICLE XXX.

(A. C., *art.* 63.) — Si homme ou femme nobles
délaissent fils ou filles mineurs, qui chéent en bail
de leur oncle ou cousin, ou parent en ligne collatérale, et par le laps de temps l'un des fils ou filles

vient en aage pour faire la foy, lesdits fils ou filles peuvent requérir entrer en foy : et est le seigneur tenu les y recevoir sans profit; encore que *estant aagez de vingt-cinq ans,* ils acquièrent et attirent à eux (1) le bail de leurs autres frères et sœurs.

(1) *Suprà, art.* 28.

ARTICLE XXXI.

. (A. C., *art.* 64.) — Et quand les autres enfants viendront en aage, ils pourront entrer en foy, et y seront receuz sans payer profit de ce qui vient en ligne directe. Et ne seront à ce contraincts, parceque leur frère les garantit (1) et affranchit en portant la foy pour eux.

(1) *Infrà, art.* 35.

ARTICLE XXXII.

(A. C., *art.* 32.) — Et au regard des non nobles, s'ils ont aucuns héritages tenus en fief, et ils ont enfants yssus de leur mariage, le survivant a la garde desdits mineurs, *et doit demander, et être reçu en souffrance pour eux, de leurs héritages tenus en fief,* sans qu'ils soient tenus payer rachapt ne profit. Et ne fait le gardien, qui n'est noble, les fruits (1) siens desdits héritages. Et si la femme survit, qui ait prins la garde de ses enfants, et elle se remarie, sesdits enfants estant mineurs, et non aagés, elle en perd la garde (2) : et n'est tournée la garde en bail, combien que entre nobles ladite garde tourne en bail.

Tous les articles qui précèdent, depuis le 25, regardent les nobles.

(1) Encore moins les meubles.
(2) Il faut, en ce cas, élire un tuteur; et son mari,

comme beau-père, peut être élu, à moins qu'il n'y ait quelqu'un des ascendants du mineur qui voulût prendre la garde. Si la mère et le beau-père n'ont pas soin de faire pourvoir de tuteurs aux mineurs, ils demeurent l'un et l'autre, sans avoir la qualité de tuteurs, solidairement chargés des risques de la tutelle.

ARTICLE XXXIII.

(A. C., *art.* 33.) — En défaut, ou refus de père et mère desdits enfants mineurs, non-nobles, l'ayeul ou l'ayeule a la garde desdits enfants : *et doibt demander et estre reçu en souffrance pour eux*, de leursdits héritages tenuz en fief, comme lesdits père et mère, sans payer aucun profit ne rachapt au seigneur féodal.

ARTICLE XXXIV.

(A. C., *art.* 31 et 34.) — Entre nobles ou non nobles, par dation de tuteur ou de curateur, soit par minorité ou autrement, en quelque sorte que ce soit, n'*est deu* aucun *profit* : ains est tenu le seigneur de fief, bailler souffrance ausdits mineurs, ou à leurs tuteurs et curateurs, jusques à ce que iceux mineurs, ou l'un d'eux, soit en aage, pour faire ladite foy et hommage. « Et en défaut de tuteur et curateur, est tenu ledit seigneur bailler ladite souffrance à l'un des parents desdits mineurs, ou autre à ce commis par justice, qui pour eux la demandera, et déclarera les noms et aages desdits mineurs. »

ARTICLE XXXV.

(A. C., *art.* 35 et 102.) — Un fils aisné (1), soit noble, ou non noble, aagé de vingt ans et un

Suivant un ancien droit, l'aîné succédoit seul au titre du fief en la succession de ses père et mère. Les puînés tenoient de lui, en *parage,* leur portion dans l'héritage féodal, c'est-

jour, peut, si bon lui semble (2), porter les foy et

à-dire, *non tanquam à superiori, sed tanquam à pari,* comme d'un égal qui n'avoit que la primauté entre eux; ils n'étoient, pour ces portions, que les arrière-vassaux du seigneur. Ce droit de *parage* est aboli depuis long-temps dans notre coutume; mais l'usage s'est conservé que l'aîné portât la foi pour ses frères et sœurs; et il sembleroit qu'il ne reste aujourd'hui à l'aîné d'autre qualité pour cela, *pour les portions de ses frères*, que celle de leur procureur légal. Cependant il est quelque chose de plus : la coutume lui permet d'être lui-même l'homme de fief pour les portions de ses frères et sœurs; et ce ne peut être qu'en cette qualité que, dans notre ancienne coutume, il affranchissoit du rachat le premier mariage de ses sœurs. Au reste, c'est par une faveur personnelle à ses frères et sœurs, et leurs premiers maris, que l'aîné peut être l'homme du fief à leur place; c'est pourquoi il cesse de l'être pour les portions de ses frères et sœurs qui les aliènent, ou qui meurent, ou qui passent sous la puissance d'un second mari.

(1) Ajoutez, *héritier de ses père ou mère;* car ce droit que la coutume donne à l'aîné, de porter la foi pour ses puînés, étant une suite du droit d'aînesse qu'elle lui accorde en la succession, il ne peut en user pour les fiefs de cette succession, s'il n'est héritier.

Si l'aîné étoit prédécédé, son fils aîné, petit-fils du défunt; ou si l'aîné n'a laissé que des filles, les filles, qui le représentent dans le droit d'aînesse, ont le même droit de porter la foi pour leurs oncles et tantes.

En cas de renonciation de l'aîné à la succession, Dumoulin admettoit le second fils à porter la foi pour ses frères et sœurs, ce qui ne me paroît pas devoir être; car, par la renonciation de l'aîné, le second ne devient pas l'aîné, et ne succède pas au droit d'aînesse : *Introd., chap.* 1, *art.* 1. Dumoulin avoit fait plusieurs autres extensions à cet article, pour sauver les premiers mariages des filles du rachat, ce qui n'est plus nécessaire.

(2) Le droit de *parage* étant aboli, l'aîné ne se fait rece-

hommage (3) pour tous ses frères et sœurs (4) mariez ou non mariez (5). Et ayant ledit fils aisné porté
ladite foy et hommage pour sesdits frères et sœurs,
il ne s'en peut plus désister (6) à leur préjudice, sinon que lesdits frères et sœurs puisnés la voulsissent
porter pour eux-mêmes. « A laquelle foy ledit seigneur de fief sera tenu les recevoir, sans pour ce
payer profit. »

voir en foi pour les portions de ses frères et sœurs, que si
bon lui semble, et si bon semble aussi à ses frères et sœurs.

(3) N'importe que ce soit avant ou après le partage.

(4) C'est-à-dire qu'il peut porter la foi à la place de celle
que le mari de leur sœur seroit tenu de porter pour les fiefs
de sa femme, dépendants des successions des père et mère
communs.

(5) Ou leurs représentants, avec lesquels il vient à la succession.

(6) Ces termes font voir que l'aîné n'est pas un simple
procureur légal de ses puînés, par le ministère duquel ses
puînés seroient reçus en foi; mais que c'est lui-même qui
est reçu en foi, en leur place, pour leurs portions.

ARTICLE XXXVI.

(A. C., *art.* 40 et 49. C. de Paris , *art.* 36.) — Et
s'il n'y a que filles , ou que le fils aisné (si aucun y

Lorsqu'une femme se marie, soit avec communauté de
biens, ou sans communauté, pourvu que ce ne soit pas
avec la clause qu'elle jouira séparément de son bien, le
mari, à raison du droit de bail, gouvernement et autorité
qu'il acquiert sur les propres de sa femme, devient vassal
pour les fiefs du propre de sa femme (*Introd. au titre des
Fiefs*, chap. 6, *art.* 2, §. 4); ce qui fait une espèce de
mutation imparfaite de vassal qui donne lieu au rachat, hors
les cas exceptés par la coutume. Par l'ancienne coutume, il
étoit dû rachat pour les fiefs qu'une fille avoit eus de la succession de ses père et mère, tant pour chacun des mariages

a) n'a porté la foy, *n'est pareillement* (1) deu *aucun* profit par lesdites filles, à cause de leur premier mariage (2) : lesquelles (3) néantmoins esdits cas, ou

qu'elle contractoit depuis la succession échue, suivant l'*article* 49, que pour celui dans lequel elle se trouvoit engagée lors de l'échéance de la succession, *art.* 40, soit que ce mariage fût son premier, ou son second, ou autre ultérieur mariage. L'ancienne coutume n'exceptoit qu'un seul cas, savoir, lorsque cette fille avoit un frère aîné, lequel, disoit l'ancienne coutume, « peut porter la foi pour ses frères et « sœurs, mariés et non mariés, et acquitter et garder *une* « fois leurs frères et sœurs de payer profit. » La foi portée par l'aîné mettoit donc à couvert du rachat un des mariages de sa sœur, savoir, ou celui dans lequel elle étoit engagée lors de l'échéance de la succession, ou, si elle n'avoit pas alors de mari, celui qu'elle contracteroit par la suite. Ce que l'ancienne coutume accordoit à la femme, dans le cas auquel elle avoit un frère aîné qui avoit porté la foi pour elle, la nouvelle le lui accorde, même dans le cas auquel elle n'auroit point de frère, ou dans celui auquel son frère n'auroit pas voulu porter la foi pour elle.

(1) C'est-à-dire, il n'est pas plus dû que si lesdites filles avoient un aîné qui eût porté la foi pour elles.

(2) Il résulte de ce qui a été dit ci-dessus, que ces termes ne s'entendent pas précisément du premier de tous les mariages, comme l'a mal entendu Lalande, mais de celui qui est le premier par rapport au seigneur, et pour lequel elle auroit dû rachat dans l'ancienne coutume, si elle n'eût été garantie par l'hommage d'un frère aîné. Ce premier mariage est, ou celui dans lequel elle se trouve engagée lorsque le fief lui avient; ou, si lorsqu'il lui est avenu elle étoit fille ou en viduité, le premier de ceux qu'elle contractera depuis. C'est pour cela que l'article 40 de l'ancienne coutume, qui concerne le mariage dans lequel la fille étoit engagée lors de la succession échue, et pour lequel, si elle n'eût pas été garantie par un frère aîné, elle auroit dû profit, a été rayé de la nouvelle, parceque ce mariage, soit qu'il soit le second

leurs maris, pour elles, pourront (4) porter ladite foy, *sans payer profit pour ledit premier mariage. Et sera tenu ledit seigneur de fief les y recevoir.*

ou le troisième, étant toujours le premier par rapport au seigneur, il ne peut plus jamais donner lieu au rachat dans la nouvelle coutume. Cet article a toujours été entendu dans ce sens dans ce bailliage.

(3) *Lesquelles* filles, si elles ne sont point mariées, *ou*, si elles sont mariées, *leurs maris pour elles*, c'est-à-dire, *à cause d'elles*, et en leur qualité de maris, pourront, etc.

(4) *Pourront* se rapporte à *sans payer profit.*

ARTICLE XXXVII.

(C. de Paris, *art.* 37.) — Mais si elles se marient en secondes (1) ou autres nopces, est deu rachapt pour chacun desdits autres mariages (2).

(1) Les secondes noces sont celles qu'elles contractent depuis le mariage qui a été exempt de profit. Si elles étoient mariées en premières noces lorsque le fief leur est échu, le second qu'elles contracteront devra rachat; car il y en a eu déja un premier exempt. Mais si elles étoient lors en viduité, celui qu'elles contracteront sera un premier mariage par rapport au seigneur, n'y en ayant eu encore aucun qui ait été exempt de profit.

Au reste, il suffit qu'il y ait eu un premier mariage dans lequel une femme étoit engagée lorsque le fief lui est avenu, ou qu'elle ait contracté depuis; et il n'importe, pour que ceux qu'elle contractera par la suite donnent lieu au rachat, que le premier ait été exempt de profit, par la disposition même de notre coutume, ou qu'il en ait été exempt indépendamment de cette disposition; *putà*, parceque le contrat de ce premier mariage portoit une clause de séparation de biens; car la coutume n'a exempté que ce premier mariage, et elle assujettit au rachat tous les autres.

(2) Ce rachat n'est dû que pour les mariages valablement contractés, et qui ont les effets civils. Au reste, il est dû,

quelque peu de temps qu'il ait duré. *Mol.*, §. 37, *n.* 7 et 9.
C'est le mari qui le doit, ou sa communauté, s'il y en a une;
car il naît lors de la célébration du mariage, et par conséquent durant la communauté, qui commence en ce temps.

ARTICLE XXXVIII.

(C. de Paris, *art.* 5.) — « N'est deu foy et hommage, rachapt, ne profit féodal, par la femme (1),
acceptant communauté, à cause d'icelle acceptation,
pour le fief acquis par le mary, durant ladite communauté. Aussi n'est deu rachapt, ne profit féodal,
par les héritiers en droite ligne (2) du mary, advenant que la veufve renonce à ladite communauté :
encore que par le moyen de ladite renonciation, le
total dudit fief demeure ausdits héritiers : pourveu
que esdits cas le mary ait fait la foy et hommage et
payé les droits. »

(1) La femme est censée en foi par celle que son mari a
portée comme chef de la communauté.

(2) Car ils tiennent ce total de la succession de leur père,
et rien de la femme renonçante, qui, lorsqu'elle renonce,
est censée n'avoir jamais rien eu dans les biens de la communauté.

ARTICLE XXXIX.

(C. de Paris, *art.* 6.) — « N'est aussi deu droit
de rachapt par la renonciation faite par aucuns des
enfants, à l'hérédité de leurs père et mère, ayeul ou
ayeule; encores que par ladite renonciation y ait accroissement au profit des autres enfants : pourveu
que pour faire ladite renonciation, n'y ait argent
baillé (1), ou autre chose équipollente. »

(1) Car les autres enfants tiennent cet accroissement immédiatement de la succession du défunt, et non de leur
frère renonçant, qui est censé n'y avoir jamais rien eu.

La fin de cet article a été mal-à-propos ajoutée ; car une renonciation, quoique faite *aliquo dato*, n'en est pas moins valable : *qui pretium omittendæ hæreditatis causâ capit, non videtur hæres esse; l.* 24., ff. *acq. hær.*; et quand elle passeroit pour une cession que le renonçant auroit faite à ses cohéritiers de ses droits successifs, ce seroit un accommodement de famille qui ne donne pas lieu au profit. *Voyez l'Introd., n.* 152 et 211.

ARTICLE XL.

(A. C., *art.* 99.) — Les gens d'église et de main-morte (1) ne peuvent acquérir, ne tenir héritage en leurs mains au préjudice des seigneurs de fief : ains sont tenus d'en vuider leurs mains, et de les mettre entre les mains de personnes qui ayent puissance de les vendre, aliéner, et d'en disposer, en sorte que les droits féodaux n'en soient diminuez (2). Et après que sommation ou commandement sera fai tausdits gens d'église, et autres de main-morte, de vuider leurs mains desdits héritages, ils auront délay d'un an pour ce faire : et si ledit seigneur (3) féodal les a une fois receuz à vicaire (4), il sera tenu à toutes mutations les y recevoir.

(1) Cela comprend les communautés ecclésiastiques et séculières, et les bénéficiers, lorsqu'ils acquièrent pour le bénéfice ; ils sont dits gens de main-morte, parceque ce qui est en leurs *mains*, cessant d'être aliénable, est *mort* pour le commerce.

(2) Cela doit s'entendre pour l'avenir.

(3) Ayant la libre disposition de ses biens.

(4) *Idem*, s'il a reçu les profits de leur acquisition par lui ou par un procureur fondé de pouvoir spécial de les recevoir d'eux.

Observez que depuis l'édit de 1749, les gens de main-morte ne peuvent plus, même du consentement des seigneurs, acquérir aucuns héritages sans une permission spéciale du roi, par lettres-patentes dûment registrées. *Voyez cet édit.*

ARTICLE XLI.

(A. C., *art.* 100.) — Si lesdits gens d'église, ou de main-morte, ne vuident leurs mains desdits héritages dedans l'an : en ce cas le seigneur de fief exploictera l'héritage féodal, et en fera les fruicts siens, jusques à ce qu'ils ayent vuidé leurs mains. Toutesfois si lesdits gens d'église, ou de main-morte, avoient tenu et joüy desdits héritages par soixante ans, *ou qu'ils eussent lettres d'amortissement* : en ce cas ne seront tenus en vuider leurs mains ; mais seront tenus bailler et nommer (1) vicaire audit seigneur de fief, sans payer profit. Et dès-lors en avant, par la mort (2) de chacun vicaire, sera deu rachapt et profit de fief.

(1) Les gens de main-morte doivent fournir au seigneur une expédition de cette nomination, qu'on appelle autrement *lettres de vicaire.* Ils doivent donner aussi au seigneur l'extrait baptistère du vicaire. Le vicaire doit être en âge de porter la foi ; il doit être domicilié en la province, suivant la note de Dumoulin sur l'art. 100 de notre ancienne coutume. Au reste, quoiqu'il en sorte par la suite, il ne cesse d'être vicaire : il doit être séculier, un religieux n'étant pas habile à porter la foi. *Voyez l'article suivant.*

Les gens de main-morte, outre ce vicaire qu'ils doivent donner au seigneur, lui doivent payer une indemnité que la jurisprudence a réglée au tiers du prix du fief ; le seigneur de justice dans le territoire duquel est le fief, doit avoir le dixième de cette indemnité. *Règlement de la cour du 28 mars 1692.*

Le droit de demander l'indemnité doit se perdre par la prescription ; mais le droit de demander vicaire est imprescriptible.

(2) C'est au seigneur qui demande le rachat à justifier de la mort du vicaire, qui est le fondement de sa demande ;

à moins qu'il ne se fût écoulé cent ans depuis la naissance
du vicaire : car un homme est présumé ne pouvoir pas
vivre au-delà de ce terme. *L. 8. de usufr. leg.*

(A. C., *art.* 103.) — Si gens d'église, ou de main-
morte, pour l'héritage tenu en fief, nomment et baillent vicaire, qui comme tel soit reçeu en foy, et
après iceluy vicaire faict vœu et profession en religion ; de là en avant, s'il y a mutation du costé du
seigneur féodal, avant le trespas dudit vicaire, qui
s'est rendu religieux et profez : en ce cas, après sommation, ou empêchement fait de la part d'iceluy seigneur, ledit fief est ouvert, et le peut iceluy seigneur
exploicter en pure perte jusqu'à ce qu'il ait nouvel
vicaire : sauf que lesdits gens d'église, et de main-
morte, ont quarante jours de délay après ledit empêchement ou sommation pour bailler nouvel vicaire. Et ledit nouvel vicaire estant baillé [dedans (1)
lesdits quarante jours], n'y a aucun profit.

(1) Ces termes abondent ici : le délai de quarante jours
est accordé pour éviter la perte des fruits : mais soit que
le vicaire soit donné ou non dans les quarante jours, il n'y
a rachat ; car il ne peut être dû que par la mort naturelle
d'un vicaire. Les seigneurs ont souvent intérêt de ne pas
user du droit que la coutume leur accorde, de peur qu'on
ne leur donne un vicaire plus jeune que celui qu'ils ont.

Cet article doit s'étendre à tous les autres cas dans lesquels le vicaire ne pourroit porter la foi ; comme s'il étoit
devenu fou, absent de longue absence, etc.

(A. C., *art.* 7.) — Quand le seigneur de fief n'a
point d'homme, parceque son vassal a vendu, trans-
porté, ou autrement aliéné son héritage tenu en fief,

ledit seigneur peut incontinent (1) saisir ledit héritage, et l'exploicter ; et fait les fruicts (2) siens, jusques à ce qu'il ait homme, et qu'il ait esté payé de
ses devoirs et profits de fief.

(1) Il doit néanmoins laisser à l'acquéreur le temps nécessaire pour le voyage pour venir à la foi ; *hoc tempus vi
ipsâ inest obligationi; L.* 41, §. 1, ff. *de verb. obl.* On
peut fixer ce temps à un jour pour chaque dix lieues de
distance du lieu où se trouve l'acquéreur au chef-lieu ; *arg.
L.* 137, §. 2, ff. *d. T. et L.* 3, ff. *de V. S.*

(2) Les bestiaux étant du mobilier, qui ne fait point partie du fief, le seigneur n'en peut avoir les fruits. *Voyez*
Berry, *tit.* 5, *art.* 42.

ARTICLE XLIV.

(A. C., *art.* 59.) — Quand le fief est vendu, le
seigneur de fief auquel est deu le quint denier, se
peut adresser pour ledit quint à l'achepteur, et le
poursuivre personnellement, ou se prendre à son fief
par saisie (1), à son choix et option.

(1) Si la foi n'est pas faite ; car si elle est faite, il ne
lui reste que la voie d'action ; encore faut-il qu'il se la soit
réservée ; *art.* 66.

ARTICLE XLV.

(A. C., *art.* 12.) — Le vassal, quand la foy faut
de son costé (1), et il est saisi (2) par son seigneur de

(1) Première des conditions qui doivent concourir pour
que le vassal soit tenu d'aller chercher le seigneur ailleurs
qu'au chef-lieu. Il n'y est donc pas obligé, si la foi faut du
côté du seigneur. *Quid,* si c'est des deux côtés ensemble ?
On peut dire qu'il n'y est pas non plus obligé ; car en ce
cas on regarde le défaut de foi par le côté le plus favorable
au vassal : on peut tirer argument de l'article 64.

(2) Seconde condition. Avant la saisie le vassal n'est

fief, est tenu aller vers son seigneur lui faire la foy (3), et hommage de son fief, et lui payer les profits, si aucuns sont deuz, s'il est *demeurant* à dix lieues (4) près de sondit fief et lieu à cause duquel ledit vassal est tenu lui faire lesdits foy et hommage, *et que le domicile* (5) *dudit seigneur soit déclaré* (6) *par la saisie ou autrement deuëment notifié audit vassal, ou détenteur de l'héritage tenu en fief.* Et s'il est *demeurant* outre les dix lieues, ou soit refusant recevoir iceluy vassal, *ou que la demeurance dudit seigneur féodal n'eust été exprimée par la saisie, ou deuëment notifiée comme dessus*; il suffit aller (7) audit lieu (8) et domaine, faire ou offrir (9) lesdits foy et hommage, et payer les profits, si aucuns sont deuz, et faire telles offres qu'il feroit à la personne de son seigneur féodal. Après lesquelles offres, ledit vas-

donc pas tenu aller ailleurs qu'au chef-lieu, suivant l'article 47.

(3) Cet article ne concerne donc que la foi; ainsi on n'est pas obligé d'aller ailleurs qu'au chef lieu pour demander souffrance.

(4) Troisième condition. Ce doit être dans le terme de dix lieues.

(5) Quatrième condition. Il faut que ce soit au domicile du seigneur, non dans quelque autre maison.

(6) Cinquième condition. On pourroit encore en ajouter une autre, qui est qu'il faut ou qu'il n'y ait qu'un seigneur, ou que s'il y en a plusieurs, ils demeurent en même maison.

(7) Avec un notaire et deux témoins, pour en avoir acte.

(8) Ne fût-ce qu'une motte de terre.

(9) Le vassal a le choix de faire la foi ou de l'offrir ; il lui est plus avantageux de la faire, pour n'être plus sujet à retourner, suivant l'article qui suit.

sal peut jouir de son fief sans offence (10). Et si c'est un fief sans domaine, il suffit aller par-devers le seigneur de fief, à sa personne, ou en son domicile, à dix lieues près de l'héritage tenu en fief : et s'il n'est au-dedans des dix lieues, il suffit audit vassal aller par-devers le juge en la jurisdiction duquel est assis l'héritage, et lui notifier et faire ses (11) offres : lesquelles vaudront jusques à ce qu'il soit sommé.

(10) Jusqu'à ce qu'il soit ressaisi ou sommé, s'il n'a fait que des offres.

(11) La coutume ne donne ici que le droit de faire des offres ; ce n'est qu'au chef-lieu, quand il y en a un, qu'on peut faire la foi en l'absence du seigneur.

ARTICLE XLVI.

(A. C., *art.* 13.) — Mais si le seigneur de fief (1) ressaisit ledit fief, le vassal est tenu aller faire les foy et hommage, et payer les droits et profits de fief dedans quarante jours, ou faire ses offres comme dessus : autrement ledit seigneur peut exploicter (2) ledit fief.

(1) Cet article a lieu, lorsque le vassal n'a fait que de simples offres. S'il avoit fait la foi, comme il le peut, en l'absence du seigneur, *art.* 45 et 47, il ne seroit pas tenu d'y retourner, mais il s'opposeroit à la saisie : et en faisant prononcer son port de foi bon et valable, il en auroit la mainlevée. Si le seigneur se trouve sur le lieu, et refuse de recevoir en foi son vassal, il ne pourra lui porter la foi ; car la coutume lui permet de la porter au seigneur absent, et non au seigneur refusant : mais en ce cas de refus, le vassal fera bien, sans attendre une seconde saisie, d'assigner son seigneur, pour voir déclarer valables les offres de foi par lui faites, et que pour le refus fait de le recevoir, elles vaudront pour port de foi.

(2) En pure perte ; *art.* 50, 71.

ARTICLE XLVII.

« Le vassal, pour faire foy et hommage, et ses offres (1) à son seigneur féodal, est tenu aller (2) vers ledit seigneur, au lieu dont est tenu et mouvant ledit fief : et y estant, demander si le seigneur est au lieu, ou s'il y a autre pour lui, ayant charge de recevoir les foy et hommage et offres. Et ce fait doit, estant nuë teste, sans épée, ne esperons, dire qu'il lui porte, et fait la foy et hommage, qu'il lui est tenu faire, à cause du fief mouvant de lui ; et déclarer à quel titre (3) ledit fief lui est advenu, le requérant qu'il lui plaise le recevoir. Et où le seigneur ne seroit trouvé, ou autres ayants pouvoir de lui, suffist faire la foy, hommage et offres devant la principale porte du manoir, ou au lieu (4) dont est tenu et mouvant ledit fief, après avoir appelé à haute voix le seigneur, par trois fois. Et s'il n'y a manoir au lieu seigneurial dont dépend ledit fief, et en cas d'absence dudit seigneur ou ses officiers, faut notifier

(1) Dans cet article de la réformation, qui permet de faire la foi en l'absence du seigneur, ce terme d'*offres* s'entend des offres que le vassal doit faire en portant la foi, de payer les profits. Ailleurs, et dans les textes qui sont tirés de l'ancienne coutume, ce terme d'*offres* s'entend des offres de faire la foi. *Voyez les art.* 45, 67.

(2) En personne. *Voyez l'art.* 65.

(3) S'il avoit déclaré un autre titre que celui auquel il possède, Dumoulin décide que le port de foi seroit nul, quand même le seigneur l'y auroit reçu. S'il n'a point déclaré du tout à quel titre, c'est une nullité dans un port de foi fait en l'absence du seigneur : mais si le seigneur, nonobstant cela, l'a reçu en foi, la réception de foi est bonne.

(4) Quoique ce ne fût pas un manoir, mais, par exemple, une motte de terre. *Voyez* les notes sur l'art. 45.

lesdites offres au prochain voisin dudit lieu seigneurial, et laisser copie. »

ARTICLE XLVIII.

(A. C., *art.* 97.) — Quand il y a plusieurs seigneurs du lieu et domaine, dont dépendent fiefs et
vassaux, et que iceux seigneurs ne sont demeurants
sur iceluy *lieu* et domaine, il suffist au vassal aller
faire ses offres (1) et devoir sur ledit *lieu* et domaine,
et après les signifier à l'un desdits seigneurs en partie, qui est trouvé, ou est demourant au-dedans desdites dix lieues dudit domaine, à sa personne, ou
domicile *exprimé par la saisie* (2), *ou deuëment notifié au vassal, comme dessus.* Et n'est tenu ledit
vassal faire qu'une foy, et bailler qu'un adveu.

(1) Il vaut mieux faire la foi.
(2) *Suprà, art.* 45.

ARTICLE XLIX.

(A. C., *art.* 5. C. de Paris, *art.* 20.) — Le seigneur
chastelain, quand son fief (1) est vendu, le peut
avoir par puissance (2) de fief pour le prix qu'il aura
esté vendu, dedans quarante jours après (3) les offres
à lui faites (4) par l'achepteur, en payant par ledit
chastelain les loyaux cousts et mises. Et faisant lesdites offres, l'achepteur est tenu de monstrer et exhi-

Voyez l'Introd., ch. 7.
(1) Il faut, pour donner ouverture au retrait féodal,
comme au quint, que ce soit le *fief* même qui soit vendu.
Voyez l'Introd., ch. 7.
(2) C'est-à-dire, en vertu du droit attaché à sa seigneurie féodale.
(3) Donc le jour des offres n'est pas compris dans les
quarante jours.
(4) En son domicile, ou au lieu dominant.

ber (5) audit seigneur chastelain, s'il en est requis, les lettres de son contract.

(5) S'il n'exhibe pas, en étant requis, le temps des quarante jours cessera de courir jusqu'à ce qu'il le fasse.

ARTICLE L.

(A. C., *art.* 8.) — Le seigneur féodal, après le trespas de son vassal (1), ne peut (2) saisir le fief mouvant de lui, ne exploicter en pure perte, jusques à quarante jours après ledit trespas (3). Et les quarante jours passez, ledit seigneur peut saisir son fief, et fait les fruicts siens, qui depuis ladite saisie, et auparavant que le vassal ait fait son devoir envers le seigneur de fief, *auroient esté coupez et abbatus en leur saison et* (4) *maturité*, encores (5) *qu'ils ne*

(1) Soit que le défunt eût été en foi ou non, le nom de *vassal* est donné même à celui qui n'est pas en foi; *art.* 73. *Voyez l'Introd., n.* 29.

(2) Il résulte de ces mots *ne peut,* que la saisie qui auroit été faite avant ce temps seroit nulle, et que le vassal en doit avoir main-levée, avant que le seigneur puisse saisir, même après le délai expiré; car *spoliatus ante omnia restituendus.*

(3) Ajoutez, *connu dans le public.* Le jour auquel il est arrivé, ou a commencé d'être connu dans le public, n'est pas compté.

(4) La raison est, qu'il doit jouir comme un bon père de famille, *art.* 10. Si donc il a cueilli avant *leur saison et maturité,* et que le vassal vienne depuis à la foi, avant le temps auquel ils auroient dû être récoltés, non seulement le seigneur ne gagne pas lesdits fruits, mais il est tenu des dommages et intérêts du vassal. Si le vassal ne vient à la foi qu'après le temps auquel les fruits auroient dû être récoltés, il ne peut se plaindre que le seigneur les ait récoltés trop tôt, le seigneur n'ayant, en ce cas, fait tort qu'à soi-même.

fussent enlevez et serrez, en payant par ledit seigneur de fief les frais et semences, comme cy-après sera dit.

(5) Car c'est en les séparant du sol qu'il les perçoit et les acquiert.

ARTICLE LI.

« La saisie féodale (1) doit estre rénouvelée de trois en trois ans : autrement n'a effet que pour trois ans. Et pour l'advenir, demeureront les commissaires (2) déchargez. »

(1) Il résulte de cet article, que la saisie féodale a effet pour trois ans. C'est mal-à-propos que l'auteur des notes de 1711 veut qu'on suive ici l'article 81 du titre des fiefs de la coutume de Montargis, qui porte que lorsque le commissaire a laissé jouir le vassal, le seigneur ne peut prétendre contre le vassal que les fruits de l'année dans laquelle a été faite la saisie. Cet article est local pour la coutume de Montargis, et ne peut être étendu ici.

(2) *Voyez l'Introd., n.* 60.

ARTICLE LII.

(A. C., *art.* 14. C. de Paris, *art.* 47.) — Quand aucun doit rachapt, il doit offrir à son seigneur trois choses (1) : c'est assavoir, le revenu de l'année de

(1) Donc s'il offroit en général le profit de rachat qu'il doit, ses offres seroient insuffisantes, ainsi que le décide fort bien Dumoulin, §. 63, *n.* 17.

Néanmoins, si le revenu du fief étoit d'une somme certaine et invariable, comme s'il s'agissoit du rachat d'une rente en argent inféodée ; en ce cas, il ne seroit pas besoin d'offrir trois choses, ainsi que le remarque le même auteur.

Il en est de même lorsque le profit de rachat est abonné, soit dans le cas de l'article 58, soit en vertu des titres particuliers.

Observez qu'un titre d'abonnement ne doit pas s'éten-

son fief, une somme d'argent (2) telle qu'il verra (3)
être convenable, ou ce que deux preud'hommes estimeront. Et dès-lors ledit seigneur de fief ne fait plus
les fruicts siens ; et a quarante jours pour choisir, et
eslire l'une desdites trois offres.

dre aux réunions faites depuis le titre, comme l'a cru Livonière.

(2) La coutume n'oblige point d'offrir cette somme à
deniers découverts.

La coutume veut que ce soit une somme d'argent qui
soit offerte : le vassal ne peut donc offrir du vin, du blé, etc.,
comme Dumoulin l'avoit pensé.

Au reste, c'est offrir une somme d'argent, que d'offrir
de la part du vassal, de compenser le profit de rachat qu'il
doit, à une somme d'argent qui lui est due par son seigneur. *Mol.*, §. 47, *gl.* 1, *n.* 5.

(3) Les offres sont valables, quoique la somme offerte
soit de beaucoup au-dessous de la valeur du revenu ; car
la coutume ne dit pas une *somme convenable*, mais *qu'il
verra* convenable : il peut trouver convenable ce qui ne
l'est pas. Si c'étoit une somme de nulle considération,
comme un sou, l'offre ne seroit pas valable ; car elle n'est
pas sérieuse, c'est *nugatoria oblatio*. Molin., *d. gl.*, *n.* 2.

ARTICLE LIII.

(A. C., *art.* 15.) — Si ledit seigneur de fief prend
et eslit l'année (1), il payera les loyaux cousts, semences, labourages et autres frais et mises (2) faits.

(1) D'un fief dont le vassal jouissoit par ses mains.

(2) Comme des échalas, du fumier, à proportion de ce
qu'on en met par chaque année. Il est tenu aussi des réparations locatives, et d'acquitter les charges annuelles ordinaires de l'héritage, comme la dîme, le dixième, le vingtième, etc., non celles imposées par le vassal, ou les auteurs du vassal ; à moins qu'il ne les eût inféodées ou
consenties. Si les fruits ne valoient pas les charges, le sei-

pour lesdits fruicts. Et s'il choisist le dire de preu-d'hommes, ledit seigneur en prendra et eslira un, et le vassal l'autre, *à frais communs*, lesquels arbitre-ront en leur (3) conscience ce que peut valoir (4) le-dit rachapt. « Et si lesdits preud'hommes ne se peu-vent accorder, prendront un tiers (5), sans qu'il soit besoin d'en parler aux seigneur et vassal. »

gneur ne seroit pas reçu à les abandonner pour les charges; car par le choix qu'il a fait du revenu de l'année, il s'est fait un contrat entre lui et son vassal, par lequel il a pris à ses risques ce revenu, et il s'est obligé envers son vassal à l'acquit des charges. Il en est autrement dans le cas de l'article 55, lorsque le seigneur n'est point entré en jouis-sance, et dans celui de la saisie féodale : car, dans ces cas, il n'y a aucun contrat entre le seigneur et le vassal ; c'est pourquoi le seigneur qui ne veut point de fruits, n'est point tenu des charges.

(3) Sans prêter serment, à moins qu'ils n'eussent été nommés en justice : ils doivent faire cette estimation con-jointement : aussitôt qu'elle est faite, le seigneur en peut poursuivre le paiement, sans homologation. Si l'une des parties la trouvoit *inique*, elle pourroit se pourvoir en jus-tice contre, et en demander une autre ; mais le seigneur doit être reçu plus difficilement que le vassal à s'en plain-dre, étant de la nature des profits de n'être pas exigés à la rigueur. *Mol.*, §. 47, gl. 1.

(4) Comme il n'y a que l'argent qui exprime la valeur de chaque chose, les prud'hommes ne peuvent condamner le vassal à autre chose qu'à une somme d'argent, quoique Dumoulin ait pensé le contraire.

(5) Qui les départagera après les avoir entendus.

ARTICLE LIV.

(C. de Paris, *art.* 50.) — « Si le seigneur féodal a choisi le revenu de l'année, le vassal est tenu de lui communiquer les baux à maison ou à ferme, et pa-

piers de ses receptes; ou lui en extraire (1) la déclaration sur iceux papiers, aux despens de son seigneur
de fief. »

(1) Cela a lieu quand le seigneur ne veut pas s'en charger, ou quand ses papiers de recette ne sont pas sur char-
tes séparées, mais font partie du journal qui contient toutes
les affaires du vassal, desquelles le seigneur ne doit pas
avoir connoissance.

ARTICLE LV.

(A. C., *art.* 16.) — Si profit de rachapt est deu,
et le vassal, après les offres faictes et signifiées, laisse
son héritage vacquant (1), jusques à un an après lesdites offres, et significations d'icelles, et sans que
son seigneur de fief lui ait déclaré laquelle il veut accepter, ledit temps passé, ledit vassal sera quitte
dudit profit de rachapt.

(1) S'il y a des logis, il faut en donner les clefs, pour
que l'héritage soit censé laissé vacant. On peut tirer argument de l'article 128.

ARTICLE LVI.

(C. de Paris, *art.* 49.) — « Et commence ladite
année (1) au jour des offres acceptées, ou valablement
faites par le vassal, jusqu'à pareil jour (2), l'an ré-

(1) Lorsque le seigneur, dans le temps de quarante jours,
qui lui est donné par l'article 52, a fait son choix du revenu de l'année en nature, l'année commence du jour de
ce choix : s'il n'a point fait de choix, elle commence dès le
jour que les offres ont été faites et signifiées, pourvu que
le vassal ait laissé son héritage vacant.
(2) Cela est exactement vrai à l'égard des fruits civils :
le seigneur doit avoir tous ceux qui naîtront pendant un
espace de 365 jours, à compter du jour que l'année com-

volu : et ne se fait qu'une seule cueillette d'une sorte de fruicts (3). »

mence ; mais à l'égard des fruits que la terre produit, il doit avoir la prochaine récolte à faire de chaque espèce de fruits.

Si par stérilité il ne se faisoit aucune récolte cette année, Dumoulin avoit pensé que le seigneur pouvoit prétendre celle de l'année suivante. Son sentiment a été rejeté avec raison : car par les offres, le droit du seigneur a été déterminé au revenu de l'année qui suit immédiatement les offres ; il ne peut donc prétendre le revenu d'une autre. Cela doit avoir lieu, à plus forte raison, si l'héritage ayant été laissé au seigneur avant le temps de la semence, le seigneur avoit négligé de l'ensemencer.

(3) Cela doit s'entendre de ceux dont il ne se fait qu'une récolte par chaque année, quoique par la plus ou moins grande hâtiveté des années, il puisse s'en rencontrer deux dans l'espace de 365 jours qui a suivi les offres. Mais à l'égard des fruits qui sont de nature à se recueillir deux fois par chaque année, comme sont ceux des prés à deux herbes, le seigneur doit avoir les deux récoltes ; car elles ne font ensemble que le revenu d'une année.

ARTICLE LVII.

(A. C., *art.* 93. C. de Paris, *art.* 48.) — Quand un seigneur féodal a choisi l'année pour le profit de rachapt, et en icelle année audit fief y a bois prests à couper, ou estangs à pescher (1), ledit seigneur ne peut couper lesdits bois, ne pescher lesdits estangs en l'estat qu'ils sont : mais doit prendre seulement le revenu d'une année. Et doit-on estimer combien le revenu desdits estangs peut valoir pour une année :

(1) Paris, *art.* 48, ajoute *et autres semblables, qui ne se coupent ou perçoivent par chacun an;* ce qui doit être suppléé ici.

et n'aura ledit seigneur, sinon la valeur d'une année seulement.

ARTICLE LVIII.

(A. C., *art.* 14.) — Et quant ausdits bois, le rachapt de chacun arpent hors (1) grurie est estimé à quatre sols *tournois :* en la forest et grurie d'Orléans, deux sols : et en la Soulongne, où il y a grurie, trois sols.

(1) *Grurie,* est le droit qu'a le duc d'Orléans d'avoir une portion dans le prix des coupes de bois sujets à ce droit. Cette portion est la moitié, à l'égard des bois de la forêt d'Orléans; à l'égard de ceux de la grurie ou grairie de Sologne, le cinquième. En conséquence les propriétaires des bois sujets à ce droit, ne peuvent les faire couper qu'ils n'en aient fait adjuger la coupe au siége des eaux et forêts, au plus offrant et dernier enchérisseur.

ARTICLE LIX.

(A. C., *art.* 23.) — Si le seigneur accepte la somme de deniers qui lui sera offerte, ou ce qui sera arbitré par les preud'hommes : en ce cas les fruicts empeschez ou levez, seront restituez au vassal, en payant les frais.

ARTICLE LX.

(A.C., *art.* 17 et 86. C. de Paris, *art.* 65.)— Quand la foy faut du costé du Seigneur, il ne peut exploicter le fief de son vassal par faute de foy non faicte, et devoirs non payez, sans sommation duëment faicte, ou saisie, et qui ne vaudra que sommation pendant les quarante jours.

ARTICLE LXI.

(A. C., *art.* 18.)—Et après ladite sommation *ou saisie*, le vassal a terme de quarante jours pour entrer en foy, et faire son devoir envers son seigneur de fief : et en faisant ladite foy, ou offres suffisantes dedans ledit temps, le vassal jouira des fruicts saisis, *sans payer aucuns frais.* Autrement après lesdits quarante jours, les fruicts *cueillis et abbatus comme dessus*, sont acquis en pure perte au seigneur de fief *qui aura* (1) *saisi.*

(1) Ces derniers termes prouvent que la simple sommation ne peut jamais emporter la perte des fruits, et ils servent à expliquer les articles 67 et 85.

ARTICLE LXII.

(A. C., *art.* 18.) — Et si le seigneur féodal est chastellain, il peut (1) sommer ses vassaux de plein fief en général par *trois cris* publies, au lieu de la chastellenie où on a accoustumé faire cris, *et trois proclamations faictes aux Prosnes* (2) *de l'église du lieu principal* (3) *de ladite chastellenie, dont sont mouvants lesdits vassaux.* Et fera sçavoir le jour qu'il tiendra ses hommages : et ledit jour passé, peut saisir les fiefs et exploicter *les fruicts* d'iceux en pure

(1) Ils peuvent ne pas user de ce privilége, et user de la voie commune marquée en l'article 60.

(2) Par l'édit de 1695, *art.* 32, et la déclaration du 16 décembre 1698, les curés ne sont pas obligés de faire ces proclamations à leurs prônes; on les fait faire par un sergent à la porte de l'église, à l'issue de la messe paroissiale.

(3) Cet article ne dit rien du lieu : ce ne peut être qu'au chef-lieu; *art.* 47.

perte sur ses vassaux, si au temps à eux assigné ne font leur devoir envers ledit seigneur de fief. Toutes-fois le terme et delay assigné par ledit chastellain ne peut estre moindre de quarante jours, *à compter du dernier cry et proclamation*. Et quant aux fiefs qui sont assis hors la chastellenie et justice, ledit chas-tellain y procédera par sommation, ou saisie parti-culière : comme aussi s'il n'est chastellain, il doibt procéder par saisie, ou sommation particulière.

ARTICLE LXIII.

(C. de Paris, *art.* 2.) — « L'usufruitier (1) d'un fief peut à sa requeste, perils et fortunes, faire saisir les fiefs et arrière-fiefs, mouvants et dépendants du fief dont il joüist par usufruit, à faute d'homme (2), droicts et devoirs, non faicts et non payez : pourveu que en l'exploit soit mis le nom du propriétaire du fief : sommation (3) toutefois de faire saisir, préala-blement faicte audit propriétaire, à sa personne, ou au lieu du fief dominant. Et ne peut (4) le proprié-

(1) *Idem dic* d'un engagiste; mais un simple fermier des droits seigneuriaux n'a pas ce droit. *Molin.*, §. 1, *gl.* 1, *n.* 21: on l'accorde au commissaire à la saisie réelle du fief dominant. L'usufruitier du fief peut user de ce droit, même dans le cas des mutations qui ne donnent lieu à aucun pro-fit; car il a intérêt que le fief soit reconnu. *Molin.*, *d. gl.*, *n.* 18.

(2) Si le seigneur propriétaire avoit reçu le vassal en foi, l'usufruitier ne pourroit pas saisir.

(3) Il est plus expédient au seigneur propriétaire ainsi sommé, de laisser l'usufruitier saisir à ses risques : quand même le propriétaire saisiroit lui-même, l'émolument de la perte des fruits appartiendroit à l'usufruitier, comme le remarque Dumoulin, *d. gl.*, *n.* 39 *et seqq.*

(4) Cette main-levée sera nulle, et n'empêchera l'usu-fruitier de continuer à gagner les fruits.

15. — I.

taire bailler main-levée, sinon en payant les droicts
audit usufruitier.

ARTICLE LXIV.

(A. C., *art.* 84.) — Quand en un mesme temps,
la foy faut du costé du seigneur et du vassal, *et le
seigneur fait saisir son fief*, le vassal a quarante jours
*après la saisie deuëment signifiée, et copie baillée
d'icelle*, pour aller faire ses devoirs et offres, comme
dessus.

ARTICLE LXV.

(A. C., *art.* 77. C. de Paris, *art.* 67.) — Le seigneur *féodal* n'est tenu, si bon ne lui semble, de
recevoir la foy et hommage de son vassal, s'il n'est
en personne, ou s'il n'a cause d'excuse suffisante.
Auquel cas d'excuse suffisante (1), est tenu le recevoir par procureur, *si mieux n'aime ledit seigneur
bailler souffrance, et attendre que l'excuse cesse.*

(1) L'ancienne coutume expliquoit les excuses. On les a
laissées arbitraires par ces termes d'*excuse suffisante. Voy.
l'Introd., n.* 33.

ARTICLE LXVI.

(A. C., *art.* 53.) — Quand un seigneur de fief a
reçeu son vassal, il ne lui peut donner empeschement
pour les profits qui lui en pourroient estre deubs
devant la reception en foy, ne les demander, sinon
qu'il eust faict reservation expresse desdits profits :
auquel cas ils gisent en action : « Laquelle action (1)
il peut intenter contre l'acquéreur et detenteur, encores qu'il fust reçeu en foy, reservé à lui son recours.

(1) *Voyez l'Introd., n.* 222.

ARTICLE LXVII.

(A. C., *art.* 85.)— Quand les offres sont deuëment faictes par le vassal à son seigneur de fief, il est réputé avoir faict son devoir : et ne peut ledit seigneur de fief mettre en ses mains ledit fief, ni faire les fruicts siens, sinon qu'il ait de rechef saisi et signifié ladite saisie, ou sommé (1) deuëment son vassal de lui faire la foy. Esquels cas, ledit vassal a quarante jours après ladite saisie ou sommation, pour faire son devoir, comme dessus.

(1) S'il n'a fait qu'une sommation au lieu d'une saisie, le seigneur ne gagnera pas les fruits après les quarante jours, en vertu de cette sommation : il faudra qu'il saisisse. *Voyez l'art.* 61 *et la note.*

ARTICLE LXVIII.

(A. C., *art.* 91.)— Le vassal estant en foy, ou ayant deuëment fait ses offres, peut former et intenter complainte en (1) matière de nouvelleté, à l'encontre de son seigneur, pour raison de la possession de l'héritage qu'il tient de luy (2).

(1) Sur ce que c'est que cette complainte, *voyez l'Introd. au tit.* 22.
(2) *Voyez l'article* 88.

ARTICLE LXIX.

(A. C., *art.* 21.)— Et combien que le fief soit ouvert, et que le seigneur de fief le puisse exploicter : néanmoins avant les fruicts cueillis et abbatus, le vassal peut purger sa demeure, et être reçeu à faire ses offres et devoirs. Et dès-lors desdites offres et devoirs deuëment faicts, le seigneur ne peut plus abbatre, ne acquérir à soi les fruicts qui ne sont cueil-

lis ni abbatus : et sera seulement tenu payer les frais
de la saisie (1).

(1) .Dumoulin, *in Cons. Par.*, art. 54, *gl.* 1, *n.* 8 ,
dit que si le seigneur avoit perçu les fruits, il ne pourroit alors répéter les frais, la saisie se trouvant faite *in rem
ipsius.*

ARTICLE LXX.

(A. C., *art.* 94.) — Quand le seigneur de fief exploicte son fief, et en joüit, il ne peut détériorer ledit fief, ne les édifices estants en icelui : ains est tenu
le tout conserver et garder, et en jouir comme un
bon père (1) de famille.

Voyez les articles 75 *et* 73 , *et l'Introd.*, *n.* 62 et 64.

ARTICLE LXXI.

(A. C., *art.* 22 et 69)— Toutesfois et quantes que
un seigneur de fief trouve son fief ouvert, qui chet
en exploict, il le peut exploicter, *et prendre les fruits*
en pure perte du vassal, sans que lesdits fruicts viennent en déduction des droits à lui deuz par son vassal; en payant *au préalable* (1) par ledit seigneur
féodal les labourages, semences, cultures, et autres
loyaux cousts et mises raisonnables.

(1) Si le seigneur ne rembourse pas, il ne perd que le
droit de faire faire la récolte par ses ordres, et non celui
de se faire rendre compte des fruits, sur le prix desquels se
doivent prendre *au préalable* les frais privilégiés.

ARTICLE LXXII.

(A. C., *art.* 74. C. de Paris, *art.* 56 et 57.)— Le
seigneur féodal, qui exploicte en pure perte sondit
fief, *ou qui a accepté le revenu de l'année, lequel
fief aura esté en tout, ou partie, de bonne foy, sans*

fraude (1), *baillé à loyer* (2), *ferme ou moison, par son vassal* (3), *doit* (4) *se contenter de la redevance*

Voyez la raison de cet article *dans l'Introd.*, *n.* 62 et 65.

(1) Le seigneur n'est pas obligé d'entretenir le bail fait en fraude de la saisie féodale. Il est réputé tel lorsqu'il a été fait par le vassal depuis que la saisie lui a été notifiée ; car étant dépossédé, il n'avoit plus le droit d'affermer.

Le seigneur n'est pas tenu non plus de se contenter du prix du bail, lorsque le vassal a reçu par le bail des deniers d'entrée ; car le prix du bail n'est plus alors l'entière valeur du revenu de l'héritage qui appartient au seigneur.

(2) Lorsque le vassal a donné son héritage à rente, sans démission de foi, le seigneur n'est pas obligé de se contenter de la rente ; car la rente n'est pas toujours la valeur du revenu de l'héritage, comme l'est ordinairement le loyer ; ce qui a lieu, quand même le bail à rente auroit été fait sans deniers d'entrée ; car la succession des temps, et les améliorations qui peuvent être faites sur l'héritage, peuvent apporter une grande différence entre le revenu de l'héritage et la rente.

(3) Dans le cas du bail à rente sans démission de foi, le fief étant saisi féodalement, ou tombé en rachat ; si l'héritage se trouvoit avoir été affermé de bonne foi par le preneur, on demande si le seigneur seroit obligé de se contenter du prix de la ferme. M. Guyot et le Maistre tiennent la négative : leur raison est, que le seigneur ne devant pas connoître le preneur, qui n'est pas son vassal, ne doit pas non plus connoître son fermier. On ajoute que l'article dit, *a été baillé à loyer par son vassal.* J'inclinerois à l'opinion contraire : car le preneur devant être acquitté par le vassal créancier de la rente, de tout ce que lui coûteront la saisie féodale ou le rachat, et par conséquent des dommages et intérêts qu'il devroit à son fermier si le seigneur n'entretenoit pas le bail, le vassal, créancier de la rente, a autant et plus d'intérêt à l'entretien de ce bail, qu'à l'entretien de celui qu'il auroit fait lui-même ; et par consé-

(5) *deuë par le fermier ou preneur, pour ce qui est baillé à ferme: et pour le surplus*, peut exploicter (6) par ses mains (7), en rendant les labours, semences et frais de ce qu'il exploicte et tient en ses mains. Et sera le fermier ou mestayer, *auquel la saisie aura été signifiée*, tenu de la faire sçavoir et notifier *incontinent, et au plustost que faire se pourra*, audit vassal son maistre. *Autrement sera tenu de rendre indemne ledit vassal son maistre, de la perte desdits fruicts: comme aussi* ledit vassal, auquel ladite saisie quent les égards dus par le seigneur à son vassal, qui l'obligent à l'entretien des baux faits par son vassal, doivent pareillement l'obliger à l'entretien de ceux faits par le preneur.

(4) La même relation d'amitié qui doit être entre le seigneur et le vassal, et qui oblige le seigneur à entretenir les baux du vassal, doit aussi obliger le vassal à lui céder ses actions contre les fermiers et locataires, pour les contraindre à l'entretien du bail : le vassal n'ayant aucun intérêt à le refuser, la loi doit suppléer au refus injuste qu'il pourroit faire, et y subroger elle-même le seigneur.

Si le fermier avoit payé d'avance sa ferme au vassal ; ce fermier recueillant les fruits de l'année du rachat, n'en devroit pas moins au seigneur la ferme, qui est le prix de ces fruits, sauf à lui à la répéter du vassal.

(5) Comme ce n'est qu'en l'acquit du vassal par qui le rachat est dû, que le fermier doit sa ferme au seigneur, le vassal doit être garant de l'insolvabilité de son fermier, lorsque le seigneur, après avoir fait les diligences convenables, n'a pu s'en faire payer : il n'y a pas lieu à pareille garantie dans le cas de la saisie féodale.

(6) Lorsqu'il y a un fermier général, c'est la ferme due par le fermier général qui est due au seigneur, et non le prix des sous-baux. Le seigneur doit jouir comme son vassal.

(7) Ou affermer pour le temps seulement que durera la saisie ou l'an du rachat.

a été notifiée par ledit fermier, doit acquitter et rendre indemne sondit fermier des dommages par lui soufferts, à cause de ladite saisie.

ARTICLE LXXIII.

(C. de Paris, *art.* 58.) — « Si le vassal tient en ses mains son fief, et ne le baille à ferme ou moison, et est exploicté par le seigneur dominant ; ledit seigneur dominant doibt avoir les caves, greniers, granges, estables, pressoüers et celliers, qui sont au principal manoir et basse-cour, servant pour recüeillir et garder les fruicts ; et aussi portion du logis pour se loger, quand il y voudra aller pour cüeillir et conserver les fruicts : sans toutesfois desloger (1) son vassal, femme, enfants et famille y demourants et habitants. Et si le fief consiste en une maison seule, si elle est loüée par le vassal, se doibt le seigneur contenter du loüage ; et si elle n'est loüée (2), il prendra le loyer au dire de gens à ce connoissants. »

(1) Il ne peut pas même lui en faire payer le loyer ; car les châteaux et maisons de campagne ne sont pas destinés à produire un loyer.

(2) Mais occupée par le vassal.

ARTICLE LXXIV.

(A. C., *art.* 71 et 81.) — Si le seigneur en l'héritage de son vassal par faute de foy et hommage non faicts, veut exploicter et ravoirer (1), soit estangs, bois, vignes, et des blées meures, il prend tout ce qu'il trouve audit héritage, et l'applique à son profit, fors les bois de haute fustaye (2), et ceux qui sont

(1) Vieux terme, qui signifie *prendre tout*, de même que *rafler.*

(2) Il peut néanmoins en prendre pour les réparations à

pour l'embellissement de maisons, et autres qui n'ont accoustumé d'estre coupez, lesquels il ne peut couper. Et quant aux estangs et autres bois, ne les peut pescher ne couper, sinon en temps et saisons deues (3) et convenables. Et si ledit seigneur de fief ayant saisi les estangs, faict lever la bonde d'iceux en l'année et saison de pescher, il emmeublist le poisson trouvé esdits estangs.

faire durant le cours de la saisie. Il peut aussi se chauffer du bois mort. Berry, *tit.* 5, *art.* 43.

(3) Il doit suivre, pour le temps de la pêche, la destination du vassal.

Les anciennes carpes de réserve doivent être laissées.

ARTICLE LXXV.

(A. C., *art.* 82.) — Le seigneur de fief emmeublist, *et faict siens* les bois de coupe, de lui tenus en fief, estant en estat et saison de couper, en les saisissant et abbatant, *s'ils sont hors de grurie* (1) : Et s'ils sont en grurie, quand ils seront en coupe, mesurez, arpentez, layez (2), criez et livrez (3) selon la coustume de ladite grurie.

(1) *Voyez la note sur l'article* 58.
(2) Des bois sont layés lorsque les pieds corniers, qui sont des arbres qui servent de bornes à la pièce de bois qui doit être coupée, et qu'on doit laisser sur pied lors de la coupe, ont été marqués du marteau de la maîtrise.
(3) C'est-à-dire adjugés au siége.
Suivant la règle générale, les fruits que la terre produit ne se perçoivent et ne s'acquièrent que par leur séparation réelle de la terre. Par une exception à cette règle, la coupe de ces bois, aussitôt qu'elle est adjugée, est censée ne plus faire partie de la terre, et appartenir à l'adjudicataire avant qu'il ait abattu les bois ; c'est pourquoi le prix de l'adjudication qui s'est faite durant la saisie féodale, appartient au

seigneur, quand même les bois ne seroient abattus qu'après la main-levée de cette saisie.

(A. C., *art.* 67. C. de Paris, *art.* 54.) — Quand le seigneur de fief exploicte l'héritage tenu de luy en plein fief, par faute d'homme et foy non faicte, il peut exploicter ses arrière-vassaux (1), s'ils ne sont en foy de son vassal. Et s'ils sont en foy (2) dudit vassal, tant que ledit seigneur tient l'héritage de son vassal, les peut sommer venir à sa foy (3) : à laquelle faire ils ont quarante jours à sommer (4) leur seigneur de fief, pour aller faire son devoir envers sondit seigneur. Et si ledit vassal le faict, ledit seigneur principal ne peut exploicter ses vassaux, arrière-vassaux dudit seigneur. Et si ledit vassal ne faict son devoir

Voyez l'Introd., n. 62 et 63.

(1) Il faut pour cela qu'il les saisisse chacun en particulier. Si néanmoins, lors de la saisie du seigneur, ces arrière-vassaux étoient saisis par le vassal leur seigneur, il ne seroit pas besoin de les saisir de nouveau. *Molin.,* §. 54, *n.* 4 et 5. Il doit faire cette saisie en nom qualifié, *comme tenant en sa main* le fief dont ces vassaux relèvent : il est censé la faire pour l'intérêt de ce fief; c'est pourquoi, après qu'il a cessé de le tenir en sa main, la saisie de l'arrière-fief continue de tenir au profit de son vassal rentré dans ses droits. *Mol., d.* §., *n. fin.*

(2) Ou souffrance.

(3) Il est particulier à notre coutume, que le seigneur puisse exiger la foi des arrière-vassaux qui sont en foi de son vassal, dont il tient le fief en sa main. La raison sur laquelle elle s'est fondée, est qu'il devient comme un nouveau seigneur pour le temps que doit durer la saisie.

(4) Afin d'être indemnisés par lui de ce qu'il leur en coûteroit pour porter la foi, si, faute par le seigneur de la porter, ils y étoient obligés.

dedans lesdits quarante jours, lesdits arrière-vassaux sont tenus faire la foy audit principal seigneur (5), et bailler leur adveu et dénombrement, comme tenant en arrière-fief de luy, sur peine d'estre exploictez comme plein-fief.

(5) Au lieu d'où ils relèvent immédiatement, et non au chef-lieu du suzerain.

Cette foi couvre leur fief, même à l'égard de leur seigneur immédiat, lorsqu'il sera rentré dans ses droits : car étant portée au suzerain, en tant que tenant en sa main le fief de son vassal, leur seigneur immédiat, elle est censée indirectement portée à ce seigneur immédiat. *Molin.*, §. 55, *gl.* 5, *n.* 2.

Si néanmoins ces arrière-vassaux eussent dû un profit à leur seigneur, né avant la saisie de son fief, la foi en laquelle ils auroient été reçus par le suzerain sans avoir payé ce profit à leur seigneur, ne subsisteroit plus après la main-levée de la saisie ; le suzerain n'ayant pas, en ce cas, dû les y recevoir au préjudice de son vassal. *Mol.*, *d.* §., *gl.* 8. Hors ce cas elle subsiste, quand même la saisie du suzerain, pendant laquelle il les a reçus en foi, seroit par la suite déclarée nulle. *Mol.*, *gl.* 5, *n. fin.*

ARTICLE LXXVII.

(A. C., *art.* 72.) — Si le vassal enfreint la main (1) de son seigneur mise par faute d'homme, il en chet en l'amende de soixante sols *tournois* envers ledit seigneur, et doibt restituer tout ce qu'il aura enlevé depuis la main-mise deuëment apposée et signifiée, avant que ledit seigneur soit tenu recevoir son vassal. Toutefois si la main confortative (2) du sei-

(1) Il faut un trouble réel : ce n'est pas une infraction de main de serrer les grains et de cultiver les terres.

(2) Il paroît par-là que, lors de la réformation, la nécessité d'une commission du juge pour saisir féodalement n'étoit pas encore établie. *Voyez l'Introd.*, *n.* 60.

gneur haut-justicier y est mise, l'amende pour l'outre-plus de quinze sols appartiendra au haut-justicier.

ARTICLE LXXVIII.

(A. C., *art.* 65.) — Au seigneur de fief est acquis
amende de quinze sols pour le deffaut d'adveu (1) non
baillé, pour chacune (2) sommation de quarante
jours, et jusques à quatre sommations, sauf en la
chastellenie d'Yenville, et ressorts, où l'amende est
de cinq sols seulement pour chacune sommation. Et
si, après quatre sommations deuëment faictes, le
vassal est refusant de bailler son adveu, le seigneur
féodal peut prendre et exploicter (3) l'héritage, jusques à ce qu'on luy ait baillé ledit adveu. Toutefois
ne fera les fruicts (4) siens. Et si le vassal veut avoir
main-levée de son fief, et fruicts d'iceluy, le vassal
baillera son adveu, et payera promptement lesdites
amendes, avec les (5) frais.

(1). *Id est* dénombrement comme ès articles 82 et 83 :
ailleurs ce terme se prend pour port de foi.

(2) Ces sommations se font par un sergent, dans la forme
des autres exploits; elles peuvent se faire ou au vrai domicile du vassal, ou au fief servant, ou à sa personne.

(3) Cette saisie se fait comme les autres saisies : elle n'est
qu'un simple empêchement des fruits; en quoi elle est
d'une nature entièrement différente de celle qui se fait faute
d'homme.

(4) Encore moins peut-il exercer les droits domaniaux;
art. 83.

(5) Quoi faisant, il a main-levée de plein droit. *Molin.*

ARTICLE LXXIX.

(C. de Paris, *art.* 44.) — « Et après que le vassal
aura advoué (1) le seigneur féodal, ledit seigneur et

(1) *Id est,* porté la foi.

vassal communiqueront l'un à l'autre leurs aveuz, dénombrements et titres de la tenuë dudit fief qu'ils ont par-devers eux : s'en purgeront par serment, s'ils en sont requis. Et est tenu le vassal satisfaire le premier. »

ARTICLE LXXX.

(A. C., *art.* 79. C. de Paris, *art.* 45.) — Le seigneur de fief n'est tenu de plaider dessaisi contre son vassal, quand le fief est saisi par faute d'homme : sinon que le vassal feist apparoir estre en foy (1) ou souffrance dudit seigneur, ou avoir fait deuëment ses offres, ou qu'il fust désavoüé (2) à seigneur par le vassal : auquel cas de désaveu, ledit seigneur aura temps et delay pour informer comme il est seigneur féodal : et cependant ledit vassal joüira (3).

(1) Quand même le seigneur débattroit l'acte de foi de nullité, ou même de faux, le vassal doit cependant avoir provisionnellement main-levée.

(2) Ne fût-ce qu'un désaveu imparfait, *rei tantùm, aut personæ tantùm;* car le seigneur ainsi désavoué n'a plus de qualité certaine pour saisir; mais ce désaveu doit être formel et précis. De là la maxime, qu'il faut avouer ou désavouer. *Voyez,* sur ces désaveux, *l'Introd., n.* 70.

(3) Par provision à l'avenir, et sans caution : mais les fruits perçus par le seigneur, avant le désaveu formé, ne seront pas rendus au vassal par provision, mais seulement lorsqu'il aura obtenu au principal.

ARTICLE LXXXI.

(·A. C., *art.* 80.) — Et s'il est trouvé que (1) frivo-

(1) La coutume ne dit pas *frauduleusement :* donc un désaveu, quoique sans dol, peut donner lieu à la commise. La relation de cet article avec le précédent fait voir qu'il n'est parlé ici que du désaveu judiciaire. *Voyez l'Introd., ch.* 3, *n.* 75.

ement et à tort ledit vassal ait faict ledit désaveu, il confisque son fief au profit de son seigneur : et est tenu rendre (2) icelui vassal les fruicts qu'il auroit perçeuz depuis la saisie. Toutefois s'il est question l'adveu ancien, qui soit au-dessus de cent ans, le seigneur féodal, qui n'est chastelain, est tenu en informer (3) autrement que par ledit adveu ancien, avant que le vassal confisque son fief.

(2) Et par corps, comme dépositaire de biens de justice.
(3) Cet aveu suffit bien au seigneur pour justifier sa seigneurie contre le vassal qui n'est revendiqué par un autre seigneur, et pour faire déclarer bonne la saisie féodale, avec restitution des fruits, dont le vassal a eu provision : mais il ne suffit pas pour la commise, le désaveu pouvant en ce cas passer pour excusable. *Introd., n.* 72.

ARTICLE LXXXII.

(A. C., *art.* 66. C. de Paris, *art.* 10.) — Et quand aucun adveu est baillé par le vassal à son seigneur de fief, qui n'a aucune justice à cause de son domaine, ledit seigneur peut contredire ledit adveu dedans quarante jours (1) après qu'il lui est baillé. Et si dedans les quarante jours il ne le contredit, il demeure pour passé. Et quand ledit seigneur a justice, il faut, après que ledit adveu luy a été baillé, que le vassal poursuive ledit seigneur, ou le procureur de sa justice, de le passer ou contredire. Et joüira (2) ledit vassal de son fief, et fera les fruicts siens, nonobstant le debat ou procès meu sur ledit adveu.

(1) Il peut cependant obtenir du juge un plus long délai, en le faisant dire avec le vassal.
(2) Car l'aveu présenté, quoique sujet à débat, et même débattu, opère la main-levée définitive de la saisie. *Suprà, art.* 78, *in fine.*

ARTICLE LXXXIII.

(A. C., *art.* 68.) — En saisissant par le seigneur de fief son plein fief par faute d'adveu non baillé, il ne peut saisir ne exploicter ses arrière-vassaux, *en-cores que lesdits arrière-vassaux ne soient en foy de leur seigneur.*

Voyez la note 4 sur l'article 78.

ARTICLE LXXXIV.

(A. C., *art.* 73.) — Si un héritage tenu en fief est, par adveu (1) ou dénombrement, redevable de cheval de service au seigneur de fief, ledit cheval est estimé à soixante sols *tournois.* Et n'est tenu ledit vassal payer ledit cheval, sinon que son héritage vaille dix livres tournois, *évaluées à trois écus un tiers* par an, et au-dessus. Et ne peut ledit seigneur de fief, durant sa vie, avoir ledit cheval de service sur son vassal, que une seule fois.

(1) Cette redevance n'est pas ordinaire : le seigneur doit l'établir au moins par une possession trentenaire, jus-tifiée par des aveux ou dénombrements du vassal. La cou-tume ne dit pas par quelles espèces de mutations elle est due. Lorsque cela n'est pas exprimé par les titres, je pen-serois qu'elle seroit due seulement par les mêmes muta-tions de vassal qui donnent lieu au rachat, sous la limita-tion qui est en la fin de cet article. L'auteur des notes de 1711 dit que cette redevance est requérable, et qu'en con-séquence elle s'éteint par la mort du vassal à qui on ne l'a pas demandée. Cela peut être fondé sur un article du livre qui a pour titre, *Ci commencent les statuts du royaume de France,* rapporté par Lalande. La coutume de Blois, *art.* 95, en a une disposition.

ARTICLE LXXXV.

(A. C. , *art.* 6. C. de Paris , *art.* 61 et 62.)—Tant que le seigneur dort, le vassal veille : qui est à dire, que jaçoit que ledit vassal ne soit en foy , néanmoins peut joüir de son héritage , et faire les fruicts siens, jusques à ce qu'il soit sommé ou (1) empesché par son seigneur de fief.

(1) La coutume s'exprime mal : la simple sommation ne peut donner les fruits au seigneur; il n'y a que la saisie féodale. Ainsi il faut entendre ces termes comme s'il y avoit *sommé, et ensuite saisi,* ou *simplement saisi.*

ARTICLE LXXXVI.

(A. C. , *art.* 10 , 11 et 310. C. de Paris , *art.* 12.) Le Seigneur de fief ne peut prescrire (1) le fief de son

(1) Dumoulin , sur l'art. 10 de notre ancienne coutume, d'où celui-ci est tiré , dit : *Ista sunt intelligenda ut scripsi in Cons. Paris. §. 7.* Cet auteur pensoit que cette maxime, *Le seigneur de fief ne peut prescrire le fief de son vassal,* avoit lieu non seulement dans le cas auquel il s'en seroit mis en possession *jure feudi,* et en vertu d'une saisie féodale, mais même dans le cas auquel il le posséderoit *jure plenæ proprietatis,* comme chose à lui appartenante , et de la même manière que le posséderoit un étranger. Il va jusqu'à dire, que même dans le cas auquel le seigneur auroit acquis le fief de son vassal , d'un tiers , en la personne duquel le temps de la prescription auroit commencé de courir contre le vassal propriétaire de ce fief, cette pres- cription cesseroit de courir aussitôt que le fief seroit par- venu au seigneur; ce qui a lieu, dit-il , *propter summam et sinceram fidem quæ debet servari inter patronum et clientem,* qui rejette entre ces personnes toute prescription; *quæ quùm sit usurpatio alieni, repugnat huic fidelitati quæ est peculiaris et substantialis feudo.* Il rapporte néan- moins cette différence entre le cas précédent et ce cas-ci,

vassal, ne pareillement le vassal ne peut prescrire la foy (2) contre son seigneur, pour quelque temps qu'ils joüissent l'un sur l'autre, *encores que ce fust par cent*

qu'en rejetant dans ce cas-ci toute prescription, il en excepte la centenaire; au lieu que dans le cas de la saisie féodale, le seigneur ne peut prescrire, *etiamsi per' mille annos possedisset.* Il paroît que le sentiment de Dumoulin n'a pas été suivi, et que la maxime, *Le seigneur ne peut prescrire le fief de son vassal,* n'a lieu que dans le seul cas auquel il s'est mis en possession *jure feudi,* et en vertu d'une saisie féodale; parceque ce titre, par lequel il possède ce fief, *non tanquam rem perfectè suam,* mais comme une chose qu'il ne tient en sa main que jusqu'à ce qu'on lui rende les devoirs auxquels elle est sujette, est un titre qui résiste à prescription, et réclame perpétuellement pour le droit du vassal à qui elle appartient. Mais lorsque le seigneur possède le fief de son vassal comme s'en réputant le vrai propriétaire, en vertu de quelque titre particulier d'acquisition; soit que le titre soit rapporté, soit qu'il soit seulement présumé, il peut prescrire, comme tout étranger le pourroit; c'est pourquoi la coutume réformée de Paris, *art.* 12, en expliquant cette maxime, l'a restreinte au cas de la saisie féodale; elle dit : *Le seigneur ne peut prescrire contre son vassal le fief par lui saisi, etc.* Il est vrai que M. Guyot prétend que les termes de cet article ne sont pas restrictifs, et que la maxime doit encore être entendue dans le sens dans lequel l'entendoit Dumoulin : mais il convient lui-même que son opinion est contraire à celle de tous les auteurs; et les raisons qu'il donne ne sont pas assez puissantes pour faire abandonner le sentiment commun.

(2) La raison est, que la maxime *Nulle terre sans seigneur,* étant admise dans notre coutume, le vassal, quoiqu'il ignore de quel seigneur il relève, ne possède point son héritage comme franc des droits seigneuriaux; et par conséquent il ne peut prescrire contre ces droits, et acquérir la directe de l'héritage par quelque long temps qu'il ait possédé.

ans et plus. Mais deux seigneurs de fief peuvent pres-crire, et acquérir par prescription de fief l'un contre l'autre par *quarante ans*. Et quant aux profits féo-daux, se prescrivent par trente ans (3).

(3) Même contre les gens d'église et communautés; car cet article a été rédigé avec eux, et ne porte aucune exception en leur faveur. D'ailleurs les profits féodaux, qui sont un fruit, concernent plutôt l'intérêt personnel des bé-néficiers que celui de l'église.

ARTICLE LXXXVII.

(A. C., *art.* 92. C. de Paris, *art.* 60.)—Quand deux seigneurs (1) de fief contendent (2) la foy et hom-mage d'aucun héritage, le vassal empesché (3), en

(1) Ce ne seroit pas le cas de cet article, si la seigneurie d'où le fief relève étoit constante, et qu'il y eût procès sur la propriété de cette seigneurie; le vassal seroit tenu porter la foi à celui qui seroit en possession. Si le procès étoit sur la possession, il faudroit par interprétation suivre cet arti-cle. *Mol.*, §. 60, *n.* 55.

(2) Quoiqu'il n'y ait encore aucun procès de commencé entre deux seigneurs, si le vassal qui est interpellé par un seigneur de lui porter la foi pour son fief, l'a déja portée à un autre, ou si elle lui a été demandée par un autre, ou s'il a juste sujet de croire qu'il la demandera, *putà*, parce que son auteur immédiat l'a portée à cet autre seigneur; en tous ces cas il peut faire assigner ces deux seigneurs devant le juge royal, pour qu'ils aient à se régler, et voir dire que pendant ce temps il sera reçu par main souveraine. *Mol.*, *d.* §., *n.* 17. Quand même l'un des contendants fe-roit voir qu'il est par ses auteurs en possession de la mou-vance contestée, il ne pourroit pas prétendre que pendant le procès sur le fond, le vassal lui portât la foi par provi-sion, mais il y auroit lieu à cet article; car c'est une maxime, que la matière du combat de fief n'est sujette à provision.

(3) C'est-à-dire, saisi féodalement.

15. — I.

consignant par luy en justice (4) les profits tels qu'ils seront trouvés par le juge royal (5) estre deuz, aura provision (6) des fruicts : et ladite consignation

(4) C'est-à-dire, par l'ordonnance du juge, rendue contradictoirement, ou par défaut contre les contendants : elle doit se faire les contendants présents, ou appelés. S'il avoit déja payé le profit à l'un des seigneurs, il n'en seroit pas moins tenu à la consignation vis-à-vis de l'autre ; mais il pourroit faire condamner celui des seigneurs qui a reçu, à consigner à sa décharge ce qu'il a reçu.

Lorsque le profit est un rachat qui consiste en trois choses (*art.* 52), il doit signifier aux contendants, qu'ils aient à convenir entre eux de l'une des trois choses qu'ils entendent choisir ; et si les contendants n'en conviennent dans les quarante jours, il y en a qui pensent que le vassal doit, en ce cas, prendre sentence avec les contendants, ou par défaut contre eux, qui lui donne acte de ce que faute par les contendants d'avoir fait le choix, il a, conformément à la coutume, *art.* 55, laissé son héritage vacant, dont il abandonne le revenu pendant l'année ; et qu'en conséquence, par la même sentence, le juge nomme un séquestre pour toucher ce revenu. Il y en a qui estiment que le juge doit plutôt, en ce cas, sur le rapport des baux et papiers de recette du vassal, arbitrer une somme que le vassal sera tenu de consigner pour le rachat. J'incline pour ce dernier sentiment. *Voyez Molin., d.* §., *n.* 41.

(5) Qui a la connoissance des cas royaux : un prevôt royal n'est pas compétent, encore moins le juge subalterne.

(6) Du jour qu'il a assigné les contendants pour se régler, avec offres de consigner ; car ayant dès-lors cessé d'être en demeure, il ne doit plus perdre les fruits. A l'égard de ceux que l'un des seigneurs contendants qui a saisi le fief, a perçus auparavant, il les garde, à la charge de les rendre, au cas qu'il succombe, au seigneur qui aura obtenu, s'il avoit aussi saisi, sinon au vassal. *Molin., d.* §., *n.* 59.

faicte, pourra (7) ledit vassal estre reçeu par main (8) souveraine pendant le procès (9).

(7) Le vassal n'est donc pas tenu de se faire recevoir en foi par main souveraine; et il peut se contenter de la provision des fruits qu'il obtient de la part du juge en consignant. Cette réception en foi lui est néanmoins utile, *putà*, pour faire courir l'an du retrait lignager. *Art.* 364.

(8) Cela se fait par ordonnance du juge, qui reçoit le vassal en foi par main souveraine.

Par cette réception en foi le fief est couvert, et la mouvance séquestrée en la main du roi, pendant le procès : c'est pourquoi les mutations de seigneurs qui arriveroient pendant le procès, ne feroient aucune ouverture de fief pendant que le procès durera. *Mol.*, 16, *n.* 67. Mais si le suzerain, seigneur commun des deux contendants, saisit leurs fiefs, il pourra sommer l'arrière-vassal, nonobstant sa réception par main souveraine, de venir à la foi. *Molin.*, *d. §.*, *n.* 29.

(9) Cette réception en foi finit par le jugement définitif, qui n'est suspendu par aucun appel. Le seigneur qui a obtenu, peut, en lui signifiant le jugement, le sommer de venir à la foi. *Paris, art.* 60.

ARTICLE LXXXVIII.

(A. C., *art.* 55.) — Un vassal, en quelque manière que le fief lui soit advenu, soit par succession, acquest ou autrement, ne se peut dire saisi de son fief à l'encontre de son seigneur (1), jusques à ce qu'il en ait fait la foy et hommage, ou que de lui il soit en souffrance, ou qu'il ait offert deüement à son seigneur luy faire la foy et hommage, et payer les devoirs e profits, si aucuns sont deuz, *selon qu'il est déclaré ci-dessus.*

(1) Lorsque le seigneur procède en qualité de seigneur, par la saisie féodale : mais si le seigneur le troubloit d'ail

20.

leurs dans sa possession, il pourroit lui former complainte comme à un autre. *Dumoulin, art.* 1, *gl.* 4, *Q.* 5.

ARTICLE LXXXIX.

(A. C., *art.* 25. C. de Paris, *art.* 13.)—En succession de fief (1), en ligne directe, entre trois (2) ou plusieurs enfants, le fils aisné (3) prendra, *par préciput*, un manoir (4) ainsi qu'il se comporte (5) et poursuit (6), avec (7) le vol d'un chapon, estimé à

(1) Ou de franc-alleu noble; *infrà, art.* 255.

(2) Le mort civilement n'est pas compté, non plus que l'exhérédé : mais celui qui renonce, quoique gratuitement, est compté; ce qui paroît par l'article 559, où il est dit que sa part accroît.

(3) Ou sa postérité, *art.* 305. Il faut qu'il soit héritier; car il est dit *en succession.*

(4) Manoir est une maison où l'on peut demeurer, soit à la ville, soit à la campagne. Un pressoir seul, une grange seule, un moulin seul, ne peuvent passer pour manoir, n'étant pas faits pour y demeurer. *Voyez* Lorris, *tit.* 15, *art.* 16; Dumoulin, *en sa note sur l'art* 143 *de Blois.*

(5) C'est-à-dire, en quelque état de réparations qu'il soit, bon ou mauvais.

(6) C'est-à-dire, tout ce qui en fait partie, tout ce que renferme l'enclos des édifices, ainsi qu'il résulte de l'*art.* 92. La basse-cour attenante et contiguë au château, quoiqu'il y eût fossé, ou grand chemin entre, fait aussi partie du manoir. *Paris, art.* 13.

Le jardin joignant le manoir, n'en fait pas partie : l'aîné n'y a qu'un arpent pour son vol de chapon. Cela a été jugé en 1736, tout d'une voix, entre MM. Decormes.

(7) La coutume, par ce terme *avec,* donne à entendre qu'elle accorde le vol du chapon comme un accessoire du manoir; l'aîné ne le peut donc prétendre s'il n'y a point de manoir; *secùs* à Paris. L'arpent de terre, ainsi que le manoir, pour tomber dans le préciput, doit être tenu noblement.

un arpent de terre à l'entour dudit manoir, s'il y a
tant de terre *féodale* joignante (8), avec la moitié de
tous les héritages, rentes (9) et revenus tenus en fief.
Et les autres enfants, soit fils ou filles, auront l'autre
moitié, qu'ils partiront également : et y aura autant
la fille que le fils. Et si les père et mère vont de vie à
trespas sans hoirs masles, délaissant filles seulement,
lesdits héritages tenus en fief se partiront entre elles
également, et sans prérogative d'aisnesse.

(8) Il est censé joignant, lorsqu'il n'y a qu'un chemin
public entre deux. *Arg. L. fin.* ff. *serv. rust. præd.* Voy.
la note 6.

(9) Les rentes se partagent noblement, ou lorsqu'elles
sont inféodées, c'est-à-dire, tenues en foi ; ou lorsque celui
à qui elles appartiennent, est chargé de la foi pour l'héritage sur lequel elles sont à prendre ; *art.* 347.

ARTICLE XC.

(A. C., *art.* 26.) — Et s'il n'y a que deux enfants,
le fils aisné prendra le manoir et vol de chapon,
comme dit est, et les deux tiers au résidu : et l'autre,
soit fils ou fille, aura l'autre tierce partie des choses
féodales.

ARTICLE XCI.

(C. de Paris, *art.* 15.) — « Les nobles et non
nobles, qui auront acquis (1) et acquerront par cy-
après des héritages féodaux, esquels n'y aura justice
ny vassaux, pourront, tant par le contract d'acquisi-

(1) Cet article ayant été accordé pour faciliter le commerce des héritages féodaux, que plusieurs ne vouloient
pas acquérir, pour ne pas trop avantager leur aîné dans
leur succession, il s'ensuit qu'il ne doit être entendu que
des héritages acquis à titre de commerce, d'échange, etc.,
et non de ceux qui seroient acquis à titre de donation ou de
legs. C'est l'avis de Lalande.

tion, que par déclaration (2) par escrit subséquente, disposer dudit fief, et ordonner (3) qu'il sera parti également entre leurs enfants (4) pour une fois seulement (5), sans aucune prérogative d'aisnesse, tant pour le manoir, terres, que censives.

(2) La coutume ne requiert autre chose pour cette déclaration, sinon qu'elle soit par écrit : elle n'est donc sujette ni aux formes des testaments, ni à aucune autre forme. Il n'est pas nécessaire qu'elle soit faite par acte devant notaires : on peut la faire sur son journal, ou par quelque acte que ce soit.

(3) Cette déclaration est une espèce d'ordonnance de dernière volonté, puisqu'elle n'a d'effet qu'après la mort de celui qui l'a faite, et pour sa succession; d'où il suit,

1° Qu'elle est toujours révocable, à moins qu'elle n'eût été faite par le contrat de mariage d'un puîné ; car, en ce cas, étant une loi et condition de son contrat, elle ne peut être révoquée à son préjudice.

2° Que le mari ne peut faire cette déclaration que pour sa moitié dans les conquêts, en cas d'acceptation de communauté.

3° Que la femme peut faire cette déclaration pour sa moitié sans être autorisée de son mari.

4° Que c'est au temps de la mort, auquel cette déclaration a son effet, qu'on doit considérer si le fief acquis est un simple fief susceptible de la déclaration, ou s'il n'en est pas susceptible, ayant justice ou vassaux.

(4) Cette déclaration ne peut donc se faire pour les successions collatérales, à l'effet de faire succéder les filles avec les mâles.

(5) C'est-à-dire que cette déclaration n'a d'effet que pour le partage de la succession de l'acquéreur, et non pour le partage de celle de ses enfants : car il peut bien, suivant la permission que la loi lui donne, régler à l'égard desdits acquêts le partage de sa propre succession, mais il ne peut pas régler le partage de celle de ses enfants, qui ne peu-

vent pas aussi faire pareille déclaration, parceque ces fiefs ne sont plus acquêts en leur personne. Au reste, lorsque la succession de l'acquéreur se partage par souches, *Lebrun*, 11, 11, 35, a tort de dire que la déclaration ne doit pas avoir effet dans les subdivisions des lots échus à chaque souche : car ces subdivisions font partie du partage de sa succession ; les subdivisions ne font, avec le partage principal, qu'un même tout, et doivent se faire de la même manière.

Observez que cet article ne peut avoir lieu que sur les fiefs situés dans ce bailliage, la coutume n'ayant pas d'empire hors de son territoire.

ARTICLE XCII.

(C. de Paris, *art.* 14.) — « Si dedans l'enclos du préciput de l'aisné, y a moulin, four ou pressoüer, le corps dudit moulin, four ou pressoüer appartient à l'aisné. Mais le profit dudit moulin banal ou non banal, et du four et pressoüer, s'ils sont banaux, se partira comme le reste du fief. Et sont tenus les puisnez de contribuer aux frais des moulants, tournants et travaillants dudit moulin, corps de four et pressoüer, et de leurs ustenciles, pour portion du profit qu'ils y prennent. Peut toutefois l'aisné avoir ledit droit de profit et banalité, en récompensant lesdits puisnez en héritages, s'il y en a, en la plus grande commodité que faire se pourra pour les puisnez ; ou en deniers, à faute d'héritages (1). »

La raison de cet article, à l'égard du moulin non banal, est qu'un moulin étant destiné principalement plutôt pour en tirer un revenu que pour l'usage domestique du père de famille, il ne peut pas passer pour faire partie du manoir.

Il n'en est pas de même des fours et pressoirs, lorsqu'ils ne sont pas banaux : ils sont censés construits principalement pour l'usage domestique, de même qu'un colombier, et par conséquent faire partie de la maison, quand même le père de famille en auroit tiré quelquefois quelque profit.

A l'égard des fours et pressoirs banaux, le droit de banalité étant un droit incorporel, qui fait une des parties intégrantes du fief, et qui est quelque chose de distingué du corps du four ou du pressoir qui sert à l'exercice de ce droit, il ne peut faire partie du manoir, et par conséquent être prétendu par l'aîné.

Il en est de même des droits de justice, censive et vassaux; ces droits, quoiqu'ils s'exercent dans le principal manoir, sont des droits incorporels qui n'en peuvent faire partie, mais bien de l'universalité du fief, et dans lesquels l'aîné ne peut prétendre que sa portion avantageuse.

(1) Les puînés ayant chacun une portion égale à celle de l'aîné dans les ustensiles qui sont meubles, et n'étant néanmoins obligés d'en fournir tous ensemble qu'autant que l'aîné, il s'ensuit que l'aîné doit les leur acheter, ou leur payer le loyer du surplus.

ARTICLE XCIII.

(A. C., *art.* 264.)—En une rente foncière deuë et constituée par bail à rente (1) d'héritage féodal, où y a une maison et manoir, ou masure, et apparence de manoir, et vol de chapon à l'entour seulement, le fils aîsné pourra, si bon lui semble, prendre ladite rente pour et au lieu du manoir.

(1) Fait avec rétention de foi. *Voyez les art.* 7, 347.

La raison de cet article est, que c'est en quelque façon prendre dans la succession un manoir, que de prendre cette rente à laquelle est attaché le *dominium civile* de l'héritage sur lequel elle est à prendre.

ARTICLE XCIV.

(A. C., *art.* 265.)—Toutefois si rente foncière estoit deuë et constituée par bail à rente faict d'aucuns héritages féodaux, estants en diverses pièces : le fils aisné, s'il y a manoir, ou apparence de manoir, prendra en ladite rente, au lieu de manoir, ce que pourra valoir iceluy manoir et vol de chapon, à le priser et estimer contre, et eu égard à la valeur des autres terres redevables de ladite rente. Et le surplus se partira comme héritage féodal.

ARTICLE XCV.

« Après que le fils aisné aura choisi le manoir et vol de chapon qu'il doit avoir par préciput, l'outre-plus de son droit héréditaire luy sera baillé et déli-vré par les commissaires qui procéderont au faict du partage, à la commodité tant dudit aisné que des puisnez ; sans que ledit aisné puisse précisément im-poser nécessité de lui bailler et délaisser la portion de chacun manoir et héritage tenu en fief. »

ARTICLE XCVI.

(C. de Paris, *art.* 17.) — « Si ès successions de père et mère, ayeul ou ayeule, y a un seul fief soit en la ville ou aux champs, consistant seulement en un manoir, ou bien en un manoir avec basse-cour, et enclos d'un arpent, sans autres appartenances (1),

La raison de cet article, est que la loi veut que chaque enfant ait quelque part dans les successions de ses père et mère : ce qui s'appelle *légitime,* étant une loi prise dans la nature, elle doit l'emporter sur la loi qui donne à l'aîné dans leur succession un manoir, qui n'est qu'une loi pure-ment arbitraire ; d'où il suit que s'il ne se trouve pas dans la succession d'autres biens immeubles que le manoir dans lequel les puînés puissent avoir une légitime, ils doivent l'avoir dans ce manoir, unique immeuble de la succession, nonobstant le droit d'aînesse.

(1) Notre coutume ne fait pas attention aux biens mo-biliers de la succession ; ce qui est conforme à l'ancien es-

ne autres biens immeubles ; audit fils aisné appartiendra la moitié dudit manoir, basse-cour et enclos, et l'autre moitié appartiendra aux autres enfants. Et s'il n'y a que deux enfants, le fils aisné y prendra les deux tiers, et l'autre enfant l'autre tiers. Et toutesfois, en chacun desdits cas, le fils aisné pourra bailler aux puisnez récompense en argent, au dire des preud'hommes, de la portion à eux appartenante audit fief, sans que pour ladite récompense en soit deu aucun profit au seigneur de fief : et lesquels deniers qui seront baillez en récompense, sortiront nature de propre (2) au récompensé. »

prit du droit coutumier, qui n'estimoit biens solides que les immeubles et fonds de terre, et faisoit peu de cas du mobilier, qui étoit fort peu considérable chez nos ancêtres.

Comme dans les choses morales *parùm pro nihilo reputatur,* ce seroit la même chose s'il se trouvoit dans la succession un immeuble de nulle valeur, en comparaison du manoir ; *putà,* une rente d'un écu.

(2) A l'effet de ne pas tomber dans la communauté qui est entre lui et sa femme; *item* dans le cas de l'art. 351.

ARTICLE XCVII.

(A. C., *art.* 27.) — Le fils aisné ne peut demander prérogative d'aisnesse quant audit manoir, que une fois seulement : c'est assavoir en succession de père, ou en succession de mère (1).

(1) L'aîné ayant le choix des manoirs qui sont dans les deux successions, son choix n'est consommé qu'après les deux successions échues : c'est pourquoi il peut, en rapportant celui qu'il a pris dans la succession du prédécédé, et tenant compte à ses puînés pour leurs portions, des revenus qu'il en a perçus, en prendre un plus considérable dans la succession du dernier décédé.

Lorsqu'un conquêt s'est trouvé pour moitié dans la succession du père, et pour l'autre moitié dans celle de la mère, il y a lieu de penser que l'aîné peut avoir le conquêt entier; car ce n'est toujours qu'un seul manoir qu'il a dans les deux successions : ainsi le décident Lorris, *ch.* 1, *art.* 25; Dunois, *ch.* 1, *art.* 10.

Cet article ne doit pas être étendu aux successions des autres ascendants, dans lesquelles l'aîné qui succède, par représentation de son père ou de sa mère, peut prendre un manoir, quoiqu'il en ait pris un dans celle de son père ou de sa mère.

ARTICLE XCVIII.

(A. C., *art.* 46.) — Quand enfants masles en pareil degré, succèdent à fief par ligne collatérale, entre eux n'y a aucun droict de prérogative d'aisnesse, mais succèdent également.

ARTICLE XCIX.

(A. C., *art.* 45. C. de Paris, *art.* 25.) — En succession de fief en ligne collaterale, le masle, en pareil degré (1), forclost la femelle.

L'origine de ce droit vient de ce qu'autrefois les femmes, comme incapables du service militaire, étoient incapables de succéder aux fiefs. Elles ont été admises depuis à la succession des fiefs; mais les mâles ont conservé un droit de préférence en pareil degré dans les successions collatérales.

(1) *Voyez les articles* 320, 321, 322.

ARTICLE C.

(C. de Paris, *art.* 71.) — « Nul seigneur ne peut contraindre ses subjets d'aller au four ou au moulin qu'il prétend (1) banal, ou faire corvées, quelque

(1) *Voyez,* sur le droit de banalité et sur les corvées, *l'Introd., ch. dernier.*

temps (2) qu'il en ait joüy, s'il n'en a (3) titre valable, sans préjudicier aux droits des (4) ecclésiastiques. »

(2) C'est une question, si ces termes excluent même la possession centenaire, comme plusieurs le pensent : je ne le penserois pas. *Voyez les raisons, Introd., tit.* 13.

Au reste, l'usage dans lequel auroient été depuis plus de cent ans les justiciables d'aller au moulin, n'est pas une preuve de la jouissance du droit de banalité : cette jouissance se prouve par des condamnations prononcées contre les contrevenants.

(3) Quels titres sont valables, *suprà, Introd., n.* 357.

(4) Ces droits résultent des lettres patentes des 8 mai 1568, et premier juin 1584, obtenues par le clergé d'Orléans, qui, vu la perte qu'ils avoient faite de leurs titres, pendant les guerres civiles, leur permettent de justifier leurs droits par la preuve testimoniale de leur possession, et par le rapport de leurs baux et papiers de recette.

ARTICLE CI.

(C. de Paris, *art.* 72.) — « Le moulin à vent ne peut être banal, ny sous prétexte de ce les meusniers voisins empeschez de chasser (1), s'il n'y a titre valable comme dessus, et sans préjudicier, comme dit est, aux droits des ecclésiastiques. »

(1) *Chasser,* est aller quérir chez les particuliers les grains qu'ils veulent faire moudre, pour les porter au moulin.

TITRE II.

Des cens et droits censuels.

INTRODUCTION AU TITRE.

ARTICLE PRÉLIMINAIRE.

1. Le cens est une redevance en deniers ou fruits que les possesseurs des héritages qui en sont chargés, doivent payer annuellement, en reconnoissance de la seigneurie directe desdits héritages que s'est réservée celui qui l'a donné à cette charge.

Cette espèce de seigneurie s'appelle *censive*. Les héritages tenus à cette charge sont appelés *censuels*. On appelle *censitaires* ceux qui les tiennent à cette charge.

Ces héritages sont appelés *héritages roturiers*, parceque le censitaire n'a que ce qu'il y a d'utile dans le *dominium* de l'héritage. Tout ce qu'il y a d'honorifique demeure par-devers le seigneur. C'est pour cela que le droit de chasse, qui parmi nous est censé consister *magis in honore quàm in quæstu*, n'appartient pas au censitaire sur les héritages censuels, mais au seigneur de censive.

C'est aussi sur cela qu'est fondé l'article 122.

2. Le droit de cens est de l'essence de la censive : les seigneurs de censive, outre ce droit de cens, ont plusieurs autres droits sur les héritages qui sont tenus d'eux en censive ; tels que sont les profits censuels, les amendes, etc. Ces droits portés par les coutumes, sont *de la nature* du droit de censive ; c'est pourquoi tout seigneur de censive est fondé de droit commun à les prétendre, et il n'a besoin d'aucun titre particulier pour les établir : mais ils ne sont pas *de l'essence* de la censive ; c'est pourquoi des héritages peuvent être tenus à cens, sans être sujets, par exemple, à la charge des profits censuels ; ce qui arrive

lorsqu'il est porté par le bail à cens qu'il ne sera dû aucun
profit pour les mutations, ou lorsque les héritages y ayant
été originairement sujets, en ont été libérés par la prescription, *art.* 143. Au reste, il ne suffiroit pas, pour justifier l'exemption de ces charges, qu'il n'en fût fait aucune
mention expresse par le bail à cens; car ces charges étant
de coutume, y sont sous-entendues, selon la règle, *In con-
tractibus tacitè veniunt quæ sunt moris et consuetudinis.*

Nous traiterons séparément des différents droits des seigneurs de censive.

ARTICLE PREMIER.

Du cens.

§. I. De la nature du cens.

3. Il résulte de la définition que nous avons donnée du
cens, qu'il est dû principalement par l'héritage qui en est
chargé : c'est pourquoi le censitaire peut se décharger pour
l'avenir de la prestation du cens en abandonnant l'héritage.

En cela le cens convient avec la rente foncière; mais il
en diffère en ce que le cens est une redevance seigneuriale,
et en conséquence imprescriptible : *voyez l'art.* 263 : enfin, en ce que dans notre coutume il est divisible : *voyez
l'art.* 121.

4. Quoique le cens se paie en reconnoissance de la seigneurie, il n'est pas néanmoins nécessaire que le censitaire
aille en personne le payer; il est censé suffisamment le reconnoître lorsque quelqu'un le va payer de sa part. Il n'est
pas même nécessaire que celui qui va payer le cens pour le
censitaire, fasse apparoir d'une procuration, à moins que
le censitaire n'eût dénié tenir à cens. *Mol.,* §. 85, *n.* 77
et seq.

5. Mais quand même le censitaire seroit créancier de son
seigneur de censive, d'une somme d'argent plus considérable que n'est celle qu'il lui doit pour son cens, il n'en seroit pas moins tenu d'aller ou envoyer payer le cens, et il
ne pourroit pas s'en prétendre quitte par droit de compensation; *Mol.,* §. 85, *n.* 51 et 57 : car dans le paiement du

cens., c'est beaucoup moins la somme d'argent qui est considérée, que la reconnoissance de la seigneurie qui se fait par ce paiement. La compensation peut bien me donner la somme d'argent qui m'est due par mon débiteur, par la décharge qu'elle me donne d'une pareille somme que je lui devois : car comme on ne considère qu'une certaine *valeur* dans les sommes d'argent, la décharge que me procure la compensation étant de même *valeur* que la somme qui m'est due, elle me procure véritablement ce qui m'est dû : mais la compensation ne peut pas, par la décharge qu'elle me donneroit d'une somme d'argent que je dois à mon censitaire, me donner *la reconnoissance* qu'il me doit de la seigneurie que j'ai sur son héritage; car cette reconnoissance ne consiste pas, comme une simple somme d'argent, dans une *valeur*, mais est quelque chose d'inestimable qui ne peut tomber en compensation.

6. Par la même raison, si les créanciers du seigneur avoient saisi et arrêté les arrérages de cens échus et à échoir, le censitaire arrêté ne laisseroit pas d'être tenu, nonobstant l'arrêt fait en ses mains, d'aller ou envoyer, aux jour et lieu prescrits, déclarer au seigneur qu'il est prêt de lui payer la somme qu'il lui doit pour son cens, en lui rapportant par le seigneur la main-levée de l'arrêt. Cette déclaration peut passer pour équipollente au paiement du cens, pour la reconnoissance de la seigneurie.

§. II. Des différentes espèces de cens.

7. On distingue *chef-cens* et *sur-cens*. *Chef-cens* est le premier cens dont un héritage est chargé. *Sur-cens* est celui que quelqu'un s'est retenu sur un héritage déja chargé envers un autre d'un premier cens : ce *sur-cens* n'est pas proprement un cens, mais une rente foncière. *Voyez l'art.* 122.

On appelle *gros cens* ou *cher cens* celui pour lequel un héritage a été donné en bloc; *menu cens,* celui qui par le bail est réparti sur chaque arpent, ou autre partie intégrante de l'héritage compris au bail.

Cher cens, dans notre coutume, se prend dans un autre sens pour celui qui passe dix sous.

Il y a un cens *portable,* qui est le plus ordinaire, que le censitaire doit porter aux jour et lieu nommés. Il y en a un *requérable*, sur lequel *voyez l'art.* 133.

ARTICLE II.

De l'amende due faute de paiement du cens, qu'on appelle *défaut.*

8. Le *défaut* est une amende de cinq sous, que la coutume prononce au profit du seigneur contre le censitaire qui a manqué de payer le cens aux jour et lieu nommés par les titres de la censive ; *art.* 102.

9. Il faut donc, 1° pour qu'il y ait lieu à cette amende, qu'il y ait un jour et un lieu nommés par les titres, auxquels le cens ait dû être payé. *Molin.*, §. 85, et 1.

Il faut, 2° que ce lieu ait été accessible le jour auquel devoit se payer le cens ; car l'impossibilité fait cesser toutes les obligations.

Il n'est pas néanmoins nécessaire, pour faire encourir cette amende, que le censitaire ait pu y aller lui-même : il suffit qu'il ait pu y envoyer, ou que celui qui étoit chargé de ses affaires ait pu y aller. C'est pourquoi ni la maladie du censitaire, ni sa minorité, n'empêchent point qu'il encoure cette amende. On décide même que la succession vacante du censitaire l'encourt ; ceux qui ont intérêt à cette succession ayant dû avoir soin de faire payer le cens par le curateur.

10. Le possesseur de plusieurs héritages chargés de cens payables au même jour, au même lieu et au même seigneur, quand même les héritages procéderoient de différentes baillées, n'encourt qu'une amende ; car il n'a été qu'une fois en demeure pour ces héritages.

11. Lorsqu'il y a plusieurs copropriétaires de l'héritage censuel, ils n'encourent tous ensemble qu'une amende, faute de paiement de cens ; car *unius personæ vicem sustinent :* et pareillement lorsqu'il y a plusieurs coproprié-

taires de la censive, le censitaire n'encourt qu'une amende
envers tous.

12. L'un des copropriétaires qui a offert sa part du cens,
n'en est pas moins tenu pour l'amende; sauf son recours
contre ses copropriétaires; *Molin.*, §. 85, *n.* 17. Cette
décision a lieu même dans notre coutume, quoiqu'elle déclare le cens divisible; car ce n'est que par la division de
l'héritage qu'il s'y divise.

13. L'amende ne cesse pas d'être due, quand même le
censitaire viendroit dès le lendemain purger sa demeure.
Ibid., *n.* 9.

14. Elle cesse de l'être, lorsque le seigneur ou son procureur l'ont remise; et cette remise se présume lorsqu'ils
ont reçu le cens sans l'exiger. *Ibid.*, *n.* 11.

Cette remise étant ordinaire et de bienséance, le procureur du seigneur n'a pas besoin, pour la faire, d'un pouvoir
spécial, *ibid.*, *n.* 12; pourvu néanmoins que le censitaire
n'ait pas été encore ajourné, ni son héritage saisi. *N.* 13.

Lorsqu'un coseigneur a reçu sa part du cens, il est
censé avoir remis sa part de l'amende. *N.* 18.

15. Enfin cette amende se prescrit par un an; *art.* 102.

Sur les amendes qui ont lieu dans les censives requéra-
bles, *voyez l'art.* 133.

ARTICLE III.

Des profits censuels; de l'amende pour ventes réelles; et de l'exhibition
du titre.

§. I. Des profits censuels.

16. Dans les censives ordinaires, qu'on appelle *à droit
de vente*, et dont il est traité sous ce titre, il n'est dû aucun
profit censuel que par la vente de l'héritage censuel, et
autres contrats ressemblants à la vente; et ce profit s'appelle *profit de ventes*.

Les mêmes principes par lesquels on décide quand il y
a lieu au profit de quint, servent à décider quand il y a
lieu au profit de ventes dans les censives. *Voyez l'Introd.
au tit.* 1, *chap.* 5.

Sauf, 1° que les contrats d'échange et de bail à rente, que notre coutume n'assujettit pas au profit de quint, (*ibid.*, *n.* 150, *in fin.*) sont regardés dans les censives comme contrats ressemblants à la vente, et donnent lieu au profit de vente; *art.* 108 et 110.

Sauf, 2° que dans les censives, non seulement la vente de l'héritage censuel, mais celle de toutes les rentes foncières dont l'héritage censuel est chargé, donne lieu au profit de vente, *art.* 109; et en conséquence lorsque l'héritage est vendu, le profit n'est dû que du prix qu'il est vendu, outre la charge desdites rentes.

Ce profit est ordinairement du douzième du prix. Il y en a néanmoins de différentes espèces; sur quoi *voy. l'art.* 106.

Le seigneur qui reçoit son cens sans faire réserve des profits qui lui sont dus, n'est pas pour cela censé en faire remise; *Molin.*, §. 74, *glos.* 1, *n.* 50 et 51.

§. II. De l'amende pour ventes recélées, et de l'exhibition du titre.

17. L'acquéreur d'un héritage censuel encourt une amende de soixante sous pour ventes recélées, lorsqu'il n'a pas payé ou *déprié,* c'est-à-dire, donné avis au seigneur dans la quarantaine; *art.* 107.

Il est clair que pour qu'il encoure cette amende, il faut, 1° avant toutes choses qu'il y ait eu un profit de vente dû. Il ne peut donc y avoir lieu à l'amende si le contrat étoit nul, ou n'étoit pas de nature à y donner lieu, ou que l'acquéreur en fût exempt par privilége; *Molin.*, §. 77, *gl.* 1, *n.* 3 et 4.

Mais quoique par la suite et après le temps du dépri expiré, le profit ait cessé d'être dû, *putà,* parceque les parties, avant la tradition, se sont désistées du contrat, *Introd. au tit.* 1, *n.* 129, l'amende continue d'être due; car ce n'est pas le contrat qui est la cause productive de l'amende, mais le recel de l'acquéreur, qui est une faute que la destruction du contrat n'a pas détruite; *Mol., ibid.*, *n.* 29 et 31.

18. 2° Pour qu'il y ait lieu à cette amende, il faut que le seigneur n'ait pas été présent au contrat; car l'acqué-

reur n'a pu être obligé de donner avis au seigneur de ce que le seigneur ne pouvoit ignorer : mais la connoissance que le seigneur auroit pu avoir d'ailleurs, n'excuse pas l'acquéreur qui ne lui a pas donné avis; *ibid.*, n. 10 et 23.

Voyez un troisième cas auquel l'amende n'est pas due; *art.* 107.

19. Lorsque le profit est d'une somme moindre que soixante sous, Dumoulin, *ibid.*, *n.* 35, décide que l'amende ne doit excéder la somme due pour le profit; *arg. L. un. cod. de sent. quæ pro eo quod int. Nec obstat* qu'il est dû une amende de cinq sous pour le défaut de paiement d'un denier de cens; car ce n'est pas le denier qu'on considère dans le cens, mais la reconnoissance de la seigneurie, qui est inestimable.

20. Lorsque l'acheteur a fait un dépri frauduleux, en cachant une partie du prix de la vente, Dumoulin, *ibid.*, n. 39 *et seq.*, décide qu'il n'encourt l'amende que pour la partie du profit qu'il n'a pas payée ni dépriée, parceque n'ayant contrevenu qu'en partie à son obligation, il n'est sujet que pour cette partie à la peine de la contravention. La réponse est, que si l'obligation principale de payer le profit est une obligation divisible, l'obligation qui consiste dans la prestation de la bonne foi par rapport à ce profit, est, selon les principes de Dumoulin lui-même, *Tract. de divid. et individ.*, une obligation indivisible : le dépri frauduleux, qui est une contravention à cette obligation, ne peut donc être regardé que comme une contravention entière, qui doit faire encourir l'amende entière. D'ailleurs la fraude étant plus grande et plus manifeste dans le dépri frauduleux que dans la simple omission de déprier, qui peut arriver par négligence, la peine ne doit pas être moindre.

21. Cette amende s'encourt par toutes sortes de personnes, même par ceux qui sont sous puissance de tuteur ou de curateur; sauf leur recours contre eux; *Molin.*, *d.* §. n. 21.

22. Lorsque plusieurs ont fait une acquisition en commun, ils n'encourent tous ensemble, faute de dépri, qu'une

21.

seule amende ; *Molin.*, *ibid.*, *n.* 38. Ils sont tenus chacun solidairement ; et si un seul d'entre eux a déprié, il sauve à tous l'amende, quand même il auroit déclaré qu'il n'entend déprier que pour sa part : car *déprier* n'étant autre chose que notifier son contrat d'acquisition, il ne peut le notifier pour lui, qu'il ne le notifie pour ses coacquéreurs ; *Molin.*, *ibid.*, *n.* 36.

Cette amende ne peut être demandée après le profit reçu ; *ibid.*, *n.* 7; de même que le défaut après le cens payé : mais elle ne se prescrit que par trente ans.

23. Sur l'exhibition du titre que le seigneur a droit de demander aux nouveaux possesseurs, *voyez l'art.* 108.

ARTICLE IV.

De la reconnoissance censuelle.

24. La reconnoissance censuelle est une description détaillée de l'héritage tenu à cens, par nouveaux tenants et aboutissants, et des charges auxquelles il est sujet envers le seigneur, que chaque nouveau censitaire doit faire par acte devant notaire, et dont il doit donner une expédition au seigneur à ses frais.

Il n'est pas obligé de se servir du notaire du seigneur.

Mais si le seigneur avoit obtenu des lettres de renouvellement de terrier, le censitaire seroit obligé de se servir du notaire commis par lesdites lettres.

25. La reconnoissance donnée par un tuteur pour son mineur, est censée donnée par le mineur, qui n'est pas obligé d'en donner une nouvelle lors de sa majorité.

26. Le mari devient nouveau censitaire pour les propres de la femme (à moins que le mariage n'ait été contracté avec la clause qu'elle jouiroit séparément). C'est pourquoi il doit reconnoissance, quoique sa femme l'ait déja passée.

27. Un nouveau seigneur ne peut demander reconnoissance aux censitaires qui l'ont passée à ses prédécesseurs, à moins qu'il n'offre en payer les frais.

ARTICLE V.

Des actions du seigneur; de la saisie censuelle; et du droit qu'ils ont de faire vider les mains aux mains-mortes.

28. Le seigneur a deux voies pour se faire payer de ses cens et droits censuels; celle de l'action, et celle de la saisie censuelle.

§. I. De l'action.

29. L'action qu'a le seigneur contre ses censitaires est personnelle réelle.

Le censitaire est tenu personnellement des arrérages de cens de son temps, et du temps de ceux dont il est héritier; des profits censuels et amendes qu'il doit de son chef, et du chef de ceux dont il est héritier.

Quoique le censitaire n'ait pas été expressément chargé, par son contrat d'acquisition, des cens et droits censuels, il ne laisse pas d'être tenu personnellement de tous les arrérages de son temps, et du profit auquel son acquisition a donné lieu : car la maxime, *nulle terre sans seigneur*, étant reçue ici, la charge des droits seigneuriaux est toujours sous-entendue dans les contrats d'acquisition, et l'acquéreur est censé s'y obliger tacitement en acquérant.

Le censitaire étant tenu personnellement de toutes ces choses, il peut en être poursuivi même après qu'il a cessé de posséder l'héritage censuel; et il ne peut s'en libérer en l'abandonnant.

30. Cette action n'est pas simplement *personnelle*, elle est *personnelle réelle*; car l'héritage censuel est affecté à l'obligation que contracte le censitaire de payer les arrérages de cens, les profits, même les amendes : c'est pourquoi lorsque le censitaire a aliéné l'héritage, le seigneur peut demander aux tiers détenteurs les cens, profits et amendes dus par ce censitaire.

§. II. De la saisie censuelle.

31. On peut définir la saisie censuelle, la main-mise du seigneur sur l'héritage mouvant de lui en censive, à l'effet

d'empêcher le censitaire d'en jouir jusqu'à ce qu'il ait satisfait à ses devoirs.

32. Cette saisie est une saisie de l'héritage plutôt que des fruits; *art.* 103, *et la note* 5. *Molin.*, §. 74.

En cela elle convient avec la saisie féodale; mais elle en diffère d'ailleurs *toto cœlo*. Car le seigneur qui saisit censuellement un héritage, ne le réunit point à son domaine; il n'en devient point le possesseur; il le tient seulement *empêché*, à l'effet que le censitaire n'en puisse jouir, ni percevoir les fruits.

33. Elle diffère aussi de la saisie réelle de l'héritage et de la saisie-exécution qu'un créancier qui a un titre exécutoire, fait des fruits pendants par les racines sur l'héritage de son débiteur; car ces saisies se font à l'effet de vendre, au lieu que la saisie censuelle n'est qu'un simple arrêt, qui ne donne pas le droit au seigneur de censive de vendre ni l'héritage, ni les fruits de l'héritage saisi censuellement, ni avant ni après qu'il les a perçus; mais seulement de les tenir arrêtés, jusqu'à ce qu'il ait obtenu une sentence de condamnation contre le censitaire, en vertu de laquelle il puisse convertir la saisie censuelle en saisie-exécution des fruits.

34. La saisie censuelle peut être faite non seulement par le propriétaire de la censive, mais par tous ceux qui sont *loco domini.* Tout ce qui a été dit, *Introd. au tit.* 1, *ch.* 2, §. 3, sur les personnes qui peuvent, ou non, saisir féodalement, et au nom desquelles la saisie féodale doit être faite, reçoit son application à la saisie censuelle.

Lorsqu'il y a plusieurs seigneurs de censive, et que l'un d'eux a saisi, il suffit que les autres signifient au censitaire qu'ils entendent se servir de la saisie. *Molin.*, §. 74, *gl.* 1, *n.* 14.

35. Sur les causes pour lesquelles cette saisie peut être faite, sur ce qui peut y être compris, sur la forme, sur la peine de son infraction, *voyez l'art.* 103 *et les notes.*

Sur ce qui concerne l'opposition à cette saisie, et la main-levée, *voyez les art.* 104 et 105.

§. III. Du droit qu'ont les seigneurs de faire vider les mains aux mains-mortes.

36. Voyez sur ce *les art.* 118, 119 et 120.

TITRE II.

Des cens et droits censuels.

ARTICLE CII.

(A. C., *art.* 104. C. de Paris, *art.* 85.) — Quand aucun doit cens payable à jour et lieu nommez (1), et ne paye le jour qu'il est deu, il est amendable envers le seigneur censier de cinq sols *tournois*, ou (2) *moins*, selon la nature (3) des censives. « Et si le seigneur censier laisse courir plusieurs années d'arrérages, ne pourra néanmoins faire payer que l'amende d'un seul défaut (4). »

(1) Par le bail à cens ou par les reconnoissances censuelles. Si ces titres n'expriment aucun lieu, ou n'expriment aucun jour, il ne peut y avoir lieu à l'amende faute des paiements du cens, si ce n'est peut-être dans les vingt-quatre heures de la réquisition, comme en l'article 133 ; ce qui souffre difficulté.

(2) Il semble que la coutume, en confirmant ici les usages particuliers des censives dans lesquelles l'amende est moindre que l'amende ordinaire de cinq sols, rejette tacitement les usages de celles dans lesquelles elle seroit plus forte.

(3) C'est-à-dire, les lois et conditions particulières de chaque censive prescrite par le bail à cens, ou par les reconnoissances.

(4) Il se prescrit donc par un an, pourvu qu'il n'y ait eu ni saisie censuelle, ni demande formée qui ait interrompu cette prescription.

ARTICLE CIII.

(A. C., *art.* 105. C. de Paris, *art.* 74.)—Le seigneur de censive, pour les arrérages (1) de son cens et son défaut, et (2) droicts censuels, peut empescher (3) et obstacler *par un* (4) *sergent* l'héritage (5) tenu de lui à cens, si c'est maison, par obstacle et barreau (6) mis ès huys : et si c'est terre labourable ou vignes, par brandons mis ès fruicts. Et si le seigneur (7) ou (8) détenteur brise la main (9) à luy

(1) Même ceux courus avant que le censitaire eût acquis.

(2) Ce sont les profits, l'amende pour vente recélée : en cela notre coutume diffère de celle de Paris, qui ne permet de saisir que pour les arrérages de cens.

(3) La saisie censuelle n'est qu'un empêchement ou arrêt. *Voyez l'Introd., n.* 32.

(4) Ces termes ont été ajoutés lors de la réformation : il paroît qu'auparavant le seigneur de censive pouvoit faire cet obstacle de son autorité privée par ses préposés. Aujourd'hui elle doit être faite par un sergent, en la forme ordinaire des exploits de saisie, avec établissement de commissaire : il n'est pas nécessaire qu'elle soit faite en vertu d'une permission du juge, ni qu'elle soit précédée d'un commandement.

(5) La saisie censuelle est donc une saisie de l'*héritage* même : le seigneur ne peut donc pas saisir les fruits coupés qui n'en font plus partie, encore moins les meubles. Par la même raison, il ne peut, par cette saisie, arrêter que les loyers à échoir.

(6) On en fait seulement mention dans le procès-verbal, mais on n'en met plus.

(7) *Utile*, c'est-à-dire le propriétaire de l'héritage censuel, le censitaire.

(8) Tel que le fermier ou locataire.

(9) C'est-à-dire la saisie : il la brise en enlevant les fruits

deuëment signifiée (10), il en chet en cinq sols *tour-*
nois d'amende envers le seigneur censier. Toutefois
si ledit seigneur censier est justicier, ou procède par
empeschement avec (11) autorité de justice, il y a
soixante sols *tournois* d'amende : sur lesquels le seigneur censier, qui n'a justice que de censier (12),
prend cinq sols *tournois : et le surplus de l'amende*
appartient au seigneur justicier.

saisis. Dumoulin pensoit qu'une opposition formée à la saisie, lorsqu'elle étoit mal fondée, devoit passer pour infraction à la saisie. Il me paroît qu'il n'est ici question que de
l'infraction qui se fait par voie de fait. L'opposition est une
voie de droit.

(10) Il suffit de faire cette signification à la maison obs-
taclée; le seigneur n'est point obligé de chercher son censitaire ailleurs.

(11) Cette distinction, qui avoit lieu dans l'ancienne
coutume, ne peut plus avoir lieu aujourd'hui, que toutes
les saisies censuelles se font par le ministère d'un sergent,
qui est un officier de justice, et par conséquent par autorité de justice : c'est pourquoi Lalande a raison de croire
que la fin de cet article a été laissée par inadvertance dans
le cahier de la réformation. Ou peut-être, par empêchement fait *par autorité de justice,* la coutume entend-elle
la saisie censuelle qui se feroit en vertu d'une permission
du juge, au bas d'une requête.

(12) Ce n'est autre chose que le pouvoir que la coutume
donne au seigneur de censive de saisir censuellement ses
censitaires.

ARTICLE CIV.

(A. C., *art.* 106.) — Si le seigneur de censive empesché pour ses arrérages et droicts censuels, et celui
à qui est l'héritage, s'oppose; s'il confesse ledit héritage estre redevable envers ledit seigneur censier
dudit cens, ou que le seigneur de ladite censive en

enseigne par ses papiers censiers, ou autrement (1) deuëment : en ce cas la main-mise (2) tiendra.

(1) *Putà*, en justifiant que l'héritage se trouve dans l'enclave du territoire de la censive, à cause de la règle, *nulle terre sans seigneur.*

(2) Par provision. Si le saisissant n'apportoit aucun commencement de preuve de son prétendu droit de censive, le saisi, qui ne conviendroit pas être censitaire, doit avoir main-levée sans caution, ni aucune consignation. Il n'est pas même nécessaire qu'il dénie précisément être censitaire ; il suffit qu'il ne convienne pas ; ce n'est que dans les fiefs qu'a lieu la maxime qu'il faut *avouer ou désavouer.*

ARTICLE CV.

(C. de Paris, *art.* 45.) — « Si le propriétaire saisi pour arrérages de cens (1) s'oppose à la saisie, il doit, ou son locataire, avoir main-levée par (2) provision, en consignant ès mains du seigneur trois années de cens, et le défaut. »

Cet article est tiré de l'ordonnance de 1563.

(1) La coutume n'ajoute pas, comme dans l'article précédent, *et droits censuels;* ce qui fait voir que la main-levée accordée par cet article n'a lieu que lorsque la saisie n'est faite que pour des arrérages de cens, le seigneur devant s'imputer d'avoir trop laissé accumuler d'arrérages, et non lorsqu'elle est faite pour des profits censuels.

(2) Sans caution : mais si, en définitif, il est trouvé débiteur d'une plus grande somme que celle consignée, il doit, s'il ne la paie, être condamné au rapport des fruits saisis dont il a eu main-levée par provision.

ARTICLE CVI.

(A. C., *art.* 107. A. C., *art.* 74.) — Aucunes censives sont à droicts de lods et ventes, autres à gands et ventes simples, autres à vins et ventes, et les autres à ventes simples. Ceux qui doivent lots et ventes, payent pour franc (1) trois sols quatre deniers *tournois*. Ceux qui sont à ventes (2) simples doivent du franc vingt deniers. Ceux qui sont à gands et ventes, autres vingt deniers *tournois*, pour franc, et une paire de gands sur le tout. Et ceux qui sont à vins et ventes, doivent vingt deniers *tournois* pour franc, et une jallaye (3) de vin pour tout : selon la coustume des censives, ainsi que le seigneur a accoustumé de joüir. Et le tout se paye par l'achepteur.

(1) Ce qui fait le sixième.
(2) Ce qui fait le douzième.
(3) *Jallaye.* Voyez ce que c'est, *art.* 492.
Pour savoir ce qui fait partie du prix, *voyez l'Introduction au titre des Fiefs, n.* 170 *et seqq.*

ARTICLE CVII.

(A. C., *art.* 108. C. de Paris, *art.* 77.) — Après que aucun a achepté (1) un héritage redevable de cens, il est tenu de déprier (2), ou payer les profits censuels cy-dessus déclarez, dedans la quarantaine (3). Autrement s'il ne paye, ou déprie au seigneur censier, il est amendable (4) de soixante sols *tournois*

(1) Ce terme comprend toutes les acquisitions qui donnent lieu au profit des ventes.
(2) *Déprier*, est demander terme pour le profit dû par l'acquisition dont on donne avis au seigneur : cet avis peut se donner verbalement par un autre comme par soi-même. Lorsque le seigneur disconvient qu'on lui ait donné avis, on peut, faute de preuve, lui déférer le serment.
(3) Du jour du contrat; ou s'il étoit suspendu par une condition, du jour de l'échéance de la condition, ledit jour du contrat ou de la condition non compris.
(4) Cette amende s'encourt de plein droit par le laps de temps.

d'amende envers le seigneur censier, pour raison des ventes recélées : et suffit à l'achepteur de déprier dedans ledit temps, pour éviter l'amende. Et si ledit seigneur censier n'a maison, et (5) n'est trouvé sur le lieu où se paye ladite censive, ny son procureur, receveur ou commis : en ce cas, il suffit aller par-devers le juge de la jurisdiction où est assis ledit héritage, et illec faire ou faire faire ses offres et depry. Toutefois si un héritage est saisy, vendu et adjugé par décret (6), en ce cas n'y a aucune amende, pour n'avoir payé ou déprié ledit droit des ventes audit seigneur censier : sinon que tel héritage soit vendu chargé de cens, et le seigneur auquel il est deu, dénommé audit décret. Et, en ce cas, l'achepteur aura lesdits quarante jours pour payer ou déprier.

(5) *Et* est pris ici pour *ou.*

(6) La raison est, qu'on présume facilement, en ce cas, que l'adjudicataire n'a pu connoître le seigneur ; ceux sur qui des héritages sont saisis, ayant coutume de retenir les titres. Il résulte de cette raison que la coutume n'entend parler que du décret forcé.

ARTICLE CVIII.

(A. C., *art.* 109.)—Si aucun prend héritage censuel à rente perpétuelle (1), dont la censive est à droict de ventes, chacun franc de rente est estimé à dix livres tournois : et de chacun desdits francs doit vingt deniers tournois pour ledit droict de ventes. Et semblablement où il y a droict de lods et ventes,

(1) Non rachetable. Pour les baux à rentes rachetables, *voyez l'article suivant.* La coutume ne parle point des baux à temps ou à vie : il faut en conclure qu'ils ne donnent point ouverture au profit de vente; on l'a ainsi jugé par sentence du bailliage, du 13 avril 1660, pour un bail de vingt-sept ans.

trois sols quatre deniers tournois pour ledit droict de ventes. Et s'il prend à rente de bled ou avene, seront lesdits bled et avene, mesure d'Orléans, estimez; c'est à sçavoir, chacun muid de bled (2) froment, vingt livres tournois; le muid de seigle, quinze livres tournois; le muid d'avene et orge, dix livres tournois; pois et fèves, au prix dudit froment; chacun muid de mil à semblable prix que le seigle, et les autres mesures à l'équipollent : le porc, quinze livres tournois; le tonneau de vin à l'estalon et jauge d'Orléans, quarante livres tournois : le chapon, quinze sols tournois; la poule, dix sols tournois; et chacun fourmage, dix sols tournois. Et est tenu le preneur ou achepteur (3)

(2) Plusieurs personnes se méprennent dans le sens de cet article. Cette somme de vingt livres n'est point ici le prix d'un muid de blé, mais le prix du capital d'une rente d'un muid de blé. De même que pour former le capital d'une rente en deniers, la coutume veut que chaque franc de rente forme dix livres de capital, de même elle veut que pour former le capital d'une rente en grains, chaque muid de blé de rente forme un capital de vingt livres.

Il faut entendre de même ce qui est dit des autres grains, du porc, du tonneau de vin, du chapon, de la poule et du fromage.

Il faut se souvenir qu'en 1509, temps auquel cet article a été rédigé, les rentes se constituoient au denier dix, et que le prix de toutes choses étoit bien différent d'aujourd'hui, puisque la journée d'un maître ouvrier, qui est aujourd'hui de trente sous, n'étoit dans ce temps que de trois sous, ou même de moins, ainsi qu'il paroît par d'anciens comptes de l'Hôtel-de-Ville. Au reste, au moyen de cet affurement, les seigneurs ne peuvent prétendre aujourd'hui leurs droits que sur ce pied.

(3) C'est-à-dire, l'acquéreur, que le seigneur prétend être preneur ou acheteur; car quand il auroit acquis à un autre titre, qui ne donne point ouverture au profit, il de-

de monstrer et exhiber (4) les lettres (5) de la prinse, ou achapt, au seigneur censier, s'il en est requis; payer ou déprier les droicts de ventes dedans le temps dessus déclaré; à peine de soixante sols tournois d'amende par défaut de payer ou déprier lesdites ventes.

vroit toujours l'exhiber au seigneur, qui n'est point obligé de s'en rapporter à ce que l'acquéreur lui dit sur la qualité de son titre d'acquisition. Quand même l'acquéreur seroit un privilégié, exempt des profits dans les mouvances du roi, il n'en seroit pas moins tenu d'exhiber son titre au receveur du domaine, qui a intérêt de savoir si c'est vraiment pour lui qu'il a acquis.

Le censitaire qui possède à titre d'héritier, n'est pas obligé de montrer l'acte de partage; mais il doit montrer le titre d'acquisition du défunt, si le défunt n'y a pas satisfait.

(4) C'est laisser lire et prendre copie, *L.* 1, §. 1, ff. *de edend.* Il doit donc confier son titre pour quelques jours à son seigneur sous son récépissé.

(5) La coutume de Paris, *art.* 73, ajoute, *si aucunes y a,* ce qui doit être suppléé ici. C'est pourquoi si l'acquisition a été faite verbalement, ou par un acte sous signature privée qui ait été égaré; ou même par un acte devant notaire, dont la minute ne se trouve plus, le censitaire est quitte de son obligation en donnant la teneur de son contrat, et en se purgeant par serment qu'il n'en reste aucun acte qu'il puisse exhiber, et que la teneur qu'il en donne est sincère.

Mais si la minute est chez le notaire, il en doit lever une expédition pour l'exhiber au seigneur, qui n'est pas obligé d'aller chercher le notaire pour avoir communication de l'acte.

ARTICLE CIX.

(A. C., *art.* 110.) — Et si on prend héritage à rente sous faculté de réméré, le preneur est tenu de payer les ventes au prix du sort principal dudit réméré : et n'est tenu de rien payer lors du rachapt (1) de ladite rente. Mais si ladite rente est vendue *à autres* (2) *que*

(1) Ce rachat n'est point un nouveau titre ; ce n'est que l'exécution du bail à rente fait avec la faculté de rachat : or, un même titre ne peut pas produire deux droits.

En est-il de même lorsque le bail a été fait sans faculté de rachat ? La raison de douter est que notre coutume ne s'est pas expliquée sur ce cas, et que Lorris, *tit.* 2, *art.* 10 et 32, décide qu'il est dû, en ce cas, double droit, parce que le rachat se fait en vertu d'une nouvelle convention : néanmoins il faut décider que cette disposition de la coutume de Lorris doit être restreinte à son territoire, et que dans notre coutume il ne doit pas, même en ce cas, être dû double du droit. La raison est que, même en ce cas, le bail de l'héritage, et le rachat de la rente, ne forment ensemble qu'une acquisition de l'héritage : le rachat de la rente ne fait que perfectionner l'acquisition de l'héritage que le preneur avoit déja faite par le bail, en rendant franc de rente le droit de propriété qu'il avoit acquis sous la charge de la rente.

Je pense même que, quoique le rachat de la rente ait été fait pour un prix plus fort que l'évaluation portée par l'article 108, sur le pied de laquelle le profit a été payé lors du bail, le seigneur ne peut pas prétendre les ventes de l'excédant : car la coutume ayant entendu, par cet article, évaluer le prix entier de l'héritage, et le profit ayant été payé suivant cette évaluation, étant par conséquent le profit de vente entier de l'héritage, il ne peut plus rester rien à payer : et de même que le seigneur n'auroit eu rien à rendre, et auroit profité de l'évaluation, dans le cas auquel, par la suite, la rente auroit été rachetée pour un moindre prix que celui de cette évaluation ; de même l'acquéreur doit profiter de l'évaluation, et ne doit plus avoir rien à payer dans le cas auquel le rachat s'est fait pour un prix plus fort.

(2) La coutume auroit pu dire en peu de mots, *à autres qu'aux débiteurs de la rente*.

au preneur, ses héritiers ou ayants cause, seigneurs et possesseurs dudit héritage, est deu profit audit seigneur censier *pour la vente* (3).

(3) Toutes les fois que l'héritage chargé de la rente viendra, par la suite, à être vendu, il se vendra moins, au moyen de ce qu'il est chargé de ladite rente; par conséquent le profit sera moindre. Pour en dédommager le seigneur, la coutume veut qu'il soit dû aussi profit toutes les fois que la rente sera vendue.

ARTICLE CX.

(A. C., *art.* 111.) — En eschange d'héritage redevable de droict de cens, fait but à but, sans nulles tournes, sont deües ventes au seigneur censier, si les héritages eschangez sont assis en diverses censives. Mais si lesdits héritages sont en une même censive, ne sont deüs (1) aucunes ventes, ne autres profits, sinon qu'il y ait tournes : auquel cas sont deües ventes pour le prix desdites tournes seulement.

(1) Les édits ont dérogé à cette disposition. *Voyez la note sur l'article* 13.

ARTICLE CXI.

« De toutes rentes constituées (1) à prendre spécialement ou généralement sur aucuns héritages, n'est deu aucun profit de vente (2). Toutefois si lesdits héritages, ou parties, étoient par après vendus, à la charge desdites rentes, ou partie, en ce cas les ventes se payent au seigneur censier, tant à cause de la valeur desdites rentes (3), que du prix de la vente desdits héritages. »

(1) *Secùs* des foncières, *articles* 108, 109.
(1) Ni pour la constitution, ni pour le rachat.
(3) Car cette charge fait partie du prix de l'héritage : il en est autrement de la charge des rentes foncières.

ARTICLE CXII.

(A. C., *art.* 113.) — Si (1) l'achepteur d'un héritage censuel, qui n'a payé le prix de la vente, se déporte de son achapt, et le vendeur reprend ledit héritage par luy vendu en acquiet dudit prix (2), au seigneur censier en sont deuës les ventes de la première vendition seulement (3).

(1) Voyez la raison et l'explication de cet article *en l'Introduction au titre des fiefs, n.* 131 *et suiv.*

(2) Ajoutez, *et en rendant ce qu'il en auroit reçu.*

(3) Car le désistement n'est pas une seconde vente. *Voy. l'Introd., d. loco.*

ARTICLE CXIII.

(A. C., *art.* 114.) — Pour partage, *division et subdivision entre cohéritiers*, n'y a profit au seigneur censier, *encore qu'il y ait tournes. Et entre autres personnes que cohéritiers, est deu seulement profit pour les tournes.*

Voyez les notes sur l'art. 15.

Si, après le partage, les copartageants changeoient leurs lots avant qu'ils en eussent pris possession réelle, cet acte passeroit pour un nouveau partage qu'ils auroient fait entre eux à la place du premier, qui n'ayant pas encore été exécuté, et ne consistant que dans le seul consentement des parties, a pu être anéanti par un consentement contraire, suivant les principes établis au *tit.* 1, *n.* 129 et 130, et par conséquent il ne doit y avoir lieu, en ce cas, à aucun profit. Mais si les parties n'ont changé leurs lots que depuis que l'une d'elles, ou l'une et l'autre, sont entrées en possession réelle, l'acte est un véritable échange dans le cas de l'*art.* 10.

(C. de Paris, *art.* 80.) — « Si l'héritage ne se peut partir entre cohéritiers, et se licite par justice sans fraude, ne sont deuës aucunes ventes pour l'adjudication faite à l'un d'eux : mais s'il est adjugé à un estranger, l'acquéreur doit ventes. »

Voyez les notes sur l'article 16.

(C. de Paris, *art.* 79.) — « Si l'achepteur d'un héritage est contraint (1) déguerpir et délaisser l'héritage pour les dettes de son vendeur (2), et en ce faisant il se vend et adjuge par décret à la poursuite des créanciers; ledit premier acquéreur succède (3)

(1) Si l'acheteur, au lieu de délaisser l'héritage sur l'action hypothécaire donnée contre lui, s'étoit laissé condamner, et que le créancier, en vertu de cette condamnation, eût saisi et fait vendre sur lui l'héritage, il n'y auroit pas lieu à cet article, et il seroit dû double profit; car l'héritage étant saisi et vendu sur lui, c'est comme s'il revendoit lui-même l'héritage qui lui a été vendu; il y a une vente et revente qui donnent lieu à un double profit.

(2) Ou des auteurs de son vendeur.

(3) Remarquez que la coutume ne décharge pas l'acheteur du profit auquel la vente qui lui a été faite a donné ouverture : cette vente ayant subsisté et transféré la propriété à l'acheteur, n'ayant point été réduite *retrò ad non actum*, et n'étant, par l'éviction, destituée de son effet que pour l'avenir, le profit ne laisse pas d'être dû, suivant les principes que nous avons établis d'après Dumoulin, dans *l'Introduction au titre des fiefs, n.* 127. Mais la coutume, pour subvenir à cet acheteur, le subroge aux droits du vendeur, pour percevoir en sa place le profit auquel donnera ouverture l'adjudication, jusqu'à concur-

au droit du seigneur, pour avoir et prendre à son
profit les ventes et relevoisons dudit décret, telles que
eust pris ledit seigneur : ou est au choix du seigneur
de les prendre, en rendant (4) celles qu'il à reçues
de l'acquisition première.

rence de celui qu'il a payé, ou qu'il doit pour la première
vente; de là il résulte que le profit dû pour la première
vente appartient au fermier des droits seigneuriaux du temps
de la première vente, et que le fermier du temps de l'adjudication ne peut prétendre que le profit de ce dont le prix
de l'adjudication excéderoit celui de la première vente.
Voyez ladite Introduction, d. loco.
(4) Ou faisant déduction.

ARTICLE CXVI.

(C. de Paris, *art.* 84.) — « Si aucun achepte héritage à la charge qu'il sera adjugé par décret; ou bien
si l'achepteur, pour purger les hypothèques, le fait
décréter, et tel achepteur est adjudicataire; n'est deu
qu'un seul droict (1) de quint, ventes, ou relevoisons,
tant pour le contract d'acquisition, que décret. Est
toutefois au choix dudit seigneur de prendre lesdits
quint, ventes ou relevoisons, selon le prix dudit contract ou du décret. »

(1) La raison est, que le contrat et le décret ne font
qu'une même vente. Cela est sans difficulté, lorsque le
décret n'est pas devenu forcé; car, en ce cas, le décret
n'est pas une nouvelle vente; il ne fait que confirmer et
assurer celle portée par le contrat. Si le décret est devenu
forcé par les oppositions des créanciers, dont les créances
excèdent le prix porté au contrat, et qui ont enchéri l'héritage au-delà dudit prix, ces oppositions sont une éviction
qui rendent le cas de cet article semblable à celui de l'article précédent : l'acheteur qui se rend adjudicataire retient,
en ce cas, en vertu de cette adjudication, la propriété de

l'héritage, qu'il n'avoit pu retenir, en vertu du contrat de
vente qui lui en avoit été faite; il doit donc le profit pour
raison de cette adjudication : mais, de même que dans l'espèce de l'article précédent, il ne le doit que sous la déduction de celui auquel le contrat de vente a donné lieu, les
deux ventes ne sont regardées que comme n'en faisant
qu'une.

Lorsque c'est un tiers qui s'est rendu adjudicataire, si le
décret est devenu forcé, et que l'acheteur n'ait pu retenir
l'héritage pour le prix porté au contrat, il doit être subrogé
aux droits du seigneur pour percevoir à sa place le profit
dû par l'adjudicataire, jusqu'à concurrence de celui qu'il
a payé, ou qu'il doit pour le contrat, suivant qu'il est dit
en l'article précédent; car c'est la même espèce : mais si le
décret n'a pas été rendu forcé, et que néanmoins l'acheteur
ait souffert qu'un tiers se rendît adjudicataire par le décret,
c'est une revente volontaire qui donne lieu à un nouveau
profit, sans aucune déduction du premier.

ARTICLE CXVII.

(A. C., *art.* 125.) — Pour toutes donations d'héritages estants en censive à droict de ventes, ne sont
deuës aucunes ventes au seigneur censier : sinon que
ladite donation fust faicte pour récompense de service ou charges (1), « autres que celles dont l'héritage (2) seroit chargé lors de la donation : pour le
regard desquelles autres charges de nouvel apposées
à ladite donation seulement, ventes sont deuës selon
l'arbitrage de preud'hommes. »

(1) Lorsque ces services ou charges sont appréciables,
la donation, jusqu'à concurrence du prix desdits services
ou charges, équipolle à vente, et donne lieu au profit.
Voyez l'Introd. au titre précédent, n. 149.

(2) Telles que sont les rentes foncières, servitudes ou
autres charges du fonds.

ARTICLE CXVIII.

(A. C., *art.* 127.) — Si aucun héritage censuel (1) est vendu, donné ou autrement aliéné, ou rente (2) sur iceluy constituée (3) à l'église, ou gens de main-morte, le seigneur censier, si bon lui semble, en fera vuider les mains à celui qui l'a acquis, ou auquel il auroit été donné ou aliéné ; et ne le recevra à vicaire, s'il ne lui (4) plaist. Et si une fois il a été reçeu à vicaire, le seigneur censier sera tenu à toutes mutations de l'y recevoir en payant les redevances (5) telles qu'elles sont deües.

(1) Cet article est commun pour les censives à droit de relevoisons.

(2) La construction de cet article est embarrassée. Pour la rendre plus claire, il faudroit la rétablir ainsi : *Si aucun héritage censuel, ou aucunes rentes constituées sur icelui, sont vendus, donnés, etc.*

(3) Ce qui doit s'entendre des rentes foncières; les autres ne peuvent donner aucune ouverture aux profits, suivant l'article 111 : ainsi le seigneur n'a aucun intérêt d'en faire vider les mains aux gens de main-morte.

(4) A moins qu'ils n'eussent lettres d'amortissement, *ut suprà, art.* 41.

(5) Il a été jugé en ce bailliage le 17 août 1678, au profit de l'Hôtel-Dieu, contre M. le duc de Beauvilliers, qu'il n'étoit dû aucun profit par mutation de vicaire dans les censives à droit de ventes; parceque, dans ces censives, il n'est pas dû profit par mort; et qu'ainsi les derniers termes de cet article n'avoient application qu'aux censives à droit de relevoisons, ou bien au cas où dans les censives à droit de ventes, il y auroit eu une convention particulière de payer un certain profit aux mutations de vicaire, pour l'indemnité du seigneur. La longue possession de paiement fait présumer cette convention. Ainsi jugé au bailliage, au profit du même duc de Beauvilliers, contre l'abbé de Saint-Mesmin, par sentence du 21 juillet 1684.

ARTICLE CXIX.

(A. C., *art.* 133.) —Et si les gens d'église et de main-morte ne vuident leurs mains desdits héritages ou rentes, dedans l'an qu'ils sont sommez de ce faire ; aussi si celui qui tient l'héritage censuel en main-morte sous vicaire, est refusant ou délayant de nommer et bailler nouvel vicaire avec les lettres de vicariat, au seigneur censier, dedans l'an et jour des sommations et commandements qui auront été faits ; en ce cas, le seigneur censier peut saisir (1) et exploicter l'héritage censuel, et en faire les fruicts siens, jusques à ce que lesdits gens d'église et de main-morte ayent vuidé leurs mains desdits héritages ou rentes, ou que ledit vicariat lui ait été baillé.

(1) Comme cette saisie dépossède et emporte le gain des fruits, on prend une commission.

ARTICLE CXX.

(A. C., *art.* 128.) —Toutefois si lesdits gens d'église et de main-morte avoient joüy par soixante ans d'un héritage censuel sans bailler vicaire ; en ce cas, ils ne seroient contraincts vuider leurs mains dudit héritage : mais seulement pourront être contraints à bailler vicaire de là en avant, « sans que, pour raison de ce, ils soient tenus payer profit pour la première (1) fois.

(1) Ces derniers termes n'ont d'application qu'aux censives où il est dû profit par mort. *Voyez la note 5 sur l'art.* 118.

ARTICLE CXXI.

(A. C., *art.* 129.) — Cens est divisible (1), et
sont les détenteurs redevables dudit cens, quittes
en payant ledit cens chacun pour sa portion de l'héritage divisé (2), dont ils sont détenteurs : et *aussi*
les peut contraindre ledit seigneur censier à ce faire.
« Toutefois les portions estant réunies en la personne
d'un seul détenteur, ne le peut le seigneur censier (3)
contraindre payer divisément ledit cens. »

(1) La division du cens se fait par la division de l'héritage qui en est redevable : *v. g.* si le propriétaire d'un
héritage de quatre arpents, chargé de quatre sous de cens,
laisse quatre héritiers, chacun de ces héritiers, tant qu'il
sera propriétaire par indivis pour un quart de cet héritage,
sera solidairement débiteur du cens de quatre sous dont cet
héritage est chargé ; mais s'ils viennent à diviser entre eux
cet héritage en portions séparées chacune d'un arpent, le
cens se divise en autant de portions, et chaque arpent n'est
tenu que d'un sou de cens.

(2) Il en est autrement à l'égard des rentes foncières; la
division de l'héritage qui y est sujet, ne fait aucune division
de la rente, et chaque partie divisée de l'héritage, quelque
petite qu'elle soit, demeure chargée du total de la rente
conjointement et solidairement avec les autres parties de
l'héritage. La raison de différence est, qu'on ne considère
dans la rente foncière que l'utilité de la somme due. Cette
utilité seroit blessée, si le créancier étoit obligé de la percevoir par parcelles : mais cette raison cesse à l'égard du
cens, à l'égard duquel on considère l'honorifique, plutôt
que la somme qui se paie pour le cens.

(3) *Et vice versâ*, le censitaire ne sera pas reçu à le payer
divisément : car comme la division de l'héritage en plusieurs
portions a divisé le cens, la réunion de ces portions le réunit. *Voyez* Mol., *Tract. de divid. et indiv.*

ARTICLE CXXII.

(A. C., *art.* 131.) — Héritage tenu à cens ne se peut bailler à autre cens.

La raison est que le censitaire n'ayant précisément que ce qu'il y a d'utile dans le *dominium* de l'héritage, et rien de ce qu'il y a d'honorifique, il ne peut, en aliénant, se retenir un vrai droit de cens recognitif d'une seigneurie directe, qui est quelque chose d'honorifique ; car il ne peut se retenir ce qu'il n'avoit pas.

Un tel bail à cens n'étant qu'un simple bail à rente foncière, le bailleur ne peut avoir le droit de saisie censuelle : il ne donne lieu aux amendes et profits censuels, à moins qu'il ne fût expressément stipulé, par le bail, qu'il seroit dû certains profits aux mutations ; auquel cas ces profits seroient dus, non comme droits seigneuriaux, mais comme simples rentes foncières.

ARTICLE CXXIII.

(A. C., *art.* 134.) — Une censive ne peut être à deux divers (1) droicts. En telle manière que si une censive est à droict de ventes, ou à relevoisons du denier six, ou de tel cens, telles relevoisons ; en ce cas, elle ne peut être à droict de relevoisons à plaisir.

(1) Par même espèce de mutations ; mais il y a beaucoup de censives, sur-tout du côté de Meung et de Baugency, qui sont à droit de ventes par mutation en cas de ventes, et à droit de relevoisons dans le cas des autres mutations. Le seigneur de Prélefort y a été maintenu par sentence du 8 juillet 1694.

TITRE III.

Des relevoisons à plaisir.

INTRODUCTION AU TITRE.

1. Quoique ce titre soit inscrit *des relevoisons à plaisir,* néanmoins la plupart de ses articles concernent en général toutes les espèces de relevoisons.

On appelle dans notre coutume *relevoisons,* une espèce de profit censuel qui est dû à toutes mutations de censitaire, même en ligne directe.

2. Il y en a différentes espèces. La plus considérable est la relevoison à plaisir, qui n'est en usage que dans la ville d'Orléans, et qui consiste dans le revenu de l'année des maisons qui y sont sujettes.

Elle diffère du profit de rachat qui a lieu dans les fiefs, en ce que le censitaire n'est pas obligé de donner au seigneur à qui la relevoison est due, le choix de trois choses, comme dans les fiefs : au contraire, il a le choix, lorsqu'il occupe lui-même la maison sujette à ce droit, ou de payer l'estimation du loyer, suivant le dire d'experts, ou de laisser au seigneur la jouissance en nature de ladite maison pendant un an, ce qui s'appelle *guesver. Art.* 128 et 129.

Les règles pour connoître quelles censives doivent être présumées, ou non, à relevoison à plaisir, sont dans les *art.* 124, 131 et 136.

3. Les autres espèces de relevoisons sont celles du denier *six, art.* 136; celle du denier *quatre,* qui sont du sextuple ou du quadruple du cens annuel; et celle de *tel cens, telle relevoison,* qui est d'une somme pareille au cens.

4. Ces censives à droit de relevoisons, diffèrent des censives ordinaires, 1° en ce qu'au lieu que dans celles-ci il n'est dû profit qu'en cas de vente ou autre contrat ressemblant; au contraire, les relevoisons sont dues à toutes mu-

tations; sur quoi *voyez l'article* 126 *et les limitations, articles* 127 *et* 139.

2° Dans les censives ordinaires, il y a lieu au profit de ventes, tant pour la vente de l'héritage censuel, que pour la vente des rentes foncières à prendre sur cet héritage. Dans les censives à droit de relevoison, il n'y a que les mutations qui procèdent du côté de celui au nom duquel se paie le cens, qui donnent ouverture aux relevoisons, *art.* 126. *Voyez une exception, art.* 138.

Enfin il y a du particulier dans les censives, touchant l'obstacle ou saisie censuelle; *art.* 125.

5. Il y a sous ce titre un article déplacé, qui est le 134, qui concerne le déguerpissement : il doit être renvoyé au titre 19, où cette matière est traitée.

TITRE III.

Des relevoisons à plaisir.

ARTICLE CXXIV.

(A. C., *art.* 115.) — Toute censive estant à droit de relevoisons en la ville et fauxbourgs d'Orléans, au-dedans des anciennes barrières, les relevoisons sont à plaisir (1), qui ne montre du contraire (2) : qui est le revenu de l'héritage pour un an (3).

(1) Deux choses sont nécessaires pour faire présumer qu'une maison est sujette au droit de relevoisons à plaisir; 1° qu'elle soit située au-dedans des anciennes barrières ; 2° qu'il soit certain que la censive où elle est, est une censive à droit de relevoisons; et que l'incertitude tombe seulement sur la nature des relevoisons.

(2) Par titre, convention ou prescription.

(3) C'est-à-dire, de l'année qui suit les offres; ce qui résulte de la faculté que le censitaire a de guesver par l'article 128.

ARTICLE CXXV.

(A. C., *art.* 125.) — Pour être payé desquelles relevoisons (1) et (2) arrérages de cens, et d'un défaut qui en seroient deus, le seigneur censier peut
obstacler (3) et barrer l'héritage qui doit lesdites relevoisons, jusques à payement desdites relevoisons,
cens, et un défaut ou provision de justice (4). « Et
ne peut ledit seigneur censier procéder par obstacle,
que quinze jours (5) après la mutation ; ny enlever (6)
les huys et fenestres obstaclez, que huit jours après
l'obstacle fait. »

(1) Tant celles dues par la dernière mutation, que par
les anciennes. *Secus* dans le fief, *art.* 1 et 2.

(2) Il ne faut pas conclure de cette particule *et*, que le
seigneur ne puisse obstacler pour les relevoisons seules,
quand il ne lui est point dû d'arrérages de cens. L'*art.* 115
de l'ancienne coutume doit servir à entendre celui-ci : il
s'expliquoit ainsi : *pour être payé desquelles* (relevoisons)
le seigneur peut obstacler, et aussi pour les cens; ce qui
marque que l'obstacle peut être fait, soit pour les relevoisons, soit pour le cens; et tel est ici l'usage.

(3) Par un sergent, assisté de deux témoins, qui en
dressera procès-verbal en la forme des autres exploits,
dont il sera donné copie au détenteur.

(4) Le censitaire aura cette provision dans les mêmes
cas où la coutume la lui donne dans les censives à droit de
ventes. *Voyez les art.* 104 *et* 105 *et les notes.*

(5) Dans les autres censives il en faut quarante. *Voyez*
l'art. 103.

(6) C'est-à-dire, les ôter de dessus les gonds, et les
coucher de travers. Cet enlèvement se pratique peu ; il ne
peut se faire que par le ministère d'un sergent, de même
que l'obstacle. Ce droit d'enlever les portes ne s'est conservé que dans les censives à relevoisons à plaisir; c'étoit
autrefois un droit commun. *Voyez l'Auteur du grand Cou-*
tumier, 11, 37.

ARTICLE CXXVI.

(A. C., *art.* 216.) — Et sont deuës et acquises lesdites relevoisons à plaisir par toutes mutations (1) procédantes du costé de ceux au nom desquels (2) se payent, et ont accoustumé d'être payez lesdits cens, soit par mort (3), vendition, ou autrement (4).

(1) Ce qui comprend les successions et donations en ligne directe. *Voyez* néanmoins sur ces donations *l'art.* 273. Par sentence du bailliage, du mois de novembre 1698, il a été jugé qu'un bail à rente pour vingt ans, ne faisoit point de mutation, et ne donnoit pas par conséquent ouverture au profit de relevoisons.

(2) Plusieurs baux à rentes de maisons sujettes à ce droit, faits avant 1509, portent la clause que le cens continuera à être payé au nom du bailleur. Dans le cas de ces baux, ce ne sont pas les mutations qui arrivent du côté des preneurs et possesseurs des maisons, qui donnent ouverture au profit; mais celles qui arrivent du côté des bailleurs et seigneurs de la rente, au nom desquels la rente se paie.

Lorsque les baux à rente n'ont point été faits avec une pareille clause, le cens se paie au nom des preneurs et possesseurs des maisons; et par conséquent, ce sont les mutations qui arrivent de leur côté, qui donnent ouverture à ces relevoisons.

(3) Ces termes se réfèrent aux précédents, *à toutes mutations* : les relevoisons diffèrent en cela des censives à droit de vente, où il n'est pas dû profit par mort.

(4) Comme par donation, mariage.

ARTICLE CXXVII.

(A. C., *art.* 116.) — Toutefois les filles, *ny leurs maris pour elles*, ne payent aucunes relevoisons *à cause de leur premier mariage*, *ny* par la mort de leursdits maris, ores que (1) le cens se paye au nom

(1) C'est-à-dire, quoique. *Voyez les notes sur l'art.* 36.

de leurs maris. Mais si elles se remarient *en secondes
ou autres subséquentes nopces,* sont deuës relevoisons
pour le second, *et autres subséquents* mariages, « et
chacun d'iceux ; sans que, par le décès de leur premier, second, et autres subséquents maris, soient par
elles deuës aucunes relevoisons pour leur héritage. »

ARTICLE CXXVIII.

(A. C., *art.* 121 et 132.) — Le seigneur (1) d'un
héritage redevable du droict de relevoisons à plaisir,
peut (2), *quand bon lui semble,* guesver (3), et délaisser audit seigneur (4) censier ledit héritage, pour
les relevoisons qui seront deuës, pour en joüir par
ledit seigneur censier une année entière, à commencer au *prochain terme* (5) *d'après le* jour (6)

(1) Lorsqu'il y a plusieurs copropriétaires, chacun peut
guesver pour sa portion, en laissant au seigneur la maison
vacante et lui en faisant remettre les clefs ; auquel cas, le
seigneur peut en jouir en commun pour la portion qui lui
a été guesvée, avec les autres propriétaires.

(2) Il n'est donc pas obligé ; et s'il ne veut pas guesver,
le seigneur doit se contenter du prix que la maison se trouve
louée, ou de ce que le loyer sera estimé par experts, lorsque le propriétaire l'occupe.

(3) C'est offrir et délaisser au seigneur la jouissance de
la maison pendant une année.

Ce guesvement doit se signifier dans la forme des autres
exploits, au seigneur, en son domicile, ou au lieu où se paie
le cens, par un sergent, qui doit lui porter et offrir les clefs.

(4) Lorsqu'il y a plusieurs coseigneurs, le guesvement
doit être fait à tous, et non pas à l'un d'eux, tant pour lui
que pour ses coseigneurs ; autrement le guesvément ne
libère le censitaire qu'envers le seigneur à qui il est fait,
et pour la portion revenante à ce seigneur.

(5) Quoique les délogements ne se fassent à Orléans
qu'une fois l'année, à la Saint-Jean, et que le terme de

dudit guesvement ; *dans le premier jour* (7) *duquel prochain terme* le seigneur dudit héritage sera tenu bailler, *ou faire bailler*, les clefs de la maison (8) audit seigneur censier : à la charge d'en joüir par ledit seigneur censier, comme un bon père de famille (9), *et de rendre ledit héritage en l'estat qu'il étoit lors dudit guesvement.* Pour laquelle année ledit seigneur d'héritage ne payera aucuns cens (10) audit seigneur censier ; ains en demourera quitte, ensemble desdites relevoisons, *en payant audit seigneur censier les frais de l'obstacle, si aucun a esté fait.*

Noël ne soit plus qu'un terme de paiement, plutôt que de délogement, néanmoins Lalande, et l'Auteur des notes de 1711, dont l'avis est rapporté dans celles de 1740, prétendent que le guesvement se peut faire pour le terme de Noël; et ils en rapportent plusieurs sentences de 1649, 1681 et 1683.

(6) On peut guesver la veille du terme.

(7) L'usage a établi qu'il suffisoit de les remettre dans le jour de Saint-Pierre, le locataire qui sort n'étant pas obligé de les remettre plus tôt. Il y a une sentence rapportée dans les notes de 1711 et de 1740, qui confirme cet usage.

(8) Il faut aussi, quoique la coutume ne s'en explique pas, que la maison soit laissée en état suffisant de réparations pour pouvoir être occupée : car le censitaire étant, pour la relevoison, débiteur de la jouissance d'une année de sa maison, il doit *præstare frui licere.* Ce ne seroit pas s'acquitter de ce qu'il doit, que de délaisser une maison inexploitable dont le seigneur ne pourroit jouir ; c'est l'avis de Lalande, mal-à-propos contredit par l'Auteur des notes de 1711.

(9) C'est-à-dire, qu'il ne peut l'exploiter que de la manière dont le propriétaire avoit coutume de l'exploiter; il ne peut pas d'une maison bourgeoise en faire un cabaret ou des magasins : cela signifie aussi qu'il ne doit pas la dégrader, qu'il doit faire les réparations locatives.

(10) Le seigneur en doit faire confusion sur lui, ne

pouvant avoir le revenu de l'année que sous la déduction des charges de ce revenu.

ARTICLE CXXIX.

(A. C., *art.* 121 et 132.) — « Et si le censitaire exploictoit lui-même l'héritage, en ce cas, le loyer de l'année sera estimé aux despens du propriétaire (1) par deux preud'hommes, dont l'un sera nommé par ledit seigneur censier, et l'autre par le censitaire : lesquels preud'hommes seront tenus convenir d'un tiers, s'ils ne s'accordent. Et payant par ledit censitaire l'estimation faicte par lesdits preud'hommes, demeurera pareillement quitte desdites relevoisons, et du cens pour ladite année. »

(1) Car c'est pour sa commodité, pour ne le pas déloger, que se fait cette estimatiom.

ARTICLE CXXX.

(A. C., *art.* 122.) — Toutes fois et quantes que relevoisons à plaisir sont deuës par les mutations sus-

Lorsqu'il y a ouverture au profit de relevoisons à plaisir, soit que ce soit la mutation arrivée de la part du seigneur de rente foncière à prendre sur la maison sujette à ce droit, qui y donne ouverture ; soit que ce soit celle qui arrive du côté du preneur et possesseur, suivant la distinction que nous avons établie en la note 2, sur l'*art.* 116; en l'un ou l'autre cas le profit n'est pas dû, ou par le seul seigneur de rente foncière, ou par le seul possesseur de la maison qui y fait ouverture ; mais il est dû, tant par le possesseur, que par tous ceux qui ont des rentes foncières à prendre sur la maison, et chacun y contribue à proportion du droit qu'il a. Les seigneurs de rentes foncières y contribuent jusqu'à concurrence d'une année d'arrérages de leur rente; et le possesseur paie le surplus de ce que vaut le revenu de la maison au-delà des rentes; c'est là le sens de cet article.

dites, les rentes foncières, arrière-foncières (1), surfoncières, ou sortissant nature de rente foncière (2),
encourent et sont exploictées pour lesdites relevoisons : et le seigneur détenteur est seulement tenu des
méliorations (3) qui sont outre lesdites rentes : sinon
qu'il y ait convention expresse au contraire.

Au reste, le seigneur ayant droit de se prendre à l'héritage, le possesseur est tenu envers le seigneur de lui payer
tout le profit, et non pas seulement la portion qu'il en
doit : mais le possesseur a son recours contre les seigneurs
de rente foncière, à chacun desquels il retiendra une année d'arrérages de leur rente.

(1) C'est-à-dire, la rente foncière qui n'est créée que la
seconde : la troisième et les autres ultérieures sont appelées *surfoncières*.

(2) Ces rentes sont celles dont il est parlé en l'*art.* 271 :
elles ne sont pas proprement foncières, parce qu'on ne
donne ce nom qu'à celles créées par bail, partage ou licitation, *art.* 349; mais elles en sortissent la nature, en ce
qu'elles sont dues par le fonds.

Ces sortes de rentes ne sont sortissantes nature de foncières, et ne doivent contribuer au profit de relevoisons,
que lorsque le testateur a voulu qu'elles ne fussent dues
que par la maison qu'il en a chargée, et non point par sa
succession; car, dans le cas où les héritiers en sont personnellement tenus, la charge sur la maison n'est qu'un
simple assignat, qui n'empêcheroit pas que la rente ne de-
meurât due, quand la maison seroit entièrement anéantie :
à plus forte raison elle ne doit pas moins être due lorsque
la maison est exploitée pour le profit de relevoison.

(3) C'est-à-dire, de ce que le revenu de la maison est
plus fort que les rentes.

ARTICLE CXXXI.

(A. C., *art.* 117.) — Et sous la généralité desdites
relevoisons à plaisir ne sont comprises les censives qui

se doivent quérir et chercher, parce que en telles censives qui se doivent quérir et chercher, ne sont deuës relevoisons à plaisir : mais sont icelles censives seulement à droict de relevoisons du denier six (1), ou de tels cens, telles relevoisons; ou à droict de ventes : sinon que le seigneur censier en informe par titres valables au contraire, *sans préjudicier* (2) *aux droits des ecclésiastiques.*

(1) *Voyez ce que c'est, art.* 132.

(2) Par ces derniers mots, on conservoit aux ecclésiastiques le droit de prouver leur possession à cet égard, par témoins, au moyen de ce que tous leurs titres avoient été brûlés dans les guerres. Ceci ne doit plus avoir lieu aujourd'hui; ils ont eu depuis le temps de faire passer des reconnoissances.

ARTICLE CXXXII.

(A. C., *art.* 118.) — Le droict de relevoisons du denier six, est, que au seigneur de la censive est deu par toutes (1) mutations de ceux au nom desquels se paye, et a accoustumé d'estre payé ledit cens, six deniers pour chacun denier dudit cens : et n'en encourent les rentes foncières.

(1) Par les mêmes qui font ouverture aux relevoisons à plaisir.

ARTICLE CXXXIII.

A. C., *art.* 119. C. de Paris, *art.* 85.) — En cens requérable, qui se doit aller requérir, n'est deu aucun défaut, plus tost que on l'aist esté demander en la maison au jour qu'il est deu. S'il n'est payé *dedans les vingt-quatre heures* après qu'il aura esté requis (1) et demandé, il y a défaut, qui est de cinq

(1) Une réquisition verbale, en présence de témoins, suffit pour faire encourir ce défaut.

15. — 1.   23

sols *tournois*. Et si ledit seigneur censier, *ou son commis*, n'alloit demander ledit cens le jour qu'il est deu, et après le va demander, et on ne le paye dedans les vingt-quatre heures subséquentes, il peut procéder par voye de *saisie ou* obstacle (2), pour payement des arrérages dudit cens *et défaut*. Et si dedans les vingt-quatre heures après ladite *saisie ou* obstacle il n'est payé, en ce cas y a défaut (3) comme dessus.

(2) *Ou* est pris pour *id est*, en ce sens *saisie*, qu'on appelle autrement *obstacle;* et c'est celle dont il est parlé *art.* 103.

(3) Un second défaut; cela est particulier à ces censives.

ARTICLE CXXXIV.

(A. C., *art.* 120. C. de Paris, *art.* 109 et 120.) — Si aucun détenteur d'héritage *cy-devant* (1) baillé à cens *ou rente* (2) veut renoncer à la tenue dudit hé-

(1) Ce terme *ci-devant* a rapport à ce qui est dit à la fin de l'article, que le preneur et ses héritiers ne peuvent déguerpir, et signifie qu'ils sont, à la vérité, exclus du déguerpissement, lorsque le bail a été fait avant la réformation de la coutume; mais qu'il en sera autrement à l'égard des baux qui se feront depuis la réformation, suivant l'*article* 412. Suivant les principes de l'ancienne coutume, *art.* 120, le preneur, par le bail à cens, étoit censé s'obliger à la prestation du cens personnellement et principalement, et non pas seulement à cause de la possession de l'héritage sur lequel le bailleur retenoit le droit de cens. On a changé de principes par la réformation.

(2) Nos anciens, par ces termes, *ou rente*, n'entendoient que les rentes créées avec le cens; et en conséquence il a été jugé à la prevôté et au bailliage, que quoiqu'un bail à simple rente foncière eût été fait du temps de l'ancienne coutume, les héritiers du preneur étoient reçus au déguerpissement, parcequ'elle ne s'étoit expliquée que sur le bail

ritage, le seigneur censier ne le peut refuser ; pourveu qu'il ait payé les arrérages dudit cens, et autres redevances qui sont deuës *et escheuës pendant et durant le temps que ledit détenteur aura tenu ledit héritage* ; sinon qu'il fust preneur ou héritier du preneur : « parcequ'en ce cas ils en sont tenus personnellement et hypothécairement. »

à cens. J'aurois de la peine à déférer à ces sentences, ne voyant pas quelle auroit pu être la raison de déférence pour laquelle l'obligation personnelle, qui exclut du déguerpissement le preneur et ses héritiers, auroit été plutôt supposée dans le bail à cens que dans le bail à simple rente foncière.

Voyez, sur la matière du déguerpissement, *le titre* 19.

ARTICLE CXXXV.

(A. C., *art.* 123.) — L'héritage tenu à droict de cher cens en la ville d'Orléans (1), n'est subject à droict de relevoisons ne ventes (2) : « et n'est réputé cher cens, s'il n'excède dix sols tournois pour une seule prise, ou s'il n'y a titre au contraire (3). »

(1) Cette présomption n'a donc pas lieu pour les héritages de campagne, et un héritage redevable d'un cher cens n'en sera pas moins sujet au droit de vente. La coutume a voulu, par cette présomption, décharger les maisons de ville, qui se trouvoient déja trop chargées par la grosseur du cens.

(2) Partant à aucun profit ; car tous nos profits censuels sont ou relevoisons ou ventes.

(3) Qui, nonobstant la grosseur du cens, assujettisse l'héritage à quelqu'un desdits droits.

ARTICLE CXXXVI.

(A. C., *art.* 124.) — En toutes censives, qui sont à droict de relevoisons sur héritages assis hors la ville et faux-bourgs d'Orléans, et anciennes barrières, les relevoisons sont du denier six, ou de tel cens, telles relevoisons, ou de ventes : sinon qu'il y ait titre, convention ou prescription (1) suffisante au contraire.

(1) La coutume entend-elle la prescription ordinaire, qui est de trente ans, *art.* 261; ou celle de quarante ans, qu'elle exige dans l'*art.* 143, qui a assez de rapport à celui-ci? J'incline à ce dernier sentiment.

ARTICLE CXXXVII.

(A. C., *art.* 130.) — En eschange d'héritage redevable de cens à droict de relevoisons faite but à but, sans tournes, si iceux héritages sont en une mesme censive, pour raison desdites eschanges ne sont deuës (1) relevoisons. Mais s'il y a tournes, relevoisons sont deuës (2) *à raison desdites tournes* (3) *seulement.*

(1) Car il n'y a pas en ce cas mutation de censitaire. Les édits ont dérogé à cette disposition. *Voyez les notes sur l'art.* 13.

(2) Car celui qui acquiert un héritage plus considérable, pour raison duquel il retourne une somme, devient censitaire pour plus qu'il ne l'étoit : ainsi il y a mutation jusqu'à concurrence de ce plus.

(3) *V. g.*, si la tourne est du dixième de la valeur de l'héritage, il sera dû le dixième du profit.

ARTICLE CXXXVIII.

(A. C., *art.* 135.) — Des héritages censuels, dont

Cet article est un peu obscur. Il faut se souvenir que lorsque le cens se paie au nom d'un seigneur de rente foncière à prendre sur une maison sujette aux relevoisons à plaisir, le profit est dû par les mutations qui arrivent du côté de ce seigneur de rente, et il n'est rien dû par celles qui arrivent du

se payoit (1) au seigneur censier le cens au nom d'un chapelain, ou autre titulaire de bénéfice (2), ne se payent aucunes relevoisons audit seigneur censier par la mutation desdits bénéficiers, sinon de la rente foncière qui leur est deuë, et non de la seigneurie

côté du possesseur, *art.* 126 : néanmoins la mutation du chef du seigneur de rente foncière arrivant, ledit seigneur de rente ne doit sa part du profit que jusqu'à concurrence de la rente ; le possesseur de la maison doit le surplus, *art.* 130. Il arrivoit donc que lorsque le cens des maisons sujettes à relevoisons se payoit au nom des bénéficiers seigneurs de rentes foncières à prendre sur lesdites maisons, les possesseurs étoient accablés de profits par les fréquentes mutations qui arrivoient de la part de ces bénéficiers, toujours disposés à permuter leur bénéfice pour un meilleur : ce qui obligeoit plusieurs possesseurs de maisons à les laisser tomber en ruine, ainsi que l'ancienne coutume le marque en l'*art.* 153. Pour remédier à cet inconvénient, nos rédacteurs, en 1509, ont fait une exception par cet article à la règle générale, et ils ont ordonné que les mutations qui arriveroient du côté de ces bénéficiers seigneurs de rentes foncières à prendre sur des maisons sujettes à relevoisons à plaisir, ne donneroient ouverture au droit de relevoison que jusqu'à concurrence de la rente foncière due à ces bénéficiers ; et afin que les seigneurs de censive ne perdent rien, ils ordonnent qu'en récompense les mutations qui arriveront de la part des possesseurs, donneront ouverture à cette relevoison pour le surplus de ce que le revenu de la maison surpasse la rente : c'est le sens de cet article.

(1) L'auteur des notes de l'édition de 1711 infère de ces mots, *se payoient*, qu'on ne peut plus, depuis 1509, faire de baux où la charge du cens demeure vers le bailleur. Cette conclusion ne paroît pas fondée.

(2) Cet article ne concerne que les bénéficiers particuliers : lorsque le cens se paie au nom d'une communauté, on suit la règle générale.

utile (3) desdites maisons et héritages : mais se payent
relevoisons par la mutation desdits seigneurs utiles
pour la mélioration et seigneurie utile. Et sont tenus
lesdits seigneurs utiles, ou ceux qui payent ledit cens,
eux nommer audit seigneur censier, quand ils payent
ledit cens.

(3) La coutume appelle ici *seigneurie utile*, le droit du
preneur ou de ses ayants cause dans la maison.

ARTICLE CXXXIX.

« Pour plusieurs mutations qui pourroient advenir par mort en une même année, n'est deu qu'une
relevoison. »

Voyez l'art. 17 *et les notes.*

ARTICLE CXL.

(A. C., *art.* 136.) — Ès chastellenies et lieux du
bailliage d'Orléans, où il y a divers usages pour la
prestation des droicts censuels, sera gardée la nature
de chacune censive.

TITRE IV.

Des champarts et terrages.

INTRODUCTION AU TITRE.

1. Champart et terrage, sont termes synonymes; c'est la redevance d'une certaine portion des fruits qui se recueillent sur la terre qui y est sujette.

2. Il y a un droit de champart seigneurial; il y en a un qui ne l'est pas.

Cette portion est différemment réglée par les titres ou la possession du seigneur.

Le champart, qui est la première redevance dont la terre qui y est sujette est chargée, est seigneurial, et par conséquent imprescriptible : il n'emporte néanmoins, par notre coutume, aucuns profits ou droits seigneuriaux aux mutations; *art.* 143.

Lorsque la terre sujette au champart est en outre chargée d'un cens envers le même ou un autre seigneur, le cens, dans le doute, est présumé la première redevance; et le champart, en ce cas, n'est qu'une simple redevance foncière, et par conséquent prescriptible; laquelle néanmoins, par une disposition particulière de notre coutume, ne se purge pas par le décret; *art.* 480. S'il paroissoit, par les titres, que le bail à cens est postérieur au champart, le cens, en ce cas, ne seroit pas un véritable cens, mais une simple redevance foncière, et le champart seroit la redevance seigneuriale. Si le cens et le champart ont été créés par même acte, c'est le cens qui est la redevance seigneuriale.

3. Les propriétaires de terres sujettes à champart sont obligés de les cultiver, pour que le seigneur y puisse perce-

voir son champart. S'ils les laissoient incultes, le seigneur de champart seroit fondé à former contre eux demande aux fins de rentrer dans les terres, faute par eux de les cultiver : plusieurs coutumes en ont des dispositions.

Il leur est néanmoins permis de changer la nature de leurs terres sujettes à champart, en indemnisant le seigneur par une commutation de redevance. La coutume de Montargis en a une disposition, laquelle étant fondée sur une raison d'utilité publique, doit être suivie par-tout. Par arrêt rendu dans notre coutume contre le chapitre de Sainte-Croix, il a été permis aux habitants de Traisnou de planter en vignes leurs terres sujettes au champart dudit chapitre, en donnant une indemnité, qui fut réglée à dix-sept sous six deniers de redevance annuelle par arpent.

4. Sur les obligations des détenteurs pour la perception du champart, et l'amende en cas de contravention, *voyez l'art.* 141.

Sur les terres exemptes de ce droit, *voyez l'art.* 142.

5. Ce droit s'établit, comme tous les autres droits, ou par titres, ou par la possession trentenaire ; *art.* 261.

Celui qui est en possession annale de le percevoir, peut former complainte contre les refusants, et doit être maintenu en possession jusqu'au jugement définitif; *art.* 486.

TITRE IV.

Des champarts et terrages.

ARTICLE CXLI.

(A. C., *art.* 137.) — Celui qui tient et occupe terre subjecte à terrage ou champart, ne peut enlever sa desblée, sans appeler (1) le seigneur à qui est deu ledit terrage ou champart, son commis ou fer-

(1) Afin qu'il puisse compter les gerbes, et combien il en doit avoir pour sa portion : la coutume ne dit pas com-

mier : et s'il fait le contraire, il en chet en l'amende (2) envers le seigneur dudit champart ou terrage, de la somme de soixante sols *tournois;* pourveu que ledit seigneur, son fermier ou commis, fasse résidence (3) en la paroisse dont est l'héritage, ou la grange champartresse durant le temps de moissons. Et, nonobstant ladite amende, sera payé ledit champart ; et chacun joüira dudit droit de terrage et champart, ainsi qu'il a accoustumé d'en user d'ancienneté ; pour ce qu'il y a (4) diverses manières de lever et payer lesdits champarts et terrages.

bien de temps le redevable doit attendre avant que de les enlever. Berry, coutume voisine, fixe ce temps à vingt-quatre heures.

(2) Cette amende est due par la personne du détenteur, en punition de sa désobéissance à la loi : c'est pourquoi une même personne ne doit qu'une amende pour toutes les pièces de terre qu'elle a sujettes au champart.

(3) S'il n'y a personne, il n'encourt pas d'amende ; mais il n'en doit pas moins acquitter le champart en le laissant sur le champ, lorsque le champart n'est pas portable. *Blois, art.* 133, veut qu'il prenne des témoins.

(4) Il y a des champarts qu'il suffit de laisser sur le champ : il y en a que les redevables doivent voiturer à leurs frais dans la grange champartresse.

ARTICLE CXLII.

(A. C., *art.* 138.) — Terres retenuës en fief, ne doivent aucun droict de champart ou terrage, et en sont franches et exemptes (1).

(1) A moins qu'il n'y ait titre contraire.

ARTICLE CXLIII.

(A. C., *art.* 240.) — Des terres tenuës à droict de terrage et champart seulement, quand elles sont aliénées, n'est deu droict de ventes ne (1) relevoisons. Toutefois si lesdites terres estoient redevables de (2) cens avec lesdits terrage et (3) champart, icelles terres ne sont par lesdits champart et terrage affranchies dudit droict de ventes, sinon qu'il y ait titre contraire, *ou possession de quarante ans.*

(1) Quoique ce champart soit seigneurial.
(2) Quoiqu'envers le même seigneur.
(3) Lequel, en ce cas, n'est pas seigneurial.

TITRE V.

Des droits de pâturage, herbage, paissons et prises de bêtes.

INTRODUCTION AU TITRE.

Par le droit général, il n'est pas permis de faire paître son bétail sur l'héritage d'autrui, sans droit de servitude, qui ne s'établit que par titre; *art.* 148 et 155.

Mais en Beauce le pâturage est commun à tous les habitants de chaque paroisse sur toutes les terres *vaines,* c'est-à-dire qui ne sont point ensemencées. Ce droit est exposé dans les quatre premiers articles de ce titre.

Les articles 152, 153 et 154 traitent de certaines natures de terres dans lesquelles il est plus particulièrement défendu de laisser paître certains animaux.

Il y a un article sur les pâtis qui appartiennent à une communauté d'habitants; c'est l'article 149. Un autre, qui est le 150, concerne les propriétaires par indivis. Le reste des articles concerne les dommages faits par les animaux, et la prise des animaux qui ont fait dommage.

TITRE V.

Des droits de pasturage, herbage, paissons et prinses de bestes.

ARTICLE CXLIV.

(A. C., *art.* 141.) — En quelque temps que ce soit, on ne peut mener pasturer ses bestes ès héritages tenus en fief, qui sont joignants (1) au manoir tenu en fief, dont ils font domaine : mais s'ils sont séparés dudit manoir, et non tenants à icelui, ils ensuivent la nature des roturiers, quant au pasturage.

Voyez l'article suivant, auquel celui-ci apporte une exception.

(1) On estime cela, dans l'usage, à un arpent autour du manoir.

ARTICLE CXLV.

(A. C., *art.* 42.) — En terres vaines, les habitants d'une paroisse peuvent mener pasturer leurs bestes, et de leur creu, et pour leur usage (1), jusques aux

(1) C'est-à-dire, pour l'exploitation des métairies qu'ils font valoir ; non de ceux dont ils feroient trafic : mais il n'est pas nécessaire que les bestiaux leur appartiennent. Un laboureur qui, n'ayant pas le moyen d'avoir un troupeau, en prend un d'un boucher pendant l'hiver pour consommer les pailles et faire les fumiers nécessaires pour l'exploitation de sa métairie, peut faire paître ce troupeau dans les terres vaines de la paroisse, de même que s'il lui appartenoit ; il suffit qu'il serve à l'exploitation de sa métairie. Observez que chacun ne doit avoir qu'une quantité de bestiaux proportionnée à la quantité de terres qu'il fait va-

clouseaux des paroisses joignantes, et voisins tenants à eux; sinon que les terres soient closes, ou fossoyées. Et sont dites terres vaines, où il n'y a aucunes semences ou fruicts. Toutesfois peut défendre le seigneur, ou laboureur de la terre où il y a chaulmes, d'y aller jusques à ce qu'il y ait eu espace d'enlever ledit chaulme sans fraude.

loir: on doit suivre, à cet égard, les règlements de police; et lorsqu'il n'y en a pas, le juge, sur la requête et l'avis des habitants, en peut faire un pour fixer la quantité des bêtes que chacun peut avoir par chacun arpent.

ARTICLE CXLVI.

(A. C., *art.* 155.) — En la saison que les bleds et autres grains sont en terre, *ou coupez et non serrez*, est deffendu à toutes personnes mener avant jour pasturer ses bestes *ès chemins et voyes publiques environ d'icelles terres*, et les y tenir après jour failly, sur peine d'amende arbitraire.

ARTICLE CXLVII.

(A. C., *art.* 143.) — Tous prez, *soit à une herbe ou deux*, (1) sont deffendus depuis le jour et feste Notre-Dame en Mars, jusques à ce qu'ils soient fauchez, *et l'herbe d'iceux enlevée*, ou le jour St.-Remy passé (2). « Et au regard de ceux qui sont clos (3) à

(1) On appelle cette seconde herbe *regain*.

(2) On peut même envoyer paître ses bestiaux dans les près avant la St.-Remi, quand le propriétaire y a envoyé lui-même son troupeau; car en ce cas il est censé avoir renoncé à faucher du foin dans son pré. On n'y peut envoyer les porcs en aucun temps. *Infrà, art.* 153.

(3) Cette défense est commune pour tous les clos, en quelque nature de terre qu'ils soient. *Suprà, art.* 145.

hayes ou fossez, on n'y peut mener pasturer bestial en aucune saison sans permission. »

ARTICLE CXLVIII.

(A. C., *art.* 144.) — Ce que dessus a seulement lieu au pays de Beaulse et hors la forest d'Orléans. Et quant au pays de Solongne, Val-de-Loire, Gastinois et forest d'Orléans, et autres lieux dudit bailliage, fors ledit pays de Beaulse, nul ne peut mener pasturer et champayer son bestial en l'héritage d'autruy, sans permission « du seigneur d'iceluy ; le droict du roi (1) et des usagers (2), pour le regard de ladite forest, demeurant en son entier. »

(1) C'est le droit qu'a le roi, et en son lieu M. le duc d'Orléans, d'affermer la paisson et glandée, même dans les tréfonds qui appartiennent aux particuliers dans la forêt.

(2) Il y a différentes espèces de droits d'usage; il n'est ici question que du droit qu'ont certaines communautés d'habitants ou certains particuliers de faire paître certaines espèces de bétail qu'ils ont pour leur nourrriture, ou pour l'exploitation de leur métairie, dans les bois *défensables* dans lesquels ils ont droit ; c'est-à-dire, qui sont en état de se défendre de la morsure des animaux. Ces usagers sont par la fin de cet article maintenus dans leurs droits, nonobstant la règle générale qui ne permet pas, hors le pays de Beauce, de faire paître ses bestiaux sur l'héritage d'autrui. *Voyez l'ordonnance de* 1669, *Titre des droits de Pâturage;* et le règlement de M. Lestrée pour la forêt d'Orléans, *titre des Pâturages.*

ARTICLE CXLIX.

« Es prairies, pastils, pasturages et buissons, appartenants à une communauté, ou estants au public,

l'usage sera libre à un chacun (1) pour y mener pasturer son bestial (2). »

(1) De la communauté.
(2) Mais la quantité que chacun y peut mener, dépend
de l'usage des lieux.

ARTICLE CL.

« L'un des seigneurs d'un pré et pasturage commun entre aucuns particuliers, et indivisé, ne peut
faire fossoyer, boucher, ni clore, au (1) préjudice
de son coseigneur, y mener, ou faire mener plus
grande quantité de bestes, qu'en pourra justement
porter la portion et droit qu'il a audit pasturage. »

(1) C'est une règle de droit, *In re communi neminem
dominorum jure facere quicquam invito altero posse.*
L. 18. ff. comm. divid.

ARTICLE CLI.

« Nul n'est receu à intenter action pour dommage
fait par beste, vingt jours après le dommage fait.»

Voyez une autre espèce de prescription, *infrà*, 159.

ARTICLE CLII.

« Il est deffendu mener pasturer bœufs, vaches,
porcs, brebis, chevres, oyes, bestes chevalines, ès
vignes, gaignages (1), clouseaux, vergers, plants
d'arbres fruitiers, chesnayes, ormoyes, saulsayes,
aulnayes, et entrer en iceux pour y cüeillir fruicts,
feüilles, feüillards et herbes; à peine d'un quart d'écu
d'amende envers le seigneur d'iceux, ou de plus
grande amende, si le cas y eschet, dont il sera creu
par serment avec un tesmoin. »

(1) On appelle *gaignages* les terres ensemencées.

ARTICLE CLIII.

(A. C., *art.* 145.) — On ne peut mener pasturer porcs ès prés, *pastiz* et vignes, en quelque temps que ce soit.

Parceque ces animaux les dégradent en fouillant.

ARTICLE CLIV.

(A. C., *art.* 146.) — En temps de glandée et paisson, aucun ne peut aller, ne mener pasturer ses bestes aux escrues (1) des bois venus ès terres labourables qui ne luy appartiennent, depuis le jour S. Remy jusqu'au premier janvier, ne ès forest et autres bois anciens (2), en quelque temps que ce soit, s'ils ne sont siens, ou qu'il ait titre on privilège exprès du droict d'usage.

(1) Ce sont de nouveaux bois produits par les glands qui tombent sur les terres labourables voisines des bois. En Beauce, chacun, hors le temps prescrit par cet article, peut y mener paître ses bêtes, comme il le pouvoit auparavant qu'il y fût crû du bois ; en quoi ces écrues diffèrent des bois anciens.

(2) Qui sont plantés de temps immémorial.

ARTICLE CLV.

« Pasturer, champayer, et faire passer bestail sur l'héritage d'autruy par tolérance, et sans titre, n'attribuë aucun droict à celui qui en auroit joüi, pour quelque temps que ce soit. »

ARTICLE CLVI.

(A. C., *art.* 149.) — En prinses de bestes, soit abandon *et sans gardes, ou quand le pastre ou ber-*

ger est trouvé *gardant ses bestes de jour* en l'héritage d'autruy, auquel il ait des bleds, prez, bois *de haute futaie*, taillis, *ormoye*, *garennes et buissons, ou que ledit berger soit proche desdits héritages*, ses bestes estants dedans iceux, est amendable de *vingt* sols *tournois* : et si c'est de nuict, de *quarante* sols *tournois* (1), *envers le seigneur dudit héritage : lequel sera creu par serment avec un tesmoin, jusques ausdites sommes*. Et si ledit seigneur prétend avoir receu plus de dommage que lesdites sommes, sera admis le vérifier : *de laquelle amende, ensemble du dommage, répondront maistres desdits pastres* (2).

(1) L'amende est plus grande en cet article qu'en l'*article* 152, parcequ'il s'agit ici de bestiaux pris en flagrant délit.

(2) Sauf leur recours contre ces mêmes pâtres.

ARTICLE CLVII.

(A. C., *art.* 150.) — Toutefois s'il advient que lesdites bestes soyent pressées et effarouchées par mouches, espouvantement, poursuites de loups ou autres accidents, et le berger ou pastre fasse diligence les suivre *et chasser hors l'héritage d'autruy;* en ce cas n'y escherra *dommage ni* amende (1).

(1) Car alors c'est une force majeure, *quæ à nemine præstatur.*

ARTICLE CLVIII.

(A. C., *art.* 147 et 148.) — Bestes qui sont trouvées ès prez, *vignes*, terres, bois, escrues, et autres endroits cy-dessus deffendus, peuvent être prinses *et baillées en garde* par les seigneurs, leurs serviteurs, gens, fermiers desdits héritages, *ou* (1) déférées à justice (2) vingt-quatre heures après la prinse d'icelles : et outre, par eux pris pan (3) ou gage, pour faire preuve et estre satisfait et réparé du dommage que lesdites bestes auroient fait : duquel, et du lieu de la prinse, il sera creu par serment jusques à cinq sols tournois (4). « Et dudit dommage respondront lesdites bestes, et le seigneur, ou fermier d'icelles. »

(1) *Ou* a été mal mis ici au lieu d'*et*, qui est dans l'ancien coutumier.

(2) Les bêtes sont déférées à justice lorsqu'elles sont mises en fourrière chez un voisin ou dans un cabaret par un sergent, qui est un officier de justice, lequel en dresse procès-verbal qu'il signifie avec assignation dans les vingt-quatre heures. Le juge, sur cette assignation, peut ordonner que le maître qui réclame la bête, en aura délivrance en donnant par lui caution pour le dommage prétendu et les frais de fourrière.

Celui qui a pris la bête en dommage, faute de la déférer à justice dans les vingt-quatre heures, est tenu des dommages et intérêts du maître de la bête, qui pouvoit en avoir besoin ; mais la coutume pour cela ne le fait pas déchoir de son action pour le dommage.

(3) Ces termes sont synonymes, et signifient ce qui peut être pris au berger pour le convaincre du dommage, comme sa houlette, sa gibecière, etc.

(4) Et s'il prétend une plus grande somme pour le dommage, il le doit vérifier : outre le dommage il y a l'amende, *suprà, art.* 156.

ARTICLE CLIX.

(A. C., *art.* 151.) — Néanmoins si celuy qui auroit pris lesdites bestes, *pan ou gage,* en son héritage, et icelles baillées en garde, les rendoit *sans en faire plainte à justice* dedans vingt-quatre heures ; ne pourra par après prétendre *aucun dommage, intérest ou amende* (1).

(1) Il est censé en ce cas avoir fait remise de son action.

ARTICLE CLX.

(A. C., *art.* 153.) — Le pastre ou berger , qui refuse bailler gage ou pan , est amendable de *dix* sols tournois *envers le seigneur de l'héritage où il aura mené,'ou laissé aller ses bestes*, soubs l'affirmation dudit preneur, et preuve qu'il en fera par un tesmoin.

ARTICLE CLXI.

(A. C., *art.* 152.) — Qui ravit ou recoust ses bestes, pan ou gage, est amendable d'amende arbitraire. Et sera creu du ravissement celui qui aura faict ladite prise , par serment avec un tesmoin.

ARTICLE CLXII.

(A. C., *art.* 154.) — Quand oyes ou autres voltures sont trouvées en dommage, il est loisible au seigneur *ou détenteur* (1) de l'héritage, en tuer une ou deux, et les laisser sur le lieu, ou les jeter devant ledit héritage ; si mieux n'aime pour réparation de son intérest , se pourvoir en justice (2).

(1) Ce terme comprend l'usufruitier et le fermier.
(2) Donc quand il s'est fait justice par lui-même, suivant ce qui est permis par cet article , il ne peut se pourvoir en justice pour le dommage.

TITRE VI.

Des épaves et bêtes égarées.

INTRODUCTION AU TITRE.

1. On appelle *épaves* toutes les choses mobiliaires dont on ne connaît pas le maître ; telles que sont, par exemple, les bêtes égarées.

Les seigneurs de justice étant obligés à de grands frais pour faire administrer la justice, étant d'ailleurs chargés de la nourriture et éducation des enfants exposés dans leur territoire (*Règlement de la cour, du 30 juin 1664*), il est juste qu'ils aient aussi en récompense quelques droits utiles : tel est celui qu'ils ont de percevoir les amendes auxquelles les juges condamnent ceux qui ont commis quelques crimes ou délits ; les droits de confiscation, de déshérence, sur lesquels *voyez l'Introd. au tit.* 20, *ch. fin.* De ce nombre est aussi le droit qu'ils ont de s'approprier, privativement à toutes personnes, et de faire vendre à leur profit les épaves qui sont trouvées dans leur territoire, lorsqu'après avoir observé les formalités prescrites dans ce titre, il n'est apparu aucun propriétaire : c'est pourquoi ceux qui trouvent quelque chose, doivent le déférer à justice, à peine d'amende, *art.* 166. La coutume, en ce cas, leur accorde le tiers du prix de l'épave.

2. La coutume n'a pas parlé des trésors : la jurisprudence est que le tiers en appartient au seigneur de justice dans le territoire duquel il est trouvé, le tiers au propriétaire du lieu, et le tiers à celui qui l'a trouvé.

Lorsque le propriétaire le trouve lui-même dans son fonds, il se partage par moitié entre le seigneur de justice et lui. *Jacquet, des Droits de Justice,* 32.

A l'égard des mines qui sont trouvées dans le fonds d'un particulier, elles en font partie, et appartiennent par conséquent au propriétaire du fonds; sauf le droit de dixième que le roi a droit de prendre dans toutes les mines de métaux, et non dans les substances terrestres. *Ordonnance du mois de juin* 1601.

TITRE VI.

Des espaves et bestes égarées.

ARTICLE CLXIII.

(A. C., *art.* 156.) — Espaves se doivent garder par quarante jours, et cependant proclamer par trois divers « dimanches, aux prosnes (1) de la grande messe parochiale, et au siège de la justice du lieu où elles auront été trouvées, à jour de plaids, à la diligence des seigneurs de haute, moïenne et basse justice, ou de celui qui aura trouvé lesdites espaves. »

(1) Ces proclamations ne se font plus aux prônes. *Voy. la note sur l'art.* 62.

ARTICLE CLXIV.

(A. C., *art.* 156.) — Si celui à qui appartiendra l'espave s'aparoist dans lesdit quarante jours, *à compter du jour* (1) *du premier cri fait solennellement*, elle lui sera rendue, en payant *les nourritures et* frais *faicts en la garde et proclamation d'icelle.* Et où il ne se trouveroit personne qui recherchast ladite espave dedans ledit temps, et iceluy passé, sera adjugée ausdits seigneurs justiciers, « selon les

(1) Ce jour non compris : car, *dies à quo, non computatur in termino.*

droicts de leur (2) justice ; sur l'adjudication de laquelle prendra celui qui l'aura serrée, et déférée à justice, le tiers de ce qu'elle sera venduë publiquement, tous frais déduicts. »

(2) C'est-à-dire que si la basse ou la moyenne justice appartient à un autre seigneur qu'au seigneur de la haute justice, ce seigneur de basse ou de moyenne justice prendra sur le prix la somme jusqu'à laquelle il a droit de justice : par exemple, s'il n'est que bas-justicier qui a justice jusqu'à soixante sous, il prendra ladite somme de soixante sous sur le prix de l'adjudication, les frais et la portion de celui qui a déféré la chose à justice déduits ; et le surplus appartiendra au haut-justicier. *Voyez l'art.* 332.

ARTICLE CLXV.

(A. C., *art.* 156.) — Néanmoins advenant que le temps *desdits cris et proclamations* fust passé, et la beste (1) esgarée ne fust encores adjugée (2), viendra le seigneur d'icelle espave à temps pour la recouvrer, et lui sera renduë, *faisant apparoir qu'elle lui appartienne*, et payant les frais comme dessus.

(1) *Idem* de toute espèce d'épave.
(2) Après l'adjudication le propriétaire n'est plus recevable à la réclamer : la vente judiciaire des meubles purge le droit de propriété de ceux à qui ils appartiennent.

ARTICLE CLXVI.

« Qui recèle aucune espave, ou beste esgarée plus de trois jours, sans le déclarer à justice, ou la faire crier, est amendable d'un escu sol (1) envers justice, et tenu des dommages et intérêts du seigneur d'icelle. »

(1) C'est-à-dire, de soixante sous tournois.

TITRE VII.

Des garennes et colombiers.

INTRODUCTION AU TITRE.

La coutume traite sous ce titre de ce qui concerne les garennes et les colombiers : elle déclare en l'article 168 , qui sont ceux qui peuvent avoir des colombiers. *Voyez ledit article.*

A l'égard des garennes, chacun peut avoir garenne fermée de mur ou d'eau, parceque ces garennes d'où les lapins ne peuvent sortir, ne peuvent causer aucun dommage aux voisins. A l'égard des garennes ouvertes, c'est-à-dire qui ne sont closes que de haies et fossés secs, et d'où les lapins peuvent sortir pour se répandre dans la campagne, on ne peut en avoir, sans être fondé en titre pour cela ; faute de quoi, le possesseur de la garenne peut être contraint à la détruire, et à combler les terriers. Il peut être assigné pour cela, soit par le procureur du roi, ou fiscal, soit par les voisins qui en souffrent du dommage. *Voyez Saint-Yon, sur l'ordonnance des Forêts, de* 1597, 1, 21, 3.

TITRE VIII.

Des estangs, et droits d'iceux.

ARTICLE CLXIX.

(A. C., *art.* 157.) — Estangs, fosses et fossez qui ne sont en frou et lieu public, sont défendus « à ceux qui n'y ont droict, pour y pouvoir ligner, pescher et prendre poisson par filets, nasses, troubleaux, étriquets, et autres engins, quels qu'ils soient, » à peine d'être punis comme de larcin.

ARTICLE CLXX.

(A. C., *art.* 158.) — Il est loisible à chacun, de son autorité privée, faire en son héritage estangs (1), asseoir bondes, *grilles et chaussées*, pourvu qu'il n'entreprenne sur le chemin et droict d'autruy.

(1) Chacun peut retenir sur son héritage les eaux de pluie; mais on ne peut retenir ni détourner le cours d'une rivière ou d'un ruisseau qui y passeroit.

ARTICLE CLXXI.

« Un seigneur d'estang peut suivre son poisson, qui seroit monté par cruë ou débordement d'eaux, en tout temps, jusques et dedans la fosse et angle de l'estang prochain, et qui est au-dessus de son estang, jusques à faire vuider et espuiser l'eau de ladite fosse (1), pour y prendre sondit poisson, huit jours après les eaux retirées, appelé ou deuëment sommé le seigneur ou fermier dudit estang et fosse. »

(1) Pourvu qu'elle ne soit pas peuplée; *infrà, art.* 162.

ARTICLE CLXXII.

« Et où il ne se trouveroit estang au-dessus du sien, lui sera permis suivre le poisson de sondit estang, jusques et en l'héritage d'autruy qui lui sera voisin, et en iceluy le prendre et pescher comme dessus : et se fait ladite suite en montant, et non en descendant. Toutefois ne se peut faire ladite suite à vivier, ou fosse à poisson peuplée (1) en l'héritage d'autruy. »

(1) Car en ce cas il ne pourroit pas reconnoître son poisson et le distinguer d'avec le poisson de celui à qui est la fosse peuplée.

ARTICLE CLXXIII.

« Ne peuvent les seigneurs d'estangs faire vuider l'eau d'iceux par ouvertures faites à l'endroit des grilles, chaussées et rechaussées, par lesquelles elle puisse endommager l'héritage d'autruy : ains par les bondes, guaisdes (1), bresches ou endroits, par lesquels elle tombe dans les ruisseaux desdites bondes d'iceux estangs. »

(1) Ainsi on appelle les fossés ou ruisseaux par lesquels les eaux venant d'un lieu ou étang supérieur, tombent dans l'étang qui est plus bas.

ARTICLE CLXXIV.

« Celui qui pesche son estang, peut suivre son poisson, et le pescher au prochain estang d'embas, vuide d'eau, et pesché auparavant le sien. »

ARTICLE CLXXV.

« Tout seigneur qui aura estang si plein d'eau, que pour l'abondance d'icelle, l'eau de l'estang proche et au-dessus, ne se peut vuider pour être pesché, est tenu, estant sommé, lever dans trois jours la bonde du sien, pour faire baisser et évacuer l'eau d'iceluy, jusqu'à ce qu'il n'en reçoive perte ne dommage, si à ce il n'est suject par droict de servitude, ou autrement. Et ne peut aucun estre contraint lever la bonde de son estang, sinon que depuis le premier jour d'octobre jusques au quinzième mars. »

ARTICLE CLXXVI.

« Qui a estangs voisins, et qui se vuident ès prairies, esquelles l'herbe n'est fauchée ne levée, ne peut iceux pescher, tirer ne faire vuider, sans huit jours auparavant, et au jour de dimanche, l'avoir fait à sçavoir par le curé, aux prosnes (1) de la grande messe de paroisse, dont lesdits estangs et prairies seront ; à peine de dommages et intérêts des seigneurs d'icelles. »

(1) Les curés ne sont plus obligés de faire ces sortes de publications aux prônes. *Voyez ci-dessus, sur l'art.* 62.

L'usage est de ne plus faire aucune publication quand la Saint-Michel est venue, parcequ'alors l'herbe est présumée coupée et serrée : ainsi nulle action.

ARTICLE CLXXVII.

« Quand estangs sont assis en même ruisseau et cours d'eau, si l'un d'iceux est prest à pescher, ne pourra celui de dessus lever la bonde du sien, pendant que celui de dessous est en pesche, laquelle il sera tenu faire en toute diligence. »

TITRE IX.

Des enfants qui sont en leurs droits; et de la puissance paternelle.

INTRODUCTION AU TITRE.

§. I. De la puissance paternelle.

1. Il paroît par la rubrique de ce titre, que notre coutume reconnoît une puissance paternelle : mais elle est très différente de celle du droit romain, soit pour la nature, soit pour les effets, soit pour la durée.

2. Par le droit romain, la puissance paternelle, établie uniquement en faveur des pères, étoit une espèce de *jus dominii* que la loi donnoit aux pères sur leurs enfants, presque semblable à celui d'un maître sur ses esclaves. De là vient que tout ce que les enfants acquéroient, étoit acquis à leur père (ce qui avoit néanmoins été beaucoup modifié par le nouveau droit) : cette puissance duroit jusqu'à la mort du père; à moins qu'il ne plût au père de mettre ses enfants hors sa puissance par un acte solennel, qui s'appeloit *émancipation*.

Au contraire, notre puissance paternelle, plus semblable à celle d'un tuteur qu'à celle d'un maître, n'est autre chose que le droit qu'ont les parents de gouverner avec autorité la personne et les biens de leurs enfants : et comme c'est plutôt en faveur des enfants qu'elle est établie qu'en faveur des parents, elle finit lorsque les enfants sont réputés en état de se gouverner par eux-mêmes, c'est-à-dire, lors de leur majorité ou de leur mariage.

3. La puissance paternelle des Romains n'étoit accordée qu'au père; *mater filios non habet in potestate.* Notre puissance paternelle est commune au père et à la mère : néan-

moins la mère étant elle-même, pendant le mariage, sous la puissance de son mari, elle ne peut l'exercer que subordinément à son mari, et dépendamment de lui.

§. II. Des droits de garde et de bail.

4. *La garde* est le droit que la coutume donne au survivant de deux conjoints par mariage, ou, à son défaut ou refus, aux autres ascendants, de gouverner avec autorité les personnes des enfants mineurs dudit mariage, et les biens qui sont avenus auxdits mineurs de la succession du prédécédé, et qui pourroient leur avenir d'ailleurs.

Il résulte de cette définition, que la garde n'est autre chose qu'une tutelle légitime : car la tutelle est, de même que la garde, le droit de gouverner avec autorité la personne et les biens d'un mineur.

Ce droit de garde peut aussi être considéré, dans la personne du survivant, comme une continuation de son droit de puissance paternelle qui continue après la dissolution du mariage.

5. Le survivant a la garde de ses enfants mineurs, quand même il seroit lui-même mineur; *Renusson, Tr. de la Garde, ch. 2, n. 14; Lalande, sur l'art.* 180. On lui joint en ce cas un curateur pour les causes où il s'agiroit de la propriété des immeubles des mineurs : mais s'il étoit mort civilement, ou insensé, ou interdit pour cause de prodigalité, il en seroit incapable.

6. Le survivant, ou, à son défaut ou refus, les autres ascendants ont cette garde de plein droit en vertu de la coutume, sans qu'il soit besoin qu'ils l'acceptent en jugement.

7. Ils peuvent néanmoins, s'ils ne vouloient pas se charger de l'administration des biens de leurs enfants, répudier cette garde de la manière prescrite en l'*art.* 23; et faute de satisfaire à la disposition de cet article, ils demeurent de plein droit chargés de cette administration.

Le survivant, en répudiant la garde, ne répudie que l'administration des biens échus à ses mineurs de la succession du prédécédé, et de ceux qui pourroient leur échoir d'ailleurs : il conserve le droit qu'il avoit déja en vertu de sa puissance paternelle, de gouverner leurs personnes ; car la dissolution du mariage ne peut pas lui faire perdre cette puissance paternelle.

C'est pourquoi la tutelle à laquelle, sur le refus du survivant, un autre parent est nommé, n'est, pendant que le survivant vit, qu'une tutelle imparfaite, qui se borne à l'administration des biens des mineurs.

8. La garde entre nobles est accompagnée d'un émolument qu'on appelle droit de garde-noble, dont la coutume a traité au titre premier. (*Voyez l'Introduction au tit.* 1, *ch.* 10.) Cet émolument ne peut pas être sans la garde, dont il est un accessoire : mais le droit de garde qu'un noble a sur ses enfants mineurs, peut être sans cet émolument de la garde-noble ; ce qui arrive lorsqu'il répudie la garde-noble, en prenant la garde ordinaire et comptable ; ou lorsque les mineurs ont passé l'âge de la garde-noble ; *art.* 24 et 25.

9. Le *bail* ne diffère de la *garde* que *nomine tenùs.* Lorsque la gardienne-noble se remarie, son droit de garde-noble, qu'elle communique et fait passer à son second mari, change de nom, et s'appelle *bail; art.* 26 et 27.

Notre coutume admet aussi, *art.* 179, entre nobles, une autre espèce de tutelle légitime sous le nom de *bail,* qu'elle défère aux collatéraux au défaut d'ascendants, s'ils veulent l'accepter : mais comme ce *bail* n'a aucun émolument qui y soit attaché, et qu'il n'est autre chose qu'une simple tutelle légitime comptable, il est tombé en désuétude.

§. III. De la tutelle.

10. A défaut de garde et de bail, qui sont les espèces de tutelle légitime admises par notre coutume, il y a lieu à la tutelle dative.

11. Cette tutelle se défère par le juge à la personne qui est élue par les parents convoqués à cet effet devant lui. Cette élection se fait à la requête du survivant ou autre as-

cendant qui a répudié la garde, s'il y en a; sinon à la requête de quelqu'un des plus prochains parents du mineur;
quelquefois à la requête du ministère public, lorsque personne ne prend ce soin; quelquefois aussi à la requête des
créanciers ou autres, qui ayant quelque action à former
contre le mineur, ont intérêt qu'il ait un tuteur contre
qui ils puissent l'intenter.

12. Lorsque le mineur a des biens en France et dans les
colonies, on doit lui élire un tuteur en France pour les
biens de France, et un aux colonies pour les biens des
colonies. Ces tuteurs sont indépendants l'un de l'autre :
mais l'éducation du mineur appartient à celui du lieu où
le père du mineur avoit son domicile lors de son décès, ce
domicile étant celui du mineur. *Introd. gén., n.* 11 et 12.
Voyez la déclaration du 14 *février* 1722.

13. Celui qui est élu tuteur doit aussitôt, s'il est présent,
prêter le serment de fidèlement gérer la tutelle. S'il est absent, celui sur la poursuite de qui s'est faite l'élection, l'as-
signe pour être condamné à accepter la tutelle et à prêter
le serment. En cela les tuteurs datifs diffèrent des gardiens
ou tuteurs légitimes, qui ont le pouvoir de répudier la tutelle que la loi leur défère, et qui ne sont tenus à aucun serment lorsqu'ils veulent bien l'accepter.

14. Lorsque le tuteur choisi par les parents prétend
avoir quelques excuses qui le dispensent d'accepter la tutelle, il les propose; et si elles sont contestées, le juge ren-
voie au siége pour y être statué.

Les causes d'excuse qui sont admises parmi nous, sont
une infirmité habituelle et considérable; *l.* 10, §. *fin.*,
ff. *de exc. tut.;* l'âge de 70 ans accomplis : *l.* 2, *d. t.;* le
nombre de cinq enfants légitimes actuellement vivants, ou
qui ont une postérité qui les représente; *l.* 1, *cod. qui
num. lib. l.* 2, §. 7, *exc. tut.* (les fils qui sont morts au
service du roi sont comptés pour vivants, *l.* 18, ff. *d. t.*);
la charge de trois tutelles, qui s'estiment, non par le nombre des mineurs, mais par celui des patrimoines; *l.* 3,
ff. *d. t.;* l'état ecclésiastique; *l.* 52, *cod. de episc. et cler.;*
les chaires des universités, et plusieurs offices auxquels

l'exemption de tutelle est accordée. *Voyez sur la tutelle dative les articles* 182, 185 et 184.

15. Le droit de tutelle, soit dative, soit légitime, étant, comme nous l'avons dit, le droit de gouverner la personne des mineurs et d'administrer leurs biens, un tuteur tient lieu de père à ses mineurs orphelins; ils doivent être dans la même dépendance de lui que s'il étoit leur père; ils ne peuvent contracter mariage sans son consentement; le tuteur a droit de disposer, comme il le juge à propos, de tout ce qui concerne leur éducation; il peut les placer en tel collége, pension, lieu d'exercice que bon lui semble.

Le tuteur a néanmoins cela de moins que le père, que le gouvernement qu'il a des personnes de ses mineurs, est, dans les choses de grande importance, soumis à l'inspection de la famille, à laquelle n'est pas soumise la puissance du père : c'est pour cette raison qu'un tuteur ne peut établir par mariage ses mineurs sans un avis de leurs parents, convoqués à cet effet devant le juge ordinaire; *Ordonnance de Blois*, art. 43. Par la même raison, il ne peut, pour cause de dérèglement, faire enfermer son mineur dans une maison de force, sans y être autorisé par le décret du juge sur un avis de parents : il n'est réservé qu'au père seul de pouvoir le faire de sa seule autorité.

16. La tutelle donne au tuteur le droit d'exercer, en sa qualité de tuteur, pour ses mineurs, tous les droits qui leur appartiennent. Il peut donc en cette qualité recevoir en foi leurs vassaux; nommer aux bénéfices et aux places dont la nomination appartient à ses mineurs; intenter en justice les actions de ses mineurs, et défendre en ladite qualité à toutes celles qu'on forme contre eux; et les jugements qui sont rendus pour et contre lui en ladite qualité, sont censés rendus pour ou contre les mineurs. Pareillement lorsqu'il contracte en ladite qualité pour tout ce qui concerne l'administration des biens de son mineur, et qui n'en passe pas les bornes, c'est comme si c'étoit le mineur lui-même qui eût contracté par son ministère : il engage son mineur en contractant en cette qualité, et il engage

pareillement envers son mineur ceux avec qui il contracte : il n'y a que les aliénations volontaires des immeubles qui passent les bornes de son administration et de son pouvoir.

Si pour acquitter les dettes du mineur, et prévenir la saisie réelle de ses biens, il étoit à propos de vendre quelque immeuble du mineur, le tuteur devroit, en ce cas, avoir recours au juge, qui, sur un avis de parents et en connoissance de cause, en ordonneroit la vente. Cette vente doit être faite en justice, sur affiche et publications, au plus offrant et dernier enchérisseur. *Arrêt de règlement du* 22 *février* 1722.

17. Il se forme, lorsque la tutelle commence, un *quasi* contrat entre le tuteur et le mineur, par lequel le tuteur s'oblige envers son mineur à rendre compte de son administration; le mineur, de son côté, s'oblige à indemniser son tuteur des avances qu'il auroit faites dans l'administration de la tutelle.

18. Ce compte, que le tuteur doit rendre à la fin de sa tutelle, doit être composé de trois chapitres : celui de *recette* comprend tout ce que le tuteur a eu à recevoir pour son mineur, soit qu'il l'ait effectivement reçu, soit qu'il ne l'ait pas reçu : celui de *mise* comprend toutes les sommes qu'il a mises pour le mineur : celui de *reprise* comprend les sommes qu'il n'a pu recevoir pour le mineur, et dont il s'est chargé en recette. Pour pouvoir les coucher ainsi en reprise, il doit justifier qu'il a fait ses diligences contre les débiteurs, ou qu'ils étoient notoirement insolvables : ce qui reste du chapitre de recette, déduction faite tant de la mise que de la reprise, forme le reliquat du compte auquel les biens du tuteur sont hypothéqués du jour que la tutelle a commencé, et qui est exécutoire contre lui, *tanquam in debitorem confessum*, même pendant le procès sur les débats qui auroient été formés contre le compte.

Au contraire, lorsque par les avances que le tuteur a faites, ou pour acquitter les dettes du mineur, ou pour des réparations extraordinaires à ses biens, ou pour lui procurer un établissement, les chapitres de mise et de reprise excèdent celui de recette; les biens du mineur ne sont hypothéqués à cet excédant, dont il est redevable envers son tuteur, que du jour de la clôture du compte; et s'il y a procès sur le compte, le tuteur ne peut exiger la somme dont il se prétend créancier pour le compte, jusqu'à ce qu'il ait été jugé par un jugement définitif dont il n'y ait point d'appel, qu'elle lui est due.

19. Quelque modiques que soient les revenus du mineur, on ne doit rien allouer au tuteur pour les aliments et éducation du mineur, au-delà de ce que les revenus ont produit pendant le cours de la tutelle. C'est pourquoi lorsqu'un mineur n'a pas un revenu suffisant pour vivre, le tuteur ne doit pas pour cela entamer son petit fonds; mais il peut ou le placer dans quelque hôpital, ou engager le mineur jusqu'à un certain âge, à quelqu'un qui voudroit bien se charger de lui pour le temps convenu, dans l'espérance d'être bien plus que dédommagé des aliments qu'il lui fournira dans le plus bas âge, par les services qu'il en retirera lorsque le mineur sera parvenu à un âge un peu plus avancé : c'est ce qui se pratique communément entre les gens de la campagne.

20. Au contraire, lorsque les revenus du mineur excèdent ce qui est nécessaire pour les aliments et l'éducation du mineur, le tuteur doit mettre en réserve le surplus. Suivant un acte de notoriété du châtelet de Paris, du 11 juillet 1698, rapporté dans les éditions de notre coutume de 1711 et de 1740, lorsque le tuteur a entre ses mains, soit desdits revenus, soit d'ailleurs, une somme de quinze cents livres, on ne lui donne que six mois pour trouver un emploi, pendant lequel temps il ne doit point d'intérêt de cette somme; mais faute d'en avoir fait l'emploi, il en doit les intérêts, et il doit les intérêts de ces intérêts, toujours par accumulation, jusqu'au temps de la majorité des mineurs, ou fin de la tutelle; et après ledit temps, le reliquat de son compte, composé tant des principaux que des intérêts, et intérêts d'intérêts, comptés par accumulation jusqu'au temps de la fin de la tutelle, forme

un capital qui produit des intérêts jusqu'au paiement ; mais ces intérêts n'en produisent plus d'autres depuis la fin de la tutelle.

On ne suit plus aujourd'hui cet acte de notoriété dans toute sa rigueur ; et dans les comptes de tutelle, les intérêts d'intérêts se tirent en colonnes mortes, et ne produisent plus d'autres intérêts pendant le cours de la tutelle.

21. Sur l'âge auquel la tutelle finit, *voyez les articles* 182 et 183. Elle finit aussi, de même que la puissance paternelle, par le mariage du mineur ; *art.* 181 et 182.

Elle finit pareillement lorsque le mineur a obtenu par lettres du prince le droit d'administrer ses biens ; ce qui s'appelle *émancipation par lettres*. Le mineur ne peut jouir de l'effet de ces lettres qu'en les faisant entériner par le juge, sur l'avis de sa famille convoquée à cet effet.

Lorsque le mineur a des biens en France et dans les colonies, pour lesquels il y a différents tuteurs, l'entérinement doit se faire devant le juge de France, et devant celui des colonies : autrement il n'a d'effet que pour les biens du lieu où il a été fait. *Déclaration du 14 février 1722.*

Enfin la tutelle finit, soit par la mort du mineur, soit par celle du tuteur : l'héritier du tuteur ne succède point à la tutelle, mais seulement à l'obligation de rendre compte de ce qui a été géré ou dû être géré par le défunt.

Entre non nobles, la garde ou tutelle légitime de la mère, et à plus forte raison de l'aïeul, finit aussi lorsqu'elle se remarie : mais tant qu'elle ne fait pas pourvoir d'un tuteur en sa place aux mineurs, elle et son second mari demeurent solidairement chargés de la tutelle. Le second mari n'en est néanmoins tenu que pour le temps qui a couru depuis son mariage, et non pour le passé, lorsque par son contrat de mariage il y a séparation de dettes et inventaire fait avec légitime contradicteur.

§. IV. Des personnes usantes de leurs droits.

22. Les personnes parfaitement usantes de leurs droits, sont les personnes majeures de vingt-cinq ans, qui ne sont point soumises à la puissance d'un mari, ni interdites pour cause de démence ou de prodigalité.

23. Les mineurs mariés, et ceux qui sont émancipés par lettres du prince, sont aussi usants de leurs droits, mais d'une manière imparfaite; car ils ne sont usants de leurs droits que pour l'administration de leurs biens, et ils n'ont pas le pouvoir d'aliéner leurs immeubles. *Voyez les articles* 181 et 182.

De là il suit qu'ils ne peuvent contracter des engagements au-delà de leurs revenus, ni faire des transports de leurs revenus à échoir : c'est ce qui a été jugé par l'arrêt du 19 avril 1717, au sixème tome du Journal des Audiences.

Quoique les nègres soient meubles, néanmoins les mineurs émancipés ne peuvent aliéner ceux qui servent à l'exploitation des habitations qu'ils ont dans les colonies. *Déclaration du 14 juillet* 1722.

24. Les mineurs émancipés ne peuvent pas non plus *ester en jugement,* c'est-à-dire, être parties dans un procès, soit en demandant, soit en défendant, sans être assistés d'un curateur : c'est pourquoi on leur crée un curateur aux causes.

Les mineurs mariés ont aussi besoin d'un curateur dans les causes qui concernent la propriété de leurs immeubles; mais ils n'en ont pas besoin pour celles où il ne s'agit que de leur mobilier ou de leurs revenus. *Renusson, Tr. de la Communauté, l.* 1, *ch.* 5, *n.* 8.

TITRE IX.

Des enfants qui sont en leurs droits, et hors la puissance
paternelle.

ARTICLE CLXXVIII.

(A. C., *art.* 159. C. de Paris, *art.* 263.) — Entre
non nobles, quand l'un des conjoints, père ou mère,
va de vie à trespas, le survivant a (1), si bon lui semble (2), la garde d'iceux durant leur minorité : « et
à défaut (3) ou refus desdits père ou mère, l'ayeul
ou l'ayeule du costé du décédé (4). » Mais ne font

(1) De plein droit, et sans qu'il soit besoin d'acceptation

(2) Car il la peut répudier, *art.* 23.
Le mineur n'est restituable, ni contre cette renonciation
ni contre l'acceptation de cette garde : ainsi jugé *unâ voce*
en ce bailliage, le 1 septembre 1683.

(3) Lorsque le survivant en est incapable; *putà* s'il est
interdit pour cause de démence ou de prodigalité.

(4) Ces termes ne sont pas restrictifs, ils n'établissent
qu'une préférence en faveur des ascendants du côté du prédécédé; peut-être parce que les biens du mineur venant
de leur côté, ils doivent être présumés plus portés à les
bien administrer. Mais à défaut ou refus des aïeul ou aïeule
du côté du prédécédé, ceux du côté du survivant, s'il s'en
trouve, ont la garde; c'est un usage constant en cette province. En cela la garde ordinaire et comptable est différente
de la garde-noble, qui, à défaut ou refus du survivant, ne se
défère qu'aux ascendants du prédécédé. La raison de différence est, que la garde-noble étant préjudiciable aux mineurs, doit recevoir l'interprétation la plus étroite; au lieu
que la garde ordinaire et comptable étant favorable aux
mineurs, qui ont intérêt d'être confiés à la garde de leurs

leurs les meubles desdits enfants, ne les fruicts de leurs héritages.

ascendants, plutôt qu'à des collatéraux, elle doit recevoir l'interprétation la plus large. C'est par cette même raison que l'usage de cette province a aussi établi que la garde ordinaire et comptable pouvoit avoir lieu successivement plusieurs fois, tant qu'il se trouvoit des ascendants qui pouvoient l'avoir : au lieu que la garde-noble, après la mort du survivant qui l'a eue, ne se réitère plus au profit des autres ascendants.

ARTICLE CLXXIX.

(A. C., *art.* 161.) — Au regard des nobles mineurs, ils demeurent en la garde (1) de père ou mère, ayeul ou ayeule survivant, selon la proximité du degré. Et s'ils n'ont parents en ligne directe, ils chéent en bail de leur prochain parent (2), *idoine et suffisant*, s'il en veut (3) prendre la charge.

(1) A laquelle garde peut être attaché ou n'être pas attaché le droit de garde-noble, suivant que lesdits mineurs sont ou ne sont pas en âge d'y tomber ; ou suivant que le gardien choisit la garde-noble ou la garde ordinaire et comptable.

(2) Collatéral, pourvu qu'il soit lui-même noble ; car les roturiers ne peuvent participer au droit établi pour avoir lieu entre les nobles.

(3) Nos tutelles légitimes sont volontaires, en quoi elles diffèrent de celles du droit romain. Il n'y a parmi nous que la dative qu'on puisse être contraint d'accepter : c'est ce qui a fait tomber en désuétude ce bail ou tutelle légitime des collatéraux, qui ne se pratique plus depuis long-temps.

ARTICLE CLXXX.

(A. C., *art.* 163.) — Entre non nobles (1), la

(1) Quoique la gardienne soit noble, si ses enfants sont roturiers, elle perd la garde en ce cas. Cette garde n'est qu'une

femme veuve, si elle se remarie, perd la garde de ses enfants, et non le père; lequel, combien qu'il convole en autres nopces, ne perd la garde de sesdits enfants.

garde roturière qui n'est pas de nature à se tourner en bail, et doit par conséquent se perdre par le mariage. Pour une garde-noble il faut la noblesse, tant de la part du mineur que du gardien.

Cet article a lieu aussi, quoique les mineurs soient nobles et que la gardienne soit noble, lorsqu'elle épouse un roturier; car elle suit la condition de son nouveau mari, lequel d'ailleurs étant roturier, ne peut pas devenir le baillistre des enfants de sa femme, ce droit de bail n'étant établi qu'entre les nobles.

ARTICLE CLXXXI.

(A. C., *art.* 160.) — Quand enfants, ayant père ou mère, sont mariez, ils sont hors de puissance (1) et garde (2) de leurs père et mère, soit nobles ou non nobles ; « et sont réputés usants de leurs droicts (3), pour avoir l'administration (4) de leurs biens, et non pour vendre, engager (5) ou aliéner leurs immeubles pendant leur minorité. »

(1) Cela se réfère aux enfants qui ont père et mère : ils sortent, par le mariage, de la puissance paternelle.

(2) La garde du survivant, soit noble ou comptable, finit aussi par le mariage de l'enfant, quand même il seroit au-dessous de l'âge auquel elle finit.

(3) *Voyez l'Introduction,* §. 4.

(4) Cette administration consiste à pouvoir recevoir les revenus de leurs biens; faire des baux à ferme ou à loyer de leurs héritages, pour un temps qui n'excède pas neuf ans; disposer de leurs meubles; faire des marchés pour l'entretien de leur famille et de leurs biens.

(5) Ils ne peuvent engager leurs immeubles en contractant des obligations qui excèdent les bornes d'une juste

administration, et ils sont restituables contre de tels engagements.

« Tous mineurs de vingt-cinq ans, s'ils sont mariez, sont réputez estre à leurs droicts, pour avoir l'administration de leurs biens, et non pour vendre, engager ou aliéner leurs immeubles pendant leur minorité. Et s'ils ne sont mariez, leur sera pourveu de tuteur jusques (1) à l'aage de quatorze ans pour les masles, et douze ans pour les filles : et (2) de curateur jusques à vingt-cinq ans ; lequel curateur sera esleu à la diligence et poursuite du tuteur, qui aura été auparavant esleu ausdits mineurs : et plus tost ne sera ledit tuteur deschargé. Et où ledit tuteur sera décédé, et que aucun curateur n'ait encores esté esleu ausdits mineurs, sera ledit curateur esleu à la diligence et poursuite des plus proches parents habiles à succéder aux mineurs, lesquels, à faute de ce faire, seront tenus des dommages et intérêts desdits mineurs. »

(1) Ceci ne se pratique plus : le tuteur demeure élu tuteur jusqu'à la majorité de ses mineurs, ou jusqu'à leur mariage ou émancipation.

(2) Ces curateurs qu'on nommoit aux mineurs *pubères* non émancipés, ne différoient des tuteurs que de nom : on ne leur nomme plus aujourd'hui que des tuteurs.

(A. C., *art.* 162.) — Tutelle (1) d'enfants mineurs se doit donner (2) par eslection (3) de cinq des pro-

(1) Cet article est de la tutelle dative, qui a lieu au défaut de la légitime.

(2) Par le juge du domicile du mineur, qui est celui

ches parents (4) ou affins (5); et au défaut d'eux,
faut appeler des voisins : « Laquelle eslection se fera
du plus prochain parent (6) habile à succéder (7),
idoine (8), capable (9), et suffisant (10). » Et dure

qu'avoit le dernier mort de ses père et mère lors de son
décès.

(3) C'est-à-dire que le juge doit nommer pour tuteur
celui qui est élu par les parents ou affins, convoqués à cet
effet devant lui.

(4) Pour le moins ; mais on peut en convoquer un plus
grand nombre. On en convoque ordinairement six : trois
du côté paternel, et trois du maternel.

(5) Les affins sont ceux qui ont épousé une parente du
mineur, laquelle est vivante, ou dont ils ont des enfants.

(6) Ou affin.

(7) Soit de son chef, soit de celui de sa femme ou de
ses enfants. Le sens de la coutume est qu'on doit préférer
dans le choix, pour cette charge, le parent ou affin qui est
le plus proche en degré, et qui est habile à succéder aux
autres parents ou affins, s'il n'y a aucune bonne raison de
lui préférer un parent ou affin plus éloigné, suivant cette
maxime de droit : *Æquum est ut eum spectet onus tutelæ
quem hæreditatis commodum spectaret.* L. 73, ff. de reg.
jur. l. 1, ff. *de legit. tut.*

(8) C'est-à-dire qui soit en état de gouverner la personne et les biens des mineurs. Un homme de mœurs
déréglées n'est pas idoine au gouvernement de la personne du mineur : l'infirmité, l'ignorance, telle que celle
d'un homme qui ne sait ni lire ni écrire, et n'a aucune
expérience d'affaires, empêchent qu'une personne soit
idoine.

(9) Ceux qui sont en démence, les interdits, les mineurs, les femmes, ceux qui sont notés d'infamie, et à
plus forte raison ceux qui sont morts civilement, et les aubains, ne sont pas capables ; car la tutelle est une fonction
civile, *civile munus, publicum munus.* Néanmoins un au-

ladite tutelle pour les masles, jusques à l'aage de quatorze ans (11), et aux filles jusques à l'aage de douze ans. « Toutesfois quand les masles auront atteint l'aage de onze ans, et les filles l'aage de neuf ans, leur sera pourveu de tuteur, qui demeurera curateur jusques à l'aage de vingt-cinq ans. »

bain peut être tuteur de ses enfants aubains ou français, même de ses autres parents aubains.

(10) Ceux qui ont fait faillite, ou qui sont notoirement insolvables, ne sont pas suffisans.

(11) La fin de cet article ne se pratique plus : la tutelle dure jusqu'à la majorité ou l'émancipation.

ARTICLE CLXXXIV.

« Esdites eslections ne seront les poursuivants tenus appeler les parents estants hors le bailliage d'Orléans : sinon qu'ils fussent les plus prochains des mineurs. Et ne peut aucun estre esleu sans avoir été appelé (1). »

(1) Mais il suffit qu'il ait été appelé, quoiqu'il n'ait pas été présent à l'élection.

ARTICLE CLXXXV.

(A. C., *art.* 166.)— Un père peut émanciper (1) son enfant, tant en la présence que absence dudit enfant, en quelque aage que ce soit.

(1) Cet article n'est plus d'usage. Dans les actes dans lesquels un enfant est partie opposée à son père, et dans lesquels par conséquent le père ne peut être partie pour cet enfant, qui ne peut contracter par lui-même, on crée à cet enfant un curateur, ou pour cet acte en particulier, ou généralement pour tous les actes dans lesquels il aura un intérêt opposé à son père; ce qui s'appelle *un curateur aux actions contraires.* On ne croit plus qu'il soit nécessaire

pour cela que le père émancipe, c'est-à-dire, mette hors de sa puissance son enfant quant à ces actes ; ce qu'on pensoit autrefois être nécessaire, parceque la puissance paternelle exclut celle des tuteurs et curateurs ; *soli namque patres-familias possunt esse in tutela aut cura.* C'est de ces émancipations qu'on appeloit *ad unum actum,* et qui sont tombées depuis long-temps en désuétude, qu'il est parlé en cet article. Elles n'avoient aucun fondement dans les lois, et étoient une pure invention de quelque docteur qui s'étoit accréditée, et dont on a depuis reconnu l'inutilité.

FIN DU TOME PREMIER DE LA COUTUME
D'ORLÉANS.

www.ingramcontent.com/pod-product-compliance
Lightning Source LLC
Chambersburg PA
CBHW061007220326
41599CB00023B/3857